# 하나님 형상
# 회복의 길

12단계 회복의 원리를 담은
치유 목회 최고의 실천적 지침서

윤양중 지음

# 하나님 형상 회복의 길

12단계 회복의 원리를 담은 치유 목회 최고의 실천적 지침서

발행일    초판 1쇄 2022년 5월 20일
저자      윤양중
북디자인  최주호(makesoul2@naver.com)
인쇄      넥스트 프린팅(031-908-7959)
유통사    하늘유통(031-947-7777)
펴낸곳    기독교포털뉴스
신고번호  제 2016-000058호(2011년 10월 6일)
주소      우 16954 경기도 용인시 기흥구 흥덕2로87번길 18
          이씨티빌딩 B동 4층 479호 (엠피스 비즈니스센터)
전화      010-4879-8651
가격      16,000원
출판사    이메일: unique44@naver.com
홈페이지  www.kportalnews.co.kr

# 하나님 형상
# 회복의 길

12단계 회복의 원리를 담은
치유 목회 최고의 실천적 지침서

윤양중 지음

추천
이동원 목사 정동섭 교수
김선배 총장 박성진 교수

기독교포털뉴스

# 목차

※ 이 책에서 간증한 성도들의 이름은 모두 가명입니다.

# 글을 시작하며


내가 행하는 것을 내가 알지 못하노니 곧 내가 원하는 것은 행하지 아니하고 도리어 미워하는 것을 행함이라(롬 7:15).


칼 융(Carl Jung)은 드러난 모든 삶은 무의식의 실현이라고 하였다. 사람의 행동은 대체로 의식보다 무의식에 의해 일어난다. 의식하지 않는 한 늘 다니던 길로 가고, 늘 앉던 자리에 앉고, 늘 하던 방식대로 행동한다. 따라서 자신의 부정적인 행동의 이면에 있는 내적 동기를 인식하지 못하면 근본적인 변화가 일어나지 않는다.

사람들의 무의식적 사고와 행동 패턴을 심리 역동이라고 한다. 심리 역동은 어린 시절의 중요한 대상과의 관계에서 꼭 받아야 했으나 받지 못함으로 형성된 핵심 감정과 그 감정에 반응하여 현실을 살아가는 방식이다. 사람들은 삶의 많은 부분에서 심리 역동으로 반응하고 살아가는데, 이를 알아차리고 회복하기 전에는 변화할 수 없다.

본 책에서는 심리 역동을 성경의 용어인 '쓴 뿌리'라고 표현하고 있다. 필자는 쓴 뿌리를 "과거에 경험한 상처로 인간 내면에 형성된 거짓된 마음이자 죄의 뿌리"라고 정의한다. 쓴 뿌리는 관계를 파괴하는 주범이다. 하나님과의 관계는 물론, 인간관계를 파괴한다.

자신의 쓴 뿌리가 무엇인지 인식하고 있는가?

자신의 쓴 뿌리가 인간관계와 신앙생활에 영향을 준다고 생각하는가?

자신의 쓴 뿌리를 발견하고 해결하기 위해 어떻게 훈련하였나?

여러분은 현재 자신의 쓴 뿌리로부터 자유한가?

사람들은 왜 좀처럼 변화되지 않는 것인가? 혹은, 변화하였다가도 왜 금방 옛 모습으로 돌아가고 마는 것인가?

예수님을 믿으면 시간이 지날수록 그리스도의 성품을 닮아가야 하는데, 왜 바리새인의 모습을 더 닮아가는 것인가?

1990년 사역을 시작한 후 회복프로그램을 만나기 이전까지 20여 년간 나를 씨름하게 한 질문들이다. 이 고민을 해결하기 위해 안 해본 것이 없을 정도로 온 힘을 다하여 사역하였다. 그럼에도 해결되지 않는 질문들에 절망하고 눈물 흘리는 날이 많았다.

2012년 가을, 회복의 길을 발견하지 못해 지칠 대로 지쳐있던 내게 하나님께서 특별한 만남을 허락하셨다. 심리학자이자 목사인 안덕자 교수와의 만남이다.

안 교수는 젊은 시절 교회 상담부에서 사역하며 성도들의 불일치한 삶을 목격하고 충격을 받았다. 그는 심리학자로서 그리스도인의 본질적인 변화를 위해 고민하였고 프로그램을 개발하였다. 그리고 그것을 목회자들에게 가르치고 교회에 적용하도록 돕기로 하였다. 그러나 안 교수는 자신의 프로그램을 정확히 이해하고 적용할 수 있는 목사를 만나지 못하여 절망하고 있었다. 그때 회복의 길을 찾아 헤매던 나를 우연히 만난 것이다. 하나님의 놀라운 섭리가 있는 만남이었음이 분명하다. 이후 안 교수와 협력하여 교회에 회복프로그램을 도입하였고 그토록 갈망하던 회복의 길에 대한 목마름을 해결하였다.

이 책은 그 갈증이 해결되어 가던 지난 몇 년간의 여정을 기록한 것이다. 교회에서 회복프로그램을 진행하며 연구한 내용과 강의 내용, 그리고 참여자들의 변화를 담고 있으며 연구 내용 중에는 필자의 박사학위 논문 일부를 포함하였다.

교회에서 회복프로그램을 진행하면서 참여한 사람마다 삶의 회복을 경험하였고 그로 인해 많은 영혼을 구원하고 있다. 목회자로서 회복의 길을 알고 사역하는 것이 얼마나 큰 행복인가. 회복의 길을 알면 아무리 어두운 터널을 지나고 있더라도 소망을 잃지 않을 수 있다. 회복을 위해 하나님께 맡겨야 할 부분과 자신이 해야 할 일이 무엇인지 분별하여 실천할 수 있기 때문이다. 이 책을 읽는 분들도 회복의 길을 이해하고 그 원리에 따라 회복을 경험하기를 간절히 바란다. 또 사역자들이 회복의 원리를 사역 현장에 적용하여 교회에 내적인 변화와 진정한 부흥의 역사를 일으키기를 기대한다.

끝으로 추천의 글을 써주신 지구촌 목회리더십센터 대표 이동원 목사님, 가족관계연구소장 정동섭 교수님, 한국침례신학대학교 김선배 총장님, 미드웨스턴침례신학대학원 박성진 학장님께 감사드립니다. 그리고 이 책이 나오기까지 함께한 성산교회 성도님들과 교정을 도와준 김형묵 목사님, 김주원 목사님, 김규희 집사님, 사랑하는 딸 예림에게 감사드린다.

성산교회 목양실에서
윤양중 목사

# 한국 교회 회복의 교과서

회복은 시대의 화두입니다. 팬데믹 시대의 고통속에 우리는 많은 것을 상실했습니다. 그래서 더더욱 우리는 회복을 열망하고 회복을 기도합니다. 이런 시대의 요구에 응답하는 좋은 책이 나왔습니다. 『하나님 형상 회복의 길』이 그것입니다.

A.A. 12단계는 임상적으로 증명된 회복의 방편으로 널리 사용되어 왔습니다. 본래 알코올 중독자들을 대상으로 한 것이지만 이 책은 그 원리를 넓게 적용했습니다. 그래서 효율적인 우리 시대 회복의 처방으로 제시한 것입니다. 그리고 그 궁극적 목적은 하나님 형상의 회복입니다. 이 책으로 회복의 길을 걷게 될 많은 사람들의 미소를 바라봅니다.

윤양중 목사님께서 이 중요한 보배로운 처방을 나누신 것을 축하합니다. 이 책은 회복의 이론만이 아닌 실제적 처방을 제시했기 때문에 한국 교회에 실제적 도움이 될 것입니다. 그동안 복음주의 교회들이 시도한 제자훈련에도 접목되기를 기대합니다. 그래서 건강한 성도들, 건강한 교회들의 회복을 보고 싶습니다.

어둡고 지루한 코로나의 겨울이 물러가기를 기다리는 때, 이 책이 한국 교회 회복의 한 교과서로 잘 응용되기를 기도합니다. 그리고 따뜻한 마음으로 이 책을 추천합니다. 많은 교회에서 목회자와 성도들이 함께 읽고 사용하기를, 그리고 더 많은 회복의 간증이 일어나기를 소원합니다.

**함께 회복을 기도하며,**
**이동원 목사(지구촌 목회리더십센터 대표)**

# 치유받고 변화된
# 성도들의 생생한 간증

세계적인 치유사역자 데일 라이언은 이 지구의 중심적인 현실은 중독과 학대, 외상(trauma)으로 나타나는 마음의 상처라고 하였습니다. 우리는 세상을 사는 동안 몸이 아플 때보다 마음이 아플 때가 더 많습니다. 예수님의 성육신의 목적 중 하나는 "마음이 상한 자(broken heart)를 고치기 위한 것"이었습니다. 이 책은 마음의 쓴 뿌리, 고통스런 기억, 옛 사람, 상한 마음, 허물과 죄의 치료를 다룹니다.

진리는 보편타당한 것(universally valid)입니다. 유럽에서나 미국에서나 한국에서 보편적으로 믿어지고 적용되는 것이 진리라는 말입니다. 이 책의 저자 윤양중 목사님은 신학과 심리학과 철학의 통합, 즉 특별계시와 일반계시의 통합을 통해 우리의 문제에 대한 진단과 해답을 만날 수 있었다고 간증하고 있습니다. 저자를 통해 우리는 루터, 칼빈, 웨슬리, 에릭슨과 신학자는 물론, 아론 벡, 버지니아 사티어, 알버트 엘리스, 래리 크랩, 제이 아담스, 아브라함 매슬로우, 마틴 셀리그만, 웨인 오우츠 등 심리학자를 만나고, 빌리 윌슨, 프랭크 부크만, 샘 슈메이커, 폴 푸르니에, 존 베이커 등 치유심리학자들을 통해 전수된 12단계 치유원리를 만납니다. 인격치유를 위한 농축된 지식과 지혜를 한꺼번에 접하는 것은 보통 큰 축복이 아닙니다.

이 책에서 저자는 복음의 핵심은 하나님의 형상을 회복하는 것이라는 전제 아래 독자를 하나님 형상 회복 모델 12단계로 인도합니다. 회복을 경험한 사람들의 이야기를 소개한 후에 안덕자 교수와 국내외 여러 치유사역자들과 12단계 원리를 통해 자신과 성도들이 하나님과, 자기 자신, 그리고 이웃과 평화를 어떻게 누리게 되었는지를 간증(고백)하고 있습니다. 따라서 훈습일지에 담겨있는 치유 받고 변화된 성도들의 생생한 간증에는 힘이 있습니다.

한국 교회에 무엇보다 필요한 것은 치유목회의 모델입니다. 목회자는 물론, 신학생, 가정사역자, 일반성도들이 12단계 회복의 원리가 담긴 책을 통해 자신을 하나님 앞에서 돌아보고 피차 삶을 나누며 치유 받고 풍성한 삶을 누리게 되기를 바라마지 않습니다. 온전한 삶을 추구하는 모든 이들에게 이 책을 강력히 추천합니다.

**정동섭 교수(가족관계연구소장; 전 침신대,**
**한동대 기독교상담학 교수: Ph.D.)**

# 회복의 길을 찾으려는
# 한국 교회의 희망

　윤양중 목사님의 저술인 『하나님 형상 회복의 길』은 이도류를 연상시킵니다. 이도류는 미야모토 무사시라는 검객이 창시했습니다. 장검과 단검을 양손에 들고 뛰어난 검술 실력으로 전일본을 평정한 최고의 검객으로 일컬어진 인물입니다. 종종 야구에서 투수와 타자를 겸하는 선수에게도 '이도류'라는 이름을 붙입니다.

　윤 목사님의 저서는 교리와 실천, 이론과 실제 두 가지를 아주 체계적이고 견고하게 조합했습니다. 그래서 목사님의 책을 읽으며 '이도류'를 연상하지 않을 수 없었습니다.

　『하나님 형상 회복의 길』은 신학과 심리학을 통합한 특징이 있습니다. 저자는 래리 크랩, 아브라함 매슬로우 등 심리학자는 물론 종교개혁가 루터, 칼빈, 웨슬리 그리고 현대 신학자 에밀 부르너에 이르기까지 폭넓고 다양한 신앙의 선배들을 포괄적으로 인용하였습니다. 저자의 이론이 공허하지 않은 이유는 그가 목회 현장에서 실제로 적용하며 성도들의 회복과 변화를 체험했기 때문입니다. 게다가 200여 명 이상을 대상으로 프로그램을 인도하며 교회에서 '회복의 길' 12단계를 실천하며 변화를 체험했습니다. 이 책에는 그런 실천의 방법과 과정이 매우 구체적으로 적시돼 있을 뿐 아니라 실제 회복 프로그램에 참여하며 변화된 성도들의 삶도 간증으로 곁들였습니다.

저자는 회복의 길은 곧 복음으로 사는 것이라고 강조합니다. 저자는 회복의 길을 크게 '죄 죽이기'와 '새 생활하기'로 정의하고, 이것을 십자가의 주님과 연합하는 삶과 부활의 주님과 연합하는 삶으로 결합하여 제시합니다. 저자의 탁월성은 이처럼 심리학을 인본주의적 학문의 영역으로 내버려 두지 않고 복음으로 연결했다는 점입니다.

저자는 교회가 여전히 희망임을 보여줍니다. 요즘 우리나라 매스컴의 보도는 교회에 대한 부정적 이미지를 심어주는 경우가 적지 않습니다. 교회의 긍정적인 역할이 폄하되고 부정적 현상은 부각되는 상황에서, 저자는 교회 성도들의 인생이 변화한 이야기, 깨어진 가정이 봉합된 간증 등 회복의 스토리를 들려줍니다. 이를 통해 저자는 교회가 개인·가정·사회의 희망이 될 수 있음을 실천적으로 보여줍니다. 진실은 현장에 있습니다. 진리는 실천으로 검증됩니다.

성산교회 성도들이 계속해서 회복 스토리를 써가듯이 한국 교회 성도들도 이 책을 통해 또 다른 회복을 경험하리라 확신합니다. '회복의 길'은 목회의 돌파구를 찾으려는 한국 교회에 큰 희망의 좌표가 될 것입니다.

**김선배 박사(한국침례신학대학교 총장)**

# 하나님의 손길을 느끼게 하는 책

인생을 살면서 마음 속에 쓴 뿌리가 없는 사람이 있을까요? 사람은 변하지 않는다는데, 이 쓴 뿌리로부터 자유하게 된 사람이 과연 있을까요?

본서는 거친 삶 가운데 마음이 찢긴 채로 온전한 회복과 자유함을 누리지 못하는 성도들을 만나면서 철저하게 고민하고 연구하여 나온 윤양중 목사님의 목회 고백서입니다. 본서를 저술한 저자의 목적은 단순 명료합니다. 과거의 상처와 회한으로부터 회복을 소망하는 사람들에게 '회복의 길 12단계'를 소개하는 것인데, 이를 소개하기 전에 마음의 온전한 회복을 위한 두 가지 성경적 개념을 설명합니다. 첫째는 회복과 자유의 출발은 바로 복음을 아는 것이며, 복음을 아는 것은 날마다 십자가 앞에 나아가 부활하신 주님과 연합하는 삶이라는 점입니다. 둘째는 회복의 목표는 하나님의 일그러진 형상을 회복하는 것인데, 하나님의 온전한 형상 회복은 의로운 삶으로의 회복, 관계의 회복, 청지기적 삶의 회복임을 강조합니다.

본서는 단순히 '회복의 길 12단계'를 설명하며 "내 교회가 이런 프로그램을 통해 많은 성도들의 삶이 회복, 변화되었으니 당신도 이와 같이 하라"는 식의 세일즈 마케팅을 위함이 아닙니다. 12단계의 각

과정을 면밀히 살펴보면 저자가 얼마나 세밀하고 민감하게 마음이 상한 성도들에게 나아가고자 했는지 그 치열한 몸부림을 볼 수 있습니다. 이런 의미에서 이 책은 우리의 삶의 여정이 참으로 힘듦을 알게 하는 깨달음의 책이요, 이런 힘듦을 모두가 경험하고 있음을 알게 해주는 나눔의 책이요, 교회를 감찰하는 하나님의 손길을 느끼게 하는 은혜의 책입니다.

**박성진 교수(미드웨스턴 침례신학대학원 학장, 구약학 교수)**

# 서론

한국 교회는 1950년대부터 1990년대까지 10년마다 양적으로 배가를 이루는 급성장을 하였다.[1] 그러나 이러한 교회의 외적 성장은 신앙의 내적 성숙과 제자의 삶을 강조하기보다는 양적 성장에 치중하는 결과를 가져왔다. 목회의 성공은 재정 규모와 외형적 크기로 측정했으며, 신앙은 물질적인 복과 성공을 기준으로 가늠했다. 그 결과 1990년대 이후 한국 교회는 성장이 멈추고, 사회적으로 교회를 향한 부정적 평가가 증가하였다.[2]

이러한 위기 속에서 목회자들은 제자훈련, 소그룹 사역, 영성 훈련 등을 통해 돌파구를 찾으려고 노력하였다. 2017년에는 종교개혁 500주년을 맞이하여 한국 교회 개혁 과제에 대해 많은 발표가 쏟아져 나오기도 하였다. 그러나 그리스도인들이 복음의 능력으로 내면

---

1  1950년대부터 1990년대까지 10년 단위로 한국교회 증가 현상을 보면 "1950년대 3,114개 교회에서 1960년대 5,011개 교회로 60.9%의 성장을 보였고, 1970년대에는 12,866의 교회로 1960년 대비 157%의 성장을 보였으며, 1980년에는 21,243개의 교회로 1970년 대비 65.1% 성장을 보였고, 1990년 35,819개의 교회로 1980년 대비 68.6%의 성장을 보였으며, 1993년에는 42,859개의 교회로 1990년 대비 18.9% 증가 하였다." 권성수 외 2인, 「3인의 석학이 풀어 본 교회성장 이야기」 (서울: 기독신문사, 1997), 15.

2  최윤식, 「2020-2040 한국 교회 미래지도」 (서울: 생명의말씀사, 2015), 13.

에 있는 죄의 문제를 해결하지 않고는 어떤 프로그램도 참된 신앙을 회복하는 데 한계가 있다.

필자는 1990년부터 현재까지 성도들의 변화를 위해 말씀 사역과 기도 사역, 성령 사역 등 다양한 사역을 시도하였다. 그러나 사역을 하면 할수록 경험한 것은 '사람이 변화되지 않는다'라는 뼈아픈 현실이었다. 필자는 사람들이 변화되지 않는 중요한 이유가 그들 안에 있는 내면의 문제 곧 쓴 뿌리를 자각하지 못하며 회복의 길에 무지하기 때문이라는 것을 발견하였다. 히브리서 12장 15절에 사용한 '쓴 뿌리'라는 단어는 공동체에 고통을 주는 배교자와 불순종한 자들을 표현하고 있다. 그러나 이를 단어적 의미 측면에서 본다면 '그 뿌리가 쓰거나 독이 있는 열매를 생산하는 것'을 말한다. 다시 말해 쓴 뿌리는 하나님과 인간관계를 파괴하고 비효과적으로 스트레스에 대처하는 지정의(知情意) 패턴이라 할 수 있다.

사람이 변화하기 위해서는 먼저 자신의 내면에 있는 쓴 뿌리를 자각하고 인정해야 한다. 존 칼빈(John Calvin)은 이사야 53장 6절 주석에서 다음과 같이 말한다:

우리는 우리 자신의 절망적인 비참함을 인식하지 못한다면, 우리는 얼마만큼 그리스도의 치유가 필요한지 알지 못하며, 또한 뜨거운 사랑으로 그에게 나아가지 못할 것이며, 그리스도의 변호로 의인의 확증을 받을 때까지 자신이 정죄 아래 있었다는 것을 알아야 한다. 그러므로 우리가 그리스도의 복음을 제대로 이해하려면 먼저 자신을 곰곰이 살피고 반성하여 자신이 그리스도께

누구나 어려서부터 내면에 형성된 쓴 뿌리를 가지고 있다. 불신, 죄책감, 과도한 책임감, 무책임, 원망, 분노, 낮은 자존감, 인정받기 원함, 통제욕 등으로 발현되는 쓴 뿌리는 우리를 괴롭게 하며 은혜에 이르지 못하게 한다. 그리스도인은 자신 안에 있는 죄의 쓴 뿌리를 자각할 때 복음의 필요성을 인식하고 그리스도의 십자가 앞에 나아가 변화를 경험할 수 있다. 청교도 학자 존 오웬(John Owen)도 자신의 죄를 인정하고, 그 죄를 죽일 때 진정한 생명을 소유할 수 있다고 강조하였다.[4] 그러므로 사람들이 근본적으로 변화되려면 먼저 내면의 쓴 뿌리들을 자각하고 제거하는 과정이 필요하다.

필자는 지속적인 내면의 회복[5]을 통한 제자화를 위해 2013년부터 〈회복의 길 12단계〉('회복의 길' 또는 '12단계'라 표기하겠다)를 교회 내에 적용하기 시작했다. 12단계는 크게 네 가지인데 첫째는 죄 발견하기(자각) 훈련, 둘째는 죄 죽이기(정화) 훈련, 셋째는 새 사람 입기(조명) 훈련, 넷째는 새 생활하기(연합) 훈련이다. 이 훈련을 통해 오랫동안 변화되지 않았던 사람들이 내면의 회복을 통해 삶의 많

---

3  John Calvin, 「이사야 Ⅳ」, 「성경주석 15」, 존 칼빈 성경주석 출판위원회 역 (서울: 성서교재간행사, 1981), 124-5.

4  John Owen, 「죄 죽이기」, 서문강 역 (서울: SFC 출판부, 2013), 30-3.

5  본서에서는 하나님 형상 회복의 범주 안에서 '신앙의 회복'과 '내면의 회복'의 용어를 같은 의미로 사용할 것이다. Calvin은 하나님 형상의 본질을 에베소서 4장 23-24절에 근거하여 참된 지식, 참된 의 그리고 거룩이라고 하였다. John Calvin, 「기독교강요(상)」, 김종흡 외 3인 역 (서울: 생명의 말씀사, 2014), 228. 그러므로 하나님 형상 회복은 참된 지식과 의 그리고 거룩을 회복하는 것이다. 따라서 하나님 형상의 회복은 곧 신앙회복이며 내면의 회복이라 할 수 있다.

은 영역에서 놀라운 변화를 경험하고, 온전한 예수님의 제자로 세워져 가고 있다.

이 책이 이루고자 하는 목적은 세 가지이다.

첫째, '회복의 길 12단계'를 소개하는 것이다. 12단계는 루터교 목사 부크만(Frank Buchman)에 의해 시작된 기독교 회복 원리이다. 나는 회복의 길에 목말랐던 때에 12단계를 접하고 마치 하나님을 처음 만났을 때와 같이 감격했다. 변화를 위해 노력했다가도 방법을 알지 못해 포기한 많은 이들이 이 책을 통해 12단계를 알고, 회복의 길을 발견해 내가 느꼈던 감격을 함께 느끼기를 바란다.

둘째, 회복의 길을 실천하는 것이 곧 복음으로 사는 것임을 설명하는 것이다. 복음은 믿는 모든 사람에게 구원을 주시는 하나님의 능력이다(롬 1:16). 그리스도인은 복음을 알고 복음으로 살아야 한다. 그리고 복음으로 살면 삶의 모든 영역이 회복되는 것은 당연한 일이다. 이 책을 통해 복음이 무엇이고 복음으로 사는 것이 어떤 것인지, 그리고 그것이 회복의 길을 실천하는 것과 어떻게 연결되는 것인지 이해하게 될 것이다.

셋째, 회복의 길을 행동에 옮길 수 있도록 돕는 것이다. 책의 마지막 장에서는 회복의 길을 삶에 적용할 수 있는 실제적인 훈련방법을 제시하고 있다. 이 책의 궁극적인 목표는 독자가 회복의 길을 실천하고 회복을 경험하게끔 하는 것이다. 그러므로 회복의 각 원리를 이해한 뒤, 마지막에는 꼭 훈습일지 쓰기와 회복의 길 기도를 실천해보기 바란다. 반드시 회복을 경험할 것이다.

책은 총 여섯 장으로 구성했다.

제 1장에는 회복프로그램을 통해 치유된 사람들의 이야기를 담

았다. 이유를 알 수 없는 분노, 잃어버린 자아정체감, 극심한 공황장애로 고통받던 사람들이 회복의 길을 알고 변화한 이야기들이다.

제 2장에는 필자가 회복사역자가 되기까지 20년간의 사역 이야기와, 회복프로그램을 만난 뒤의 이야기를 담았다. 현재 성산교회에서 회복프로그램을 어떻게 적용하고 있는지도 함께 소개한다.

제 3장은 회복의 길 12단계에 대한 이해이다. 12단계의 역사와 내용 그리고 '하나님 형상 회복모델 12단계'로 재구성한 것에 대한 설명이다. 이 장에서 중요한 것은 필자가 '관계회복모델 12단계'를 '하나님 형상 회복모델 12단계'로 재구성한 동기와 내용을 이해하는 것이다.

제 4장에서는 복음과 회복의 길의 연관성을 설명하여 회복의 길이 가지는 성경적 타당성을 제시한다. 그리스도인이 죄의 쓴 뿌리에서 회복되는 궁극적인 처방은 복음으로 사는 것이며, 회복의 길은 복음을 구체적으로 적용하는 방법이다.

제 5장은 하나님 형상에 대한 고찰이다. 하나님 형상은 회복의 최종 목표이다. 그러므로 우리가 회복해야 할 하나님의 형상이 무엇인지 알 필요가 있다. 이 장에서는 먼저 신학자들이 설명한 하나님 형상 개념을 소개하였고, 그 개념들을 종합하여 하나님 형상 회복이 무엇인지 제시하였다.

제 6장에서는 회복의 길의 각 원리를 구체적으로 설명하고, 12가지 원리를 삶에 어떻게 적용할 수 있는지 안내한다. 이를 실제로 적용하여 삶에 변화와 회복을 경험한 성산교회 성도들의 이야기를 길잡이로서 함께 소개한다. 독자들 또한 곧바로 실천할 수 있도록 부록에 훈습일지와 회복의 길 기도문을 제공하였다.

# 1장

---

## 회복을 경험한 사람들

성산교회에는 회복을 경험한 사람들의 간증이 풍성하다. 회복프로그램을 통해 쓴 뿌리를 버리고 변화된 삶을 사는 성도들의 실제적 이야기를 먼저 소개하고 싶다.

첫 번째 이야기의 주인공 신효정(개인적인 이야기이므로 이름은 모두 가명을 사용했다) 성도는 어려서부터 심한 언어폭력을 당해 매우 왜곡된 자기인식을 하고 있었다. 타인에 대한 인식과 하나님에 대한 인식도 마찬가지였다.

몬테소리는 언어 민감기의 아동은 소리를 흡수하기 위한 내적인 준비가 되어있고 소리나 단어들을, 마음이 아니라 그의 생 자체로 스펀지처럼 흡수한다고 하였다. 그래서 그 소리는 믿을 수 없을 정도로 강한 인상과 영향을 남긴다. 소리는 아동의 몸에 있는 보이지 않는 신경 섬유들을 작동시키며, 그 소리를 재생시키고자 할 때 이 신경 섬유들은 진동하기 시작한다.[1]

신효정 성도 역시 아동기에 들은 말들을 온몸으로 흡수한 채로 살아가고 있었다. 폭력인 말들, 거짓된 말들이 세포 깊숙한 곳에 저장

---

1  William Crain, 「발달의 이론: 개념과 적용, 제5판」, 90.

되어 신효정 성도는 왜곡된 인식을 가진 채 살 수밖에 없었다. 왜곡된 인식을 바로잡기 위해서는 지금껏 저장해 온 말들을 대체할 새롭고 진실한 말이 필요했다. 그에게 끊임없이 성경 말씀을 읽고 암송하도록 한 것이 그 이유다. 감사하게도 신효정 성도는 로마서 8장을 암송하였고, 지금은 히브리서까지 암송하며 완전히 새로운 사람이 되었다.

두 번째 이야기의 주인공 현정민 성도는 60대 중년으로, 자아가 강하고 분노가 많은 사람이었으나 지금은 아름답게 회복되어 목자로 섬김과 헌신의 삶을 살고 있다. 그 외에 박진우, 송은민, 최영신 성도의 회복 이야기가 이어진다.


## 1. 공포에서 해방되었습니다 – 신효정

저는 말씀 암송과 묵상으로 자아 정체성을 회복한 은혜를 나누고자 합니다. 저는 오빠를 편애하는 부모님의 무관심과 방치 속에서, 갖은 신체 학대와 언어폭력, 심한 통제를 당하며 자랐습니다. 이런 가정환경은 저에게 거역과 교만, 강한 왜곡과 편집, 낮은 자존감과 비교의식, 버림받는 것에 대한 두려움, 수치심과 죄책감, 정죄와 불신, 사람에 대한 의존 등의 쓴 뿌리를 남겼습니다.

제 머릿속에는 어느 것도 정상으로 보이지 않게 하는 필터가 있습니다. 오랫동안 교회를 다녔지만 하나님을 너무나 원망하고 욕했던 제가 과연 구원받을 수 있는 사람이 맞는지 혼란스럽고 두려웠습니다. 30년 넘게 교회를 다녔음에도 이런 생각을 하는 제 모습이 수치스러워 누구에게도 말하지 못했습니다. 심지어 3년 동안 저를 긴밀하게 상담해준 목자님께도 구원의 확신이 없어서 두렵다고 말한 적이 없었습니다. 간혹 감당하기 힘든 영적 두려움이 밀려오면 무시하거나 회피하는 방법으로 문제를 묻어 두었습니다. 그러던 중 회복프로그램에 참여하면서 이 두려움의 실체가 드러나기 시작했습니다.

나의 믿음을 하나님이 받아주시지 않을 거라는 생각에 또다시 두려운 마음이 밀려들었던 어느 날이었습니다. 두려움에 사로잡혀 믿음을 달라고 기도하던 중 제 마음에서 하나님을 향한 적대감을 발견했습니다. 성경을 읽으면 사울 왕과 가룟 유다처럼 하나님을 떠난 사람들이 저와 동일시되었습니다. 하나님은 저를 벌하시는 두려운 존재였습니다. '나는 지옥에 가기로 결정된 사람이다'라는 생각에 정상적인 생활이 어려운 지경에 이르렀습니다. 너무 무서워 끊임없이 "나 어떡해, 어떡해"하며 중얼거리는 증세까지 나타났습니다.

회복프로그램에 참여하면서 저의 내면을 구체적으로 들여다보게 되었습니다. 두려움, 저를 사로잡은 그 두려운 마음은 사실에 대한 반응이 아니라, 저 스스로가 만들어 낸 허상이었습니다. "나는 하나님께 버림받은 존재야"라는 왜곡된 생각으로 말입니다. 회복프로그램 이후 심화과정에도 참여하여 적극적으로 저의 문제를 자각하고 훈련하는 과정을 시작했고, 전도사님에게 '일대일 양육'을 받았습니다. 목사님은 저의 인지 왜곡 회복을 위해 말씀 암송을 권면해 주었습니다. 저는 자동화된 부정적 사고에서 벗어나기 위해 깨어있는 동안은 말씀만 암송하기로 하였습니다.

처음 암송한 말씀이 로마서 1장 17절입니다. "복음에는 하나님의 의가 나타나서 믿음으로 믿음에 이르게 하나니 기록된바 오직 의인은 믿음으로 말미암아 살리라." 이 말씀을 암송하면서 예수님이 어떤 분인지 배웠고, 예수님을 알아갔습니다. 전도사님의 도움으로 예수님을 나의 구주로 다시 영접하는 기도를 하면서 구원의 확신을 가지게 됐습니다.

다음으로 암송한 말씀이 히브리서 4장 14-15절입니다. "그러므로 우리에게 큰 대제사장이 계시니 승천하신 이 곧 하나님의 아들 예수시라 우리가 믿는 도리를 굳게 잡을지어다 우리에게 있는 대제사장은 우리의 연약함을 동정하지 못하실 이가 아니요 모든 일에 우리와 똑같이 시험을 받으신 이로되 죄는 없으시니라." 이 말씀을 암송하고 읊조리면서 나와 똑같이 시험을 받으신 예수님, 나의 연약함을 동정해 주시는 예수님을 보았고 나를 아시고 이해하는 하나님을 만났습니다.

이렇게 말씀을 암송하면서 제 삶이 점차 회복되기 시작했습니다. 저를 가장 크게 변화시킨 말씀은 로마서 8장입니다. 그토록 원하던 나를 향한 하나님의 메시지가 로마서 8장에 있었습니다. "성령이 친히 우리의 영과 더불어 우리가 하나님의 자녀인 것을 증언하시나니"(롬 8:16). 성령님이 친히 나를 증언해주신다는 말씀에서 나는 하나님의 자녀이고 나의 구원을 하나님이 붙들고 있다는 것을 확신하게 되었습니다.

말씀을 암송하는 것뿐만 아니라 묵상하는 것이 회복에 큰 도움이 되었습니다. 묵상하기 전 먼저 찬양과 기도를 하고 묵상 본문을 다섯 번 읽고 요약했습니다. 그리고 하나님께서 깨닫게 해주시는 아버지의 마음을 기록하였습니다. 말씀을 통해 알려주시는 아버지의 마음을 기록하면서, 저를 향한 하나님의 큰 사랑을 보게 되었고 그와 동행하는 것이 중요하다는 사실을 깨달았습니다. 요즘 묵상하면서 저에게 알려주신 하나님을 나누고 마치겠습니다.

> 이는 예수께서 자기가 어떠한 죽음으로 죽을 것을 가리켜 하신 말씀을 응하게 하려 하심이라(요 18:32).

> 빌라도가 이르되 그러면 네가 왕이 아니냐 예수께서 대답하시되 네 말과 같이 내가 왕이니라 내가 이를 위하여 태어났으며 이를 위하여 세상에 왔나니 곧 진리에 대하여 증언하려 함이로라 무릇 진리에 속한 자는 내 음성을 듣느니라(요 18:37).

두 구절을 통해 말씀을 성취하시는 하나님의 성품을 알려주었고 슬픔과 고통뿐이라 생각했던 십자가에서 기쁨과 축제를 보게 하였습니다. 저의 아픔이, 돌이켜보면 모두 하나님의 섭리 안에 있었다는 사실을 알게 되었습니다. 저는 이제 막 하나님 말씀 안에서 정체성을 찾아가고 있습니다. 모든 것을 거꾸로 보았던 저의 눈이 이제 말씀을 통해 진실을 볼 수 있게 되었습니다.

> 모든 성경은 하나님의 감동으로 된 것으로 교훈과 책망과 바르게 함과 의로 교육하기에 유익하니 이는 하나님의 사람으로 온전케 하며 모든 선한 일을 행하기에 온전케 하려 함이니라(딤후 3:16-17).

말씀 안에서 저와 저희 가정을 회복시키는 하나님의 얼굴을 구하며 주님과 동행하겠습니다.

## 2. 상한 심령을 말씀으로 채웁니다 - 현정민

저는 내면의 쓴 뿌리로 불평, 분노, 통제의 욕구가 강해서 제 생각과 다를 때 자주 화를 내던 사람이었습니다. 이 문제를 자각하고 회복하기 위해 십자가 앞에 나아감으로 변화된 저의 경험을 나누고자 합니다.

8남매 중 여섯째로 태어난 저는 부모님보다 형님에게 많은 간섭과 통제를 받으며 어린 시절을 보냈습니다. 그래서인지 다른 사람으로부터 지시나 통제받는 것을 무척 싫어했습니다. 예수님을 영접하고 날마다 하나님의 역사하심을 경험하고 신앙생활을 열심히 했음에도 삶의 문제는 여전히 해결되지 않았습니다. 아내와 자녀에게 늘 완고한 남편과 아버지로 내 방식과 내 뜻에 맞추어 그들을 조종하고자 했습니다. 그러면서도 '일이 잘되면 내 탓, 안되면 네 탓'이라는 태도로 누구보다 자기중심적인 삶을 살았습니다.

회복프로그램을 하면서 저의 쓴 뿌리를 발견하고 변화하고자 주님을 찾았지만 사실 제게 변화는 너무나 두려운 일이었습니다. 저의 모든 것을 포기해야만 하는 일로 알았기 때문입니다.

주님, "이제 어떻게 해야 하나요? 제가 변화될 수 있을까요? 십자가 앞에 무릎을 꿇습니다."

그때 성령님께서 저에게 디모데후서 1장 7절 말씀을 생각나게 하시며 다음과 같이 깨닫게 하셨습니다. "두려워하는 마음은 내가 주는 것이 아니다. 그것은 사탄의 꼬임에 속는 것이다. 내가 너희에게 주는 것은 오직 할 수 있는 능력과 나를 경외하는 마음이다." 그리고 신명기 30장 19절 말씀이 생각났습니다. "너희 앞엔 항상 두 갈래 길이 놓여 있다. 한 길은 생명의 길이요 또 한 길은 사망의 길이니 선택은 너희 몫이다." 저는 주님께 고백했습니다. "하나님 감사합니다. 이제 제가 변화하고자 하는 선택만 하면 되는군요." 순간 가족들의 모습이 떠올랐습니다. "주님, 저는 이제 주님이 주신 가정의 제사장으로서의 사명만 감당하겠습니다."

이후 회복프로그램의 모든 시간은 '나는 죄인 중에 우두머리'라고 한 바울의 고백이 곧 저의 고백이었음을 깨달아 가는 과정이었습니다. 이전에는 죄라고 생각지도 않았던 제 모습들을 하나둘 발견하고 죄로 인식하게 되었고 십자가 앞에 나아가 회개했습니다.

먼저, 자녀에 대한 불신과 통제를 내려놓았습니다. 그동안 주님을 신뢰하지 못하고, 내 욕심대로 자녀를 통제해왔음을 회개하며 이제 자녀들을 있는 그대로 인정하기로 했습니다. 이렇게 자녀를 신뢰하고 주님 앞에 내려놓으니 그동안 불안했던 모든 마음이 사라지고 평안이 찾아왔습니다.

아내에게는 그동안 오직 내 뜻대로만 움직이기를 바라고 통제하며 아내의 마음을 헤아려 주지 못했음을 인정하고 용서를 구했습니다. 그리고 그동안 기도하며 메모했던 조그만 노트를 들고 가서 두 손을 잡고 약속하였습니다. "이제는 당신 앞에서 절대로 큰소리 내지 않을게. 당신이 하는 말을 끝까지 들을게. 그리고 당신 하고 싶은 것은 무엇이든지 다 들어줄게." 그동안 나 때문에 고생한 아내에게 보상하고 싶은 마음에 건넨 말이었습니다. 아내는 두 볼에 눈물을 흘리며 고개를 끄덕였습니다. 그 모습만으로도 저는 용서를 다 받은 기분이었습니다.

날마다 저의 성격을 정직하고 철저하게 살펴보면서, 고쳐지지 않던 저의 문제에 점점 변화와 회복의 영광이 나타났습니다. 자녀를 신뢰하고 내 방식을 고집하지 않기로 늘 주님 앞에 기도하면서 아이들과의 대화 속에서 평온함을 느낍니다. 아내와는 동역자의 관계로 회복되어가고 있습니다. 대화할 때 내 주장보다는 아내 의견을 존중하게 되었고 나의 의견과 일치되지 않을 때는 '나 전달법'(너는 이래!라는 공격표현의 '너 전달법'과 반대되는 대화법으로 '나는 이렇게 느껴'라고 마음을 전달하며 갈등을 줄이는 대화법을 의미한다)으로 생각을 전합니다. 아내는 요즈음 '마음이 평안해졌다'는 말을 종종 합니다.

지금도 끊임없이 나의 성격적 결함을 회복해 주시도록, 저의 마음 깊은 곳에 아직 남아 있는 쓴 뿌리를 가지고 예수님의 십자가 앞에 나아갑니다. 갈라디아서 5장 24절의 "그리스도 예수의 사람들은 육체와 함께 그 정욕과 탐심을 십자가에 못 박았느니라"는 말씀처럼 제 쓴 뿌리들을 십자가에 못 박습니다. 갈라디아서 5장 25절의 "만일 우리가 성령으로 살면 또한 성령으로 행할지니"라는 말씀처럼 쓴 뿌리가 제거된 심령에 하나님의 말씀을 채워서 성령으로 인도받아 변화되고 회복되어가는 삶을 살겠습니다.

## 3. 분노의 원인을 자각하고 극복했습니다 - 박진우

목사님 안녕하세요. 박진우입니다. 프로그램을 시작한 지가 엊그제 같은데 벌써 끝이 나네요. 목사님을 만나는 매주 목요일은 제게 참으로 소중하고 행복한 날이었습니다. 저는 공평하지 못한 세상과 이기적인 사람을 보면 주체할 수 없이 분노와 복수심이 올라왔습니다. 저는 이런 제 모습이 '정의롭고 도덕적이어서'라고 생각하며 살아왔습니다. 그런데 목사님을 만난 후 제 삶에 가득한 이 분노가 사실은 용서하지 못한 아버지를 향한 것임을 깨달았습니다.

아버지에 대한 복수심, 그리고 한쪽 귀가 들리지 않는 장애 때문에 사람들에게 받은 상처를 갖게 되면서 세상에 불만을 품고 내면에 살기를 품고 살아왔습니다. 이기적인 사람을 보면 어떻게 복수를 해야 할까 생각하였고, 타인에게 피해를 주는 사람은 세상에서 영원히 사라져야 하는 존재로 생각하였습니다. 그러니 나 역시 다른 사람에게 피해를 주지 않아야 한다는 신념으로 항상 완벽하게 살려고 부단히 애썼습니다.

제게 삶은 고통이었기에 이런 고통을 주는 하나님을 늘 원망했습니다. 잠자리에 들면서 다음 날 아침 눈 뜨지 않게 해주시길 기도했습니다. 하나님이라는 권력으로 저의 동의 없이 세상에 태어나게 하고, 고통을 강요하며, 안타까운 현실을 방관하는 그 자체만으로도 하나님은 죄인이라고 어리석은 기도를 했습니다.

언젠가 목사님이 "우리 삶에는 보이지 않는 손길이 있다"고 말씀하셨지요. 목사님과의 인연이 바로 그 보이지 않는 손길이었나 봅니다. 저의 안에 존재하는 분노와 불안이라는 괴물을 치유하고자 한 주님의 손길이요. 언제 폭발할지 모르는 내면의 분노로 인해 늘 불안 속에서 살았던 제가, 이제는 매일 아버지를 용서하는 기도를 합니다. '남자는 강해야 한다'며 초등학교도 가기 전의 저를 쑥탕에서 1시간 동안 나오지 못하게 한 아버지를 용서합니다. 어머니와 저를 무자비하게 학대한 아버지를 용서합니다. 아버지를 용서하고 회복하는 과정에서 하나님의 손길을 느낍니다. 정말 놀라운 경험입니다.

저는 주님의 뜻을 이성으로 이해하려는 습관이 있습니다. 그러나 목사님 덕분에 마음의 쓴 뿌리를 자각하게 되었습니다. 이제는 쓴 뿌리를 끊임없이 자각하고 훈습하면서 과거에 묶인 삶이 아닌 진리 안에서의 삶을 살고자 노력하고 있습니다.

아직 미숙한 부분이 많지만, 훈습일지를 쓰고 회복의 길 기도를 하면서 매일매일 '다시 태어난 나'를 만나고 있습니다. 현실에서 닥치는 문제들 앞에서 분노하거나 불안해하지 않고 마음속에 온전히 주님을 모시고 살게 되었습니다. 존재 자체를 부정하고 그 단어 자체도 부정했던 이름 'ㅏ버지.' 이제는 '아버지'라고 'ㅇ'을 채워 주님을 아버지라 부릅니다. 이제는 성숙한 내면과 주님이 주신 재능으로 다른 사람의 성장을 돕는 주님의 도구로 살고 싶습니다. 쉽지 않았던 깨달음의 과정에서 이해와 인내로 애써 주신 목사님께 깊은 감사의 마음을 전합니다.


## 4. 잃어버린 나를 찾았습니다 – 송은민

회복프로그램에 참여한 것은 순전히 아이를 잘 키워보자는 마음에서였습니다. 그런데 저는 프로그램을 통해 잃어버렸던 저 자신을 찾았습니다. 원하는 것이 무엇인지 모르고, 나의 필요를 요청할 줄도 모르며 착하게만 살아왔던 제가 목사님을 만난 후 내가 지금까지 왜 그렇게 살았는지, 그리고 앞으로 어떻게 살아야 하는지를 깨달았습니다.

저는 어려서부터 가난한 집에 살았습니다. 엄마는 나를 업고 장사하면서 '네가 엄마를 힘들게 하면 도망갈 거야'라고 자주 말씀하셨습니다. 저는 엄마를 힘들게 하지 않는 착한 아이로 살아야만 했습니다. 다른 사람들은 모난 곳 없는 저를 칭찬했지만 제 마음은 늘 공허했습니다.

내가 잘못하면 엄마가 떠날 것이라는 두려움에 '잘했다' 칭찬받지 못하면 사랑받지 못할 것이라는 두려움이 있었습니다. 그래서 언제나 나의 욕구와 생각을 포기하고, 내가 사랑하는 이들의 기대에 맞춰 그들을 기쁘게 하기 위한 모습으로 살아왔습니다. 나를 위해 무언가 투자하는 것은 이기적인 일이라 생각했습니다.

20대가 되어서도 내가 뭘 먹고 싶은지, 무엇을 하고 싶은지, 어떨 때 기쁜지 알 수가 없어 스스로가 한심하고 답답했습니다. 남편이 갑자기 '냉면이 먹고 싶어'라고 말하면 그렇게 확신 있게 먹고 싶은 음식을 말하는 남편이 부러웠습니다. 옷 한 번 고르기도 어려웠지만 어렵게 고른 옷을 결국 환불하고 마는, 그런 제 모습이 너무 싫었습니다.

폭풍 같은 20대와 30대를 지나며 '하나님 나는 어떤 사람인가요, 난 뭘 원하는 사람인가요, 하나님이 내게 주신 길은 무엇인가요?' 끊임없이 묻고 또 물으며 긴 시간 방황했습니다. 지독히 좌절하고 힘든 시간을 보내면서 '누군가의 성장을 돕는 사람이 되고 싶다', '사람의 마음을 공부하고 싶다'라는 생각이 들었습니다. 그러나 이를 위해 대학원에 가는 등 나를 위한 일 앞에 서면 이기적이라는 생각이 들어서, 또 용기가 없어서 그만두곤 했습니다. 그러다 아이들을 낳고, 직장을 그만두고, '내가 특별한 사람도 아닌데, 인생이 다 그렇지 뭐!'라고 합리화하며 제 마음을 외면했습니다.

그러던 중 회복프로그램을 만났습니다. 회복프로그램이 끝날 무렵의 어느 날, 제 마음에 하나의 그림이 보였습니다. 제가 어떤 길을 걷고 있었습니다. 부모님을 기쁘게 해드리고 싶은 딸, 남편에게 좋은 아내, 그리고 아이들에게 가장 좋은 엄마가 되기 위해 애쓰며 열심히 길을 걷고 있었습니다. 어디로 가는 길인지도 모른 채, 주어진 역할에 최선을 다하며 걷고 있었습니다. 그 순간 눈앞에 수백 갈래로 갈라진 길이 나타났고, 그 중에서도 가장 좁고 구불구불한 길을 걷고 있는 제 모습이 보였습니다. 그때 마음으로 한 소리가 들려왔습니다.

"은민아, 그동안 열심히 달려오느라 애썼다. 지금까지 걸어온 길 말고 너만을 위한 길을 같이 가자."

주님이 내 마음에 주시는 음성 같았습니다. '나만의 길', '나의 길', '하나님이 내가 태어나기 이전부터 나를 위해 계획한 길.' 저는 이 단어들 앞에서 하염없이 눈물이 났습니다.

회복프로그램을 통해 나란 사람이 더 잘하지 않아도, 누군가에게 기쁨이 되지 않아도, 있는 그대로 얼마나 귀한 사람인지 알게 되었습니다. 그리고 내가 그동안 가졌던 공부에 대한 소원을 하나님이 기뻐하시고, 그 길로 가길 원하신다는 마음이 들었습니다. 하나님이 나에게 주신 길이 있으며, 이제 그 좁은 길을 향해, 이미 주님과 함께 걷기 시작했음을 알게 해주셨습니다.

얼마 전 폭풍 같던 20대를 함께 했던 친구에게 문자를 보냈습니다. "윤진아, 요즘 회복프로그램을 하고 나서 심화 과정으로 목사님과 발달 심리학을 공부하고 있어. 요즘 하루하루가 너무나 감사해. 그래서 밤에 잠을 잘 때 다음 날 아침이 너무 기다려져. 오늘은 주님이 내게 어떤 말씀을 깨닫게 하실까? 또 어떤 이론을 공부하게 될까? 사는 게 참 행복해." 그러자 친구는 "은민아, 이제 드디어 너에게 딱 맞는 옷을 입은 것 같아. 너의 미래가 정말 기대가 된다"고 말해주었습니다.

하나님이 내게 허락하신 길, 누군가의 성장을 돕고 회복을 돕는 것은 분명 쉽지 않은 길이겠지만, 주님과 함께 구름이 성막 위에 머무는 날엔 진영에 머물고 구름이 떠오를 때는 행진하며 기쁘게 이 길을 가려고 합니다. 오랜 기다림의 시간이 있었지만, 내 마음의 소원을 아시는 주님께서 5년 전도 아니고, 1년 전도 아니고, 바로 오늘 내게 이것을 허락해 주심에 감사드립니다. 이제 하나님의 허락한 나의 길을, 걷든 기다리든 뛰든 즐겁게 가려고 합니다. 잃어버린 나를 찾아 나의 인생을 살게 도와주신 목사님께 감사드립니다.


### 5. 회복프로그램은 새 인생을 선사했습니다 - 최영신

저는 5녀 1남 중 둘째로 태어났습니다. 저의 어린 시절은 좋은 기억보다는 아픈 기억이 많습니다. 저는 할아버지가 너무 무서웠습니다. 할아버지는 여섯 남매 중 유독 저를 싫어하셨습니다. 언니는 장녀라서, 남동생은 손자라서, 여동생은 공부를 잘해서 예뻐하셨습니다. 무서운 할아버지에게 최대한 눈에 띄지 않으려 노력했던 어린 시절의 저는 혼자라는 생각에 늘 외로웠습니다.

아버지는 무책임하고 능력이 없는 사람이었습니다. 그런 아버지를 할아버지는 신뢰하지 못했고, 경제권을 주지 않았습니다. 아버지는 할아버지와 갈등이 심해질수록 그 불만을 어머니와 우리 남매에게 풀었고, 술만 드시면 '농약 먹고 죽어야겠다'고 푸념하셨습니다. 아버지가 술을 드시는 날이면 가족 모두가 불안에 떨어야 했습니다.

어머니는 아버지의 무책임한 삶, 알코올 중독, 그리고 시집살이로 힘든 삶을 살았습니다. 어머니는 늘 제게 어려운 마음을 토로하셨고 그것이 저에게는 큰 스트레스였습니다. 어머니는 그렇게 고생만 하다가 갑자기 쓰러져 열흘 만에 돌아가셨습니다. 하늘이 무너지는 것 같았습니다. 설상가상으로 어머니가 돌아가신 후 4년 만에 아버지가 스스로 목숨을 끊었습니다.

중학교 졸업 후, 어려운 가정형편 때문에 3교대로 일하며 공부하는 산업체 고등학교에 진학했습니다. 낮에는 공장에서 일하고 밤에는 공부하는 생활이 열일곱 살 어린 나이에 감당하기 너무 힘들어 매일 밤 울며 잠이 들었습니다. 무엇보다 가족들에게 버려졌다는 배신감과 상실감이 저를 힘들게 했습니다. 공허한 마음을 채우기 위해 세상의 즐거움에 빠지기도 했습니다. 그러다 고등학교 2학년 때 끔찍한 성폭행을 당하면서 제 인생은 점점 나락으로 떨어졌습니다. 우울함에 빠져 삶을 비관했고 죽고 싶은 생각이 들었지만 죽지 못해 살았습니다.

결혼하면 마음의 공허함이 치유될까 기대했지만, 남편과 관계는 점점 어려워졌습니다. 남편에게 내 과거가 드러날까 두렵기도 하고 미안한 마음에 죄책감이 들기도 했습니다. 이런 감정 때문에 나도 모르게 할아버지를 피하듯이 남편을 내 삶에서 밀어내고 있었습니다. 그러면서 저의 불안과 불면증은 점점 심해졌습니다. 결국 정신과에서 공황장애라는 진단을 받았고 신경정신과 약을 하루 세 번 먹으며 몸과 마음이 계속 지쳐갔습니다. 더는 살고 싶지 않았고 어디론가 떠나 없어져 버리고 싶은 마음뿐이었습니다. 엎친 데 덮친 격으로, 믿었던 지인에게 적지 않은 금액의 사기까지 당하면서 스스로에 대한 실망과 자책이 더 심해졌습니다.

이런 절망과 고통의 시간 속에 있을 때 윤양중 목사님과 회복프로그램을 만나 제 삶에 회복과 축복의 시간이 시작되었습니다. 할아버지와 부모님이 살아온 삶을 이해하면서 그들을 용서할 수 있는 마음의 공간이 생겼습니다. 그동안 상처와 아픔에 가려 보지 못했던 저 자신을 소중하고 존귀한 존재로 바라보는 관점이 생겼습니다.

무엇보다 놀라운 것은 지금껏 저는 '나는 피해자다'라는 생각에 사로잡혀 살았는데, 나도 내가 가진 '쓴 뿌리'로 인해 수많은 누군가에게 상처를 주고 있었다는 사실이 보이기 시작한 것입니다. 프로그램을 통해 제가 가진 쓴 뿌리와 그 원인을 마주하였고, 이를 해결하기 위한 여정을 시작했습니다. 특히 불안과 분노, 수치심의 해결과 공황장애 극복을 위해 노력했습니다. 목사님은 "공황장애는 오직 '100% 믿음'만이 치유의 길이다"라고 하시며 하나님에 대한 믿음, 타인에 대한 신뢰, 자신에 대한 수용을 강조하셨고 과제를 내주었습니다. 무의식적으로 올라오는 불신에 맞선 '말씀 읊조리기'와 '회복의 길 기도' 그리고 '설교 말씀 듣기'가 그것이었습니다.

목사님이 주신 성경 구절들을 화장대에 써 붙여 놓고 아침마다 말씀을 읊조렸고, 하루에 한 번 공원을 걸으며 목사님의 설교를 몇 번이고 반복해서 들었습니다. 그리고 회복의 길 기도문으로 내게 상처 준 사람들을 용서하는 기도를 했습니다. 끊임없이 말씀을 읊조리고, 설교를 듣고, 기도하면서 공황장애가 찾아올만한 조금의 틈도 내어주지 않으려 최선을 다했습니다.

그러자 제 안에 평생을 가지고 살아온 비합리적 신념들이 하나둘 사라지고 은혜와 사랑이 채워지기 시작했습니다. 하나님의 말씀이 마음에서 살아 움직이는 듯한 은혜를 경험하였습니다. 용서는 불가능한 일이라 생각했던 제가 미웠던 동생들을 용서할 수 있게 되었고, 그들을 불쌍히 여기는 마음을 가지게 되었습니다. 프로그램에 함께 참여한 분들에게 공감을 받으며 사랑을 경험하였고, 내 모습을 있는 그대로 인정해주는 목사님을 통해 권위자의 사랑을 경험하였습니다. 하나님이 나를 사랑한다는 사실도 처음으로 느꼈습니다.

이제, 저에게 놀라운 회복의 삶이 시작되었습니다. 공황장애가 많이 호전되어 하루 세 번 먹던 약을 이제는 한 번만 먹고도 증상이 거의 찾아오지 않습니다. 동생들과는 함께 기도하며 서로 은혜를 나누는 관계가 되었습니다. 그동안 표현하지 못하고 억눌렸던 감정들을 표현하니 자신감이 생겼고 얼굴이 밝아졌습니다.

나 자신을 알아가고 사랑하니 "내가 괜찮은 사람이구나", "내 안에 좋은 에너지가 많구나"하는 생각이 듭니다. 오늘 살아있음이 축복이라고 당당히 말할 수 있습니다. 앞으로의 삶을 의미 있고 아름다운 열매를 맺으며 살아야겠다는 다짐도 하게 됩니다. 저처럼 상처입은 사람들을 위로하는 사명자로 살아야겠다는 신앙의 다짐도 합니다.

회복프로그램을 통해 나를 발견하고, 내면의 쓴 뿌리를 회복하고, 공황장애까지 극복하도록 도움을 주신 윤양중 목사님께 진심으로 감사드립니다. 회복프로그램은 제게 새로운 인생을 살게 한 축복의 시간이었습니다.

"

어둡고 지루한 코로나의 겨울이 물러가기를 기다리는 때,
이 책이 한국교회 회복의 교과서로 잘 응용되기를 기도합니다.
그리고 따뜻한 마음으로 이 책을 추천합니다.
많은 교회에서 목회자와 성도들이 함께 읽고 사용하기를,
그리고 더 많은 회복의 간증이 일어나기를 소원합니다.

"

- 이동원 목사 추천사 중에서 -

# 2장

---

## 회복 모델 교회가 되기까지

## 1. 회복 사역자가 되기까지

1990년 8월, 성산교회에서 담임목회를 시작하였다. 성산교회는 내가 고등학교 시절, 처음으로 다니기 시작한 교회이다.

중학생 때까지만 해도 나는 교회와 거리가 먼 아이였다. 매일 밤 친구들과 어울리며 술을 마시고 서리를 하는 등 일탈을 즐겼고, 부모님의 마음을 아프게 했다. 문득 '이렇게 살면 안 되는데.'라는 생각이 들었던 것은 중학교 3학년 때였다. 어느 순간부터 친구들과 어울리는 것이 마냥 즐겁지 않았고 마음 한구석이 불편하였다. 그러면서도 친구들의 부름을 거절하지 못하고 계속 어울려 놀았으니, 고등학교를 서울로 진학하게 되지 않았다면 지금과는 완전히 다른 삶을 살고 있을 것이다. 이제 와 생각해보면 당시 들었던 '이렇게 살면 안 되는데'라는 불편한 마음은 죄로부터 떠나라는 하나님의 부르심이었던 것 같다.

충청도에서 서울에 있는 큰 형 집으로 올라와 살게 되면서 새로운 삶을 다짐했다. 이때 스스로 세 가지 결단을 내렸다. 첫째, 술 마시고 놀기 좋아하는 친구 사귀지 않기. 둘째, 열심히 공부하기. 셋째,

교회 다니기.

첫 번째와 두 번째 결심은 착실히 지켜나갈 수 있었지만, 교회는 아무래도 혼자 나가기가 부담스러워 누군가가 나를 전도해 주기만을 기다리고 있었다. 그러던 중 고등학교 2학년이 되었던 해에 함께 살던 형수님이 교회를 다니기 시작하면서 나도 자연스레 교회에 따라 나갈 수 있는 기회가 생겼다. 그렇게 출석하기 시작한 교회가 성산교회이다. 교회를 다니기 시작하고 처음 몇 개월은 그저 나와의 약속을 지키기 위해 꾸준히 교회를 오갔을 뿐 큰 의미를 찾지 못했다.

하나님을 만난 것은 교회를 다닌 지 반년쯤 되던 겨울방학에 참석한 아동부 교사 수련회에서였다. 수련회는 특별한 프로그램 없이 자유롭게 기도하는 방식으로 진행되었기 때문에 기도하고 싶은 마음이 없던 나는 신나게 놀며 하루를 보냈다. 그러다 문득 '여기까지 왔는데 기도를 해볼까', 하는 생각이 드는 것이 아닌가. 둘째 날 오후에 무작정 방석을 들고 산에 올라갔다. 일단 기도를 하겠다고 앉았는데 무슨 기도를 할지 생각이 나지 않았다. 그래서 "하나님이 정말 살아계신다면 만나고 싶습니다. 하나님의 영광을 보여주세요."라는 말만 반복하며 기도하였다. 한참을 기도하는데 산꼭대기에서 한 줄기 빛이 내려오는 것이 보였다. 빛줄기는 점점 많아지고 굵어졌고 곧 온 천지가 빛으로 가득해졌다. 그렇게 밝은 세상을 본 적이 없었다. 너무 신기해 눈을 더욱 질끈 감았다. 그리고 그곳에 예수님이 찾아오시는 것을 보았다. 어떤 음성이 들리지는 않았지만 밝은 빛 속에 나타난 분은 분명 예수님이었다.[1]

---

1 지금도 필자는 이 사건을 고등학생의 순수한 영적 갈망을 긍휼히 여기시고 찾아주

이날 경험한 예수님과의 만남은 내 삶에 있어 중요한 전환점이 되었다. 이전과는 완전히 다른 삶의 태도를 가지게 될 만큼 커다란 변화들을 맞이했는데, 첫째는 삶의 비전이 분명해졌다는 것이다. 개인적인 성공을 이루는 삶보다 하나님께 영광을 올릴 수 있는 삶에 대한 열정이 생겼다. 하나님이 기뻐하는 삶을 살기 위해 당시 고등학생이었던 내가 할 수 있는 일은 최선을 다해 공부하는 것이었으므로 이때를 시작으로 대학을 졸업하는 날까지 매일 새벽 늦게까지 공부하였다. 두 번째 변화는 열등의식이 사라진 것이다. 8남매 중 막내로 태어나 귀엽다는 말은 많이 들었어도 '잘한다', '유능하다'는 말을 들어본 적이 없었다. 게다가 초등학교를 또래보다 일찍 들어간 나는 언제나 반에서 가장 키가 작은 학생이었고 운동이든 공부든 무엇하나 특출나게 잘하는 것이 없었다. 때문에 마음속에 열등의식이 자리하고 있었고 낯선 사람에게는 말도 못 걸 정도로 자신감이 부족한 아이였다. 그런데 신기하게도 하나님을 만나고부터 열등의식이 눈녹듯 사라졌다. 나는 하나님께 사랑받는 특별한 사람이며 무엇이든지 할 수 있다는 확신이 생겼다. 세 번째 변화는 기도와 전도에 대한 열정이 샘솟고 교회 가는 일이 행복해졌다는 것이다. 월요일만 되면 다음 주일이 기다려졌고 토요일에는 혼자서 전도지를 들고 길에 나가 나누어주었다. 그리고 매일 기도하는 습관이 생겨 학교가 끝나면 곧장 교회로 가 기도를 했다. 이때 항상 맨 마지막에 "내 원대로 마시고 아버지 원대로 되기를 원합니다"(눅 22:42)라며 기도를 마쳤

---

신 하나님의 은총이었다고 고백한다. 개인 체험이기에 다른 성도에게 이런 체험을 나는 보편적으로 해야 할 것으로 강요하지 않는다.

다. 누가 가르쳐 준 것도 아닌데, 왜 그렇게 기도를 마무리했었는지 지금 생각해도 도무지 알 수 없는 노릇이다.

사역자로 하나님의 부름을 받은 건 삼수를 결정하고 한창 공부를 하던 때였다. 비전이 확실해지고부터 공부에 매진하기는 했어도 중학교 때는 놀기만 하였고, 고등학교는 공업고등학교를 다녔던지라 원하는 대학을 갈 만큼의 성적을 내기엔 부족한 시간이었다. 비전을 위해 목표한 대학이 있었기 때문에 재수, 삼수까지 결정하고 공부하던 3월의 어느 날이었다. 야고보서 1장 27절 말씀이 내 삶을 흔들기 시작했다. "하나님 아버지 앞에서 정결하고 더러움이 없는 경건은 곧 고아와 과부를 그 환난 중에 돌보고 또 자기를 지켜 세속에 물들지 아니하는 그것이니라." 생각하지 않으려 애써도 이 말씀이 불쑥불쑥 튀어나와 마음을 사로잡았다. "하나님이 기뻐하는 경건한 삶은 세속에 물들지 않고 고아와 과부를 돌보는 것인데, 이러한 삶을 위해 나는 무엇을 해야 하나?" 삶의 목적과 방향성에 대한 고민이 두 달 내내 이어졌다. 기도만 하면 목사가 되어야 한다는 생각이 정답처럼 피어올랐지만 나는 목사가 되고 싶지 않았다. 사실 그전부터 주변 사람들에게 "너는 목사하면 좋겠다"는 말을 자주 들었지만 그런 이야기를 들을 때마다 강력하게 부인하곤 했었다. 목사가 된다는 것은 이 세상에서 편안한 삶을 모두 포기하는 것과 같은데, 나는 그럴 자신이 없고 두려웠다. 더군다나 목사가 되면 내가 하고 싶었던 일들을 할 수 없으니 싫었다.

하지만 떨쳐내려 하면 할수록 야고보서 말씀이 내 안에서 떠나지 않아 공부에 도통 집중을 할 수 없었고, 기도를 할수록 목사가 되어야 한다는 생각이 들어 정말 괴로웠다. 결국, 두 달의 고민 끝에 그 해 5월 하나님 앞에 굴복하고 목사가 되기로 결단하였다. 그리고 하나님의 부름에 순종하여 1984년 한국침례신학대학교에 입학하였다.

신학대학을 졸업한 후 입대하였다가 제대한 1990년 8월, 성산교회 담임목사가 미국으로 유학을 떠나면서 갓 제대하여 아무 준비도 되지 않은 상태였던 내가 담임 전도사직을 맡게 되었다. 그리고 이듬해 결혼하였고 그 다음해에는 목사 안수를 받아 성산교회의 담임목사가 되었다.

당시 성산교회는 약 40명의 성도가 출석하였는데, 대부분이 배움의 기회를 얻지 못하였고 경제적으로 넉넉지 않았으며 마음에 상처가 많은 사람들이었다.

30년 전 성산교회에서 사역을 시작했을 때부터 회복사역을 하기까지의 기간을 돌아보면 크게 네 가지 시기로 구분하여 설명할 수 있다.

## 1) 좌충우돌 열정적인 사역(1990-1998)

성산교회의 담임 전도사가 되었을 때 내 나이가 스물여덟이었다. 군대에서 제대하자마자 어린 나이에 시작한, 심지어 고등학교 때부터 제집처럼 드나들던 교회에서의 담임 사역은 쉽지 않았다. 매주 설교하고 심방하는 것이 부담되었다. 그래서 더욱 열심히 배우려고 노력했다. 당시 매주 월요일에 있던 목회자 세미나를 꼬박꼬박 나갔고, 종종 3박 4일로 진행되는 유명한 세미나는 모두 참여하였다. 누구보다도 열심히 배우고, 설교하고, 심방하였다. 한 예로 슈퍼마켓을 운영하는 한 부부 집사가 이혼하고 싶은 마음을 토로한 적이 있는데, 그때 슈퍼마켓 문을 닫는 밤 12시에 매주 한 번 심방하여 몇 달 내내 성경공부와 기도를 하기도 했다.

야고보서 1장 27절 말씀을 통해 사역자로 부름받은 나는 가난하고 소외된 사람에게 복음을 전하고 그들이 풍성한 삶을 살도록 돕는 것을 사명으로 여겼다. 신학대학에서 경건훈련과 제자훈련을 받으며 나름대로 사역의 방향성을 구체화하였다. 열정적으로 기도하고 가르치면 성도들이 변화되고 예수님의 제자가 되리라고 생각했다. 그러나 담임목사로 사역을 하면 할수록 찾아오는 것은 낙심과 절망이었다. 사람들이 변화되지 않았기 때문이다.

1998년 성산교회가 이전하는 과정에서 성도와 관계에서 크게 실망한 사건이 있었다. 지금 생각해보면 나의 미숙한 사역으로 벌어진 사건이었지만 당시에는 성도들의 변화되지 않는 모습에 크게 실망해 많이 울었고, 목회를 그만두려고까지 생각하였다. '이곳에서 장장 8년을 그토록 열심히 기도하고, 가르치고, 심방하고, 사역하였는데 성도들의 삶에 전혀 변화가 없다니. 그렇다면 앞으로도 아무리 애써 사역해봤자 성도들은 바뀌지 않을 것인가.' 절망스러운 생각이 꼬리에 꼬리를 물어 더는 목회를 하고 싶지 않았다. 열정적으로 사역한 만큼 실망도 비례해서 컸던 것 같다. 인생에서 흘릴 수 있는 모든 눈물을 이 시기에 흘린 것 같다. 로뎀나무 아래서 하나님께 죽여달라고 원망하던 엘리야와 같은 마음으로 울며 기도했다.

감사하게도, 거기서 그만 포기하지 않고 다시 일어날 수 있었던 것은 낙심하여 울고 있던 내게 들린 하나님의 위로 때문이었다.

'윤 목사, 네가 성도들을 얼마나 사랑하고, 사역에 얼마나 최선을 다했는지 내가 다 안다. 그런데 너의 그 최선이 나의 뜻과 같았는지

한 번이라도 물은 적이 있느냐?'

하나님이 주신 이 마음은 강력한 망치로 머리를 맞은 것 같은 충격이었다. 누구보다 열심히 사역했지만 하나님께 묻고 하나님과 함께한 사역은 아니었다. 그저 열정적으로 하면 된다는 마음으로 무작정 배우고 전달했다. 말씀을 듣고 은혜받았다고 말하는 사람들은 다 변화된 줄로 알고 뿌듯해했다. 마치 모세가 자기 열정만으로 히브리인을 도우려다가 애굽 사람을 죽이고 미디안 광야로 도망간 것처럼, 사역에 대한 열정만 가득했지 하나님과의 관계는 부족했던 것을 깨달았다.

커다란 절망이 오히려 하나님과 참 만남의 계기가 되었다. 하나님은 8년간 자기 열심에 빠져있는 한 사역자에게 실패를 겪게 해 하나님을 인정하는 사역자로 연단하셨다. 하나님이 주신 깨달음의 말씀에 낙심의 눈물이 회개의 눈물로 바뀌었다. 그 날 이후 나의 사역은 이제까지와는 다른 방향으로 나아가기 시작했다. 아주 사소한 결정일지라도 하나님께 물으며 하나님과 동행하는 사역을 하기로 굳게 결단하였다. 내가 세운 목표점을 향해 달려가는 것이 아니라, 하나님이 기뻐하는 일을 하나씩 하나씩 하기로 마음먹었다. 덕분에 하나님의 뜻이 무엇인가에 집중하는 삶을 훈련하게 되었다. 내가 무언가를 이룰 수 있다는 생각, 다른 사역자와 비교하는 마음. 모든 나의 욕심을 내려놓고 하나님이 인도하는 길을 따라가리라.

## 2) 성령 사역(1998-2004)

모든 일을 하나님께 묻고 하나님이 주시는 생각을 따라 살기로 결심하기는 했으나, 당장 어떻게 실천해야 하는지 알기 어려웠다. 하나님의 음성을 듣고 산다는 것이 당시 나에게는 물론 많은 사람들에게 생소한 개념이었다. 나는 관련된 책과 세미나를 찾아 공부하면서 하나님과 동행하는 삶을 연습했다. 실제로 하나님의 음성이 들리지는 않았지만 아주 사소한 일 하나하나까지도 의식적으로 하나님에게 묻고 행동하였다. 그것이 진짜 하나님이 주신 생각인지 아닌지 확인할 수 없었지만, 중요한 것은 하나님께 묻고 그의 뜻대로 행하고자 하는 나의 태도였다. 이런 태도는 삶에 자유와 평안을 가져다주었다.

처음 하나님을 만났을 때 열등의식을 회복하고 정체성을 확립했다면 하나님과의 두 번째 만남을 통해 얻은 것은 '자유'다. 무언가 열매를 맺어보겠다고 나의 노력을 내세우는 것이 아니라 하나님과 함께 걸으며 자연스럽게 열매 맺는 삶, 내 뜻대로가 아니라 내 안에 계신 하나님의 뜻대로 사는 삶에서 자유를 경험하기 시작했다.

이러한 삶을 살며 자연스레 교회 안에서 성령 사역을 시작했다. 기도와 내적치유, 축사 사역을 통해 성도들의 변화를 기대하였다. 금요 기도회에서 성도들을 위해 안수 기도하면 영적인 현상이 나타나기도 하고 눈물로 기도하며 회개하였다. 그러면서 성도들의 신앙이 날로 성장하였고, 하나님의 자녀가 됐음을 확신하며 긍정적 변화를 경험하는 성도들이 늘어났다. 특히 육체의 질병과 영적인 눌림에서 해방되는 성도들이 많았다.

그런데 처음에는 성령의 역사에 놀라고 하나님의 살아계심을 찬양하던 성도들이 시간이 흐를수록 이를 일상으로 여겨 크게 기뻐하지 않고 점차 무감각해졌다. 그리고 성령의 은사와 능력을 경험한 것이 꼭 삶의 지속적인 변화와 연결되지는 않았다. 이러한 현상을 경험하면서 체험적 성령 사역에 한계를 느끼기 시작하였다. 이것은 절대로 성령 사역을 무시하거나 폄하하는 것이 아니며 지극히 개인적인 경험으로, 필자의 부족함으로 인해 겪은 한계임을 밝혀 둔다. 필자는 성령 사역을 매우 긍정적으로 생각하고 지금도 사역에 적절하게 적용하고 있다.

나중에 깨달은 사실은 성령 사역도 회복사역과 함께 해야 한다는 것이었다. 대천덕 신부는 성령 충만을 내적 충만과 외적 충만으로 구분하여 설명하였다. 외적 충만은 위로부터 임하시는 성령으로 은사와 관련이 있고 소멸될 수 있다. "성령을 소멸하지 말며"(살전 5:19). 내적 충만은 내주하시는 성령으로 열매와 관련이 있고 소멸되지 않고 근심시키는 것으로 표현된다. "하나님의 성령을 근심하게 하지 말라"(엡 4:30). 성령의 외적 충만이 능력으로 나타나는 역사라면, 내적 충만은 성령의 열매로 나타나는 역사이다. 삶의 변화를 위해서는 성령의 외적 충만뿐만 아니라 내적 충만이 필요하고, 내적 충만은 자신의 내면의 문제를 정확하게 자각하고 회개하는 데서 시작한다.

성령 사역에서 한계를 경험하고 성도들의 변화를 위해 고민을 거듭하며 성산교회는 가정교회로의 전환을 준비했다. 가정교회는 현재 성산교회의 매우 중요한 사역이다.


## 3) 가정교회 사역(2005-현재)

2004년에 하나님의 은혜로 성산교회 예배당을 건축하였다. 건축 후 성경에서 말하는 유기체 교회를 세우겠다는 새로운 열정으로 그동안 준비한 가정교회 사역을 시작하였다. 목자들을 훈련하여 8개의 목장을 세웠다. 목자로 헌신한 성도들은 예수님의 참된 제자의 삶으로 목원들을 사랑으로 섬겼다. 목자들은 이사라도 하게 되면 거실이 목장을 할 수 있는 크기인지를 가장 먼저 살펴보았다. 한 목자는 목장 모임을 하기에 방이 좁다고 장롱을 갖다 버리기까지 하였다. 가정교회 안에서 서로를 아끼고 섬기는 성도들의 모습이 꼭 예수님의 모습 같아서 기쁨과 소망을 가지게 되었다. 성경에서 말하는 교회가 세워져 가는 것을 경험하는 나날이었다.

그러나 5년 정도 시간이 흐르자 점점 섬김에 지쳐가는 목자들이 생겨났다. 목장 모임에 참여하는 목원들의 열정 또한 식어갔다. 결국 가정교회를 시작한 지 7년째 되던 2012년, 열심히 사역하던 목자들 대부분이 영적 침체에 빠지는 상황을 맞게 되었다. 영적 침체의 원인에는 몇 가지가 있었는데, 첫째는 미진한 전도였다. 목장이 활성화되려면 꾸준히 전도하여 목장이 분가되어야 하는데, 5년이 지나도록 두 목장만이 분가하였고 나머지 목장은 아무 변화 없이 모임을 이어갔으니 모임의 열정이 식을 수밖에 없었다. 두 번째 원인은 나눔에 한계가 있었다는 점이다. 이는 우리 교회 성도들의 성향 때문이기도 하다. 날마다 삶에 대해 깊은 나눔을 하기 위해 목자들이 노력하였지만, 아무래도 5년 이상을 함께 나눠서인지 더 이상의 깊은 나눔이 이루어지기 힘들었던 것 같다. 마지막으로, 영적 침체의 가장 중요한 원인은 바로 개개인이 가진 내면의 문제에 있었다. 그리스도인으로서 열심히 신앙 생활을 해도 내면에 있는 쓴 뿌리를 해결하지 않으면 신앙의 성장과 사역에 한계가 있다는 사실을 이때 깨달았다.

목회를 하며 가장 낙심하였던 1998년 이후 두 번째로 찾아온 낙심의 시기였다. 신뢰했던 목자들이 침체에 빠지면서 사역에 소망을 가질 수 없었다. 가나안 땅에 들어가지 못한 모세처럼 깊은 절망에 빠져 눈물로 하나님 앞에 나아갔다. 모세는 이스라엘 백성을 애굽 땅에서 인도한 뒤 40년간 광야에서 온갖 고생을 했지만 정작 가나안 땅은 바라보기만 하고 느보산에서 생을 마감하였다. 내가 놓인 처지가 그러했다. 광야와 같은 현장에서 하나님만 바라보고 사역했지만 가나안 땅의 문턱에서 벽에 가로막혀 더 나아갈 수 없었다.

모세는 느보산에서 어떤 마음으로 살았을까? 묵상하였다. 나의 한계를 인정하고, 기대하는 마음을 내려놓았다. 주어진 사역에서 할 수 있는 만큼만 감당하기로 생각하였다. 그러자 마음이 한결 편안해졌다. 그리고 목자들의 회복을 위해 내가 할 수 있는 일만을 생각하였다. 마침내 평안한 마음으로 기도하며 목자 훈련에 집중할 수 있게 되었다.

### 4) 회복사역(2013-현재)

목자들의 침체로 사역의 희망을 상실한 상황 속에서 절망하고만 있을 수는 없었다. 성도들의 변화와 함께 건강한 교회를 세우기 위해 할 수 있는 모든 것을 시도하고 노력하였다. 그리고 회복을 향한 돌파구를 찾은 것은 뜻밖의 자리에서였다.

목자들의 영적 침체 극복을 위해 기도하던 중 신학 대학교 시절 잠언 묵상을 통해 하나님을 인격적으로 만났던 경험이 떠올랐다. 그때 내가 만났던 하나님을 성도들도 경험하기를 기대했다. 그래서 잠언 말씀을 통해 〈묵상과 지혜〉, 〈언어생활과 지혜〉, 〈충성과 지혜〉 등을 훈련하는 '지혜학교'를 시작하였다. 8주에 걸친 〈묵상과 지혜〉 훈련을 마치고, 다음 과정인 〈언어생활과 지혜〉의 훈련을 앞두고 있던

2012년 10월이었다. PDTS(목회자제자훈련원)로부터 '회복프로그램'을 진행한다는 안내 이메일을 받았다. '대화기법, 선택의 회복, 자기분석, 12단계 회복의 길'이라 적힌 프로그램 내용이 눈에 띄었다. 마침 〈언어생활과 지혜〉의 강의안을 준비 중이었기에 '심리학 전공자는 언어생활에 대해 어떤 내용을 가르칠까?' 궁금한 마음이 들었고, 회복프로그램의 '회복'이라는 단어가 유독 마음에 와 닿아 프로그램에 참여하기로 하였다. 그리고 첫 번째 강의를 들으러 간 날, 그곳에서 받은 충격을 아직도 잊을 수 없다. 지금까지 성도들의 회복을 돕는 사역에 실패할 수밖에 없었던 이유를 발견한 순간이었다.

이유는 두 가지였다. 첫째는 죄를 직면하지 않은 채 변화만을 원했다는 점, 둘째는 인간에 대한 지식이 너무나 부족했다는 점이다.

죄를 직면하지 않았던 것은 목회자인 내가 가진 약점 때문이었다. 남에게 부담 주는 말을 끔찍이 싫어했던 나는 성도들에게도 늘 좋은 이야기만 하는 착한 목사였다. 하지만 내가 간과했던 것은 사람이 변화하려면 문제를 직면하는 과정이 반드시 필요하다는 사실이다. 모든 사람은 내면에 문제를 적어도 하나씩은 가지고 있기 마련이다. 두려움, 분노, 인정받기 원하는 마음, 통제욕, 낮은 자존감, 무감각, 수동공격 등 사람들이 가진 내면의 문제는 헤아릴 수 없이 많다.

사도 바울이 로마서 7장 19-20절에서 기록하기로, "내가 원하는 바 선은 행하지 아니하고 도리어 원하지 아니하는 바 악을 행하는도다 만일 내가 원하지 아니하는 그것을 하면 이를 행하는 자는 내가 아니요 내 속에 거하는 죄니라"라고 하였다. 우리의 내면에는 원하지 않는 악을 행하게 하는 죄가 있다는 것이다.

아픈 사람이 병원에 가면 처방을 받기 전에 진단을 먼저 받듯이,

우리가 변화하려면 우리 속에 거하는 죄가 무엇인지 정확하게 진단하고 직면할 필요가 있다. 하지만 죄에 대한 직면은 그리 즐거운 일이 아니다. 그럼에도 목사는 성도들이 죄를 직면할 수 있도록 도와야 한다. 안타깝게도 나에게는 그럴 용기가 없었다. 정확히 말하면 회피한 것이다.

죄와의 직면은 조심스럽게 행해져야 한다. 선불리 다가갔다가는 저항에 부딪힌다. 기술이 필요하다. 우리의 내면에 있는 문제들은 마치 지뢰와 같아서 잘못 건드리면 터진다. 그러므로 목사는 죄를 다룰 줄 아는 전문가가 되어야 한다.

두 번째 문제는 인간을 몰라도 너무 몰랐다는 것이다. 사람의 변화를 원한다면 사람에 대한 기본적인 지식이 있어야 한다. 나는 목사가 되기 위해 신학을 7년간 공부하였고 목사가 된 이후에는 설교하기 위해 끊임없이 성경을 연구하였다. 하나님과 개인적으로 만나고 성경을 공부하면서 하나님을 많이 경험하였다. 그러나 인간에 대해서는 참으로 무지한 목사였음을 그동안 깨닫지 못했다.

하나님은 누구보다도 사람을 잘 아시는 분이다. "여호와여 주께서 나를 감찰하시고 아셨나이다 주께서 나의 앉고 일어섬을 아시며 멀리서도 나의 생각을 통촉하시오며"(시 139:1-2). 예수님은 우리에 관해 모르는 것이 없기 때문에 우릴 위로해 줄 수 있고, 고쳐 줄 수 있고, 푸른 초장으로 인도하는 선한 목자가 되실 수도 있다. 선한 목자는 양을 알고, 양을 위해 목숨을 버린다(요 10장). 우리가 예수님만큼은 아니어도 정말 사람을 사랑하고 변화를 돕기 원한다면 사람을 잘 알아야 한다. 칼빈은 「기독교 강요」 1장에서 하나님에 관한 지식과 자신을 아는 지식의 연결성을 언급했다. 이론적으로만 이해했던 내용이 얼마나 중요한 진리였는가를 체험적으로 습득하면서 성산교회의 사역은 전환점을 맞이하였다.

인간의 본성과 심리를 연구하고 알아 가면 인간의 문제를 해결하는 길이 보인다. 인간의 문제는 기도를 통해서 해결할 수 있는 것이 있지만, 하나님이 주시는 지혜를 통해서 해결해야 할 것들이 더 많다. 하나님은 특별계시의 영역뿐 아니라 일반계시의 영역에서도 지혜를 주신다. 특별계시는 예수 그리스도를 통한 계시 즉 성경을 말하는 것이고, 일반계시는 자연법칙, 역사, 인간의 정신구조(양심)을 말한다. 개혁신학자 바빙크(Bavinck)는 일반계시와 특별계시의 상호성을 강조하였다. "일반계시가 없는 특별계시는 전 우주적 존재와 생명과의 연계성을 잃는다." 일반계시를 무시한다면 "기독교는 한 분파적 현상이 되고 그 보편성을 강탈당하게 된다. 한마디로 말하자면, 은혜는 자연과 원수 사이가 된다."[2] 기독교인이 성경을 너무 강조한 나머지 일반계시를 무시하면 스스로 고립하는 것이다. 그리고 기독교의 보편성이 강탈되고 자연과 원수가 될 것이다. 그러므로 기독교인은 일반계시 앞에서도 겸손할 필요가 있다. 나는 모든 문제에 대한 궁극적인 해답은 성경에서 찾을 수 있다고 믿는다. 그러나 일반계시의 영역을 존중하고 섬김으로 특별계시가 빛날 것이라고 믿는다. 실제로 사람의 심리를 공부하면서 사람들의 문제를 구체적으로 그리고 전인적으로 도와줄 수 있어서 감사하다.

지금까지의 문제점을 깨달았으니 이제는 바로잡고 나아갈 일만 남았다. 나는 성도의 회복을 돕는 목회자로서, 다윗이 양을 기르는

---

2  Herman Bavinck. 「개혁교의학 1」, 박태현 역 (서울: 부흥과개혁사, 2015), 441.

태도를 본보기로 삼았다. "이에 저가 그 마음의 성실함으로 기르고 그 손의 공교함으로 지도하였도다"(시 78:72). 다윗은 양을 기르는 데 먼저 마음의 성실함으로 하였다. 목회자가 사역을 하는데 마음의 성실함, 즉 하나님 아버지의 마음으로 충성하는 것은 아무리 강조해도 지나치지 않다. 그러나 다윗은 여기서 그치지 않고 그 손의 공교함으로 하였다. 이것은 기술을 말한다. 다윗은 아마도 양의 걸음걸이만 봐도, 또는 양의 소리만 들어도 그 양에게 무슨 문제가 있는지 알았을 것이다. 그리고 문제가 있으면 어떻게 고쳐야 하는지 방법을 알고 있었을 것이다. 사람의 성장과 회복을 돕는 위치에 있는 사람이라면 항상 다윗과 같이 성실한 마음과 전문성을 지니고 준비된 자세를 갖추고 있어야 한다.

나는 PDTS에서 회복프로그램을 마친 뒤 바로 안덕자회복상담원 강사 과정에 입학하여 3년간 심리학을 공부하였다. 그리고 미국 미드웨스턴신학대학원(Midwestern Baptist Theological Seminary)에서 교육목회학 박사과정과 상담학 석사과정을 공부하였다. 이제 비로소 하나님을 아는 지식과 인간을 아는 지식의 균형이 맞는 것 같아 감사하다.


## 2. 회복프로그램 소개

성산교회에는 회복을 위한 세 가지 기둥이 있다. 세 가지 기둥은 서로를 보완한다. 첫 번째 기둥은 주일 예배와 삶 시리즈 성경공부 그리고 일대일 양육이다. 두 번째 기둥은 공동체(목장)이다. 그리고 세 번째 기둥이 바로 회복프로그램이다.

회복프로그램은 총 4개의 과정(대화기법, 선택의 회복, 자기분석, 회복의 길 12단계)으로 구성된다. 각 과정은 일주일에 3시간씩 8주에 걸쳐 진행된다.

네 가지 과정을 구체적으로 설명하면 다음과 같다.

첫 번째 과정 '대화기법'은 인간관계에서 필연적으로 발생하는 욕구의 대립과 갈등, 그리고 가치 갈등 문제의 해결을 돕는 이론 및 의사소통 기술을 훈련하는 과정이다.

두 번째 과정 '선택의 회복'은 우리 내면에 깔린 행복과 불행을 선택하는 심리 과정을 이해함으로써 자신이 선택한 생각과 행동을 객관적으로 바라볼 수 있도록 돕는다. 이를 통해 자신이 원하는 바를 어떻게 이룰 것인가에 대한 방법을 배우고 훈련한다.

세 번째 과정 '자기분석'은 내면에 있는 쓴 뿌리를 자각하는 자기 이해의 과정인데, 이때 참여자는 그의 부모님, 그리고 부모님의 부모님까지 3대에 걸친 삶의 역사를 깊이 들여다본다. 이 과정에서 자기 내면의 강점과 약점을 정확하게 진단할 수 있다. '자기분석' 과정을 통해 이루고자 하는 목적은 네 가지이다. 첫째는 자신을 있는 그대로 인정하고 사랑할 수 있게 되는 '자기 긍정'이고, 둘째는 자기가 가치 있다고 생각하는 방향으로 일생을 이끌어 갈 수 있는 '자기 결정' 능력을 갖추는 것이며, 셋째는 스스로 결정한 일을 용기 있게 추진할 수 있는 '자기 동기'를 얻는 것이다. 그리고 마지막은 스스로를 이해했던 것처럼 타인을 이해할 줄 아는 사람이 되는 것이다.

네 번째 과정 '회복의 길 12단계'에서는 자신이 가진 약점으로 인해 막혔던 관계들과 비효과적인 지정의 패턴을 알아차리고 극복하도록 훈련한다. 회복의 길은 크게 4가지 단계를 훈련한다. 첫 번째는 죄 발견하기(자각)이다. 두 번째는 죄 죽이기(정화)이다. 세 번째는 새 사람 입기(조명)이다. 마지막으로 새 생활하기(연합)이다.

성산교회에서 처음 회복프로그램을 도입한 것은 2013년 9월이다. 토요일반과 주일반을 개설하여 시작한 것이 점차 확장해 지금은 목요일반과 청소년부 프로그램, 아동부 프로그램까지 진행하고 있다.

성산교회는 회복프로그램을 도입한 후 많은 변화를 경험하였다. 가장 큰 변화는 담임목사인 나의 변화이다. 나의 내면의 문제는 회피와 수동공격이다. 그로 인해 성도들의 약점을 직면하기보다는 회피하는 순한 목사였다. 그러나 이제는 성도들의 회복을 위해서 그들의 죄의 문제를 적절하게 직면하며, 구체적이고 실질적인 도움을 주는 목사가 되었다.

또 다른 변화는 교회 안에 놀라운 회복의 바람이 불고 있다는 것이다. 좀처럼 변화하지 않던 성도들이 눈에 띄게 변화된 모습을 보이면서 교회가 내적으로나 외적으로나 성장하고 있다. 매 주일마다 성도들의 회복 이야기와 간증이 어찌나 풍성한지, 참으로 감사하다.

66

우리는 세상을 사는 동안 몸이 아플 때보다
마음이 아플 때가 더 많습니다.
예수님의 성육신의 목적 중 하나는
'마음이 상한 자(broken heart)를 고치기 위한 것'이었습니다.
이 책은 마음의 쓴 뿌리, 고통스런 기억,
옛사람, 상한 마음, 허물과 죄의 치료를 다룹니다.

99

- 정동섭 교수 추천사 중에서 -

# 3장

회복의 길 12단계 이해

본 장에서는 '회복의 길 12단계'에 대해 설명하고자 한다. '회복의 길 12단계'의 역사와 내용 그리고 적용의 과정들을 간단하게 살펴보고 '하나님 형상 회복 모델 12단계'를 설명하겠다.

그리스도인이 변화를 원하지만 여전히 옛사람으로 살아가는 자신의 모습을 보며 낙심하고 포기하는 경우가 많다. 그리스도인이 되어서 지속적인 변화의 기쁨을 경험하지 못하면 결국 형식적 종교인으로 살아가게 된다. 그래서 회복의 길을 알고 실천하는 것이 중요하다. 필자가 200명 이상의 목회자와 평신도를 대상으로 회복프로그램을 진행하면서 자주 들었던 이야기 중 하나는 "그동안 회복을 위해 많이 노력해 왔는데, 이제 회복의 방법을 알게 되어 감사하다"는 것이었다. 이 말은 많은 사람이 변화되지 않는 자신의 모습을 보며 답답해하고 변화를 위해 몸부림친다는 의미이다.

우리가 예수님의 참된 제자가 되기 위해서는 내면의 회복이 필요하다. 예수님께서도 천국에 들어가기 위해서 서기관과 바리새인보다 더 나은 의를 가져야 한다고 강조하였다. "내가 너희에게 이르노니 너희 의가 서기관과 바리새인보다 더 낫지 못하면 결코 천국에 들어가지 못하리라"(마 5:20). 이 말씀에서 예수님의 윤리는 마음을 새롭게 하는 내면의 의를 강조하는 것이다.[1] 예수님은 마태복음 23 장에서 서기관과 바리새인들을 향해 '외식하는 자들', '회칠한 무덤' 이라고 과하게 책망한 것은 그들이 내면은 보지 않고 외적인 행위만 관심이 있었기 때문이다.

> 화 있을진저 외식하는 서기관들과 바리새인들이여 잔과 대접의 겉
> 은 깨끗이 하되 그 안에는 탐욕과 방탕으로 가득하게 하는도다 눈
> 먼 바리새인이여 너는 먼저 안을 깨끗이 하라 그리하면 겉도 깨끗하
> 리라(마 23:25-26).

내면의 변화 없이 외적인 변화는 있을 수 없다. 그것은 우리의 내 면에 있는 것이 밖으로 나오기 때문이다. '회복의 길 12단계'는 복음 의 능력 안에서 죄로 왜곡된 내면의 문제를 해결하여 하나님을 사랑 하고 이웃을 사랑하는 삶으로 나아가게 하는 방법이다.

## 1. 회복의 길 12단계 역사

회복의 길 12단계는 1930년대 A.A.(Alcoholice Anonymous)모 임 창시자 빌 윌슨(Bill Wilson)과 밥 스미스(Bob Smith)가 시작했 다고 알려졌다. 그러나 12단계는 그보다 20년 전에 참된 그리스도

---

1    George E. Ladd, 「신약신학」, 신성종·이한수 역 (서울: 대한기독교서회, 2013), 158-9.

인의 헌신, 제자도를 위한 모델로 이용되었다. 20세기 초 루터교 목사인 프랭크 부크만(Frank Buchman)은 옥스퍼드 그룹 운동을 시작하였다. 이 그룹의 목적은 제도와 형식으로 무기력해진 교회에 살아있는 신앙을 회복하는 것이었다. 이 그룹의 원래 명칭은 "1세기 기독교인 모임(A First Century Christian Fellowship)"이었다. 즉 초대교회 역동적인 신앙의 회복을 추구하는 모임이었다.[2] 이 모임의 원리에서 후에 A.A. 모임 12단계가 발아했다.

옥스퍼드 그룹의 기초가 되는 원리는 "순복(surrender), 겸손(humility), 죄 인정(acknowledging sin), 타인에 대한 보상(making amends for wrongs done to others)"이다.[3] 이러한 원리는 부크만 개인의 영적 경험을 통해서 나왔다. 그는 미국에서 친구와 갈등 속에서 미움과 원망의 마음을 가지고 있었는데, 1908년 영국 케직 사경회에서 자신의 교만과 미움 그리고 고집스러운 모습을 직면하고 뜨거운 회개를 경험하였다. 그는 "그리스도의 구원하시는 능력"에 대한 설교를 듣던 중 십자가에 못 박혀 고통스러워하시는 예수님의 얼굴을 환상 중에 보았다. 십자가 위에 주님을 보는 순간 그동안 미움과 원망의 마음이 하나님의 사랑에서 얼마나 떨어지게 했는지 깨닫고 용서하지 못했던 마음을 하나님께 온전히 복종시켰다. 이 영적인 경험 후에 부크만은 하나님의 강한 생명력으로 충만해지며 새로운 삶을 시작했다.

우리가 하나님과의 관계를 회복하기 위해서는 내면에 가지고 있

---

2 Sam Shoemaker, et al., Steps to a New Beginning (Tennessee: Published in Nashville, 1993), 46-7.

3 Ibid., 47.

는 죄를 정직하게 인정하고 하나님 앞에 완전히 항복하는 자세를 갖는 것이 중요하다. 철저히 자기의 죄악된 자아를 죽이고 오직 하나님의 말씀에 순종하면 큰 기쁨과 자유를 경험하게 된다.

옥스퍼드 그룹은 소그룹으로 가정에서 모였다. 모임의 목적은 영적으로 갈급한 사람들을 찾아가는 것으로 제도주의 교회에 반대하는 사람들도 찾아갔다. 따라서 그들은 교회 용어 사용을 절제하였고 모임은 간증, 고백, 기도, 성경연구, 자유로운 나눔으로 진행하였다. 모인 사람들은 자신과 같은 문제를 가진 사람들의 나눔을 통해서 서로 문제를 극복해 나가는 데 도움을 받았다. 이러한 옥스퍼드 그룹의 모임 형식이 전적으로 A.A. 모임에 수용되었다.[4] 옥스퍼드 그룹의 가르침은 다음의 6가지 기본 원리에 기초한다.[5]

1. 모든 사람은 죄인이다.
2. 모든 사람은 변화될 수 있다.
3. 변화를 위해 꼭 필요한 전제 조건은 고백이다.
4. 변화된 영혼은 하나님과 직접적인 만남(access)을 갖는다.
5. 기적의 시대가 도래한다.
6. 변화된 사람은 다른 사람을 변화시킬 수 있다.

옥스퍼드 그룹의 기본원리는 A.A. 모임을 창시한 빌 윌슨(Bill Wilson)에게 영향을 줬는데 여기에는 샘 슈메이커(Sam Shoe-

---

5  Friends in Recovery, eds., *The Twelve Steps–A Spiritual Journey* (Scotts Valley: RPI Publishing, 1994), x.

maker)의 역할이 컸다. 슈메이커는 1917년 10월 중국으로 단기 선교를 가서 기독교 신앙에 관심 있는 기업가를 대상으로 성경공부를 시작하였다. 그런데 처음 모임에 20여명이 참여하였는데 그 다음 모임에는 14명 그리고 7명이 참여하면서 슈메이커는 자신의 한계를 느끼며 낙심하였다. 그 무렵 부크만이 사역 팀과 함께 중국에 왔다. 슈메이커는 펜실베니아 주립 대학교에서 부크만을 만난 적이 있었다. 슈메이커는 사역에 도움을 받고 위로받고 싶은 마음으로 부크만을 찾아가서 사역의 실패와 아픔을 진지하게 나누었다. 그런데 부크만은 그의 이야기를 다 듣고 난 후에 예상과는 달리 실패의 원인이 죄에 있을 것이라고 슈메이커를 직면시켰다. 그리고 부크만은 자신의 삶을 완전히 바꾸어 놓은 4가지 원리를 슈메이커에게 말했다. 그 원리는 로버트 E, 스피어(Robert E. Speer)가 산상수훈의 핵심 진리로 요약하고 있는 4대 절대 명령(Four Absolute)인 절대 정직(Absolute honesty), 절대 순결(Absolute purity), 절대 무사(Absolute unselfishness: 사심을 제거하고 자기를 비우는 태도), 절대 사랑(Absolute love) 이다.[6]

이 이야기를 들은 슈메이커는 그의 영혼에서 죄에 대한 자각과 마음을 찢는 회개 그리고 성령의 강력한 조명이 일어나면서 완전히 새롭게 되는 특별한 영적 경험을 하였다. 그는 내면의 죽지 않은 죄된 자아를 직면하면서 너무 충격을 받아 잠을 이루지 못하였다고 한다. 우리가 하나님 앞에서 진실하게 사역을 하는 것 같지만 자기 욕심과 자기 사랑의 동기에서 하는 경우가 얼마나 많은가? 하나님의 뜻

---

6  Sam Shoemaker, et al., *Steps to a New Beginning*, 17.

이 아닌 자기 꿈을 이루려고 몸부림치는 경우가 얼마나 많은가? 필자도 1998년 사역의 한계를 느꼈을 때 슈메이커와 비슷한 경험을 한 것이 기억난다. 열정적으로 사역했던 것이 결국 나의 만족을 위한 것이었다는 것을 깨닫고 많이 울며 회개하였다. 절대 정직, 절대 순결, 절대 무사, 절대 사랑은 우리에게 너무 중요한 삶의 원리이다.

슈메이커(Shoemaker)는 이런 경험을 한 후 완전히 변화된 삶을 살기 시작했다. 모세가 호렙산에서 자신의 신발을 벗은 것처럼 그는 하나님 앞에 온전히 순복하는 삶을 살았다. 그는 자신의 변화된 과정을 사람들과 나누며 그들의 변화에 영향을 주었다. 그로부터 2년 후 슈메이커는 단기 선교를 마치고 뉴욕 갈보리성공회교회 목사가 되어 역시 한 사람 한 사람 만나 그들에게 절대 정직(Absolute honesty), 절대 순결(Absolute purity), 절대 무사(Absolute unselfishness), 절대 사랑(Absolute love)을 실천하도록 도왔다.

그러던 어느 날 전혀 가망이 없어 보이는 알코올 중독자 빌 윌슨(Bill Wilson)을 만나 도왔는데 슈메이커가 중국에서 극적인 변화를 경험한 것처럼 그도 극적인 변화를 경험하였다. 그 후 빌 윌슨은 이 원리로 A.A. 12단계를 체계화하였다. 빌 윌슨은 A.A. 모임의 철학을 옥스퍼드 그룹의 다섯 가지 절차에 다음과 같은 내용을 추가하였다.[7]

1. 하나님께 맡겨라.
2. 하나님의 지도하심을 따르라.

---

7 Friends in Recovery, eds., *The Twelve Steps – A Spiritual Journey*, x.

3. 안내서를 준수하라.

4. 보상하라(Restitution).

5. 고백(Confession)과 간증(Witness)을 나누라.


A.A. 모임 20주년 기념대회에서 샘 슈메이커는 다음과 같이 연설하였다: "A.A. 모임이 교회의 통찰과 신앙에서 간접적으로 영감과 자극을 받았다고 믿습니다. 언젠가는 A.A. 모임에서 발견되는 통찰력과 실천으로 인해 교회가 영적으로 각성하고 다시 활기를 되찾게 될 때가 올 것입니다. 12단계는 사람들이 노력하는 어떤 분야에도 적용할 수 있을 것입니다."[8]

슈메이커가 말한 대로 12단계는 옥스퍼드 그룹 운동의 기초에서 온 것으로 순복(surrender), 겸손(humility), 죄 인정(acknowledging sin), 타인에 대한 보상(making amends for wrongs done to others)의 원리를 적용함으로 역동적인 신앙 회복의 도구가 될 것이라고 믿는다.

그러나 안타까운 것은 옥스퍼드 그룹 운동의 정신이 기독교 신앙 회복의 원리로 활발하게 적용되지 않은 것이다. 1938년 부크만은 세상을 영적 도덕적으로 변화시키기 위한 광대한 목표를 품고 여러 사람을 포용할 수 있는 "도덕 재무장"이라는 새로운 이름을 사용하였다. 처음에 슈메이커는 부크만과 함께 하였지만 1941년에 탈퇴하였다.[9] 그래서 현재까지 12단계 원리를 적용하고 있는 곳은 도덕

---

8  Sam Shoemaker, et al., *Steps to a New Beginning*, 20.

9  Ibid., 47.

재무장 단체와 윌슨이 창립한 A.A. 모임 그리고 여러 중독 치유에서 활용하고 있다. 교회에서는 내적치유 교재로 활용하고 있다. 관련된 책은 YWAM 예수전도단에서 활동하는 브리지 빌더스의 「하나님과 동행하며 나를 찾아가는 길」과 새들백교회의 존 베이커의 「회복 축제」가 있다.

회복에 목말랐던 필자가 처음 12단계 회복의 길을 만났을 때 사막의 오아시스를 만난 것 같은 기쁨이었다. 12단계는 중독의 문제를 가진 사람들을 돕는데 효과적인 회복 방법으로 활용하였지만, 그것의 출발은 그리스도인의 온전한 회복을 위한 성경적 원리였다. 기독교 역사에 이렇게 좋은 회복의 원리가 있었다는 것과 그것을 발견했다는 것에 무척 기뻤다. 그래서 필자는 날마다 12단계 원리를 적용하며 회복을 경험하였다. 그리고 이 내용을 좀 더 연구하고 싶어서 미드웨스턴 박사과정에 입학하여 학위논문으로 "회복의 길 12단계 훈련을 통한 하나님 형상 회복 연구"를 썼다. 이 회복의 원리를 통해서 한국 교회에 진정한 회복 운동이 일어나기를 기도한다. 이제 회복의 길 12단계 내용과 하나님 형상 회복모델 12단계를 소개하고자 한다.


## 2. 회복의 길 12단계 내용

1930년대 말 12단계가 공식화되었을 때는 회복을 위한 단체는 A.A. 밖에 없었다. 그러나 현재는 여러 가지 중독 유발에 대한 12단계가 있다. 미국 전역에 50만에 이르는 회복 모임이 12단계의 원리를 사용하여 활동하고 있다.[10] 미국인 중 천오백만 명 이상이 12단계 그룹에 참여하고 있으며, 오늘날 우리 사회에서 회복은 가장 큰 문제이며 12단계가 영적인 차원의 회복 운동의 핵심이 되고 있다. A.A. 모임에서 사용하는 12단계 전통은 다음과 같다.[11]

1. 우리는 술에 무력한 자임을 인정하였다. – 자신의 생활을 꾸려 나가지 못한 사람임을 인정하였다.

2. 우리 자신보다 더 크신 능력이 우리를 건강하게 회복시킨다 고 믿게 되었다.

3. 하나님을 깨닫게 되면서 자기 뜻과 생활을 하나님의 돌보심 에 맡기기로 하였다.

4. 자신에 대해 과감하고 철저한 도덕성 평가서를 작성하였다.

5. 자신의 잘못의 정확한 내용을 하나님 앞에서, 자기 자신에게, 다른 사람 앞에서 인정하였다.

6. 이 모든 성격적인 결함을 하나님께서 제거해 주시도록 기꺼 이 맡겼다.

7. 겸손히 하나님께 자신의 결점을 제거해 주시도록 구하였다.

8. 우리가 해를 끼친 모든 사람의 명단을 작성하고 그들 모두에 게 보상하려는 마음을 가진다.

9. 가능한 때에 그 사람들에게 직접 보상을 하였다. 그러나 그 사 람들에게 해가 되는 경우라면 하지 않았다.

---

10  Ibid.

11  Friends in Recovery, eds., *The Twelve Steps – A Spiritual Journey*, x.

10. 계속해서 도덕성 평가서를 작성하였으며 자신의 잘못을 즉시 인정하였다.
11. 우리는 기도와 묵상을 통해 우리에 대한 하나님의 뜻을 알고 그것이 이루어지기 위한 능력을 구하며 우리에게 깨달음을 주시는 하나님과 교제하는 데 힘썼다.
12. 이와 같은 단계를 밟으면서 영적인 각성을 얻은 다음 우리는 다른 사람들에게도 이 메시지를 전하기 위해 노력하며 매사에 이러한 원리를 실천하는 데 힘썼다.

위와 같이 12단계는 무력감 인정, 믿음, 맡김, 자기 점검, 인정과 고백, 결점을 제거하도록 기도, 보상, 묵상, 사역 등과 같이 신앙 회복을 위한 핵심 개념을 담고 있다. 그러나 안타까운 것은 시간이 지나면서 A.A. 모임의 12단계는 종교적 다원주의가 되었다. A.A. 모임에는 다양한 종교적 배경을 가진 사람들 심지어 무신론자나 반기독교적인 입장을 가진 사람들까지 모였다. 그래서 A.A. 모임에서는 하나님을 '위대한 힘'이라는 용어로 바꾸었고, 자신들이 믿는 신의 이름에 의지하도록 하였다. 참으로 안타까운 일이지만 우리는 샘 슈메이커(Sam Shoemaker)가 A.A. 20주년 기념대회에서 연설한 것처럼 12단계 원리를 통해 그리스도인이 회복을 경험하고, 교회가 영적으로 각성하는 시대를 만들어야 할 것이다.

12단계는 중독에서 회복되는 방법일 뿐 아니라 영적인 헌신, 성장, 제자훈련 등의 방법이기도 하다. 미국 전역에 20개의 지부를 갖고 있고, 미국 내에서 최대 규모인 Minirth-Meier Clinic에서는 "12단계가 문제를 가지고 있는 사람을 돕고, 그들을 복음화하는 데 사용될 수 있는 영적 순례의 길이다."[12]라는 것을 강조하였다.

필자 역시 12단계 회복 원리가 옛 사람을 버리고 하나님 형상을 회복하는데 매우 효과적인 방법이라는 것을 개인적으로 경험하였고, 18번 이상의 세미나를 인도하면서 임상적으로 확신하였다.

### 3. 회복의 길 12단계 재구성

#### 1) 12단계와 영적 훈련[13]

12단계는 단계마다 해야 할 과제를 한 문장으로 진술한다. 12단계를 영적 훈련과 관련해서 연구하는 Friends in Recovery는 각 단계의 목표와 관련 성구 그리고 훈련 덕목을 다음과 같이 제시하였다.

| 시간 | 단계 | 성구 | 훈련 |
|---|---|---|---|
| 하나님과의 평화 | 1. 우리는 하나님과의 단절에서 비롯된 영향들에 대해 무력하다는 것을 인정한다. | 롬 7:17 | 순종 Submission |
| | 2. 우리 자신보다 더 큰 능력이 우리를 온전하게 회복시킨다고 믿는다. | 빌 2:13 | 회심 Conversion |
| | 3. 하나님을 깨닫게 되면서 우리 자신의 의지와 생활을 하나님의 돌보심에 맡기기로 한다. | 롬 12:1 | |

---

12  Sam Shoemaker, et al., *Steps to a New Beginning*, 20.

13  Friends in Recovery, eds., *The Twelve Steps – A Spiritual Journey*, xii-xiii.

| | | | |
|---|---|---|---|
| 자<br>신<br>과<br>의<br>평<br>화 | 4. 우리 자신의 도덕성 목록을 두려움 없이 철저하게 찾아낸다. | 애 3:40 | 고백<br>Confession |
| | 5. 우리 자신이 직면한 바로 그 잘못들에 대해 하나님과 자신 그리고 다른 사람 앞에서 인정한다. | 약 5:16 | |
| | 6. 이 모든 성격적 약점을 하나님께서 제거해 주시도록 전적으로 맡긴다. | 약 4:10 | 회개<br>Repentance |
| | 7. 겸손히 하나님께 우리의 결점을 제거해 주시도록 구한다. | 요일 1:9 | |
| 이<br>웃<br>과<br>의<br>평<br>화 | 8. 우리가 해를 끼친 모든 사람의 명단을 작성하고 그들에게 기꺼이 보상하기로 한다. | 눅 6:31 | 보상<br>Amends |
| | 9. 가능할 경우 그리고 해가 되지 않는 한 그 사람들에게 직접 보상한다. | 마 5:23-24 | |
| | 10. 계속해서 도덕성 목록을 작성하며 잘못하고 있을 때는 즉각적으로 그것을 인정한다. | 고전 10:12 | 유지<br>Maintenance |
| 평<br>화<br>를<br>지<br>속<br>하<br>기 | 11. 우리는 기도와 묵상을 통해 우리에 대한 하나님의 뜻을 알고 그것을 이루기 위한 능력을 구하며 우리에게 깨달음을 주시는 하나님과 교제하는 데 힘쓴다. | 골 3:16 | 기도<br>Prayer |
| | 12. 위 단계들의 결과로써 영적 각성을 얻은 후 이 메시지를 다른 사람들에게 전하고 모든 영역에서 이러한 원리들을 실천하기 위해 노력한다. | 갈 6:1 | 사역<br>Ministry |

12단계의 영적 훈련 모델 1, 2, 3단계는 하나님과의 평화를 위해 죄에 대해 무력함을 인식하고, 회복시키는 하나님을 믿으며 맡기기로 하는 것이다. 영적 훈련은 순종(Submission)과 회심(Conversion)이다. 4, 5, 6, 7단계는 자신과의 평화를 이루기 위해 날마다 자신의 삶을 점검하고, 하나님과 이웃에게 죄를 고백하며, 하나님께서 잘못을 제거해 주시도록 기도하는 것이다. 영적 훈련은 고백(Confession)과 회개(Repentance)이다. 8, 9, 10단계는 이웃과의 평화를 위해 보상을 실천하는 것이다. 이를 위한 영적 훈련은 보상(Amends)과 유지(Maintenance)이다. 11, 12단계는 평화를 지속하기 위해 기도와 묵상을 생활화하고, 변화된 삶을 다른 사람과 나누는 것이다. 영적 훈련은 기도(Prayer)와 사역(Ministry)이다.

### 2) 12단계와 관계회복모델

Dunklin Memorial Camp는 12단계를 삶에 있어서 중요한 세 가지 관계 즉, 하나님, 자신, 이웃과의 관계회복의 관점으로 다음과 같이 구성하였다.[14]

| 시간 | 단계 |
|---|---|
| 하나님과의 관계 | 1. 나는 나의 삶을 지배하는 문제에 대해 무력하며 스스로 삶을 조절할 수 없음을 인정한다. |
| | 2. 모든 능력의 근원이신 하나님이 나를 온전한 모습으로 회복시킬 수 있음을 믿는다. |
| | 3. 하나님의 보살피심과 뜻에 나의 의지와 삶을 완전히 맡기기로 결정한다. |
| | 11. 묵상과 기도를 통해 하나님과의 관계를 견고하게 하도록 노력한다. |

---

14  Robert Hemfelt and Richard Fowler, 「12단계와 성경관주 평온함으로 가는 길」, 안덕자 역 (서울: 한국회복목회연구원, 출판연도 불명), 24.

| | |
|---|---|
| 자<br>신<br>과<br>의<br><br>관<br>계 | 4. 날마다 나의 성격을 정직하고 철저하게 살펴본다. |
| | 5. 솔직하고 정확하게 나의 성품적 결함을 하나님, 자신, 또 다른 한 사람에게 시인한다. |
| | 6. 하나님께서 나의 모든 성격적 결함을 제거해 주시도록 나를 완전히 준비한다. |
| | 7. 겸손한 마음으로 하나님께서 나의 성격적 결함을 없애 주시고 내 속에 긍정적인 성품을 주시기를 간청한다. |
| | 10. 지금까지의 단계를 통해 배운 것을 날마다 계속 실천한다. |
| 이<br>웃<br>과<br>의<br><br>관<br>계 | 8. 내가 해를 끼친 모든 사람의 명단을 만들어서 그들에게 기꺼이 보상하기로 한다. |
| | 9. 어느 누구에게도 해가 되지 않는 한, 할 수 있는 데까지 어디서나 그들에게 직접 보상한다. |
| | 12. 이 단계들을 실천함으로써 개인적 각성을 경험했으며, 삶을 지배하는 문제로부터 자유롭게 하시는 메시지와 하나님의 평안을 다른 사람들에게 전하기로 결정한다. |

12단계를 통한 관계회복의 모델은 첫 번째로 1단계 삶을 지배하는 문제 앞에서 무력감 인정하기, 2단계 믿음, 3단계 하나님께 맡김, 11단계 묵상과 기도하기 실천을 통해서 하나님과의 관계회복을 목표로 한다. 두 번째로 4단계 정직하게 자기 살피는 것, 5단계 시인하기, 6단계 변화를 준비하기, 7단계 긍정적인 성품을 구하기, 10단계 점검하기 실천을 통해서는 자신과의 관계회복을 목표로 한다. 마지막으로 8단계 보상 명단 만들어 보상하기, 9단계 할 수 있는 한 직접 보상하기, 12단계 평안을 다른 사람과 나누기 실천을 통해서는 이웃과의 관계회복을 목표로 한다. 이처럼 12단계 실천을 통해서 하나님과의 관계, 자신과의 관계, 이웃과의 관계회복을 추구하는 것이다.

### 3) 12단계와 하나님 형상 회복

필자는 관계회복모델 12단계를 실천하면서 하나님과의 관계, 자신과의 관계, 이웃과의 관계를 동시에 적용하는데 어려움을 경험하였다. 세 가지 관계가 상호 연관성이 있는데도 전체적으로 연결하여 실천하기보다는 부분적으로 실천하게 되는 것을 발견하였다. 이러한 경험을 하면서 필자는 12단계를 유기적으로 연결하여 재구성할 필요성을 느꼈다.

필자는 12단계를 재구성하기 위해 매일 새벽에 12단계 내용으로 기도하였다. 오랫동안 기도하면서 자연스럽게 내용이 완전히 외워졌고, 12단계 전체 내용이 한눈에 보이기 시작하였다. 그러면서 12단계의 기본 내용을 훼손하지 않으면서 다음 원칙으로 재구성할 수 있었다.

첫째, 하나님 형상 회복 과정과의 연결성을 생각했다. 하나님 형상 회복은 옛 사람을 버리고 새 사람을 입는 것이다(골 3:9-10; 엡 4:22-24). 옛 사람을 버리는 것은 죄를 발견하고 죽이는 과정을 통해서 이루어지고, 새 사람을 입는 것은 새 사람 입기와 새 생활하는 것을 통해서 나타날 수 있다.

너희가 서로 거짓말을 하지 말라 옛 사람과 그 행위를 벗어 버리고 새 사람을 입었으니 이는 자기를 창조하신 이의 형상을 따라 지식에까지 새롭게 하심을 입은 자니라(골 3:9-10).

너희는 유혹의 욕심을 따라 썩어져 가는 구습을 따르는 옛 사람을 벗어 버리고 오직 너희의 심령이 새롭게 되어 하나님을 따라 의와 진리의 거룩함으로 지으심을 받은 새 사람을 입으라(엡 4:22-24).

12단계 내용을 죄 발견하기와 죄 죽이기 그리고 새 사람 입기와 새 생활하기와 연결하여 생각하였다.

둘째, 영성 형성 과정과의 연결성을 생각하였다. 영국의 영성가 에블린 언더힐(Evelyn Underhill)은 그의 책 「Mysticism」에서 영성 형성의 단계를 자아 자각, 정화, 조명, 일치라는 4단계로 확장하여 설명하였다.[15]

자아 자각의 단계는 자기중심적인 삶에 대한 자각과 함께 회심하는 것을 말한다. 회심을 체험한 후 사람의 마음은 신(神) 의식으로 채워지며, 영적 성숙과 정화를 위한 절제의 필요성과 함께 하나님을 향한 강렬한 사랑을 갖게 된다. 자신의 내면의 문제에 대한 통찰력을 갖는 것은 변화의 출발점이 된다. 통찰력은 자신의 "내부를 보는 힘"이다.[16] 하버드대학교의 기독교 심리학자였던 올포트는 "성숙한 사람"의 특징은 날마다 자신의 내면을 정직하게 볼 수 있는 사람이라 하였다. 자신을 객관적으로 볼 수 있는 통찰력은 인격 성숙의 표지이다.[17] 통찰력은 지속적인 영적 성숙을 가져다준다. 바울은 디모데전서 1장 15절에서 자신을 죄인 중에 괴수라고 고백을 하였다. "세계 보건 기구"에 의하면 통찰력의 결여는 97%의 정신질환자에

---

15  이경용, 「칼빈과 이냐시오의 영성」, 32.

16  권택조, 「기독교 교육 심리학」 (서울: 대한기독교서회, 2005), 271.

17  Ibid., 271.

게 나타나는 증상이라 하였다. 정신질환자는 자신을 정직하게 볼 수 있는 통찰력이나 다른 사람의 입장을 볼 수 있는 조망능력이 부족한 특징이 있다. 우리는 성령님께서 보여주시는 대로 날마다 자신을 정직하게 살펴서 죄에 대한 자각을 일으켜야 한다.

자아의 정화는 회심 뒤에 따라오는 단계이며 조명의 길로 인도한다. 회심이 일회적이라면 정화는 지속적인 과정으로 그 본질은 자아의 단순화이다. "만일 우리가 우리 죄를 자백하면 그는 미쁘시고 의로우사 우리 죄를 사하시며 우리를 모든 불의에서 깨끗하게 하실 것이요"(요일 1:9).

자아에 대한 조명은 영적 자유와 밝아짐을 느끼는 단계로 깨달음, 혹은 조명이라 부른다. 조명의 핵심은 자기중심으로부터 하나님 중심으로 의식이 고양되는 것이다.

일치는 일반적으로 관상적인 체험이다. 관상(contemplation)은 'con'(함께)와 'templum'(성소)의 합성어로서 사물의 본질을 볼 수 있는 성소에서 하나님을 발견하고 하나님과 연합하는 경험을 말한다. 바울의 고백처럼 이제는 내가 사는 것이 아니라 그리스도가 내 안에 살고 있음을 느끼고 자각하는 체험이다(갈 2:20).

지금까지 살펴본 것처럼 영성 형성 과정은 하나님 형상 회복의 과정이라 할 수도 있다. 필자는 12단계를 자아자각, 정화, 조명, 일치(연합)의 관점에서 보았다.

셋째, 산상수훈의 4대 정신을 포함하였다. 12단계의 출발점이 된 프랭크 부크만(Frank Buchman)은 로버트 스피어(Robert E. Speer)가 말한 산상수훈의 4대 절대 명령인 절대 정직, 절대 순결,

절대 무사(無私), 절대 사랑을 12단계 실천을 통해 이루고자 했다.[18] 그러므로 12단계를 재구성하는데 산상수훈의 4대 정신을 포함시키는 것은 중요한 것이라 생각하였다.

매일 12단계 내용으로 기도하고 삶에 적용하면서 개인적으로 많은 회복을 경험하였고, 위의 원칙을 가지고 재구성을 고민하였다. 감사한 것은 하나님 형상 회복, 영성 회복의 과정, 산상수훈의 4대 정신은 서로 밀접한 연관성이 있는 것을 발견하였다. 그래서 오랜 기도와 연구 끝에 '하나님 형상 회복모델 12단계'로 재구성할 수 있었다. 세 가지 원칙을 가지고 새롭게 재구성한 12단계는 다음과 같다.

## 하나님 형상 회복모델 12단계

| 영성 형성 | 원리 | 하나님 형상 회복 과정 |
|---|---|---|
| 죄 의 자 각 | 1. 나는 날마다 나의 죄와 약점을 정직하게 살핀다 (4단계). | 죄 발견하기 (절대 정직) 1) 죄 발견 2) 죄 인정과 회개 |
| | 2. 나는 발견된 성품적 약점을 인정하고 하나님과 다른 사람에게 고백한다 (5단계). | |

---

18  Sam Shoemaker, et al., *Steps to a New Beginning*, 17.

| | | |
|---|---|---|
| 죄<br>의<br>정<br>화 | 3. 나는 나의 삶을 지배하는 문제에 대해 무력한 존재임을 인정한다 (1단계). | 죄 죽이기<br>(절대 순결)<br>1) 무력감 인정<br>2) 믿음과 맡김<br>3) 용서와 보상 |
| | 4. 나는 전능하신 하나님이 나를 온전한 사람으로 회복시킬 수 있음을 믿는다 (2단계). | |
| | 5. 나는 나의 삶을 지배하는 문제를 하나님께 완전히 맡긴다 (3단계). | |
| | 6. 나는 나에게 해를 입힌 사람의 명단을 만들어서 그들을 기꺼이 용서한다 (8단계). | |
| | 7. 나는 내가 해를 끼친 사람의 명단을 만들어서 그들에게 기꺼이 보상한다 (9단계). | |
| 조명 | 8. 나는 회복이 하나님의 기뻐하시는 뜻임을 인정하고 회복의 삶을 결단한다 (6단계). | 새 사람 입기<br>(절대 무사)<br>1) 결단<br>2) 기도<br>3) 하나님의 뜻 |
| | 9. 나는 겸손한 마음으로 하나님께 긍정적인 성품을 주시도록 기도한다 (7단계). | |
| | 10. 나는 묵상과 기도를 통하여 하나님과 친밀한 관계를 견고히 하도록 노력한다 (11단계). | |
| 연합 | 11. 나는 매일 회복의 과정을 점검하고 실천한다 (10단계). | 새 생활하기<br>(절대 사랑)<br>1) 점검<br>2) 나눔 |
| | 12. 나는 죄에서 자유로워지고 회복된 삶을 다른 사람에게 전한다 (12단계). | |

　필자는 12단계를 재구성하면서 '12 Steps'를 단계가 아닌 '원리'라고 표현하였다. '12 Steps'는 직역하면 '12단계'가 맞지만, '단계'는 어떤 일을 차례를 따라 나아가는 과정으로 한 단계를 마친 후 다음 단계로 넘어간다는 뜻이 내포되어 있다. 그러나 12단계는 회복

을 위해 1단계부터 차례로 적용하여 12번째 단계에서 완성되는 것이 아니라 각 단계가 서로 상호 연관성을 가지며 역동적으로 연결되어 있다.[19] 즉, 12단계는 단계마다 개별적 의미가 있으면서 동시에 유기체적으로 연결되어 있다. 그런 의미에서 필자가 재구성한 '하나님 형상 회복모델 12단계'에서는 각각의 단계를 '원리'라 표현하였다. 하나님 형상 회복모델의 12단계는 첫째, 1, 2 원리는 죄 발견하기로 자신의 내면의 죄를 자각하고 고백하는 것이며 여기에 필요한 영적 성품은 절대 정직이다.

둘째, 3, 4, 5, 6, 7 원리는 죄 죽이기로 죄의 문제에 대해서 자신의 무력함을 인정하고 십자가 앞에 나아가 고백한다. 그리고 죄의 결과에 대해 용서와 보상을 결단하고 실천을 계획한다. 이러한 원리를 통해서 영혼의 순결함이 이루어진다. 여기에 필요한 영적 성품은 절대 순결이다.

셋째, 8, 9, 10 원리는 새 사람 입기로 새로운 삶으로 변화되기를 결단하고 긍정적인 성품을 구한다. 그리고 진리이신 하나님의 뜻을 구하며 부활하신 주님과 연합하는 삶으로 나아간다. 여기에 필요한 영적 성품은 절대 무사(無私) 즉 자기 비움이다.

넷째, 11, 12 원리는 새 생활하기로 날마다 죄의 문제와 긍정적인 성품에 대한 실천을 점검하고 훈습한다. 그리고 회복된 삶을 다른 사람에게 나눈다. 여기에 필요한 영적 성품은 절대 사랑이다.

우리는 '하나님 형상 회복모델 12가지 원리'를 통해서 날마다 십

---

19  김재휘, "기독교인의 회복 경험에 관한 연구," (박사학위 논문, 연세대학교 대학원, 2011), 47.

자가와 부활의 주님과 연합하는 복음적인 삶을 훈련할 수 있다. 하나님 형상 회복은 날마다 죄 죽이기(Mortification)와 새 생명의 삶 (Vivification)으로 가능하다. 필자는 하나님 형상 회복모델 12단계를 다음 그림과 같이 정리하였다.

하나님 형상 회복모델 12단계

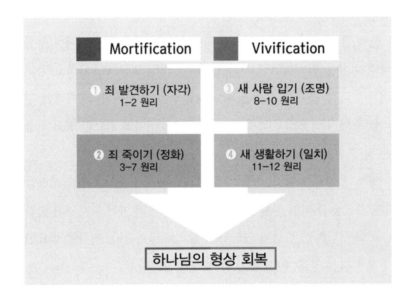

“

저자의 이론이 공허하지 않은 이유는
그가 목회 현장에서 실제로 적용하며 성도들의 회복과
변화를 체험했기 때문입니다. 이 책에는 그런 실천의 방법과
과정이 매우 구체적으로 적시돼있을 뿐 아니라
실제 회복 프로그램에 참여하며 변화된
성도들의 삶도 간증으로 곁들였습니다.

”

- 김선배 총장 추천사 중에서 -

# 4장

---

## 복음과 회복의 길

회복의 길은 복음을 알고 복음을 적용하는 삶이다. 본 장에서는 복음의 의미, 복음의 효력, 복음의 적용에 대해 살펴보며 회복의 길과 복음의 연관성을 논하고자 한다.

필자가 신학을 먼저 공부하고 늦게 심리학을 공부하면서 깨달은 것은 신학과 심리학 그리고 철학은 분리될 수 없는 학문이라는 점이었다. 우리는 철학을 통해서 본질적인 것을 질문하고, 심리학을 통해 인간의 다양한 문제의 원인이 무엇인지 알 수 있다. 그리고 신학은 그 질문과 문제에 대답해야 하는 학문이라고 생각한다. 필자는 그리스도인으로서 인간에 대한 본질적인 질문에 대한 대답 그리고 인간의 문제를 치료하고 온전하게 하는 방법은 복음의 능력에 있다고 믿는다. 그러나 일반 은총의 영역도 하나님이 주신 선물이라고 믿는다.

그래서 우리는 일반 은총의 영역을 존중하고 공부해야 한다. 그리고 복음의 능력을 알아야 한다. 인간의 본질이 무엇인지 고민해 보지 않고 답을 주고, 인간의 내면의 문제와 드러난 증상이 무엇인지 모르고 해결 방법을 제시하는 것은 참으로 공허한 이야기가 될 수 있다. 우리가 육적인 것과 혼적인 것을 무시하고 영적인 것만 강조하면 그

것은 하나의 울리는 꽹과리가 될 것이다. 복음은 인간의 영, 혼, 육을 온전하게 하는 능력이다. 그래서 복음과 회복은 분리될 수가 없다.

## 1. 복음이란 무엇인가?

그리스도인에게 가장 중요한 것은 복음을 알고 복음으로 사는 것이다. "내가 복음을 부끄러워하지 아니하노니 이 복음은 모든 믿는 자에게 구원을 주시는 하나님의 능력이 됨이라"(롬 1:16). 복음은 믿는 모든 사람을 구원하는 하나님의 능력이라 했다. 예수 믿는 사람이 복음의 능력으로 새 사람으로 변화되고, 기쁨과 평안이 충만해지고, 풍성한 삶을 사는 것은 당연하다. 그러나 예수 믿는 사람들의 삶을 보면 그렇지 못한 경우가 많은 것 같다.

그래서 그리스도인이 복음을 바로 아는 것이 중요하다. 마가복음 1장 1절에 보면 "하나님의 아들 예수 그리스도의 복음의 시작이라"고 선언한다. 복음의 문자적인 의미는 '기쁜 소식'이라는 뜻이다. 복음이라는 단어가 지금은 그리스도인이 사용하는 고유명사가 되었지만, 마가복음이 기록된 로마 시대에는 복음은 새로운 시대나 새로운 역사가 이루어질 것이라는 기대가 있을 때 사용한 단어이다. 예를 들면 새로운 황제가 등극한 소식이 복음이다. 정치가 바뀌면 새로운 세상이 열릴 것이라는 기대감이다. 장가가는 소식이나 아들이 태어난 소식도 복음으로 표현했다. 결혼하는 것이나 자녀를 낳는 것은 새로운 행복과 삶에 대한 기대를 주는 기쁜 사

건이다.[1]

그러므로 마가가 "하나님의 아들 예수 그리스도의 복음의 시작이
라"고 선언한 것은 우리 삶에 새로운 희망과 역사는 예수님을 통해
서만 가능하다는 선포이다. 오직 예수 그리스도만이 복음이다. 복음
의 주인공인 예수 그리스도를 만날 때 새로운 시대가 열린다.

사람들은 대통령이 바뀌면 정치가 바뀌고 경제가 바뀔 것이라고
기대한다. 그러나 시간이 지나면서 실망을 하게 된다. 결혼도 마찬
가지이다. 사람들은 결혼을 준비하면서 행복한 삶에 대한 기대감으
로 충만하다. "이제 내 인생에 불행은 끝나고 행복이 시작될 거야. 나
는 세상에서 가장 행복한 가정을 이룰 거야"라고 환상을 갖는다. 그
러나 결혼하고 얼마 지나지 않아서 그 기대감이 무너지는 경우가 많
다. 이 세상에는 그 어느 것도 진정한 복음이 될 수 없다. 오직 예수
그리스도만이 우리에게 영원한 복음이 될 수 있다. 예수 그리스도만
이 우리의 모든 불행과 저주를 떠나가게 하고 새롭게 할 수 있다. 하
나님의 아들 예수 그리스도가 오셔서 새로운 시대가 열릴 것은 이미
구약 시대에 예언되었다.

> 좋은 소식을 전하며 평화를 공포하며 복된 좋은 소식을 가져오며 구
> 원을 공포하며 시온을 향하여 이르기를 네 하나님이 통치하신다 하
> 는 자의 산을 넘는 발이 어찌 그리 아름다운가(사 52:7).

---

1  Robert Guelich, 「마가복음(상)」, 「WBC 성경주석」, 김철 역 (서울: 도서출판 솔로
   몬, 2011), 71-4.

주 여호와의 영이 내게 내리셨으니 이는 여호와께서 내게 기름을 부
으사 가난한 자에게 아름다운 소식을 전하게 하려 하심이라 나를 보
내사 마음이 상한 자를 고치며 포로된 자에게 자유를, 갇힌 자에게
놓임을 선포하며(사 61:1).

그러므로 누구든지 하나님의 아들 예수 그리스도의 복음을 알면
그의 삶과 가정에 새로운 시대가 시작되는 것은 당연한 일이다. 예
수님을 믿는데 새로운 삶이 열리지 않는 것은 아직 복음의 주인이신
예수 그리스도를 잘 모르는 것이다. 이 책을 읽는 독자들이 복음을
바로 알고 실천해서 새로운 삶이 시작되기를 기대한다. 그리스도인
이 복음을 알고 복음으로 사는 것이 곧 하나님의 형상을 회복하는 길
이다. 필자가 가장 좋아하는 말씀 중의 하나가 시편 57편 8절이다.
"내 영광아 깰지어다 비파야, 수금아, 깰지어다 내가 새벽을 깨우리
로다." 복음 안에서 살면 반드시 삶에 새벽이 찾아온다.
　　그러면 복음의 의미와 효력 그리고 복음으로 사는 것이 무엇인지
살펴보도록 하겠다.

　　1) 복음은 예수 그리스도이다.
　　복음은 단순한 성경 지식이나 사건이 아니라 예수님 자신이다. 예
수님은 우리에게 생명을 주시는 분이며 모든 복의 근원이시다. 예
수님 안에 생명이 있고, 능력이 있고, 모든 지혜가 있다. 예수님께서
육신의 몸을 입고 이 땅에 오심으로 모든 사람이 새로운 삶을 소망
할 수 있게 되었다. "말씀이 육신이 되어 우리 가운데 거하시매 우리
가 그의 영광을 보니 아버지의 독생자의 영광이요 은혜와 진리가 충

만하더라"(요 1:14).

**"말씀이 육신이 되어"** 여기서 '되어'는 사람 혹은 사물이 특성을 바꾸어 새로운 상태가 되는 것을 말한다. **"영광"**은 출애굽기에 나타난 홍해, 시내산, 회막에 하나님의 영광이 계시되었던 것을 상기시킨다. 즉, 그리스도를 제2의 출애굽 희망을 성취하는 자로서 계시하시며 구속하신다는 것을 말한다.[2]

출애굽기 14장 4절에 보면 "내가 바로의 마음을 완악하게 한즉 바로가 그들의 뒤를 따르리니 내가 그와 그의 온 군대로 말미암아 **영광**을 얻어 애굽 사람들이 나를 여호와인 줄 알게 하리라 하시매 무리가 그대로 행하니라"고 하였다.

하나님의 영광은 하나님의 성품과 능력이 밖으로 나타나는 것이다. 예를 들면 아무리 음식 솜씨가 훌륭해도 그 사람이 음식을 하지 않으면 영광이 나타날 수 없다. 그러나 그가 능력을 발휘해서 세상에서 최고로 맛있는 음식을 하면 그 사람의 영광이 나타나는 것이고, 먹는 사람은 영광을 누리는 것이다. 하나님의 영광이 나타나는 것은 하나님의 성품과 능력이 밖으로 드러나는 것이고, 그것을 본 사람들은 하나님의 영광을 누리는 것이다. 하나님은 출애굽 사건을 통해 하나님의 영광을 나타내셨고, 애굽 사람들에게까지 하나님이 여호와인 줄 알게 하셨다. 그리고 하나님께서 시내산에서 십계명을 주실 때도 하나님의 영광이 나타나셨다.

예수님께서 말씀으로 존재하시다가 육신이 되어 이 땅에 오신 것

---

2  G. R. Beasley-Murray, 「요한복음」, 「WBC 성경주석」, 이덕신 역 (서울: 도서출판 솔로몬, 2010), 139.

은 우리를 죄와 저주와 질병 그리고 가난에서 건져주기 위함이었다. 예수님은 모든 사람에게 제 2의 출애굽 희망을 성취하는 분으로 오셨다. 그러므로 인류의 가장 큰 기쁜 소식은 예수님께서 육신의 몸을 입고 이 땅에 오신 것이다.

필자에게 가장 큰 기쁨은 날마다 하나님의 영광을 보는 것이다. 상담하면서 기대가 되는 것은 예수님이 계시기 때문이다. 아무리 복잡한 문제가 있어도 그 문제를 가지고 예수님 앞에 나가면 반드시 하나님의 영광을 보게 된다. 복음이신 예수님만이 우리의 참 위로자이고 참 치료자가 되신다. 필자는 하이델베르크 요리문답 제1문을 좋아한다.

**제1문: 살아서나 죽어서나 당신의 유일한 위로는 무엇입니까?**
답: 살아서나 죽어서나 나는 나의 것이 아니요 몸도 영혼도 나의 신실한 구주 예수 그리스도의 것입니다. 그리스도께서는 그의 보혈로 나의 모든 죗값을 완전히 치르시고 나를 마귀의 모든 권세에서 해방하셨습니다. 또한 하늘에 계신 나의 아버지의 뜻이 아니면 머리털 하나도 땅에 떨어지지 않도록 나를 보호하시며 참으로 모든 것이 합력하여 나의 구원을 이루도록 하십니다. 그러므로 그의 성령으로 그분은 나에게 영생을 확신시켜 주시고 이제부터는 마음을 다하여 즐거이 그리고 신속히 그를 위해 살도록 하십니다.[3]

---

3  Zacharias Ursinus, 「하이델베르크 요리문답해설」, 원광연 역 (경기: 크리스챤다이제스트, 2006), 61.

예수님이 육신의 몸을 입고 이 땅에 오신 소식이야말로 인류에 가장 복된 소식이다. 복음에 대한 오해 중 하나는 우리가 전도할 때 사용하는 성경 몇 구절이라고 생각하는 것이다. 목회자들이 복음 설교를 단순히 전도 설교로 생각하는 것도 복음의 의미를 축소시키는 것이다. 복음은 예수 그리스도 자신이다. 그러므로 복음을 안다는 것은 예수님을 아는 것이고, 복음으로 산다는 것은 예수님 뜻대로 사는 것이며, 복음 설교는 예수님을 전하는 것이다. 그러므로 복음은 본질적으로 예수님과 인격적인 관계 속에서 생각해야 하고, 십자가와 부활의 사건은 복음의 핵심이라고 할 수 있다.

## 2) 복음의 효력은 인격적 관계에 있다.

그리스도인들이 예수님을 믿어도 복음의 능력을 경험하지 못하는 이유는 복음의 본질이 인격적인 관계라는 사실을 간과하기 때문이다. 고린도전서 2장 2절에 사도 바울이 "내가 너희 중에서 예수 그리스도와 그가 십자가에 못 박히신 것 외에는 아무것도 알지 아니하기로 작정하였음이라"고 고백한 것은 영어 성경에는 "Jesus Christ, who had been nailed to a cross"로 예수 그리스도를 아는 것에 초점을 맞춘 고백이다. 우리는 오직 예수 그리스도를 알아가기로 작정하는 고백 속에서 복음의 능력을 경험할 수 있다. 예수 그리스도를 경험적으로 알아가는 것은 예수님과 인격적인 관계 속에서 가능한 것이다. 따라서 예수님과 인격적인 관계가 없으면 복음의 능력을 경험할 수 없다.

요한복음 17장 3절에서도 "영생은 곧 유일하신 참 하나님과 그가 보내신 자 예수 그리스도를 아는 것이니이다"라고 하였다. 여기서 "

안다"는 것은 체험을 통한 지식을 말한다. 영생을 누리는 것은 예수 그리스도와 인격적인 관계 속에서 알아가는 것이다. 영생은 인격적인 관계 속에서 예수님을 아는 만큼 누릴 수 있다.

우리가 복음의 능력으로 구원받는 것은 예수님을 믿기로 결정하는 데서 시작한다. "나는 예수님을 믿습니다"라는 고백이 중요하다. 그러나 예수님을 믿기로 결정한 사람은 복음의 주인공이신 예수님과 인격적인 관계 안에서 살아갈 때 복음의 효력을 경험할 수 있다. 필자는 구원론에서 이 부분이 한국 교회의 아쉬운 부분이라고 생각한다. 한국 교회는 "믿기만 하면 구원을 받는다"고 강조할 뿐 성화를 등한히 하는 바람에 값싼 은혜를 양산한다는 비판을 받고 있다. 믿기로 결정하는 것만 강조하고, 그다음 예수님을 알아가며 예수님과 인격적인 관계 속에서 사는 것을 소홀히 한 부분이 있다고 생각한다. 필자도 믿지 않는 사람에게는 믿기만 하면 구원받는다는 것을 강조한다. 특별히 임종을 앞둔 분에게는 인격적인 관계보다는 믿음을 고백하도록 강조한다. 그러나 복음의 효력은 예수님과의 인격적인 관계에서 나온다는 것을 잊어서는 안 된다.

사역하면서 신앙생활을 오래 했지만 "기도 응답을 경험해보지 못했어요", "하나님의 말씀을 경험해보지 못했어요"라고 말하는 사람들이 가장 안타깝다. 그 이유는 예수님을 영접한 것은 분명하지만, 예수님과 인격적인 관계 속에서 예수님을 알아가는 삶이 없기 때문이다. 복음의 능력은 관계 속에서 경험할 수 있다. 사람이 상처를 받는 것도 관계 안에서 이루어지고, 치유도 관계를 통해서 이루어진다. 그리스도인이 자신의 문제를 발견하고 예수님과 인격적인 관계 안으로 들어가면 복음의 효력을 경험하고 삶의 회복을 경험하게 된다.

예전에 성경을 읽으면서 궁금했던 것들이 있다. 베드로와 요한은 "은과 금은 내게 없거니와 내게 있는 이것을 네게 주노니 나사렛 예수 그리스도의 이름으로 일어나 걸으라"(행 3:6)고 선포했을 때 앉은뱅이가 일어났는데 왜 나는 안 될까? 나도 사도들과 똑같이 '예수 이름으로 걸으라'라고 선포하였는데 왜 아무 반응이 없을까? 나의 믿음이 적어서 그런가 아니면 기도가 부족해서 그런가 하며 영적 열등감에 빠지기도 하였다. 사실 이것은 복음이 본질적으로 인격적이라는 것을 몰라서 한 고민이었다.

사람들은 베드로와 요한이 "예수님의 이름으로 일어나 걸으라"고 선포하고 앉은뱅이가 일어나는 사건만 보는 경향이 있다. 베드로와 요한이 얼마나 예수님과 친밀한 관계 속에 있고, 하나님을 사모하며 사는 부분에 대해서는 잘 보지 못한다. 필자도 아픈 분이나, 특별한 문제가 있는 분을 위해서 기도할 때 성령님께서 내적인 확신을 주시는 경우가 종종 있다. '며칠만 특별 기도하면 응답이 될 것 같다'라는 생각이 든다. 그러면 성령님께서 주시는 감동을 성도에게 말을 할까 말까 고민한다. '괜히 말했다가 안 되면 어떻게 하나'라는 생각 때문에 갈등이 생긴다. 그런데 믿음으로 순종해서 기도하면 반드시 역사가 나타나는 것을 경험한다.

성령 사역을 할 때 '예수 이름'을 마치 주문 외우듯 입으로 선포하면 능력이 나타날 것처럼 사역한 적이 있다. 물론 예수님의 이름을 입으로 시인하는 것만으로도 능력이 나타날 수도 있다. 지금도 예배 시간에 예수 이름을 선포하며 치유 기도를 하고 있다. 그러나 지금은 예수 이름의 능력은 인격적인 관계에서 나온다는 것을 안다. 사도행전 19장에서 바울에게 신기한 능력이 나타나는 것을 보고 흉내 내다가 어려움을 겪은 사건이 나온다.

> 하나님이 바울의 손으로 놀라운 능력을 행하게 하시니 심지어 사람들이 바울의 몸에서 손수건이나 앞치마를 가져다가 병든 사람에게 얹으면 그 병이 떠나고 악귀도 나가더라 이에 돌아다니며 마술하는 어떤 유대인들이 시험 삼아 악귀 들린 자들에게 주 예수의 이름을 불러 말하되 내가 바울이 전파하는 예수를 의지하여 너희에게 명하노라 하더라 유대의 한 제사장 스게와의 일곱 아들도 이 일을 행하더니 악귀가 대답하여 이르되 내가 예수도 알고 바울도 알거니와 너희는 누구냐 하며 악귀 들린 사람이 그들에게 뛰어올라 눌러 이기니 그들이 상하여 벗은 몸으로 그 집에서 도망하는지라(행 19:11-16).

예수 그리스도와 관계없이 바울을 흉내 내다가 당한 낭패이다. 복음은 예수 그리스도 자신이며 본질적으로 인격적인 관계라는 것을 기억해야 한다. 똑같이 선포하여도 예수님과 관계의 깊이에 따라 능력이 다르게 나타나는 것은 당연하다. 신앙의 본질은 그리스도와 관계를 맺고 함께 사는 것이다. 그 관계 속에서 복음의 능력이 나타난다.

### 3) 복음의 핵심은 십자가와 부활이다.

예수님이 복음이기 때문에 예수님이 행하신 모든 일이 복음이다. 예수님의 창조, 탄생, 사역, 십자가의 죽음, 부활, 승천, 재림의 사건이 모두 복음이다. 그러나 그중에서도 성경은 예수님의 모든 사역의 중심으로 십자가의 죽으심과 부활을 강조한다.

사복음서는 예수님의 생애에 대해 기록할 것이 많지만 예수님의 십자가와 부활 사건에 초점을 맞추어서 기록하였다. 사도 바울의 삶과 메시지의 중심도 십자가와 부활이었다.

내가 받은 것을 먼저 너희에게 전하였노니 이는 성경대로 그리스도께서 우리 죄를 위하여 죽으시고 장사 지낸 바 되셨다가 성경대로 사흘 만에 다시 살아나사(고전 15:3-4).

바울은 종종 십자가에 대해서 배타적인 형식(formula)을 사용함으로 십자가의 중심성과 완전성을 강조하였다(고전 2:2; 갈 6:14; 고전 15:14). 배타적인 형식은 그리스도인에게 십자가 보다 더 중요한 것은 없고, 십자가 외에는 자랑할 것이 아무것도 없다는 의미이다.

내가 너희 중에서 예수 그리스도와 그가 **십자가에 못 박히신 것 외에는** 아무것도 알지 아니하기로 작정하였음이라(고전 2:2).

그러나 내게는 우리 주 예수 그리스도의 **십자가 외에 결코 자랑할 것이 없으니** 그리스도로 말미암아 세상이 나를 대하여 십자가에 못 박히고 내가 또한 세상을 대하여 그러하니라(갈 6:14).

그리스도께서 **만일 다시 살아나지 못하셨으면** 우리가 전파하는 것도 헛것이요 또 너희 믿음도 헛것이며 그리스도께서 다시 살아나신 일이 없으면 너희의 믿음도 헛되고 너희가 여전히 죄 가운데 있을 것

이요(고전 15:14, 17)

이처럼 예수님의 십자가와 부활의 사건은 복음의 핵심이며 성경의 중심 내용이라 할 수 있다. 여기서 우리가 한 가지 더 생각할 것은 예수 그리스도의 십자가와 부활은 불가분의 관계라는 것이다. 사역 현장에서 어떤 분은 십자가만 강조하고 어떤 분은 부활만 강조하는 경우가 있다. 그러나 십자가와 부활은 분리해서 생각할 수 없다. 우리가 십자가를 강조해도 부활을 전제해야 하고, 부활을 강조할 때에도 십자가를 전제해야 한다.

예수님이 마지막 예루살렘에 올라가는 도상에서 수난을 받고 부활하실 것을 세 번 예언하셨다(막 8:31-33, 9:30-32, 10:31-33). 이 예언에 대해 주석가들은 수난의 예언이라 하였는데, 사실은 수난과 부활의 예언이라고 해야 정확하다. 왜냐하면 예수님은 항상 십자가의 수난과 부활을 함께 말하였기 때문이다. 십자가와 부활은 복음의 핵심이며 서로 분리해서 생각할 수 없다. 그리스도인이 복음으로 산다는 것은 예수님과 인격적인 관계를 맺었다는 뜻이고, 날마다 십자가와 부활의 주님과 연합하여 산다는 의미이다. 이것이 회복의 길의 핵심이다.


## 2. 복음의 효력

복음은 모든 믿는 사람에게 구원을 주시는 하나님의 능력이다. 복음의 능력은 예수님과의 인격적인 관계에서 나타난다. 믿음의 본질은 예수님과 인격적 관계를 맺으며 사는 것이다. 그러면 믿음으로 나타나는 복음의 능력은 무엇인가? 한마디로 말하면 죄에서의 구원이다. 예수님이 세상에 오신 것은 인류를 죄에서 구하기 위함이다. '예수'라는 이름 자체가 하나님은 구원하신다는 의미이다(마 1:21). 죄에서의 구원은 죄의 형벌, 능력, 존재에서 구원받는 것을 말한다.

모든 사람은 죄를 지었기 때문에 그에 상응하는 형벌을 받아야 한다(롬 6:23). 어떤 사람도 죄의 형벌을 피하고 스스로 하나님의 의를 만족시킬 수 없다. 그러므로 인간은 죄 때문에 비참한 존재가 되었으며 하나님의 심판을 피할 수 없는 존재가 되었다. 예수님은 우리가 받아야 할 죄의 값을 대신 치르기 위하여 인간의 몸을 입고 이 땅에 오셨다. 그리고 인류의 죄를 대신해서 십자가에서 죽으시고 부활하셨다.

그 아들 예수의 피가 우리를 모든 죄에서 깨끗하게 하실 것이요(요일 1:7).

하나님은 우리를 부분적으로 구원하지 않고 완전하게 구원하신다. 그리고 구원은 점진적으로 완성된다. 첫 번째, 죄의 형벌에서 구원하신다. 예수님은 죄에 대한 완전하고도 충족한 보상을 통하여 죄 때문에 부과되는 형벌에서 우리를 자유롭게 하였다. 두 번째, 죄의 능력으로부터 구원하신다. 예수님은 우리 안에 있는 죄를 제거하고, 우리의 본성을 새롭게 함으로써 우리가 상실한 하나님의 형상을 회복시켜 준다. 세 번째, 죄의 존재로부터 구원하신다. 예수님의 재림

때에 우리의 구원은 완벽하게 이루어진다.[4]

예수님께서 성취하신 구원으로 말미암아 믿는 자에게 나타나는 효력은 무엇인가? 셀 수 없이 많지만 여기서는 회복의 길과 관련하여 세 가지 내용을 나누고자 한다.

### 1) 복음은 하나님과 화목하게 한다.

그러므로 우리가 믿음으로 의롭다 하심을 받았으니 우리 주 예수 그리스도로 말미암아 하나님과 화평을 누리자(롬 5:1).

복음의 효력은 하나님과 화평(화목)을 누리는 것이다. 여기에서 화평은 소극적으로는 전쟁의 종지 상태를 의미한다. 즉, 전쟁하는 두 나라가 포격을 멈추고 평화 조약에 사인하고 악수를 하는 것이다. 그러나 화평에 대한 당시 히브리적 개념은 모든 영역에서 샬롬(שׁלוֹם)이 성취되는 더 넓은 의미로 사용하였다.[5]

우리가 믿음으로 의로워지기 전까지는 하나님과 적대 관계였다. 우리는 하나님의 통치를 거부하고 하나님께 반역을 일으켰다. 하나님의 존재를 부인했다. 심할 때는 하나님의 백성을 매도하고 비난하고 멸시하고 핍박했다. 그러나 이제 예수님 덕분에 하나님과 평화가 성립되었다. 이제 우리는 하나님과 원수의 관계가 아니라 동지의 관계가 되었다. 이제는 같은 편이 되어서 사탄과 죄를 상대로 전투를 벌이는 동맹의 관계가 된 것이다. 그러므로 우리는 더는 하나님을 두

---

4  Ibid., 162-3.

5  James D. G. Dunn, 「로마서(상)」, 「WBC 성경주석」, 김철·채천석 역 (서울: 도서출판 솔로몬, 2010), 453-4.

려워할 필요가 없다. 하나님과 나는 같은 편이고 동맹관계이다. 우리는 하나님과 함께 연합해서 죄와 사탄을 맞서 싸우는 위치에 있다. 이것이 하나님과 화평을 누리는 것이다. 복음의 능력으로 하나님과 화목을 누리는 것이 왜 중요하냐 하면 아무 때나 하나님 은혜의 자리에 나아갈 수 있기 때문이다.

> 또한 그로 말미암아 우리가 믿음으로 서 있는 이 은혜에 들어감을 얻었으며 하나님의 영광을 바라고 즐거워하느니라(롬 5:2).

은혜는 값없이 받는 사랑이다. 우리는 그리스도 때문에 값없이 주시는 하나님의 은혜를 받을 수 있는 자격을 얻었다. 우리는 아무 때나 은혜의 자리로 나아가서 왕 중의 왕이신 하나님을 만나 뵐 수 있고, 우리가 원하는 것을 무엇이든지 기도할 수 있다. 하나님과 파트너십을 가지고 살 수 있는 특권이다. 이 은혜 아래에서 한량없는 하나님의 사랑을 경험하며 우리는 온전한 사람으로 회복되어 간다.

사람들에게 발생하는 여러 가지 문제는 주 양육자에게 마땅히 받아야 할 사랑을 받지 못해서 발생한다. 특히 0-2세는 애착의 시기로 충분한 사랑을 받지 못하면 불안정 애착이 형성된다. 사람들은 어린 시절에 받지 못한 사랑의 결핍을 누군가를 통해서 메워보려고 눈물겨운 노력을 하게 된다. 그런데 결핍을 해결하지 못하는 이유는 너무 비현실적인 사랑 즉, 0-2살 때처럼 전능적으로 사랑해 줄 대상을 찾기 때문이다. 그 사랑을 받기 위해서 매달리기도 하고, 받지 못할 것 같으면 두려움 때문에 회피하기도 한다. 누가 그런 사랑을 줄 수 있겠는가? 그래서 많은 심리적인 문제가 발생한다. 이 문제는 조건 없는 하나님의 사랑을 경험해야만 온전히 해결된다. 하나님의 사랑을 반복적으로 경험하면 그동안 채워지지 않았던 공허한 마음이 하나님의 사랑으로 가득 채워진다. "이제 하나님 한분이면 충분합니다"라고 고백할 수 있을 때 온전한 회복의 길이 열린다. 이것이 놀라운 복음의 효력이다.

또 하나 중요한 것은 믿음 안에서 하나님과 화평을 누릴 때 우리는 죄책감에서 회복된다. 어려서부터 용납받기보다 비난과 통제를 많이 받으면 수치심과 죄책감이 발달한다. 건강한 사람이 되려면 웃음과 애정이 있는 곳에서 실수하여도 용납받는 가정환경에서 자라야 한다. 부모의 따뜻한 정서적인 반응을 경험하지 못하고, 자신의 행동에 대해 완고하고 엄격한 요구를 받는 환경에서 성장하면 수치심과 죄책감이라는 수갑이 채워지게 된다. 이것을 샌포드(John & Paula Sandford)는 성취 지향형 인간이라 했다. 성취 지향적인 사람들에게 실패가 두려운 것은 자신의 실패가 다른 사람에게 고통을 주는 것 때문이 아니라 다른 사람이 자신을 어떻게 볼까 하는 데 있다. 그래서 성취 지향적인 사람은 자신의 중심성을 갖지 못하고 집단의 표준에 따라 살게 되고, 실수하지 않기 위해 강박적인 행동을 하게 된다. 스스로 사랑받을 자격이 없다고 생각하고, 완전하지 못한 것에 대한 죄책감에 시달린다. 이러한 그리스도인은 하나님을 완고한 분으로 생각하기도 한다. 마치 한 달란트 받은 종이 주인을 완고한 사람으로 생각해서 달란트를 땅에 묻어 둔 것처럼 산다. 실패가 두려워서 도전하지 못하는 것이다(마 25장). 한편으로는 인정받기 위해 끊임없이 쉬지 않고 노력을 한다. 그래서 성취 지향적인 사람에게 인생이란 쉴 수 있는 여유와 자신에 대한 용납보다는 끊임없

는 걱정과 두려움, 수고의 기반 위에 세워진다.[6]

그래서 복음의 능력 안에서 사는 것이 중요하다. 하나님과 화목을 누리는 사람은 율법 아래에 있지 않다는 것을 기억하고 산다. 이미 믿음으로 의롭다 함을 받았기 때문에, 우리가 죄와의 싸움에 한때 일시적으로 패배한다고 해도 하나님과의 관계에는 달라질 것이 없다는 것을 확신한다. 우리가 넘어졌어도 하나님은 우리를 사랑하시는 아버지이시고 우리는 여전히 그의 사랑을 받는 자녀이다. 우리가 넘어졌을 때 하나님은 화내시는 분이 아니라, 안타까워하시고 안아주시는 분이시다. 하나님은 우리의 적이 아니고 나의 편이시고 도우시는 분이다. 이러한 생각으로 사는 것이 율법 아래 살지 않는 것이다. 하나님과 화목을 누리는 사람은 율법 아래 살지 않고 항상 복음 안에서 생명과 은혜와 기쁨을 누리며 살게 된다.

### 2) 복음은 예수님의 온전한 제자가 되게 한다.

우리는 복음의 능력으로 하나님 형상을 회복할 수 있다. 우리가 온전한 사람으로 변화를 기대할 수 있는 것은 복음이 있기 때문이다. 예수님과 인격적인 관계 속에 있는 사람은 반드시 온전한 사람으로 회복된다.

필자는 칭의와 성화를 너무 구분하는 것을 지양해야 한다고 생각한다. 칭의가 예수님을 영접하여 하나님의 자녀가 되는 관계의 출발이라면, 성화는 지속적인 관계 속에서 회복을 경험하는 것이다.

---

6  John & Paula Sandford, 「속사람의 변화 1」, 황승수·정지연 역 (서울: 도서출판 순전한 나드, 2014), 72-113.

결혼식이 칭의라면 결혼생활은 성화이다. 칭의는 있고 성화가 없는 것은 있을 수 없는 일이다. 그러나 현실적으로 교회 안에 칭의와 성화가 단절된 것처럼 사는 사람이 정말 많다. 분명 예수님을 영접하여 하나님의 자녀가 되었는데, 10년을 믿어도 여전히 어린아이 신앙 안에 머물러 있는 사람들이 있다. 믿음은 반드시 성장으로 연결되어야 한다.

> 우리가 다 하나님의 아들을 믿는 것과 아는 일에 하나가 되어 온전한 사람을 이루어 그리스도의 장성한 분량이 충만한 데까지 이르리니(엡 4:13).

우리가 온전한 사람이 되는 것은 하나님의 아들을 믿는 믿음 안에서 되는 것이다. 어떤 프로그램이나 종교생활이 사람을 변화시키지는 못한다. 반대로 예수님과 인격적인 관계 속에서 살면 변화되지 않을 수 없다. 예수님을 주님으로 영접했는데도 죄의 능력에서 벗어나지 못하는 이유는 예수님과 인격적인 관계 속에 살지 않기 때문이다. 이런 사람은 예수님의 말씀을 듣기보다 사탄의 말에 잘 속는다. 사탄은 우리 귀에 대고 계속 속삭인다. '예수 믿었다고 타고난 성격이 변할 것 같으냐?' 이러한 생각에 동의하기 때문에 죄의 능력에서 벗어나려는 시도를 적극적으로 하지 않는다.

우리가 복음 안에서 온전한 사람으로 회복되기까지는 많은 시간과 고통이 따른다. 왜냐하면, 우리의 잘못된 생각, 잘못된 감정, 잘못된 행동은 오랜 세월에 걸쳐 만들어진 삶의 패턴이기 때문이다. 이러한 것은 의식보다 무의식적으로 나타난다. 조금만 의식하지 않으면 자동적으로 생각하고, 느끼고 행동하게 된다. 이러한 습관은 어린 시절부터 욕구가 좌절되면서 형성된 심리 역동이다. 심리 역동은 치료되기 전에는 변화되지 않는다. 그리고 끈질기게 반복되는 특징이 있다. 이것이 우리 안에서 우리를 괴롭히는 죄의 능력이다. 사도 바울도 자신의 내면의 죄를 이렇게 고백하였다.

> 내 지체 속에서 한 다른 법이 내 마음의 법과 싸워 내 지체 속에 있는 죄의 법으로 나를 사로잡는 것을 보는도다 오호라 나는 곤고한 사람이로다 이 사망의 몸에서 누가 나를 건져내랴(롬 7:23-24).

예수님은 죄의 능력으로부터 우리를 회복하기 위해 이 세상에 오셨다. 그래서 성도는 십자가에 죽으시고 부활하신 예수님과 연합하여 끊임없이 결단하고 훈습해야 한다. 회복의 길 12단계는 날마다 복음의 능력으로 살아가는 방법을 가르쳐 준다. 복음 안에 있는 사람은 세상과 마귀의 속박에서 벗어나 지식이 새로워지면서 십자가의 관점으로 살아갈 수 있다.

닐 앤더슨(Neil T. Anderson)은 누가복음 9장 23절을 통해 우리가 예수님의 제자로 온전히 회복하는 것과 복음으로 사는 것이 무엇인지 잘 설명하고 있다.[7]

예수님의 열 두 제자도 처음에는 이 말씀을 이해하지 못하였다. 예수님께서 십자가에 죽으시고 부활하신 이후에 비로소 이 말씀의 의미를 깨닫고 예수님을 따라 살았다. 예수님을 따라 사는 것이 바로

---

7  Neil T. Anderson, 『이제 자유입니다』, 유화자 역 (서울: 조이선교회, 2016), 44-9.

복음으로 사는 것이고 제자의 삶이다.

## (1) 자신을 부인하라

또 무리에게 이르시되 아무든지 나를 따라오려거든 **자기를 부인하고** 날마다 제 십자가를 지고 나를 따를 것이니라(눅 9:23).

'자기 부인'이란 스스로 다스리지 않는다는 뜻이다. 예수님을 따라 사는 것은 자기를 버리고 주님의 주권을 인정하는 것이다. 우리의 옛 사람은 모든 영역에서 스스로 통제하려 한다. 죄악된 자아는 내 인생의 왕좌를 놓고 앞 다투어 싸우고, 하나님이 되려고 고군분투한다. 그러므로 자기를 버리는 것은 중요한 영적 싸움이다. 우리는 하나님을 떠나서는 살 수 없도록 지음 받았으며, 스스로 영혼의 주인이 될 수도 없다(마 6:24). 우리가 자신을 부인하는 것은 인생의 보좌를 하나님께 내어 드린다는 의미이며, 그때에 우리는 마땅히 그분의 것을 소유할 수 있다. 자기 부인은 '회복의 길 3 원리' 무력감을 인정하고 하나님께로 나아가는 것이다.

## (2) 날마다 십자가를 지라

또 무리에게 이르시되 아무든지 나를 따라오려거든 자기를 부인하고 **날마다 제 십자가를 지고** 나를 따를 것이니라(눅 9:23).

'날마다 십자가를 진다'는 것은 날마다 우리가 하나님께 속하였다는 사실을 인지한다는 뜻이다. 십자가를 진다는 것은 우리 신분이 육신에 속하지 않고 하나님과의 관계 안에 있다는 의미이다. 십자가를 진다는 것은 삶의 문제와 사역의 문제 그리고 고난의 문제를 가지고 십자가 앞으로 나아가는 것이다. 고난 자체를 십자가라고 할 수 없다. 왜냐하면, 우리 삶 자체가 고난이기 때문이다. 따라서 자신의 힘으로 문제를 짊어지고 산다면 그것은 십자가를 지는 것이 아니다. 십자가를 지는 삶은 주님과 친밀한 관계 가운데 고난을 함께 진다는 뜻이다.

> 수고하고 무거운 짐 진 자들아 다 내게로 오라 내가 너희를 쉬게 하리라 나는 마음이 온유하고 겸손하니 나의 멍에를 메고 내게 배우라 그리하면 너희 마음이 쉼을 얻으리니 이는 내 멍에는 쉽고 내 짐은 가벼움이라 하시니라(마 11:28-30).

스스로 고난을 지고 살지 말고 그 고난을 주님 앞에 가지고 나아가야 한다. 고난의 문제를 가지고 십자가 앞에 나갈 때 예수님이 함께 져주기 때문에 고난의 무게가 덜어져서, 자발적으로 그리고 기쁜 마음으로 고난을 선택할 수 있다. 이것이 십자가이다. 우리는 날마다 십자가를 지고 살아야 한다. 십자가 앞에 나아가지 않으면 고난의 무게가 너무 무거워서 주님을 따를 수 없다. 우리가 날마다 십자가 앞에 나아갈 때 하나님의 의를 위해 고난(십자가)의 길을 선택할 수 있다. 십자가를 지는 삶은 '회복의 길 5 원리'인 삶의 문제를 완전히 맡기기로 결정하는 것이다.

### (3) 그리스도를 따르라

또 무리에게 이르시되 아무든지 나를 따라오려거든 자기를 부인하고 날마다 제 십자가를 지고 나를 따를 것이니라(눅 9:23).

'그리스도를 따르는 것'은 성령의 인도하심을 받아 따라 사는 것이다. "내 양은 내 음성을 들으며 나는 그들을 알며 그들은 나를 따르느니라"(요 10:27). 우리가 스스로의 노력으로 자아를 이기려고 애쓰는 것은 무의미한 투쟁이다. 우리는 결코 스스로 자아를 몰아낼 수 없다. 오직 성령님의 인도함을 받아 따라가야 한다. 그리스도를 따르는 것은 회복의 길의 여러 원리를 포함한다. 복음의 효력은 온전한 제자로 회복해 가는 것이다.

### 3) 복음은 죄로 인해 파생된 결과들에 대한 승리이다.

죄는 우리의 모든 영역에 영향을 준다. 죄로 인해 파생된 문제는 다양하고 사람마다 다르게 나타난다. 죄로 인해 파생되는 결과들은 사탄과 관계가 있다. 창세기 3장은 아담과 하와의 죄의 결과로 파생될 문제를 언급하는데, 15절에서 여자의 후손은 뱀의 머리를 상하게 할 것이고, 뱀은 여자의 후손의 발꿈치를 상하게 할 것이라 하였다. "내가 너로 여자와 원수가 되게 하고 네 후손도 여자의 후손과 원수가 되게 하리니 여자의 후손은 네 머리를 상하게 할 것이요 너는 그의 발꿈치를 상하게 할 것이니라 하시고." 여기서 '상하게 하다'는 미완료형 동사로 반복적인 의미가 있다. 따라서 상하게 하는 것은 인류와 뱀 사이에 일생 동안 적대감을 선포하는 것이다.[8]

---

8  Gordon J. Wenham, 「창세기(상)」, 「WBC 성경주석」, 박영호 역 (서울: 도서출판 솔로몬, 2013), 201-2.

우리가 사는 세상은 사탄이 불법적으로 활동하는 곳이다. 우리가 조금만 틈을 주면 사탄이 역사한다. 그래서 질병, 사고, 파산, 학대, 관계 파괴 등의 많은 문제가 발생한다. 우리의 모든 문제가 죄의 결과라고 할 수는 없지만(요 9:2-3), 대부분은 죄의 결과이고, 죄는 사탄과 연결되어 있다.

복음의 능력은 이런 죄로 인해 파생된 결과들에 대해 승리하게 하는 것이다. 사탄은 예수 그리스도의 십자가의 죽으심과 부활로 완전히 패배하였다. 성경의 통일적인 주제는 하나님과 사탄 간의 싸움에 관한 것이다. 하나님과 사람의 원수인 사탄은 인간이 에덴에서 타락할 때부터 인류에 대한 하나님의 자비로운 계획을 좌절시키려 했다. 사탄의 교활한 공격은 구약 전반에 걸쳐서도 나타나지만, 그리스도가 오신 후에 그의 공격은 더 노골적이었다. 사탄은 자기에게 치명적인 타격을 입힐 '여자의 후손'(창 3:15) 그리스도를 십자가에 죽였으나 예수 그리스도는 부활하심으로 완전한 승리자가 되었다.

통치자들과 권세들을 무력화하여 드러내어 구경거리로 삼으시고 십자가로 그들을 이기셨느니라(골 2:15).

복음의 능력으로 죄로 인해 파생된 문제들을 해결하는 것이 하나님 나라를 이루어가는 것이다. 하나님 나라의 속성을 설명할 때 "이미, 그러나 아직"(already, but not yet)으로 설명한다. 하나님 나라는 '이미' 존재하는 나라(현재성)이며, '아직' 완성되지 않은 모습(미래성)으로 존재한다. 이 용어는 오스카 쿨만(Oscar Cullmann, 1902-1999)의 「그리스도와 시간, Christ and Time」에 처음 등장

한다. 하나님 나라는 예수 그리스도의 성육신-죽음-부활로 성취되었고(이미), '종결점'인 재림으로 가기까지의 긴장(그러나 아직) 상태에 있음을 의미하는 단어이다.

그리스도의 완전 통치는 재림 후에 시작된다. 그때 그리스도는 우리의 눈물을 씻어주시고 우리는 더 이상 아픔이나 죽음으로 인한 이별을 맛보지 않게 된다(계 21:3-4). 또한 우리의 몸은 새 하늘과 새 땅에 합당한 아름다운 몸으로 변화한다(고전 15:52-53).

그러나 그의 통치는 이미 효력이 나타나기 시작하였다. 죄가 있지만 이기기 시작하였고, 악령이 이 세계를 휘두르지만 패배하기 시작하였다. 아직도 질병과 많은 문제가 있지만, 치유와 회복의 역사가 일어나기 시작하였다. 그리스도께서 십자가에 죽으시고 부활하심으로 죄와 사탄과 죽음을 이미 정복하였기 때문이다. 그래서 예수님은 제자들에게 나타나시어 하늘과 땅의 모든 권세를 당신이 가지셨다고 말씀하셨다(마 28:18).

복음으로 사는 사람은 죄로 인해 파생된 결과에서 반드시 승리한다. 그러나 우리가 기억해야 할 것은 already와 not yet 사이에 있다는 것이다. 예를 들면 우리는 아픈 사람을 위하여 기도할 때 치유가 일어날 것을 믿음으로 기도해야 한다. 왜냐하면 모든 질병은 주님의 죽음과 부활로 인하여 이미(already) 정복되었기 때문이다(사 53:5). 그러나 치유의 역사가 일어나지 않아도 낙심하지 않아야 한다. 왜냐하면, 주님의 완전한 통치는 아직(not yet) 시작되지 않았기 때문이다. 우리는 already-but-not-yet의 균형을 가지고 살아야 한다. 그 삶은 복음의 능력으로 하나님 나라를 경험하는 삶이며, 고난 가운데 온전히 천국을 소망하는 삶이다.

그러나 내가 하나님의 성령을 힘입어 귀신을 쫓아내는 것이면 하나님의 나라가 이미 너희에게 임하였느니라(마 12:28).

## 3. 복음으로 사는 것

지금까지 복음의 의미와 효력이 무엇인지 생각해 보았다. 복음은 예수 그리스도이며, 복음의 핵심은 십자가와 부활이다. 그리고 복음의 효력은 인격적인 관계에 있다. 복음의 능력이 나타나는 효력은 하나님과 화목한 삶, 제자도의 삶, 죄 때문에 파생된 모든 문제로부터의 자유이다.

우리에게 중요한 것은 복음을 알고 복음으로 사는 것이다. 복음은 단지 처음 예수 믿을 때 들었던 말씀이 아니라, 날마다 그리스도와 함께 살아가는 삶을 포괄한다. 복음의 삶은 능력의 삶이요, 승리의 삶이요, 하늘과 땅의 모든 복을 누리는 삶이다. 그래서 필자는 복음을 아는 것을 넘어서 날마다 복음으로 사는 것에 대해 많이 고민하였다. 회복의 길 12단계는 그리스도인이 날마다 복음으로 사는 것이 무엇인지 확실히 알게 하였다. 그것은 복음의 핵심인 십자가와 부활의 주님과 연합하는 삶이다.

이 장에서 복음으로 사는 것이 무엇인지 예수님께서 교회에 주신 두 가지 의식을 통해서 먼저 나누고자 한다. 예수님께서 교회에 주신 의식은 주의 만찬과 세례(침례)이다. 두 의식은 예수님이 직접 명령하신 것들이고, 복음의 표지이다. 세례(침례)와 주의 만찬은 가시적으로 구원의 은혜에 참여하는 것이며, 십자가에 죽으시고 부활하신 예수 그리스도와 연합하는 것이다.[9] 따라서 우리는 예수님이 교회에 주신 의식을 통해 복음으로 사는 것이 무엇인지 배울 수 있다.

### 1) 세례(침례)와 복음의 삶

예수님은 지상대명령을 말씀하면서 세례(침례)를 베풀라고 하셨다. "그러므로 너희는 가서 모든 민족을 제자로 삼아 아버지와 아들과 성령의 이름으로 세례(침례)를 베풀고"(마 28:19). 그만큼 세례(침례)는 중요한 의미가 있다. 세례(침례)의 의미는 예수님의 죽으심과 연합하고, 부활하신 주님과 연합하여 살기로 결단하는 것이다. 세례(침례)받을 때 물속에 잠기는 것은 예수님과 함께 죽는 것을 상징하고, 물속에서 나오는 것은 부활하신 예수님과 연합하여 새로운 삶을 결단하는 것이다.

> 그러므로 우리가 그의 죽으심과 합하여 세례(침례)를 받음으로 그와 함께 장사되었나니 이는 아버지의 영광으로 말미암아 그리스도를 죽은 자 가운데서 살리심과 같이 우리로 또한 새 생명 가운데서 행하게 하려 함이라 만일 우리가 그의 죽으심과 같은 모양으로 연합한 자가 되었으면 또한 그의 부활과 같은 모양으로 연합한 자도 되리라(롬 6:4-5).

세례(침례)식은 결혼식과 같다. 결혼은 사랑하는 사람을 마음으로 받아들이고, 모든 사람 앞에 평생 사랑하며 함께 살기로 언약하

---

9  Bobby Jamison, 「주의 만찬」, 김용국 역 (서울:도서출판 디사이플, 2021), 44.

는 것이다. 마찬가지로 세례(침례)는 예수님을 영접한 사람이 성도들 앞에서 십자가에 죽으시고 부활하신 주님과 연합하여 살기로 공개적으로 약속하는 것이다. 이것이 복음으로 사는 것이라 할 수 있다. 즉, 복음으로 사는 것은 예수님의 십자가와 연합하여 함께 죽고, 부활하신 주님과 연합하여 함께 사는 것이다.

### 2) 주의 만찬과 복음의 삶

주의 만찬에 대한 성경의 기록은 마 26:26-29; 막 14:22-25; 눅 22:14-20, 고전 11:23-26에 나타난다.

> 내가 너희에게 전한 것은 주께 받은 것이니 곧 주 예수께서 잡히시던 밤에 떡을 가지사 축사하시고 떼어 이르시되 이것은 너희를 위하는 내 몸이니 이것을 행하여 나를 기념하라 하시고 식후에 또한 그와 같이 잔을 가지시고 이르시되 이 잔은 내 피로 세운 새 언약이니 이것을 행하여 마실 때마다 나를 기념하라 하셨으니 너희가 이 떡을 먹으며 이 잔을 마실 때마다 주의 죽으심을 그가 오실 때까지 전하는 것이니라(고전 11:23-26).

주의 만찬은 무엇인가? 고린도전서 11장 23-26절 말씀을 통해 정의하면 다음과 같다. 주의 만찬은 교회가 떡과 포도주에 참여함을 통해 십자가에 죽으시고 부활하신 예수 그리스도를 기념하고, 그리스도께서 주신 은덕에 참여함으로 복음을 전하기로 헌신하는 것이다.

첫 번째, 주의 만찬은 교회가 떡과 포도주를 먹음으로 은혜에 참여하는 것이다. 몸은 예수님께서 우리를 대속하기 위하여 십자가에 달리셔서 찢기신 살이요, 예수님의 피는 새 언약을 세우기 위해 흘리신 보혈을 의미한다. 그러면 그리스도의 몸을 먹고 그의 흘리신 피를 먹는 것은 무엇을 의미하는가? 하이델베르크 요리문답 76문에서 다음과 같이 정의한다. "예수님의 몸과 피를 먹는 것은 믿는 마음으로 그리스도의 모든 고난과 죽음을 받아들여서 죄 사함과 영원한 생명을 얻는 것이고, 더 나아가 그리스도 안에 거하시고 또한 우리 안에 거하시는 성령으로 말미암아 우리가 그리스도의 거룩한 몸에 더욱더 연합됨을 의미한다."[10]

떡과 포도주를 먹는 것은 십자가의 은혜를 믿음으로 받아들여서 죄 사함과 영생을 누리는 것이며, 새 언약 아래 그리스도와 온전히 연합하여 사는 것을 의미한다. 요한복음 6장에서도 예수님의 살을 먹고 피를 마시는 자는 주님 안에 거하고, 주님이 그 안에 거한다고 하였다. 그리고 예레미야 31장에서 새 언약의 특징은 우리의 죄를 용서하고 기억도 안 하시는 것이고, 하나님의 법을 우리 마음에 기록하는 것이다. 구약과 신약의 차이는 구약은 율법을 돌에 새겨주었지만 새 언약은 주님이 내 안에 계셔서 법(말씀)을 마음 판에 새겨주는 것이다. 우리는 문자로 존재하는 말씀을 지킬 수가 없다. 그 문자가 성령의 조명으로 내 마음판에 감동으로 새겨질 때 행할 수 있다. 원수를 사랑하라는 말씀을 알아도 우리는 지킬 수가 없다. 그러나 그 말씀이 내 마음에 감동으로 새겨질 때 성령님께서 지킬 힘도 주신다. 그러므로 새 언약은 그리스도와 한 몸이 되어 모든 은덕을 누리고 하나님과 화목을 누리는 것이다.

---

10  Zacharias Ursinus, 「하이델베르크 요리문답해설」, 616.

내 살은 참된 양식이요 내 피는 참된 음료로다 내 살을 먹고 내 피를 마시는 자는 내 안에 거하고 나도 그의 안에 거하나니 살아 계신 아버지께서 나를 보내시매 내가 아버지로 말미암아 사는 것 같이 나를 먹는 그 사람도 나로 말미암아 살리라(요 6:55-57).

여호와의 말씀이니라 보라 날이 이르리니 내가 이스라엘 집과 유다 집에 새 언약을 맺으리라 이 언약은 내가 그들의 조상들의 손을 잡고 애굽 땅에서 인도하여 내던 날에 맺은 것과 같지 아니할 것은 내가 그들의 남편이 되었어도 그들이 내 언약을 깨뜨렸음이라 여호와의 말씀이니라 그러나 그날 후에 내가 이스라엘 집과 맺을 언약은 이러하니 곧 내가 나의 법을 그들의 속에 두며 그들의 마음에 기록하여 나는 그들의 하나님이 되고 그들은 내 백성이 될 것이라 여호와의 말씀이니라 그들이 다시는 각기 이웃과 형제를 가르쳐 이르기를 너는 여호와를 알라 하지 아니하리니 이는 작은 자로부터 큰 자까지 다 나를 알기 때문이라 내가 그들의 악행을 사하고 다시는 그 죄를 기억하지 아니하리라 여호와의 말씀이니라(렘 31:31-34).

두 번째, 십자가에 죽으시고 부활하신 예수 그리스도를 기념하는 것이다. 주의 만찬은 화체설, 공재설, 영적 임재설, 기념설이 있다. 첫째, 가톨릭의 화체설은 빵과 포도주가 모양이나 맛이 변하는 것은 아니지만 본질이 예수 그리스도의 살과 피로 바뀐다는 것이다. 둘째, 루터교의 공재설은 주의 만찬을 할 때 부활하신 그리스도가 빵과 포도주 안에 임재한다는 것이다. 셋째, 칼빈의 영적 임재설은 주의 만찬은 단순한 상징이 아니라 그리스도의 영적 임재가 있다는 것이다. 넷째, 침례교인들의 기념설은 떡과 포도주는 그리스도의 몸과 피를 기념(상징)한다는 것이다. 여기서 "기념하다"는 '기억나게 한다', '현재화한다'의 의미로 단순히 과거의 사건을 기억하는 것이 아니라 과거의 사건을 현재화하는 것을 의미한다. 즉, 주의 만찬에 참여하는 것은 그리스도의 십자가와 부활을 현재화하는 삶을 통해 성화에 이르는 은혜를 경험하는 것이다.[11]

빵과 포도주는 당시 유대인들의 식사이다. 예수님은 공동체가 모여 식사할 때마다 십자가에 찢기신 몸과 흘리신 피를 기념하고, 부활의 주님과 함께하는 삶을 원하시는 것이다.

세 번째, 주의 만찬에 참여하는 것은 복음을 전하는 것이다. 우리는 떡과 포도주를 받음으로 그리스도를 주인으로 받아들이는 것과 우리 자신을 전적으로 그에게 드릴 것을 엄숙히 결단해야 한다.

지금까지 살펴본 것처럼 두 의식은 모두 복음에 대한 표지이다. 세례(침례)와 주의 만찬은 십자가에 죽으시고 부활하신 예수님을 지금 여기에서 다시 경험하고, 매일 삶 속에서 그리스도와 연합하여 살아가는 것이다. 이것이 복음으로 사는 것이다. 복음으로 사는 삶을 통해 그리스도께서 이루신 한량 없는 은덕을 누리게 되며, 성령의 열매와 사역의 열매를 맺게 한다. 따라서 지금 우리는 이 복음의 능력을 회복해야 할 때이다.

---

11 침례교 신학총서 집필위원회, 「침례교신학총서」 (서울: 요단출판사, 2016), 420-2.

## 3) 날마다 복음으로 사는 법

### (1) 십자가의 주님과 연합하라

무릇 그리스도 예수와 합하여 세례(침례)를 받은 우리는 그의 죽으심과 합하여 세례(침례)를 받은 줄을 알지 못하느냐(롬 6:3).

우리는 삶에서 예수님의 십자가 중심성을 회복해야 한다. 사도들과 초대교회 성도들이 십자가 중심으로 살았다면 우리도 십자가를 바라보고 살아야 한다. 십자가와 연합하는 것은 우리의 죄와 연약한 문제를 십자가 앞에 고백하고 내려놓는 것을 말한다.[12] 우리의 문제를 십자가 앞에 고백하고 내려놓을 때 그 무거운 짐이 가벼워짐을 경험하게 된다. 날마다 십자가 앞에 나아가는 삶은 하나님의 은혜와 사랑을 경험할 수 있기에 복되다.

① 죄의 문제를 가지고 십자가 앞에 나아간다.

우리가 죄에서 자유롭기 위해서 죄와 직접 싸우는 것이 아니다. 죄는 우리의 의지로 싸워 이길 대상이 아니다. 죄를 이기기 위해서는 십자가 앞에 나아가 죄를 인정하고 내려놓아야 한다. 나의 욕심, 분노, 미움, 염려, 과도한 책임감, 공로의식, 억울함, 복수 등 모든 죄의 문제를 십자가 앞에 가지고 나가야 한다.

만일 우리가 우리 죄를 자백하면 그는 미쁘시고 의로우사 우리 죄

---

12  십자가와 연합하는 삶에 대한 내용은 회복의 길 5원리에서 자세하게 설명을 한다.

를 사하시며 우리를 모든 불의에서 깨끗하게 하실 것이요(요일 1:9)

"자백하면"은 죄를 인정하고 고백하는 것을 의미한다. 그리고 "자백하면"은 조건절이 아니고 약속을 강조하는 의미이다. 즉, 죄를 인정하고 고백할 때 미쁘신 하나님께서 용서하시고 깨끗하게 하신다는 것을 강조한다. 본문에서 죄를 자백하는 구체적인 방법은 언급하지 않았지만, 일반적으로 하나님 앞에서뿐만 아니라 다른 사람 앞에서 고백하는 것도 포함한다.[13] 사람 앞에서 고백하는 원리는 제 6장 회복의 길 2 원리에서 자세하게 설명하겠다.

우리는 날마다 우리 죄를 위해 죽으신 예수 그리스도의 십자가 앞에 나아가 고백해야 한다. 우리가 십자가 앞에서 죄를 자백할 때 하나님은 용서하시고 모든 불의에서 깨끗하게 하신다. "주님, 나에게는 분노가 있습니다. 이 분노를 십자가 앞에 내려놓습니다."라고 고백할 때 분노의 양은 점점 줄어든다. 이것이 하나님의 약속이며 복음의 효력이다. 누구도 스스로의 힘으로 죄를 이길 수 없다. 죄에 대해서 자유할 수 있는 방법은 십자가와 연합하는 것이다.

② 연약함을 가지고 십자가 앞에 나아간다.

십자가와 연합하여 사는 것은 우리의 연약함을 가지고 십자가 앞에 나아가는 것이다. 예수님은 우리의 연약함을 친히 경험하신 분이다. 그러므로 우리는 어떠한 연약한 문제라도 주님의 십자가 앞에 나

---

13  Stephen S. Smalley, 「요한1,2,3,서」, 「WBC 성경주석」, 조호진 역 (서울: 도서출판 솔로몬, 2014), 86.

갈 때 도움을 받을 수 있다.

우리에게 있는 대제사장은 우리의 연약함을 동정하지 못하실 이가
아니요 모든 일에 우리와 똑같이 시험을 받으신 이로되 죄는 없으시
니라 그러므로 우리는 긍휼하심을 받고 때를 따라 돕는 은혜를 얻
기 위하여 은혜의 보좌 앞에 담대히 나아갈 것이니라(히 4:15-16).

우리는 날마다 십자가 앞에 우리의 연약함을 가지고 나가야 한다.
연약함은 마음으로는 원하지만 육신이 약하여 할 수 없는 것들이다.
용서하기를 원하지만 용서할 수 없는 연약함, 사랑하기를 원하지만
사랑할 수 없는 연약함, 섬기기를 원하지만 섬길 수 없는 연약함이
다. 이 연약함을 가지고 십자가 앞에 나아가야 한다.

우리의 죄는 크게 두 가지이다. 하나는 하지 말아야 할 것을 하는
것이고, 또 하나는 그리스도인으로서 마땅히 해야 할 일을 하지 못
하는 것이다. 연약함은 하지 말아야 할 것은 하고, 마땅히 해야 할 일
을 하지 못하는 것이다.

우리가 연약함을 가지고 십자가 앞에 나아갈 때 하나님은 우리의
연약함을 아시고 도우신다. 우리는 연약함 때문에 죄책감 갖지 말고
십자가 앞에 나아가 솔직하게 고백해야 한다. "주님, 저에게는 용서
할 힘이 없습니다." "주님, 저는 사랑할 힘이 없습니다." "저를 긍휼
히 여기시고 도와주소서"라고 십자가 앞에 나아가 정직하게 고백할
때 하나님은 할 수 있는 은혜를 주신다.

③ 고난의 문제를 가지고 십자가 앞에 나아간다.

십자가와 연합하여 사는 삶은 우리가 해결할 수 없는 고난의 문제를 가지고 십자가 앞에 나아가 고백하는 것이다. 십자가는 묶여 있는 문제를 풀어주고 풍성한 삶을 주는 능력이 있다. 우리가 고난의 문제를 십자가 앞에 내려놓을 때 주님이 함께 그 고난을 져주신다.

> 수고하고 무거운 짐 진 자들아 다 내게로 오라 내가 너희를 쉬게 하리라 나는 마음이 온유하고 겸손하니 나의 멍에를 메고 내게 배우라 그리하면 너희 마음이 쉼을 얻으리니 이는 내 멍에는 쉽고 내 짐은 가벼움이라 하시니라(마 11:28-30).

우리는 살면서 진짜 문제와 가짜 문제에 직면한다. 진짜 문제는 사람의 힘으로 해결할 수 없고 오직 하나님만 해결할 수 있는 문제이다. 가짜 문제는 우리가 해결할 방법이 있지만, 그 방법을 몰라서 문제가 되는 것이다. 가짜 문제는 하나님께 지혜를 구하면서 해결해 나가면 된다. 그러나 진짜 문제는 오직 하나님께 가지고 나가야 한다. 라인홀드 니버의 "평온함을 청하는 기도"를 나누고 싶다.

**평온함을 청하는 기도 / 라인홀드 니버**

하나님
어쩔 수 없는 것을 받아들이는
평온함을 주시고
어쩔 수 있는 것을 바꾸는

용기를 주시고
이를 구별하는 지혜도 주소서.

우리가 오늘 하루만을
살아가게 인도하시고
고난을 평화로 가는 통로로 받아들이며
우리가 과거에 행한 것과
현재의 상태들을 있는 그대로 받아들이게 하소서

그리고 제가 하나님의 뜻에 따라 살아간다면
하나님께서 모든 것을 올바로 고쳐 주신다는 것과
이런 삶에서만이 진정한 행복이 있고
오직 하나님과 함께 살아갈 때만이
영원한 평온함이 찾아옴을 믿게 하소서.

우리는 진짜 문제와 가짜 문제를 구별할 줄 아는 지혜가 필요하다. 그리고 우리의 힘으로 어쩔 수 없는 경제문제, 육체적 문제, 자녀 문제를 가지고 십자가 앞에 나아가야 한다. 우리는 종종 자신의 힘으로 할 수 없는 문제를 자기 힘으로 지고 가다가 너무 힘들어서 주님을 놓치는 경우가 많다. 고난의 문제를 가지고 십자가 앞에 나아가 내려놓는 것이 지혜이다. 십자가 앞에 내려놓을 때 주님이 함께 져 주시기 때문에 우리는 능히 그 짐을 감당할 수가 있다.

④ 십자가의 주님과 연합하는 삶의 복

날마다 십자가 앞에 나아갈 때 경험하는 은혜는 첫째, 하나님이 주시는 용서와 의를 경험하는 것이다. "또 그들의 죄와 그들의 불법을 내가 다시 기억하지 아니하리라 하셨으니 이것들을 사하셨은즉 다시 죄를 위하여 제사 드릴 것이 없느니라"(히 10:17-18). 죄의 문제와 연약함의 문제로 십자가 앞에 나아갈 때 우리는 용서를 경험하며 비난의 늪에서 해방된다. 주님은 우리의 모든 죄를 용서하시고 기억도 않으시는 분이다. 우리는 연약하여 넘어질 때가 많다. 그럴 때마다 사탄은 참소한다. "너는 아무것도 아니다. 너는 사역을 할 수 없다. 너는 복을 받을 수 없다. 너는 변화할 수 없다"라고 한다. 그러므로 십자가 앞에 나아가 용서의 확신을 갖는 것이 필요하다. 십자가 앞에 나아가 하나님의 용서와 은혜를 경험할 때 일곱 번 넘어져도 여덟 번 일어날 수 있다. 그리고 새로운 마음으로 다시 시작할 수 있다.

둘째, 하나님의 사랑과 은혜를 경험한다. "죄가 더한 곳에 은혜가 더욱 넘쳤나니 이는 죄가 사망 안에서 왕 노릇 한 것 같이 은혜도 또한 의로 말미암아 왕 노릇 하여 우리 주 예수 그리스도로 말미암아 영생에 이르게 하려 함이라"(롬 5:20-21). 날마다 죄의 문제를 가지고 십자가 앞에 나아가면 하나님의 사랑과 은혜를 경험한다. 주님이 안아주시고 업어주시는 것을 경험한다. 우리의 더러운 옷을 벗겨 주시고 거룩한 옷을 입혀주는 것을 경험한다. 죄가 더한 곳에, 상처가 더한 곳에 은혜와 사랑이 넘친다. 우리 마음 안에 십자가의 사랑을 채우는 것이 주님을 닮아가는 데 가장 중요하다.

(2) 날마다 부활의 주님과 동행하라

예수님의 부활을 믿는 자에게 주어지는 첫 번째 은혜는 예수님의 의를 우리에게 베푸시고 적용시키는 것이다(롬 4:25). 두 번째는 성령을 부어 주시어 거룩하게 하시고 영생으로 살게 하는 것이다(롬 6:4).[14] 우리는 부활의 주님과 연합하여 부활의 주님이 주시는 새 생명 가운데 살아갈 수 있다.

> 그러므로 우리가 그의 죽으심과 합하여 세례(침례)를 받음으로 그와 함께 장사되었나니 이는 아버지의 영광으로 말미암아 그리스도를 죽은 자 가운데서 살리심과 같이 우리로 또한 새 생명 가운데서 행하게 하려 함이라 만일 우리가 그의 죽으심과 같은 모양으로 연합한 자가 되었으면 또한 그의 부활과 같은 모양으로 연합한 자도 되리라(롬 6:4-5).

① 부활의 주님과 연합하는 삶은 말씀을 듣고 순종하는 삶이다.
> 내가 아직 너희와 함께 있어서 이 말을 너희에게 하였거니와 보혜사 곧 아버지께서 내 이름으로 보내실 성령 그가 너희에게 모든 것을 가르치고 내가 너희에게 말한 모든 것을 생각나게 하리라(요 14:25-26)

부활하신 주님과 연합하여 사는 것은 주님의 뜻에 순종하는 것이다. 부활하신 주님은 말씀을 통해서, 기도를 통해서, 교회와 환경을 통해서 우리에게 말씀하신다. 기독교 신앙은 종교가 아니라 관계이

---

14  Zacharias Ursinus, 「하이델베르크 요리문답해설」, 400-1.

다. 종교생활은 우리를 결코 변화시킬 수 없다. 기독교 신앙의 핵심은 지금 여기에 함께 하시는 주님과 관계를 맺고 살아가는 것이다. 우리는 자신의 신앙이 종교인지 관계인지 점검해야 한다. 예수님을 믿고 하나님 형상으로 회복되어가는 삶은 부활하신 주님과 관계 속에 있는 것이다. 만약 신앙 생활한지 오래되었는데 여전히 변화되지 않고 새로운 삶으로 나가지 않고 있다면 관계가 아닌 종교생활을 하고 있을 가능성이 크다.

> 주님, 나에게 단 하나의 소원이 있습니다. 나는 오직 그 하나만 구하겠습니다. 그것은 한평생 주님의 집에 살면서 주님의 자비로우신 모습을 보는 것과 성전에서 주님과 의논하면서 살아가는 것입니다(시 27:4, 새번역성경).

시편 기자의 고백은 너무 아름답고 하나님을 기쁘시게 하는 것이다. 우리에게 한 가지 소원이 있다면 평생 하나님의 집에 살면서 주님의 임재를 경험하고, 그 주님과 교통하면서 살아가는 것이다. 이것이 부활의 주님과 연합하여 사는 삶이며, 참된 그리스도인의 모습이라고 생각한다.

② 부활의 주님과 연합하는 삶은 예배의 삶이다.
그러므로 형제들아 내가 하나님의 모든 자비하심으로 너희를 권하노니 너희 몸을 하나님이 기뻐하시는 거룩한 산 제물로 드리라 이는 너희가 드릴 영적 예배니라(롬 12:1).

예배는 예수님을 믿는 사람에게 가장 중요한 가치이며 생명이다. 필자는 지글러(Franklin M. Segler) 박사의 예배에 대한 정의를 가장 좋아한다. 그는 예배를 하나님의 인격적인 계시에 대한 인간의 전인적인 반응이라고 정의한다.[15]

하나님은 태초부터 지금까지 인간에게 계시하신다. 하나님의 계시는 우리를 향한 사랑이다. 우리는 이 계시에 마땅히 반응해야 한다. 반응하지 않는다면 죽은 것이다. 타인의 정서를 전혀 느끼지 못해서 반응하지 못하는 반응성 장애 특징을 가진 사람이 있다. 우리가 하나님께 반응성 장애를 갖는다는 것은 참으로 마음 아픈 일이다.

하나님은 우리가 적극적으로 반응하기를 원하신다. 부활하신 주님과 연합하여 사는 사람은 말씀과 사랑에 삶으로 반응한다. 공적인 예배는 일정한 형식 속에서 찬양과 말씀과 감사로 반응하는 것이라면, 삶의 예배는 매일 부활하신 주님의 말씀을 듣고, 사랑과 임재를 경험하며 반응하는 것이다. 그러므로 예배에는 반드시 헌신이 들어간다. 헌신은 하나님의 사랑에 대한 반응이다. 사랑은 반응하는 것이며, 반응하지 않으면 사랑하지 않는 것이다.

③ 부활의 주님과 연합하는 삶의 복

날마다 부활하신 주님과 연합하여 살아갈 때 누리는 은혜는 첫째, 승리의 삶을 사는 것이다. "우리 주 예수 그리스도로 말미암아 우리에게 승리를 주시는 하나님께 감사하노니"(고전 15:57). 주님과 연합하여 사는 사람은 항상 승리한다. 고린도전서 15장은 부활장이다.

---

15  Franklin M. Segler, 「예배학원론」, 정진황 역 (서울: 요단출판사, 1987), 26.

부활하신 주님은 우리로 하여금 승리하게 하신다. 주님과 동행하는 사람은 항상 승리하며, 항상 평안하며, 항상 기뻐하며, 항상 감사가 넘친다. "내가 여호와를 항상 내 앞에 모심이여 그가 나의 오른쪽에 계시므로 내가 흔들리지 아니하리로다"(시 16:8)

둘째, 부활의 주님과 연합하는 삶은 열매(능력)가 나타난다. "나는 포도나무요 너희는 가지라 그가 내 안에, 내가 그 안에 거하면 사람이 열매를 많이 맺나니 나를 떠나서는 너희가 아무 것도 할 수 없음이라"(요 15:5). 부활하신 주님과 연합할 때 열매가 나타나고 능력이 나타난다. 성령의 열매는 주님과 동행할 때 나타난다.

복음으로 사는 것은 십자가 앞에 나아가고 부활하신 주님과 연합하여 사는 것이다. 12단계 회복의 길은 십자가와 연합하는 삶과 부활의 주님과 연합하는 삶에 대한 구체적인 방법론이다. 우리는 날마다 복음으로 사는 법을 훈련함으로 하나님 형상을 회복하고, 하나님의 나라를 누릴 수 있다.

# 5장

하나님 형상 회복

우리의 회복 목표는 단지 어떤 증상을 제거하고 완화하는 것이 아니라 하나님 형상을 회복하는 것이다. 우리가 쓴 뿌리를 자각하고 버리는 목적은 그리스도의 장성한 분량까지 자라기 위함이다.

인간의 위대함과 아름다움은 하나님의 형상으로 지음 받은 특별한 존재라는 데서 온다. 하나님은 모든 피조물 가운데 인간만 하나님의 형상으로 창조하였다. 그러나 인간은 범죄함으로 하나님의 형상을 상실한 비참한 존재가 되었다. 심리학자 제이 아담스(Jay E. Adams)는 죄의 결과를 죄책감, 비참함 그리고 부정적 습관이라고 말하고 있다. 인간은 죄로 인하여 부정적 습관에서 벗어날 수 없는 비참한 존재이다. 부정적 습관은 반사회적이고 반항적인 습관을 말한다. 인간은 마음속에 하나님과 다른 사람을 거부하려는 경향이 있다. 이러한 것이 인간을 더 비참하게 한다. 인간은 계속해서 갈등과 미움으로 많은 문제를 만들어 낸다. 우울증 역시 자신을 미워하고 자책하며 발생하는 증상이다.[1]

우리가 소망을 가질 수 있는 것은 하나님께서 예수 그리스도를 통

1　김용태, 「통합의 관점에서 본 기독교 상담학」, (서울: 학지사, 2017), 192.

해 구원의 역사를 펼치셨기 때문이다. 우리는 예수 그리스도와 연합하여 하나님 형상을 회복하고 새 생명을 누릴 수 있다. 하나님 형상 회복은 우리를 향한 하나님의 뜻이며, 그리스도인의 삶의 목표이다(롬 8:29).

> 하나님이 미리 아신 자들을 또한 그 아들의 형상을 본받게 하기 위하여 미리 정하셨으니 이는 그로 많은 형제 중에서 맏아들이 되게 하려 하심이니라(롬 8:29).

그리스도인은 그 아들의 형상 즉, 하나님의 형상을 회복하는 것이 변화의 목표이다. 그러기 위해서 하나님 형상의 개념을 분명히 할 필요가 있다. 개념이 분명해야 구체적으로 적용할 수 있기 때문이다. 그래서 본 장에서는 하나님 형상에 대해 역사적으로 고찰하고, 적용을 위해 정의를 내리고자 한다.

## 1. 하나님 형상에 대한 역사적 고찰

### 1) 이레니우스(Irenaeus, 140~203)

이레니우스(Irenaeus)는 신학적으로는 사도 요한의 활동을 계승한 소아시아 학파의 대표자이며 말년에는(A.D. 200년경) 지금의 프랑스 남부 지역인 리옹(Lyon)의 감독이 되었다. 그는 신앙 문제에 대해서는 터툴리안(Tertullian)과 같이 철학의 역할을 반대하였다. 하나님은 철학을 통해서가 아니라 계시를 통해서 알 수 있다고 강조하

고 성경적 신학을 세워나갔다.[2]

창세기 1장 26절에 "하나님이 이르시되 우리의 형상을 따라 우리의 모양대로 우리가 사람을 만들고"라는 말씀에서 이레니우스는 하나님의 "형상"과 "모양"을 구분해서 설명하였다. 인간은 하나님의 형상과 모양으로 창조되었는데 죄로 인하여 형상은 훼손되지 않고 보존되었으나 모양은 파괴되었다는 것이다. 그러므로 신앙의 목적은 그리스도 안에서 잃어버린 하나님의 모양을 회복하는 것이다.[3]

"형상"은 하나님의 자연적 속성인 합리적 성품과 의지의 힘을 의미하며, "모양"은 하나님께서 아담에게 덧입혀 주신 "신성의 의복"(robe of sanctity) 즉, 신적 선물을 의미한다.[4] 이레니우스는 인간이 타락한 이후에 혼의 기능인 이성, 결정할 수 있는 능력, 책임성 등은 그대로 보유하고 있는 것으로 설명하고 영의 기능인 신적인 자질은 상실된 것으로 설명한다. 따라서 예수 그리스도를 통해서 인간은 영적 존재로 회복되는 것이다.

타락한 첫째 아담이 신적 선물을 상실한 죄인들의 세대를 만들었지만 둘째 아담인 예수 그리스도는 의로운 인간의 세대를 만들었다. 하나님은 인간이 잃어버린 형상을 회복하기 위해 네 번의 언약을 주었다. 첫째는 아담 때부터 노아 홍수까지, 둘째는 노아 홍수 이후, 셋째는 모세를 통한 율법 수여, 넷째는 예수 그리스도의 성육신이다. 이레니우스는 예수 그리스도가 성육신 하신 것은 우리가 하나님 형

---

2  J. L. Neve, 「기독교 교리사」, 서남동 역 (서울: 대한기독교서회, 1990), 137.

3  Henry Chadwick, 「초대교회사」, 서영일 역 (서울: 기독교문서선교회, 1992), 95.

4  Millard J. Erickson, 「복음주의 조직신학 (중) 」, 현재규 역 (고양: 크리스챤 다이제스트, 2012), 67.

상을 이루기 위한 것이라고 강조하였다.[5]

## 2) 마틴 루터(Martin Luther, 1483~1546)

루터(Luther)의 하나님 형상에 대한 이해는 성 어거스틴(St. Augustine)과 비슷한 점이 있고, 중세시대의 스콜라주의적 인간론에 대한 반발로서 좀 더 성경적으로 접근하여 좁은 의미에서의 하나님 형상을 언급한다. 개혁주의 신학에서 말하는 좁은 의미에서의 하나님의 형상은 참지식(知)과 의(義)와 그리고 거룩성(聖, 골 3:10; 엡 4:23-24)이다.

어거스틴(Augustine)은 하나님 형상을 기억, 지성, 의지로 간주한다. 그는 "고백록"에서 상당히 많은 양을 기억에 대해 언급하였다. 기억은 하나님의 능력 형상이고 지식은 하나님의 지혜 형상이며 의지는 하나님의 정의 형상이라고 한다. 루터(Luther) 역시 하나님 형상에 대한 개념으로 지성, 기억, 의지, 감정을 포함한다. 루터는 하나님 형상에 대해 다음과 같이 말하였다.

하나님의 형상으로 창조된 인간은 가장 아름답고 가장 뛰어나고 가장 고상한 작품이며 아직 죄의 오염이 그의 이성이나 그의 의지에 영향을 미치지 않은 그런 것이다. 그러므로 내적이고 외적인 그의 모든 감각은 가장 완전한 것이며 가장 순수한 것이다. 그의 지성은 가장 명료하고 그의 기억은 가장 완전하고 그의 의지는 가장 진실하며, 이 모든 것들은 가장 즐거운 안전을 동반하

---

5 J. L. Neve, 「기독교 교리사」,. 138-9.

고 있고 어떤 죽음의 공포도 없으며 어떤 것에 대한 염려나 근심이 없었다.[6]

루터는 형상과 모양을 구분하지 않았다. 하나님 형상을 소유한 인간은 가장 명료한 지식을 가지고 있으며, 완전한 기억과 진실한 의지를 가진 고귀하고 아름다운 존재이다. 인간만이 명료한 지식으로 하나님을 알 수 있고, 선을 행할 수 있는 능력을 소유하여 하나님과 교통할 수 있는 존재이다. 더 나아가 하나님 형상인 인간은 하나님으로부터 땅의 통치권을 부여받은 하나님의 동역자이며 어떤 염려나 근심이 없는 완전한 존재이다.

루터는 죄로 인해 하나님 형상이 전적으로 파괴되었다고 주장한다. 창세기 2장 17절에 "네가 먹는 날에는 반드시 죽으리라" 하신 말씀에서 "죽음"을 하나님 형상을 상실한 것으로 해석하였다. 그는 인간은 타락과 함께 인간의 '본래적 의'가 상실되었다고 주장하는데 '본래적 의'는 하나님을 사랑하고 온전히 믿는 아담의 본성이다.[7] 이것은 타락 이전의 인간 안에 있는 '참된 지식'과 '의' 그리고 '거룩성'이라 할 수 있다(골 3:10; 엡 4:24). 그러므로 타락의 핵심은 왜곡된 자기 사랑과 불신앙이다. 타락한 인간은 하나님에 대한 사랑과 믿음을 상실하여, 내면에 불신앙과 자기 사랑으로 충만하다. 이러한 결과로 하나님을 인정하지 않는 교만이 나타나고, 이웃에 대하여는 거짓, 미움, 간음, 도적질, 탐심 등의 외적 행위들이 나오게

6  Hugh T. Kerr, 「루터의 신학개요」, 김영한 역 (서울: 한국장로교출판사, 1991), 128.

7  송기득, 「인간」 (서울: 한국신학연구소, 1984), 100.

되는 것이다.[8]

따라서 복음의 핵심은 하나님 형상을 회복하는 것이다. 인간은 전적으로 부패했지만, 인간에게 하나님 형상이 완전히 사라진 것은 아니다. 하나님 형상은 복음을 통해 우리 안에 회복되기 시작한다. 그리고 그것이 완전해질 때 우리의 의지는 참으로 자유롭고 선하게 될 것이고 우리의 지식은 참으로 밝아질 것이고 우리의 기억은 완전하게 될 것이다.[9]

### 3) 존 칼빈(John Calvin, 1509~1564)

칼빈(Calvin)은 하나님 형상 회복의 목표를 성경 골로새서 3장 10절과 에베소서 4장 23-24절에 근거하여 분명하게 설명한다.

칼빈은 하나님 형상의 좌소(坐所)는 영혼에 자리 잡고 있다는 것을 강조하였다. 그가 하나님 형상의 영적인 측면을 강조한 것은 오시안더(Osiander, 1498~1552)가 하나님 형상을 육체에까지 확대하는 것에 대해 반박하기 위해서이다. 오시안더는 그리스도의 형상을 따라 아담이 창조되었기 때문에 그리스도께서 입으실 육체는 인간 육체의 기본이며 원형이라고 주장하였다.[10] 칼빈은 오시안더의 입장을 비판하면서 하나님 형상은 "아담이 처음 받았던 그 완전함을 의미한다"고 하였다. 즉, 아담의 완전한 이해력과 감정을 이성에 종속시킬 수 있는 능력 그리고 감각을 질서에 따라 조절할 수 있는 완전한 능

---

8  Hugh T. Kerr, 「루터의 신학개요」, 130-2.

9  Ibid., 131.

10  최홍석, 「인간론」 (서울: 개혁주의신행협회, 2005), 142.

력을 소유한 상태라고 하였다.[11] 인간은 흙으로 지음 받은 연약한 존재이나 그 영혼에 하나님 형상이 있어서 하나님을 알 수 있는 씨앗을 소유했고 하나님을 경배하며 그의 영광을 위하여 헌신할 수 있는 위치에 있다. 그리고 하나님의 거룩함과 아름다움 그리고 하나님의 성품을 반영해주는 가장 고귀한 존재이다.

칼빈은 모양과 형상의 아무런 차이가 없다고 한다. 형상(צלם)은 조각품과 같은 구체적인 것을 의미하고, 모양(דמות)은 추상적인 유사함을 의미한다. 이레니우스(Irenaeus)부터 전통적인 기독교 석의(釋義)는 형상과 모양을 다르게 설명하였다. 형상은 하나님의 자연적인 속성을 말하고 모양은 구속받은 사람에게 주어지는 초자연적인 하나님의 은총을 가리킨다.[12] 그러나 칼빈은 두 단어 사이에는 문자적 차이가 있지만 서로 같은 의미로 사용되었다고 한다. 히브리인들에게 같은 말을 반복해서 사용하는 것은 빈번하게 있는 일이다.[13]

칼빈은 타락한 인간에게서 하나님 형상은 "그 속에서 전적으로 말소되고 파괴된 것은 아니지만, 그 부패가 너무 심하여 남아 있는 형상까지도 무서울 만큼 추하게 기형이 되어 버렸다"[14]고 하였다. 타락한 인간은 참된 지식이 파괴되어 하나님을 인식하기가 불가능하며 인간의 창조 목적을 알 수도 없다. 따라서 우리가 그리스도를 통해서 하나님 형상을 회복하는 것이 구원의 목적이다. 바울은 골로새서

---

11  John Calvin, 「기독교 강요 (상)」, 293.

12  Gordon J. Wenham, 「창세기 (상) 1-15」, 「WBC 성경주석」, 124-5.

13  John Calvin, 「기독교 강요 (상)」, 292.

14  Ibid., 294-6.

3장 10절에서 "자기를 창조하신 이의 형상을 따라 지식에까지 새롭게 하라"고 하였고, 에베소서 4장 24절에서는 "하나님을 따라 의와 진리의 거룩함으로 지으심을 받은 새 사람을 입으라"고 하였다. 이 성경에 근거하여 칼빈은 그리스도인이 회복해야 할 하나님 형상을 '참된 지식'과 '순결한 의' 그리고 '거룩성'에 있다고 보았다. 칼빈의 이러한 설명은 하나님 형상 회복을 위해 그리스도인이 무엇을 해야 하는지 새로운 길을 열어주었다.

칼빈은 인간이 죄 때문에 왜곡된 지식을 회복하기 위해서는 두 가지를 생각하고 깨달아야 한다고 강조한다. 첫째, 하나님의 창조가 인간에게 얼마나 큰 선물이고 축복인지를 생각해야 한다. 둘째, 죄로 인해 하나님 형상이 상실된 인간이 얼마나 비참한 상태에 있는가를 깨달아야 한다.[15]

### 4) 존 웨슬리(John Wesley, 1703~1791)

웨슬리(Wesley)는 하나님 형상으로 창조된 인간 존재를 "본질적 형상"(The natural image), "정치적 형상"(The political image), "도덕적 형상"(The moral image)으로 설명한다.[16] 본질적 형상(The natural image)은 인간이 영적 존재로서 지식과 의지와 정서와 자유를 지닌 존재임을 말한다. 타락하지 않은 인간은 참된 지식으로 하나님 존재와 하나님이 하신 일들을 바로 알 수 있다. 이러한 참된 지식을 바탕으로 인간은 하나님을 사랑하고, 하나님의 뜻을 자

---

15　Ibid., 364.

16　김영선, 「존 웨슬리의 감리교 신학」 (서울: 대한기독교서회, 202), 132-6.

발적으로 선택하는 능력을 갖추고 있다. 정치적 형상(The political image)은 다른 피조물을 섬기고 다스리는 능력을 갖춘 존재임을 말한다. 도덕적 형상(The moral image)은 하나님의 사랑과 자비와 진리와 순결함의 충만하심에 따라 지으심을 받은 존재임을 의미한다. 즉, 인간이 하나님의 도덕적인 성품을 가진 존재로 창조되었다는 뜻이다. 이러한 도덕적 성품은 인간의 영혼인 지, 정, 의가 온전할 때 이루어진다.

웨슬리는 인간의 선과 악을 선택할 수 있는 자유의지를 강조한다. 타락 이전의 인간은 참된 지식으로 선과 악을 분별하는 능력을 갖췄고, 인간의 의지는 선을 지향하도록 창조되었다. 그러나 하나님은 인간의 의지를 고정하지 않았다. 의지는 변경될 수 있으며 악을 선택할 수 있다. 웨슬리는 모든 죄의 뿌리는 하나님으로부터 독립하려는 욕망이라고 보았다. 불행하게도 인간의 첫 사람인 아담이 하나님과의 언약을 깨고 선이 아닌 악을 선택한 결과 모든 인간은 죄로 인해 전적으로 부패하였으며 하나님께 진노의 자식이 되었다.[17]

인간의 타락은 하나님 형상의 부패를 가져왔다. 그래서 타락한 인간은 다음 세 가지 구조를 가진다. 첫째, 지식의 부패이다. 부패한 지식은 하나님에 대해 바른 지식을 가질 수 없다. 웨슬리는 이것을 불신앙 혹은 무신론이라고 한다. 둘째, 의지의 부패이다. 부패한 의지는 하나님을 통치자로 인정하지 않고 자기 의지를 신뢰한다. 셋째, 정서의 부패이다. 부패한 정서는 마음에 하나님 두기를 싫어하고 자기중심적이다. 또한 하나님이 기뻐하는 일을 추구하지 않고 자신이

---

17  Ibid., 140-1.

기뻐하는 일을 추구하게 된다. 웨슬리에게 중생은 하나님의 전능하신 성령에 의해 영혼 전체 안에서 일어나는 변화로 영혼이 하나님 형상 즉 지식과 의와 거룩 안에서 새로워지는 것이다.

## 5) 에밀 부르너(Emil Brunner, 1889~1966)

현대 신학자 부르너(Brunner)는 아담의 역사적 실존과 타락의 역사성을 부인하고 신앙적인 측면에서 설명하는 학자이다. 그럼에도 그의 하나님 형상 개념은 의미가 있다. 그는 하나님 형상을 이성이나 합리성에서 찾는 것을 거부하고, 하나님과의 관계성과 교제 가능성에 있다고 한다.

하나님은 인간을 하나님 형상으로 창조하실 때 남자와 여자로 창조하셨다(창 1:27). 이것은 누구도 독립적으로 존재할 수 없으며 상호관계 속에서만 존재할 수 있도록 창조된 것을 의미한다. 따라서 하나님 형상은 하나님과의 관계나 이웃과의 관계 속에서 반영할 수 있다고 하는 것이다.

부르너는 하나님 형상을 형식적(formal) 의미와 실질적(material) 의미로 구분하였다. 하나님 형상의 형식적 측면은 인간이 다른 모든 피조물과 구별되는 우월성을 나타내는 것으로 "언어능력"과 "책임성(반응성)"을 말한다. 실질적 측면은 형식적 형상이 은총을 통해 성취되는 것으로 하나님을 사랑하고 이웃을 사랑하는 행동적인 반응을 가리킨다.[18]

---

18  E. Brunner, Nature und Gnade, 1935, S. 10, Horst G. Pohlmann, 「교의학」, 이신건 역 (서울: 한국신학연구소, 1990), 219에서 재인용.

부르너는 형식적 형상은 죄로 인해 상실되지 않았지만, 실질적 형상은 인간의 타락으로 인해 상실되었으므로 구속의 전 과정을 통해서 회복되어야만 한다고 봤다.[19] 그는 형식적 형상으로 사람됨을 설명할 수 없다고 한다. 인간의 본질은 "책임성"에 있지만, 그 의미는 사랑이다. 즉, 인간의 본질은 사랑에 있고 사랑이 사람됨의 모든 것이다. 인간은 사랑하는 만큼 인간이라 할 수 있고 사랑에서 벗어난 만큼 비인간화된 것이다. 우리가 단순히 하나님과 사람 앞에 "책임성" 있는 존재가 되는 것이 하나님 형상을 이루는 것이 아니다. 우리 안에 하나님의 말씀이 메아리칠 때 "사랑 안에서 책임성"을 가진 인간의 본질을 회복하는 것이다. 그러므로 인간이 하나님의 실질적인 형상을 회복하기 위해서는 하나님과의 관계가 필요하다. 인간이 하나님과 인격적인 관계를 맺을 수 있다는 것이 다른 피조물과 구별되는 것이다.[20]

## 2. 하나님 형상 이해와 적용

지금까지 본 바와 같이 하나님 형상에 대한 관점은 다양하다. 이레니우스(Irenaeus)는 하나님 형상과 모양을 구분해서 설명하였다. 형상은 합리적 성품과 의지의 힘을 의미하며, 모양은 하나님께서 아담에게 덧입혀 주신 "신성의 의복"(robe of sanctity)이라 하였다.

루터(Luther)는 형상과 모양을 구분하지 않았고 하나님 형상을 하

---

19  Millard J. Erickson, 「복음주의 조직신학 (중) 」, 70.

20  Horst G. Pohlmann, 「교의학」, 207-10.

나님을 알 수 있는 명료한 지식과 선을 행할 수 있는 의지 등으로 설명하였고 타락함으로 "본래적 의"인 '참된 지식'과 '의' 그리고 '거룩성'이 상실되었다고 했다.

칼빈(Calvin)은 타락 이전의 완전한 이해력과 감정을 이성에 종속시킬 수 있는 능력과 감각을 질서에 따라 조절할 수 있는 완전한 능력이라 하였고, 그리스도인이 회복해야 할 하나님 형상을 '참된 지식'과 '순결한 의' 그리고 '거룩성'에 있다고 본 것이 중요하다.

웨슬리(Wesley)는 하나님 형상을 좀 더 통합적으로 구분하여 "본질적 형상"(The natural image), "정치적 형상"(The political image), "도덕적 형상"(The moral image)으로 설명하였다.

부르너(Brunner)는 하나님 형상을 관계적 존재로 보았다. 인간은 책임성(반응성)을 가진 존재로 하나님과 이웃을 사랑할 수 있다.

하나님 형상에 대한 개념은 학자와 시대에 따라서 강조점이 서로 다르다. 그러나 그리스도인의 삶의 목표가 죄로 인해 깨어진 하나님 형상을 회복하는 데 있다는 점에서는 모두 일치한다. 하나님 형상 회복을 성도의 삶에 구체적으로 적용하려면 어떻게 해야 할까? 그 전에 하나님 형상 개념을 좀 더 정리해보고자 한다.

## 1) 광의적 형상과 협의적 형상

개혁주의 신학은 하나님 형상에 대한 내용을 광의적 의미와 협의적 의미로 구분하여 "실체와 성질, 자연과 은혜의 연관성을 설명한다.[21]

광의적 의미의 하나님 형상은 인간의 지성, 합리적 능력, 책임성,

---

21  Herman Bavinck. 「개혁교의학 2」, 박태현 역 (서울: 부흥과개혁사, 2015), 691.

반응할 수 있는 능력, 의지적 능력, 심미적 감각 등으로 설명한다. 광의적 의미는 자아의 기능들로 볼 수 있다. 자아는 현실원리에 맞게 자신이 원하는 것을 적절하게 충족하는 능력이고, 현실원리와 맞지 않을 때 유예하거나 억압하는 기능을 한다. 협의적 의미의 하나님 형상은 하나님께서 인간에게 부여해준 참된 지식과 의와 거룩성을 말한다.

인간의 타락으로 인해 협의적 의미에서의 하나님 형상은 전적으로 상실하였다. 그러나 광의적 의미로서의 하나님 형상은 상실된 것이 아니라 부패되고 왜곡되어 버렸다. 이러한 측면에서 인간이 타락한 이후 하나님 형상은 완전히 상실된 것은 아니지만, 변질되고 왜곡된 것이다.

### 2) 밀라드 J. 에릭슨(Millard J. Erickson)의 하나님 형상 구분

침례교 신학자 밀라드 에릭슨(Millard J. Erickson)은 하나님 형상 개념을 실재적 견해(Substantive view)와 관계적 견해(Relational view), 그리고 기능적 견해(Functional view)로 구분하였다. 실재적 견해는 하나님 형상을 인간 본성 자체 안에 있는 심리적 혹은 영적인 자질로 보는 것이다. 관계적 견해는 칼 바르트(Karl Barth)와 에밀 부르너(Emil Brunner) 같이 하나님 형상을 관계적 존재로 보는 것이다. 기능적 견해는 하나님 형상을 통치의 행위로 보는 최근의 해석들이다. 인간은 모든 피조물을 정복하고 다스리는 기능을 통해서 하나님 형상을 반영한다.[22]

---

22  Millard J. Erickson, 「복음주의 조직신학 (중)」, 64-78.

## 3) 하나님 형상 회복을 위한 적용

필자는 개혁주의와 에릭슨(Erickson)의 하나님 형상 구분을 기반으로 하여 하나님 형상 회복을 위한 내용을 정리해 보고자 한다.

하나님 형상 회복을 위한 적용의 목표는 첫 번째, 실재적 견해 회복으로 참된 지식의 회복, 의의 회복 그리고 참된 거룩함의 회복이다. 두 번째, 관계적 견해 회복으로 하나님과 이웃과의 관계 회복이다. 하나님 관계에서는 예배의 회복으로, 인간 관계에서는 왜곡된 자기 사랑을 버리고 인격적인 사랑의 회복으로 나타난다. 세 번째, 기능적 견해 회복으로 피조물과의 관계에서 다스림(청지기)의 회복이다. 하나님 형상 회복을 위해 훈련할 내용을 그림으로 정리하면 다음과 같다.

### 하나님 형상 이해와 적용

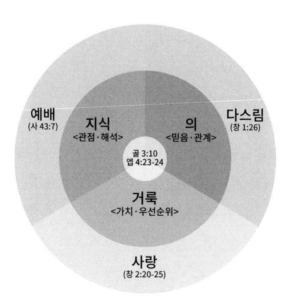

(1) 실재적 견해의 형상 회복은 진리와 의와 거룩(엡 4:23-24; 골 3:10)의 회복이다.

a. 하나님 형상 회복은 지식이 새로워지는 것이다(골 3:10). 지식의 회복은 하나님 말씀에 대해 순종하는 마음과 성령의 조명을 통해서 가능하다. 우리가 온전한 사람으로 회복하기 위해서 말씀을 듣고, 읽고, 공부하고, 묵상하고, 암송하는 데 헌신해야 한다. 모든 성경은 영감된 하나님의 말씀으로 절대적이고 궁극적인 권위를 가진 책이다. 성경은 인간의 모든 행위에 대한 기준의 척도가 되며, 사람들의 삶을 변화시키는 능력이 있다.

하나님을 아는 지식으로 새로워지기 위해서는 정확한 성경 해석이 중요하다. 특히 설교를 하는 목회자들은 하나님 말씀 앞에 정직해야 하고, 연구하는 자세를 가져야 한다. 성경 해석은 해석자가 가지고 있는 인식과 가치 그리고 신념의 틀에서 운영된다. 따라서 해석자의 선이해는 중요하다. 퍼거슨은 선이해란 "현실에 대한 이해와 인식 안으로 어떤 사람이 이끌어 들이는 추론과 태도의 틀"이라고 하였다.[23] 해석자의 선이해에 따라 같은 내용이라도 해석의 관점과 방향이 완전히 다를 수 있다.

사람들은 누구나 자신의 경험을 기초로 세계를 인식한다. 누구도 진공상태에서 해석할 수 없고, 자신의 전제와 선입견을 가지고 사물을 해석하기 때문에 중립적인 해석은 이론상으로 불가능하다. 어떤 사람은 유교적인 관점에서 해석하고, 실용주의적 관점에서 해석한

---

23 William W. Klein 외 2인, 「성경해석학 총론」, 류호영 역 (생명의 말씀사, 2013), 211.

다. 한국 교회에 안타까운 것 중의 하나는 교회 성장이라는 관점에서 성경을 해석하고, 축복이라는 관점에서 해석하는 것이다. 얼마 전에 어떤 목사가 누가복음 16장의 '부자와 나사로 이야기'를 "부자가 되는 비결"이라는 제목으로 설교하는 것을 보았다. 어떤 성도가 자신의 경험 틀에 갇혀서 성경을 읽고 해석하는 것도 보았다. 그는 어려서부터 늘 편애를 당하며 불공정에 대해 분노가 많이 있었다. 그래서 요한복음 5장에 예수님께서 많은 병자 중에 38년 된 병자 한 사람만 고쳐 준 것을 읽을 때마다 화가 난다고 한다.

그러므로 해석자는 자신의 선이해를 알고 해석의 오류에 빠지지 않도록 정직하게 연구하는 자세를 가져야 한다. 성경을 가르치는 사람이나 듣는 사람은 자신의 선이해와 성경본문의 상호작용을 통해서 새로운 진리를 획득해 나가야 한다.[24] 다시 말해서 본문이 자신을 읽도록 하는 것이 중요하다. 이러한 과정을 통해서 우리는 날마다 지식이 새로워지는 은혜를 경험하게 될 것이다. "새 사람을 입었으니 이는 자기를 창조하신 이의 형상을 따라 지식에까지 새롭게 하심을 입은 자니라"(골 3:10). 지식이 새로워지면 모든 상황과 자신을 하나님의 관점에서 해석하고 바라볼 수 있는 능력이 생긴다.

b. 하나님 형상 회복은 의의 회복을 통해서 이루어진다(엡 4:23-24). 그러면 어떻게 의를 회복할 수 있는가? 조지 래드(George E. Ladd)는 「신약신학」에서 칭의를 윤리적인 관점이 아닌 하나님과 올바른 관계의 관점으로 봤다. 성경에서 말하는 의(義)는 기본적으로

---

24  Ibid., 241.

관계의 개념이다. 유대인들에게 의의 개념은 관계보다는 토라에 순종하는 것을 의미하지만, 바울 서신에서 칭의는 오직 믿음으로 얻을 수 있다고 선언한다. 따라서 바울이 말하는 칭의는 사람의 위치, 하나님과의 올바른 관계를 말하는 것이다.[25]

칭의를 단지 전가된 의와 법정적인 의로 생각할 때, 이미 의가 성취된 것으로 생각하여 하나님과의 관계를 간과하는 경우가 많다. 그 결과 칭의와 성화가 분리되는 불일치된 신앙생활을 갖게 한다. 믿음으로 의롭게 된 사람은 하나님과 올바른 관계에 들어간 사람이다. 의의 회복은 예수 그리스도와의 연합을 통해서 이루어지는 것이다.

우리는 그리스도를 거부해 왔던 삶을 회개하고 주님을 삶의 주인으로 받아들임(영접)으로 칭의가 이루어지고, 그 주님과 연합하여 살아감으로 성화가 이루어진다. 칭의가 관계의 시작이라면 성화는 지속적인 관계의 결과이다. 우리가 의로워지기 위해 의지적으로 결단하는 것은 율법을 지키기 위한 것이 아니라 매일 주님과 연합하여 살기 위한 것이다. 의의 회복은 우리가 의지로 율법을 지켜서 되는 것이 아니라 하나님과의 관계 속에서 시작되고 성취되는 것이다. 따라서 하나님 형상 회복을 위해서는 십자가에 죽으시고 부활하신 예수 그리스도와 연합하는 삶을 실천해야 한다. "회복의 길 12단계"는 날마다 예수 그리스도와 연합하여 사는 훈련을 하는 것이다.

c. 하나님 형상 회복은 거룩함의 회복이다(엡 4:23-24). 거룩성 회복은 사랑과 방향성의 회복이다. 우리의 거룩한 삶의 모델은 예수님

---

25  George E. Ladd, 「신약신학」, 552-9.

이다. "기록되었으되 내가 거룩하니 너희도 거룩할지어다 하셨느니라"(벧전 1:16). 우리가 거룩함에 대해 오해하는 것은 바리새인의 거룩함을 생각하기 때문이다. 바리새인의 거룩함은 다른 사람에게 보이려는 동기에서 하는 행동이고, 형식적이고 종교적이었다. 그리고 이기적인 자기 사랑에서 비롯됐다. 그러나 예수님의 거룩함은 다른 사람을 편안하게 하고 살려주는 것이다. 즉, 예수님이 행하는 거룩의 기초는 사랑이다. 우리가 거룩함을 회복하는 것은 예수님의 사랑을 배우는 것이다. 우리 안에 하나님의 사랑이 부어질 때 그래서 하나님과 다른 사람을 사랑할 수 있을 때 거룩함을 회복하는 것이다.

　거룩한 삶의 또 다른 측면은 방향성(가치)의 회복이다. 거룩이란 뜻은 "분리한다"라는 의미이다. 거룩한 삶은 세상의 가치와 분리하여 하나님 나라의 가치로 살아가는 것이다. 알버트 월터스(Albert M. Wolters)는 「창조 타락 구속」에서 타락은 하나님의 창조 구조에서 방향을 왜곡(deformed)시켜 창조 질서에서 일탈한 것이라고 한다.[26] 죄에 지배를 받지 않기 위해서는 죄의 성질을 알아야 한다. 죄는 외면적인 행실 차원이 아니라 왜곡된 방향성이다. 하나님 형상을 회복하는 데 있어서 가치의 회복은 중요한 영역이다. "회복의 길 12단계"를 통해 실천해야 하는 훈련은 거룩한 삶이다.


(2) 관계적 견해의 형상 회복은 하나님과 이웃과의 관계 회복이다.

　필자는 에밀 부르너(Emil Brunner)의 신학에 동의하지는 않지만,

---

26　Albert M. Wolters & Michael W. Goheen, 「창조 타락 구속」, 양성만·홍병룡 역 (서울: 한국기독학생회출판부, 2014), 140.

하나님 형상을 관계적으로 해석한 것은 탁월한 통찰이라고 생각한다. 하나님 형상은 하나님과 이웃과의 관계 속에서 사랑으로 반영할 수 있는 능력이다. 인간은 관계적 존재로 창조되었기 때문에, 관계 안에서 상처를 받고, 관계 속에서 치유와 성장을 경험한다. 우리는 다른 사람과 연결되어 살아가도록 직물처럼 짜여 있다. 시인 존 돈(John Donne)은 "누구도 홀로 섬에서 살아갈 수 있는 사람은 없다"라고 했다. 따라서 하나님 형상을 회복하는 것은 관계 속에서 사랑으로 반응하는 것이다. 하나님의 본질이 사랑인 것처럼(요일 4:8), 하나님의 형상인 인간의 본질도 사랑에 있고 사랑이 사람됨의 모든 것이다.

a. 먼저 하나님에 대한 사랑의 반응은 예배의 회복이다. 프랭클린 지글러(Franklin M. Segler)는 예배에 대해 다음과 같이 정의하였다. "예배는 하나님의 인격적인 계시에 대한 인간의 전인적인 반응이다."[27] 예배는 하나님께서 우리에게 베풀어주신 자비와 사랑을 받아들이고, 그 은혜에 대해 사랑으로 반응하는 것이다. 그러므로 우리는 365일 하나님의 사랑에 대한 반응으로 사는 것이 삶의 목적이 되어야 한다. 우리는 다양한 방법으로 하나님의 계시에 반응할 수 있다. 하나님은 우리가 적극적으로 하나님의 사랑에 반응하기를 원하신다. 이것이 창조의 목적이다. "이 백성은 내가 나를 위하여 지었나니 나를 찬송하게 하려 함이니라"(사 42:21).

조지 래드(George E. Ladd)는 인간의 모든 악은 예배의 타락 즉,

---

27  Franklin M. Segler, 「예배학원론」, 26.

하나님의 계시에 대한 왜곡된 반응에서 발생한다고 하였다. 죄의 뿌리는 죄악된 행실보다는 왜곡된 반응에서 발견된다.[28] 그러므로 그리스도인이 더 이상 죄의 지배를 받지 않기 위해서는 먼저 하나님의 사랑과 계시가 있어야 하고 그에 대한 반응이 있어야 한다. 그래서 그리스도인은 직설법과 명령법의 긴장 속에 있어야 한다. 성경은 먼저 하나님의 은혜와 자비에 대해 직설법으로 설명하고, 이에 대한 반응으로의 예배와 헌신의 삶을 명령법으로 서술한다.[29] 하나님 형상 회복은 모든 삶의 영역에서 하나님 앞에 사랑으로 반응하는 예배의 삶으로 나타난다. 어거스틴(Augustine)의 아름다운 사랑의 고백이 우리의 고백이 되기를 원한다.

> 나의 하나님이여 당신을 내게 주소서! 당신을 내게 돌려주소서! 보소서! 당신을 사랑하나이다. 모자라는 사랑이나마 당신을 더 뜨겁게 사랑하고 싶나이다. 나의 평생에 항상 당신 품을 향해 달려가고, 내가 주의 은밀한 곳에 숨김을 받는 그날까지 내가 절대 돌아서지 않으려 하나이다. …나의 하나님 없이는 어떠한 풍성함도 내게는 궁핍함이 되나이다. 나는 나의 하나님이 나의 참된 풍성함이시기 때문입니다. …우리는 당신의 선물 안에서 안식을 누리니 그 안에서 당신을 향유하나이다. 우리의 안식 그것이 우리의 본디 자리니이다.[30]

---

28  George E. Ladd, 「신약신학」, 512-3.

29  Ibid., 648.

30  St. Augustine, 「고백록」, 김광채 역 (서울: 기독교문서선교회, 2012), 429-30.

하나님과 연합하여 하나님을 향유하는 것이 인간의 자리이다. 향유는 결코 수단으로 관계하지 않는다. 그분의 조건 없는 사랑을 알고 그 사랑 안에서 그분을 향유하는 것이 진정한 만남이며 예배이다.

b. 우리는 이웃과의 관계에서 사랑으로 반응하는 것을 회복해야 한다. 인간은 관계 속에서 사랑을 느낄 때 참 만남과 연결감을 경험한다. 본회퍼(Bonhoeffer)가 강조한 것 중 하나는 기독교는 종교가 아니라 관계라는 것이다. 예수님도 신앙생활에서 가장 중요한 것은 하나님과의 관계와 이웃과의 관계라는 것을 분명히 했다.

> 선생님 율법 중에서 어느 계명이 크니이까 예수께서 이르시되 네 마음을 다하고 목숨을 다하고 뜻을 다하여 주 너의 하나님을 사랑하라 하셨으니 이것이 크고 첫째 되는 계명이요 둘째도 그와 같으니 네 이웃을 네 자신 같이 사랑하라 하셨으니(마 22:36-39).

예수님은 율법사의 질문에 대한 대답으로 가장 중요한 율법은 하나님을 사랑하고 이웃을 사랑하는 것이라고 말씀하였다. 신앙의 본질은 종교가 아니라 사랑의 관계이다. 우리가 아무리 기도를 많이 하고, 성경을 많이 알고, 교회생활을 열심히 해도 이웃과 인격적인 관계를 맺지 못하면 신앙생활을 잘하는 것이 아니다. 우리의 신앙 척도는 관계로 평가해야 한다.

인간은 타락한 이후 왜곡된 자기 사랑으로 살아간다. 왜곡된 자기 사랑은 자기만족과 자기 욕구 충족을 위해 사는 것이다. 왜곡된 자기 사랑은 하나님도 자신을 위해 존재하는 분으로 만든다. 그래서 그들은 스스로 자신이 원하는 하나님을 그들의 생각 속에 상정해 놓고, 그 하나님은 조건 없이 자신에게 선하고 자비를 베풀고 자신을 기쁘게 하는 분으로 생각한다. 그리고 그 하나님을 사랑한다고 한다. 그러나 이것은 하나님을 사랑하는 것이 아니라, 하나님이 자기에게 만족이 될 때만 생기는 감정이다.[31]

왜곡된 자기 사랑의 또 다른 모습은 자기 우상화이다. 외향적인 행동으로 아무리 금식을 하고 봉사를 하고 구제를 한다고 하여도 그것이 자기를 높이는 우상화가 될 때 그것은 왜곡된 자기 사랑이다. 웨인 오우츠(Wayne E. Oates)는 스스로 자신을 높이기 위해 "스타처럼 행동하고, 화려하게 다른 사람의 주의를 끄는 생활 방식으로 살아가는 사람을 배우형 인물(The Mask of Packaged Personality)"이라 한다.[32]

왜곡된 자기 사랑은 하나님과 이웃과의 관계를 파괴하는 것이다. 따라서 하나님 형상을 회복하는 것은 왜곡된 자기 사랑을 버리고 하나님 관계뿐만 아니라 이웃과의 관계를 회복하는 것이다.

(3) 기능적 견해의 형상 회복은 피조물과의 관계에서 다스리는 삶으로 나타난다(창 1:28).

인간은 하나님으로부터 만물을 다스리라는 명령을 받은 통치자로서 하나님 형상을 소유했다. "하나님이 그들에게 복을 주시며 하나님이 그들에게 이르시되 생육하고 번성하여 땅에 충만하라, 땅을

---

31 Jonathan Edwards, 「신앙 감정론」, 정성욱 역 (서울: 부흥과개혁사, 2015), 352.

32 Wayne E. Oates, 「그리스도인의 인격장애와 치유」, 안효선 역 (서울: 에스라서원, 1996), 35.

정복하라, 바다의 물고기와 하늘의 새와 땅에 움직이는 모든 생물을 다스리라 하시니라"(창 1:28). 여기서 '다스림'은 하나님 형상을 가진 자로서의 역할이다. 하나님은 자신을 대신하여 인간에게 만물을 다스리게 하였다. 이것은 자연을 무제한적으로 착취하라고 허락한 것이 아니다. 인간은 하나님의 대리자로 하나님의 법과 정의 그리고 신적 원리에 따라 만물을 다스리도록 위임받았다.[33] 즉, 인간의 통치권은 하나님의 주권 아래서 만물을 다스리는 청지기의 삶이다.

하나님 형상인 인간은 하나님을 투영하는 존재이며 하나님을 대표하는 존재이다. 우리가 하나님 형상을 회복할 때 모든 피조물은 우리를 통해 하나님을 볼 수 있는 것이다. 그러므로 그리스도인의 삶의 목적은 하나님 형상을 회복하여 만물을 다스리는 청지기가 되는 것이다.

회복의 길 12단계는 죄 발견하기와 죄 죽이기 그리고 새 사람입기와 새 생활하기로 구성되어 있다. 죄 죽이기는 광의적 하나님 형상 회복을 위한 과정이라 할 수 있다. 광의적 의미의 하나님 형상은 인간의 지성, 합리적 능력, 책임성, 반응할 수 있는 능력 등으로 자아의 영역이다. 타락 이후에 광의적 형상은 상실되지 않고 기능은 하지만 자기중심이며 왜곡된 채로 기능한다. 인간의 자아는 죄 덩어리 자체이다. 예수님을 믿음으로 구원을 받아도 광의적 의미의 형상이 회복되지 않으면 하나님을 온전히 알아가는 데 걸림돌이 된다. 그래서 말씀을 듣고 열매를 맺는 옥토가 되려면 먼저 마음 안에 있는 돌과 가시를 갈아엎어야 한다(마 13:8). 죄 죽이기는 마음 속에 있는

---

33  Gordon J. Wenham, 「창세기(상)」, 「WBC 성경주석」, 130.

돌과 가시를 구체적으로 발견하여 죽이는 훈련이다.

새 사람입기는 협의적 하나님 형상 회복을 위한 과정이다. 협의적 의미의 하나님 형상은 하나님께서 인간에게 부여해준 참된 지식과 의와 거룩성을 말한다. 특별히 기도와 말씀 묵상을 통해 하나님의 사랑과 진리로 충만해져야 한다. 그러므로 우리는 영과 혼과 육체가 온전해지는 것을 경험할 수 있다.

평강의 하나님이 친히 너희를 온전히 거룩하게 하시고 또 너희의 온 영과 혼과 몸이 우리 주 예수 그리스도께서 강림하실 때에 흠 없게 보전되기를 원하노라(살전 5:23).

# 6장

---

## 회복의 길 12단계

사람들이 변화되지 않는 모습을 보며 절망하고 있을 때 회복의 길을 만났기 때문에 내용 하나하나가 필자에게는 복음 자체였다. 이렇게 귀한 것이 왜 그동안 숨겨져 왔을까? 땅속에 묻혀 있던 보석을 발견한 기쁨으로 매일 읽고 나의 삶에 적용하였다.

이 장은 회복의 길 12단계 개념을 하나씩 나누고자 한다. 회복의 길 개념은 자각, 고백, 무력감 인정, 믿음, 맡김, 용서, 보상, 결단, 긍정적 성품, 묵상(조명), 점검, 나눔으로 구성되어 있다. 12가지 개념이 변화의 과정에서 왜 중요한지 성경과 심리학의 통합적 관점에서 설명할 것이다.

하나님 형상 회복 모델 12단계는 12가지 개념을 죄 자각하기(자각, 고백), 죄 죽이기(무력감 인정, 믿음, 맡김, 용서, 보상), 새사람 입기(결단, 긍정적 성품 구하기, 묵상), 새 생활하기(점검, 나눔)로 분류하였다.

제 1-7원리까지는 죄 자각하기와 죄 죽이기(자각, 고백, 무력감 인정, 믿음, 맡김, 용서, 보상)이다. 이 원리의 목표는 죄를 완전히 없에는 것이 아니라 죄의 영향력을 약화시키는 데 있다. 이 땅에 사는 동안 죄의 영향력에서 제로(Zero)가 될 수 있는 사람은 없다.

제 8-12원리까지는 새 사람 입기와 새 생활하기(결단, 긍정적 성품, 묵상, 점검, 나눔)이다. 이 원리의 목표는 타락 이전의 아담이 아니라 예수 그리스도의 형상 회복에 있다. 즉, 성도들이 옛사람을 벗고 예수 그리스도로 옷 입는 것이다.

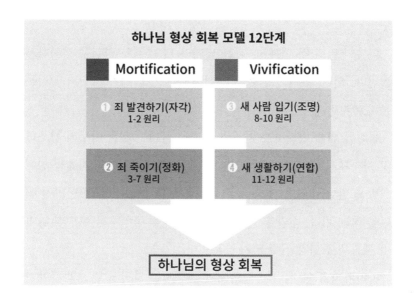

# 제 1원리

## 나는 날마다 나의 죄와 약점을 정직하게 살핀다.

회복의 원리 첫 번째는 "나는 날마다 나의 죄와 약점을 정직하게 살핀다."이다. 우리가 변화되기 위해서는 가장 먼저 자신의 약점을 살피고 자각해야 한다.

변화를 위해 정직하게 자신의 내면을 살피는 것은 아무리 강조해도 지나치지 않다. 병원에 가면 먼저 진단하고 그 다음 치료를 위해 처방을 한다. 기업이 효과적인 운영을 위해 컨설팅을 하면 먼저 진단을 하게 된다. 진단을 통해 그 회사의 약점과 강점을 분명히 알아야 해결책을 생각할 수 있기 때문이다.

마찬가지로 한 사람이 변화되기 위해서는 자신의 내면의 문제가 무엇인지 구체적으로 진단하는 것은 당연하다. 많은 사람이 "사람은 변화되지 않는다."고 한다. 그러나 정직하게 말하면 사람이 변화되지 않는 것이 아니라 자신을 성찰하지 않는 것이다. 정직하게 자신을 성찰하여 내면의 문제를 자각하면 누구든지 변화할 수 있다. 상담 장면에서도 내담자의 변화를 위해서는 먼저 면담과 진단을 통해 문제의 원인을 파악하고 상담목표를 세우는 과정을 갖는다.

회복의 1원리는 자신의 행동을 점검하고 자신을 더 깊이 성찰하는 단계이다. 정직한 자기 성찰은 자신의 부적응 도식(maladaptive schema)을 자각하는 것을 의미한다. 부적응 도식은 상황과 관계 속에 나타나는 부정적인 사고와 감정 그리고 의지의 패턴이며, 생애 초기에 시작되어 일생 동안 반복되는 것이다.[1]

예를 들면 어린 시절부터 '실패' 경험이나 주변 사람의 '비난'을 많이 받으면 "나는 무능하다"라는 심리도식이 형성된다. 이런 사람은 자신의 능력을 부정적으로 지각하고, 환경에 대한 비관적 기대를 지니고 살게 된다. 그래서 자신이 하는 일이나 관계에서 성공할 것이라는 기대를 하지 못하고 늘 실패할 것에 대해서만 주목하게 된다.

한 번은 내담자와 상담 중에 필자가 잠깐 등받이에 기대어 앉아 있는 것을 보고 내담자의 마음이 몹시 불편해졌다고 했다. "지금 상담자는 나의 말을 성의 없이 듣고 있고, 나를 무시하고 있는 거야"라는 생각이 들면서 수치심과 함께 분노가 올라왔다고 한다. 그 감정을 바로 이야기하지는 못하고 한 주 지난 후 상담 시간에 솔직하게 고백하였다. 그래서 필자는 내담자에게 용서를 구하고, 내담자와 함께 그때 무시 받았다는 생각과 수치심이 어디에서 온 감정인지 함께 생각해보았다. 함께 대화하면서 내담자는 자신의 심리도식을 발견하였다. 내담자는 장애를 가진 오빠가 있었다. 어려서부터 오빠에 대해 수군거리는 이야기를 많이 들었고, 누군가 그 내담자에게 "네가 그 오빠 동생이지?" 라고 물으면 견딜 수 없는 수치심을 느꼈고, 오빠가 너무 창피했다고 한다. 그래서 내담자는 다른 사람에게 무시를

---

1  Jeffrey E. Young 외 3인, 「심리도식치료」, 권석만 외 5인 역 (서울: 학지사, 2019), 22.

당하지 않고 수치를 가리기 위해 완벽을 추구하였고, 사람들에게 인정받으려는 목표를 가지고 살았다. 그리고 가족 모두가 무시당하지 않으려는 노력을 많이 했다. 그래서 내담자가 어려서부터 집안 어른들에게 늘 들었던 소리가 어디 가서 무시당하지 않게 "자세 바르게 해라", "행동 바르게 해라", "다른 사람에게 흉이 되는 행동을 하면 안 된다", "정신 똑바로 차리고 살아라"라는 말을 귀에 딱지가 앉을 정도로 들었다. 그래서 내담자는 자신의 수치심을 가리기 위해 완벽을 추구하고, 항상 바른 자세를 취하였고, 뿐만 아니라 자신 앞에서 바른 자세를 하지 않는 사람을 보면 무시당한다는 생각에 화가 난다고 했다. 이러한 과정에서는 내담자의 마음에 생긴 심리도식은 수치심, 완벽주의, 낮은 자존감 등이다. 심리도식은 성경의 용어로는 '쓴 뿌리', '견고한 진', '내재하는 죄'라고 할 수도 있다.

> 너희는 하나님의 은혜에 이르지 못하는 자가 없도록 하고 또 쓴 뿌리가 나서 괴롭게 하여 많은 사람이 이로 말미암아 더럽게 되지 않게 하며(히 12:15).

존 오웬(John Owen)은 그의 책 「죄 죽이기」에서 신자 안에 내재하는 죄의 위험성을 언급하였다. 내재하는 죄를 죽이지 않는다면 결국 그 죄가 우리를 죽일 것이다. 죄는 우리 안에서 잠잠히 있지 않고 적극적으로 활동하면서 교활하게 우리의 영혼을 죽이는 일을 한다. 만약 그리스도인이 죄 죽이는 일을 게을리 한다면 영혼의 은혜는 마르게 되고, 마음의 상태는 점점 악하게 되며, 정욕은 번성하게 될 것이다. 따라서 그리스도인은 내재하는 죄를 항상 죽여야 한다.[2] 오웬은 죄를 죽인다는 것은 죄를 완전히 없애는 것이 아니라 죄를 못살게 구는 것이라 하였다. 죄를 못살게 하는 것은 날마다 죄를 자각하고 십자가 앞에 나아가는 것이다.


### 1. 내재하는 죄를 자각하라.

현재 코로나19가 장기화되면서 '코로나 블루(corona blue)'라는 신조어가 나올 정도로 사람들이 많은 스트레스를 받고 있다. 코로나 블루는 코로나19와 우울증의 합성어로 코로나로 인한 불안, 무기력감, 우울증 등을 말하는 것이다. 사람들이 코로나19와 같은 생물학적 바이러스를 두려워하는 만큼 우리의 영혼을 죽이는 영적 악성 바이러스를 두려워하지 않는 것 같아 안타깝다. 우리의 영혼을 파괴하는 악성 바이러스인 이단 사이비들, 그리고 자신의 내면에 있는 쓴 뿌리에 더욱 경각심을 가져야 한다.

사도 바울은 그리스도인 안에 내재하는 죄에 대해 말하고 있다. 그리스도인은 예수님의 형상을 닮기 위해 날마다 자신 안에 있는 죄를 발견하고 십자가 앞에 나가는 삶을 살아야 한다. 이것이 복음을 적용하는 삶이다.

만일 내가 원하지 아니하는 그것을 하면 이를 행하는 자는 내가 아

---

2  John Owen, 「죄 죽이기」, 서문강 역 (서울: SFC 출판부, 2013), 42-3.

니요 내 속에 거하는 죄니라 그러므로 내가 한 법을 깨달았노니 곧 선을 행하기 원하는 나에게 악이 함께 있는 것이로다(롬 7:20-21).

바울은 자신이 선을 행하고자 하는 의지와는 반대로 죄를 행하는 연약한 삶을 고백하면서, 그것은 자신이 아니라 내 속에 거하는 죄라고 한다. '내 속에 거하는 죄'는 내면으로부터 발생하는 에너지로 인해 악습이 나타나는 지정의 패턴이나 선천적인 기질이라 할 수 있다.[3] 존 오웬은 21절에 죄와 관련된 법을 "신자들 안에 내재하는 죄의 잔재 속에 지속적으로 악을 행하도록 이끄는 특별한 효능과 힘이다"라고 하였다.[4]

그리스도인은 내면에 하나님 말씀을 따르지 못하도록 방해하는 쓴 뿌리가 있다는 것을 알아야 한다. 내면의 문제를 해결하지 않으면 반복적인 악에 빠져서 온전히 주님을 따를 수 없다. 마태복음 13장에 밭의 비유에서 돌밭과 가시밭은 말씀을 받아도 열매를 맺지 못하는 원리와 같다.

> 돌밭에 뿌려졌다는 것은 말씀을 듣고 즉시 기쁨으로 받되 그 속에 뿌리가 없어 잠시 견디다가 말씀으로 말미암아 환난이나 박해가 일어날 때에는 곧 넘어지는 자요 가시떨기에 뿌려졌다는 것은 말씀을 들으나 세상의 염려와 재물의 유혹에 말씀이 막혀 결실하지 못하는 자요(마 13:20-22).

---

3  James D. G. Dunn, 「로마서 상」, 「WBC 성경주석」, 김철·채천석 역 (서울: 도서출판 솔로몬, 2013), 666.

4  John Owen, 「신자 안에 내재하는 죄」, 김귀탁 역 (서울: 부흥과개혁사, 2015), 36.

씨를 뿌리고 열매를 맺으려면 밭에 있는 가시와 돌을 제거해서 옥토를 만들어야 한다. 우리가 신앙생활하면서 하나님이 기뻐하시는 열매를 맺으려면 마음 안에 있는 돌들과 가시를 버려야 한다. 그러므로 자신의 내면에 어떤 돌과 가시가 있는지 발견하는 것이 필요하다.

그러나 사람들이 자신의 내면의 문제를 발견하지 못하는 것은 적극적으로 자신을 성찰하지 않기 때문이다. 사람들은 자신이 분노하고, 원망하고, 고립하는 행동의 원인이 자신의 문제 때문이 아니라 다른 사람과 환경에서 비롯했다고 생각한다. 문제에 대한 이러한 관점은 자신은 문제가 없다고 생각하기 때문에 항상 다른 사람을 탓하면서 변화시키려고 한다. 자기 성찰을 통해 자신의 문제를 보지 못하는 사람은 변화의 필요성을 인식하지 못한다.

예수님을 십자가에 못 박은 사람들도 자신들이 왜 그렇게 행동하는지 알지 못했다. 그들은 예수님이 문제가 있고 자신들의 행동은 정당했다고 생각할 것이다. 그러나 예수님은 뭐라고 말씀하시는가?

> 이에 예수께서 이르시되 아버지 저들을 사하여 주옵소서 **자기들이 하는 것을 알지 못함이니이다** 하시더라(눅 23:34)

아무 죄 없는 예수님을 미워하고, 때리고, 십자가에 못 박은 사람들은 자신들이 왜 그렇게 하는지 알지 못했다고 한다. 우리가 내재하는 죄를 자각하지 않으면 자신에게 반복적으로 나타나는 문제의 이유를 잘 모르기 때문에 변화의 한계를 경험하게 된다. 기도하고 결단하지만 잠시 변화를 경험하고 다시 옛 생활로 돌아가는 것이 일반적인 현상이다. 그래서 신앙생활 초기에는 변화하려고 노력하다가, 나중에 '나는 더 변화할 수 없어'라고 포기하게 된다. 따라서 우리가 하나님 형상을 회복하기 위해서 먼저 해야 할 것은 자신의 문제를 정확하게 자각하는 것이다. 이사야 58장 1절에 보면 "그들의 허물", "그들의 죄"를 알게 하라고 한다.

> 목소리를 크게 내어 힘껏 외쳐라. 주저하지 말아라. 너의 목소리를 나팔 소리처럼 높여서 나의 백성에게 **그들의 허물**을 알리고, 야곱의 집에 **그들의 죄**를 알려라(사 58:1).

전적으로 타락한 모든 인간은 스스로 하나님 앞에 나아갈 수 없고, 선이 결핍된 죄인이다. 그러나 사람마다 가지고 있는 내면의 문제는 각각 다르게 나타난다. 이사야 58장 1절에 "그들의 허물", "그들의 죄"라고 표현한 것에서 알 수 있다.

아모스서에도 이방 국가에 대한 심판을 예언하는데, 나라마다 죄의 내용을 다르게 언급한다. 다메섹의 죄는 길르앗 백성을 잔인하게 압박한 것이다(1:3-5). 가사의 죄는 전쟁 포로들을 에돔에 팔아넘긴 것이다(1:6-8). 두로의 죄는 형제 계약을 맺은 나라의 백성들을 에돔에 팔아넘긴 것이다(1:9-10). 에돔의 죄는 형제된 백성을 잔인하게 대한 것이다(1:11-12). 암몬의 죄는 영토 확장을 위해 다른 나라 백성을 잔인하게 학살한 것이다(1:13-15). 모압의 죄는 에돔 왕의 뼈를 불사른 것이다(2:1-3). 유다의 죄는 여호와의 율법을 멸시한 것이다(2:4-5).

모든 사람이 죄인이지만 특별히 자신을 괴롭히는 내면의 문제가 무엇인지 알아야 구체적으로 회개하고 회복할 수 있다. 자신의 죄를 구체적으로 자각하지 않으면 회개도 구체적으로 할 수 없다. 자신의 죄에 대한 자각이 없는 그리스도인에게 회개하라고 하면 오래 신앙생활 한 사람일수록 별로 회개할 것이 없다고 생각한다. 그러니 더 이상 십자가가 필요 없는 신앙이 되는 것이다.

우리가 회복하기 위해서는 자신의 쓴 뿌리를 정확하게 자각하고 십자가 앞에 나아가야 한다. 쓴 뿌리가 해결되지 않으면 거짓 인생을 살게 된다. 자신의 죄를 자각하고 회개하는 것이 얼마나 중요한지 다윗과 사울을 비교해서 생각해보자. 우리의 관점에서 보면 사울의 죄는 가벼운 불순종의 죄(삼상 15장)이고, 다윗의 죄는 파렴치한 간음과 살인죄이다(삼하 11장). 그런데 다윗은 하나님 마음에 합한 자라는 평가를 받았고, 사울은 자신의 죄로 인해 죽음으로 생을 마쳤다. 그 이유는 선지자의 책망에 대해 한 사람은 인정하였고, 한 사람은 변명을 한 것이다.

### 1) 다윗의 회복

다윗은 이새의 여덟째 아들로 태어나 양치는 목자에서 이스라엘의 왕이 된 사람이다. 그는 "하나님의 마음에 맞는 사람이라"(행 13:22)는 평가를 받았다. 또한, 열왕기상 15장 5절에서는 다윗을 "헷 사람 우리아의 일 외에는 평생에 여호와 보시기에 정직하게 행하고 자기에게 명령하신 모든 일을 어기지 아니하였다"고 평가한다. 다윗의 위대함은 비록 큰 죄를 지었지만 정직하게 죄의 문제를 인정하고 회개함으로써 회복하였다는 것이다.

다윗은 왕이 된 후 이스라엘이 암몬과 전쟁 중일 때 옥상을 거닐다가 목욕하는 밧세바를 목격하게 된다. 다윗은 그 여인이 전쟁에 나간 우리아 장군의 아내인 것을 알고도 동침하여 임신하게 한다. 그리고 다윗은 이 사실을 숨기기 위해 요압 장군에게 계략을 써주어 우리아 장군을 전쟁터에서 죽게 하였다(삼하 11:1-17). 이 일은 여호와 보시기에 매우 악한 일이었다(삼하 11:27). 다윗은 자기의 죄를 요압 장군 외에는 아무도 모른다고 생각하였으나 하나님께서는 나단 선지자를 다윗에게 보내시어 비유를 통해 그 죄를 직면시키셨다(삼하 12장). 다윗은 선지자의 말을 듣고 즉시 자신의 죄를 인정하고 회개하였다. 다윗의 회개를 기록한 시편 51편에서 회복의 원리를 발견할 수 있다.

첫째, 다윗은 하나님께 죄를 범했음을 인정하고 고백한다(시 51:3-4). 다윗은 자신의 죄를 1년 동안 합리화하고 숨겼다.[5] 그러나 나단 선지자의 책망을 듣고 아무 변명하지 않고 자신의 죄를 정직하게 인정하고 회개한다. "나는 내 죄과를 아오니 내 죄가 항상 내 앞에 있나이다"(시 51:3). 여기서 '내가 안다'라는 것은 죄에 대해서 스스로 자각하고 있다는 의미이며, '내 죄가 항상 내 앞에 있나이다'라는 것은 가끔이 아닌 지속해서 인식하고 있다는 의미이다.[6] 죄에서 회복하기 위해서는 자신의 죄를 정직하게 자각하고 지속해서 인정해야 한다.

둘째, 다윗은 자신의 도덕적 무기력을 인정하고 슬퍼한다(시 51:5-6). 다윗은 자신이 죄에 대해 전적으로 무력한 존재임을 고백한다. 이처럼 인간은 죄에 대해 겸손하고 죄를 이기게 하시는 하나님 앞에 나아가야 한다. 다윗은 자신이 "죄악 중에서 출생하였고 어머니가 죄 중에서 나를 잉태하였다"(시 51:5)고 고백한다. 학자들은 이 구절을

---

5  Allen P. Ross, 「시편」, 「BKC 강해주석」, 전광규 역 (서울: 두란노서원, 2011), 178.

6  Marvin E. Tate, 「시편 (중) 51-100」, 「WBC 성경주석」, 손석태 역 (서울: 도서출판 솔로몬, 2015), 59-60.

인간이 죄에 대해 본질적으로 무력한 존재임을 고백한 것으로 이해한다.[7] 모든 사람은 출생부터 죄인이다. 그러므로 회개하는 것은 내가 어떤 잘못된 행위를 했느냐의 문제가 아니라, 내가 죄악 중에 출생된 존재의 문제이다.[8] 따라서 죄에 대한 회복은 먼저 자신이 죄에 대해 무력한 존재임을 인정하고 고백하는 것이다.

셋째, 다윗은 새롭게 되기를 간구한다(시 51:10-12). 회복을 원하는 사람은 죄의 고백뿐 아니라 새롭게 되기를 갈망해야 한다. "하나님이여, 내 속에 정한 마음을 창조하시고 내 안에 정직한 영을 새롭게 하소서"(10절)의 고백은 "나를 바꾸어 주소서 내가 문제입니다."라고 간구하는 것이다. 이 구절에서 '창조하다'(בָּרָא)는 오직 하나님이 주어로 사용되는 동사로 '무에서 유를 존재하게 하는 의미'이다. 그러나 "이사야 40-60장에서 '창조'라는 동사는 이미 있던 것을 변화시켜 새로운 것으로 창조하는 하나님의 구원 행위를 표현하는 데 사용한다(사 41:20; 45:8; 65:17, 18). 10절에서 '새롭게 하소서'는 이런 의미의 '창조하다'를 표현하고 있다."[9] 그러므로 회복을 원하는 사람은 새롭게 창조하시는 하나님을 인정하고 성령의 도움을 구하며 거룩함을 향한 열정을 가져야 한다.

다윗이 하나님께 악한 죄를 지었지만, 하나님 마음에 합한 사람으로 회복이 된 원리는 다음과 같다. 첫째, 그는 자신의 죄를 자각하고

---

7  Edward R. Dalglish, Psalm Fifty-One, II 823: Zink, VT 17 (1967), 119, Marvin E. Tate, 「시편 (중) 51-100」, 「WBC 성경주석」, 63에서 재인용.

8  James L. Mays, 「시편」, 「현대성서주석」, 신정균 역 (서울: 한국장로교출판사, 2012), 276.

9  Ibid., 276-7.

인정하였다(1-2원리). 둘째, 죄에 대해 무력한 존재임을 고백하였다(3원리). 셋째, 새롭게 창조하시는 하나님 앞에 거룩하여지기를 갈망하였다(8-9원리).

### 2) 사울의 변명

사울은 베냐민 지파 출신으로 이스라엘의 초대 왕이 되었다. 그러나 그는 내면에 해결되지 않은 열등의식과 두려움으로 불행하게 삶을 마감한 인물이다. 사울은 베냐민 지파에 대한 열등의식이 있었다. 베냐민 지파는 사사기 20장에 레위인 첩의 사건으로 발생한 다른 지파와의 전쟁으로 진멸당하여 소멸할 위기에 있었던 지파였다(삿 20장-21장). 그러므로 베냐민 지파로서 이스라엘의 왕이 된 것은 약점이었다. 사울이 "나는 베냐민 지파 모든 가족 중에 가장 미약한 존재"(삼상 9:21)라고 고백한 것은 자신에 대한 정확한 인식이면서 베냐민 지파라는 열등의식을 표출한 것이다. 랄프 클레인(Ralph W. Klein)은 "베냐민은 기브아의 대량 학살 후(삿 21:6) 소수 지파가 되었으며 사울의 거절은 역사적으로 진실일 것"이라 하였다.[10] 사울의 열등의식과 두려움을 가장 잘 나타내는 대목은 블레셋과의 전쟁에서 승리하고 돌아오는 길에서였다. 이스라엘의 여인들이 "사울이 죽인 자는 천천이요 다윗은 만만이로다"(삼상 18:7)라고 노래하였다. 사울은 이 노래를 질투의 감정으로 반응하고 다윗을 병적인 의심의 눈으로 보기 시작한다. 사울은 다윗을 자신의 왕좌를 빼앗을 야심을

---

10 Ralph W. Klein, 「사무엘상」, 「WBC 성경주석」, 김경일 역 (서울: 도서출판 솔로몬, 2014), 174.

가진 위협적인 존재로 인식하였다. 그 후로 다윗을 "주목"(שׁוע)하였는데(삼상 18:9) 그 의미는 포엘형 분사로 "사울이 그 시간 이후로 줄곧 눈을 떼지 않았다는 것을 말한다."[11] 사울은 자신의 쓴 뿌리인 병적인 두려움과 열등의식을 극복하지 못함으로 그 증상이 점차 심각해져서 불행하게 살아간 안타까운 인물이다.

사울에게도 회복할 기회는 있었다. 첫 번째, 사울은 사무엘을 통하여 기름 부음을 받고 이스라엘의 지도자가 되었다(삼상 10:1). 그리고 하나님의 영이 사울에게 크게 임했다(삼상 10:10). 사울은 누구보다도 하나님의 특별한 부르심과 은혜를 받아 이스라엘을 적으로부터 구원하는 매우 중요한 임무를 지속했다. 사울이 하나님께 받은 은총을 소중히 여기고 믿음으로 반응하였더라면 그는 열등의식에서 회복하여 하나님을 영화롭게 하는 왕이 되었을 것이다.

두 번째, 사울이 불순종했을 때 하나님은 사무엘을 통해서 회개의 기회를 주셨다. 사무엘상 15장 1절에 "이제 왕은 여호와의 말씀을 들으소서"라고 했다. 이 말씀은 사무엘이 사울에게 회개를 촉구하는 것이다. 그러나 사울은 자신의 불순종을 인정하지 않고 합리화와 변명으로 일관하였다. 짐승들은 하나님께 제사 드리기 위해서 데려왔으며(삼상 15:13,15) 그리고 백성들이 고집을 부려 데려왔다고 변명을 하였다(삼상 15:20-21).[12] 사울은 스스로 회개를 거부하고 온전해지는 삶의 기회를 놓쳤다. 이와같이 사울은 끝까지 자기 죄를 인정하지 않고 변명하여 결국 멸망의 길로 가게 되었다.

---

11   Ibid., 328.

12   John W. Reed and Eugene H. Merrill, 「룻기·사무엘상·하」, 「BKC주석」, 문동학 역 (서울: 두란노서원, 1987), 95-6.

내면의 죄에 대한 자각은 사람을 변화시키는 힘을 갖고 있다. 그 인식은 우리로 하여금 우리 가면과의 동일시를 철폐하게 하고, 우리들의 실체를 한 인격으로 받아들이게 한다. 내면에 있는 죄는 우리가 인정하기를 거절하는 한은 우리를 왜곡시키지만, 일단 깨닫고 수용하기만 하면 우리를 왜곡시키기보다 우리를 완성시켜 주고, 이전에는 전적으로 부정적으로 보이던 것들이 이제는 그것들의 긍정적인 면이 보이기 시작한다.[13]

바리새인이 예수님과 적대적인 관계를 가졌던 이유는 내면의 문제를 인정하지 않았기 때문이다. 예수님은 우리의 겉모습이 아닌 중심을 보시는 분이다. 바리새인은 더러운 내면의 문제를 화려한 종교적인 모습으로 감추고 부인하는 사람들이다.

화 있을진저 외식하는 서기관들과 바리새인들이여 잔과 대접의 겉은 깨끗이 하되 그 안에는 탐욕과 방탕으로 가득하게 하는도다 눈먼 바리새인이여 너는 먼저 안을 깨끗이 하라 그리하면 겉도 깨끗하리라 화 있을진저 외식하는 서기관들과 바리새인들이여 회칠한 무덤 같으니 겉으로는 아름답게 보이나 그 안에는 죽은 사람의 뼈와 모든 더러운 것이 가득하도다 이와 같이 너희도 겉으로는 사람에게 옳게 보이되 안으로는 외식과 불법이 가득하도다(마 23:25-28).

---

13  John A. Sanford, 「내 안에 있는 천국」, 124-5.

## 2. 자각하는 것이 변화의 힘이다.

우리가 치료되고 성장하기 위해서는 먼저 내면의 심리 역동을 자각하는 것이 필요하다. 심리 역동은 어린 시절의 중요한 대상과의 관계에서 충족되지 않은 욕구와 필요 즉, 정서적 미해결과제로 인해 형성된 핵심 감정이다. 사람들의 행동은 무의식에 있는 심리 역동에 반응하는 것이다. 그래서 자신이 왜 그렇게 행동하는지 모른 채 반복하는 행동들이 있다. 치료는 무의식 역동을 자각하는 데서 시작한다.

프로이트의 정신분석 치료의 핵심은 무의식을 의식화(자각)하여 자아를 확장시킴으로써 현실원리에 맞게 살도록 돕는 것이다. 어린 시절에 형성되어 반복적으로 나타나는 무의식적 내용과 방어기제에 대해 자각하고 훈습하도록 하는 것이다.

분석심리학자 칼 융(Carl Gustav Jung)도 치료에서 자각을 중요하게 생각했다. 그는 내담자가 자기 내면의 삶을 탐색함으로써 성격을 확장시켜 나갈 수 있다고 하였다. 그리고 그가 제안한 치료 과정은 고백(confession), 명료화(elucidation), 교육(education), 변형(transformation)이다. 첫 번째, 고백 단계는 내담자가 개인사를 고백함으로써 정화를 경험하며 의식적 및 무의식적 비밀을 치료자와 공유하는 것이다. 두 번째, 명료화 단계는 내담자가 정서적이거나 지적으로 자신의 문제에 대한 통찰을 얻게 하는 것이다. 세 번째, 교육 단계는 일과 관계에서 부적응이나 불균형적 삶을 초래하는 문제에 대해 효과적이며 현실적으로 풀어가도록 돕는 것이다. 네 번째로 변형 단계는 내담자의 자기실현을 이루는 과정, 개성화를 지향

하는 과정이다.[14]

가족 치료자 버지니 사티어(Virginia Satir)도 자각을 치료의 중요한 요소로 인식하였다. 그녀는 자각이 치료를 완성하지는 않았지만, 변화를 향해 가는 기초라고 보았다. 사티어(Satir) 모델의 변화 원리는 탐색(discovery), 자각(awareness), 이해(understanding) 그리고 새로운 방식을 적용(new application)하는 과정을 통해 이루어진다. 탐색은 내담자의 사건에 대한 기억이나 증상이 생겨난 상황을 탐색하고 그 사건에 대한 대처방식을 발견하는 것이다. 자각은 사건을 경험할 때 내면에서 일어나는 과정에 대해 듣는 것이다. 이해는 내면의 과정으로 사건이 어떻게 일어났는지 파악하는 것이다. 새로운 적용은 자신의 성장을 돕는 자원을 활용하는 것이다.[15] 사티어 모델에서 말하는 자각의 영역은 현재 정서와 그 정서에 영향을 미친 내외적 체계에 대한 포괄적인 자각을 의미한다. 그래서 감정에 대한 자각으로부터 시작하여, 감정을 에워싸고 있는 의미 부여와 그것을 촉발시킨 사건, 현재의 의미 부여와 감정에 영향을 주고 있는 과거의 경험까지를 포함한다. 또 기대와 지각, 패턴과 행동에 대한 규칙 등을 자각하는 것을 말한다.

사티어는 사람들이 일치적으로 의사소통을 하도록 돕기 위해 개발한 지침에서도 자각을 강조한다. 그녀의 지침은 다음과 같다.[16]

---

14 노안영, 「상담심리학의 이론과 실제(2판)」(서울: 학지사, 2018), 234-5.

15 Virginia Satir et al, 「사티어 모델: 가족치료의 지평을 넘어서」, 김영애 역 (서울: 김영애가족치로연구소, 2011), 109-111.

16 Ibid., 101-2.

1. 자기 자신, 다른 사람, 그리고 상황에 대해 자각할 것
2. 다른 사람과 관계를 가질 때 온전한 관심을 보일 것
3. 신체 메시지를 알아차릴 것, 생존 방식을 개념화하고 그것을 실제로 경험하게 도와주면서 자신의 신체와 신체 메시지를 자각할 수 있도록 도울 것
4. 자신의 방어기제와 가족 규칙들을 자각할 것

자기 자각은 내면의 자동화를 자각함으로써 무의식과 의식의 간격을 좁히며, 반사적 반응과 충동적 반응을 줄여주고, 자신이 행동과 대처, 규칙을 선택하는 권한을 갖도록 한다. 그래서 충동적이거나 반사적으로 반응하는 일이 줄어들고 좀 더 일치적이 될 수 있도록 한다.

사람들은 자신이 원하는 욕구를 충족하기 위해 끊임없이 행동을 창조해 낸다. 그 행동은 효과적이고 긍정적인 것도 있지만, 비효과적이고 부정적인 것도 있다. 그리고 한 번 만들어진 행동은 자동적인 패턴이 된다. 예를 들면 어린아이가 엄마에게 사랑받고 싶거나 인정받고 싶을 때 어떻게 행동하는가? 어떤 아이는 아무것도 하지 않고 엄마가 알아서 해주기를 바란다. 어떤 아이는 징징거리며 매달리기도 하고, 어떤 아이는 문제를 일으켜 관심을 끌기도 하고, 어떤 아이는 애교를 부리거나 엄마를 위해 헌신하기도 한다. 아이들은 이렇게 다양한 방법으로 행동을 한다. 그리고 한 가지 방법이 패턴이 되면 비효과적인 방법인데도 계속 같은 행동을 반복한다. 이것이 자동적 패턴이고, 대처 양식들이다. 이러한 자동적 패턴은 자각하기 전에는 변화되지 않는다. 자신의 행동 패턴이 원하는 것을 얻는데 비효과적

이라는 것을 자각할 때 다른 행동을 계획할 수 있다. 따라서 자각은
변화의 출발이며 힘이다.

### 3. 두 가지 방법을 통해서 자신을 살펴본다.

우리는 내면의 문제를 성령님의 조명과 자기분석을 통해서 알아
갈 수 있다.

#### 1) 성령님의 조명을 통해 자신의 문제를 살핀다.

> 그가 와서 죄에 대하여, 의에 대하여, 심판에 대하여 세상을 책망하
> 시리라(요 16:8).

성령님은 우리 안에서 죄에 대해 알려주시는 분이다. '책망한다'
는 말은 '폭로하다', '부끄럽게 하다'의 의미이다. 성령님은 우리 안
에서 죄에 대해 책망하시는 분이다. 그러므로 우리는 탄식하시는 성
령님의 말씀을 들으며 죄를 자각해야 한다. 성령님은 하나님의 말씀
과 사람 그리고 환경을 통해서 말씀하신다.

첫째, 하나님 말씀을 통해 성찰하라. 말씀을 읽으면서 마음에 찔림
을 주는 부분을 기록하고 목록으로 정리하는 것이다.

> 하나님이여 나를 살피사 내 마음을 아시며 나를 시험하사 내 뜻을 아
> 옵소서 내게 무슨 악한 행위가 있나 보시고 나를 영원한 길로 인도
> 하소서(시 139:23-24)

둘째, 타인의 잘못을 발견할 때는 자신을 성찰하라. 지혜로운 사람은 다른 사람의 잘못이 드러났을 때 먼저 자신을 살핀다.

> 형제들아 사람이 만일 무슨 범죄한 일이 드러나거든 신령한 너희는 온유한 심령으로 그러한 자를 바로잡고 너 자신을 살펴보아 너도 시험을 받을까 두려워하라(갈 6:1)

셋째, 자신에 대한 주변의 평판을 겸손하게 수용하는 것이다. 하나님의 형상을 닮기 원하면 다른 사람의 충고나 평가를 수용해야 한다. 미국 심리학자 조셉 루프트(Joseph Luft)와 해리 잉햄(Harry Ingham)이 창안해낸 자기인식 모델로 조하리의 창(Johari's Window)이 있다. 조하리의 창은 나와 타인 간의 관계 속에서 마음 상태를 보여주는 네 가지의 창을 말한다. 첫 번째는 나도 알고 타인도 아는 열린 자아(Open Self)이다. 두 번째는 나는 아는데 남은 모르는 숨겨진 자아(Hidden Self)이다. 이 영역은 누구에게도 공개하지 않은 나만의 비밀이다. 세 번째는 남은 아는데 나는 모르는 어두운 자아(Blind Self)이다. 이 영역은 맹점으로 다른 사람은 아는데 나만 모르는 마음이다. 맹점이 많을수록 좋은 점을 말해줘도 아니라고 부정하고, 약점을 말해줘도 인정하지 않는다. 네 번째는 나도 모르고 남도 모르는 닫힌 자아(Unknown Self)이다.

자기를 자각하는 것은 어두운 자아(Blind Self)를 발견하는 것이다. 나는 모르지만 다른 사람이 아는 나의 맹점이 있다는 사실을 인정해야 한다. 그리고 다른 사람의 말을 겸손하게 경청해야 한다. 성령님은 많은 경우에 다른 사람의 말을 통해 나를 발견하게 한다.

### 조하리의 창(Johari's Window)

| | 자신이 아는 부분 | 자신이 모르는 부분 |
|---|---|---|
| 타인이 아는 부분 | 열린 자아<br>(Open Self) | 어두운 자아<br>(Blind Self) |
| 타인이 모르는 부분 | 숨겨진 자아<br>(Hidden Self) | 닫힌 자아<br>(Unknown Self) |

2) 자기분석을 통해 자신의 내면의 문제를 살핀다.

자기분석은 회복프로그램 3단계에서 진행하고 있다. 자기분석은 심리학을 공부한 사람은 스스로 할 수 있지만, 전문가와 함께 하는 것이 효과적이다. 그래서 여기서는 간단하게 소개만 하고자 한다. 자기분석은 3대에 걸쳐 현재 나에게 영향을 준 사람과 사건을 중심으로 자서전적 자기소개를 생의 연대별로 기록한다. 조모, 조부, 외조모, 외조부, 부모의 형제순서, 사망원인과 연령, 직업, 교육, 성격 특징, 삶의 역사 등을 먼저 기록하고 자신의 삶의 역사를 초전, 초등, 중고등, 대학, 현재로 나누어 기록해본다.

이 자료를 통한 해석은 첫째, 가족의 체계 속에서 형성된 성격적 특징을 탐색한다. 주로 보는 가족 체계는 가족의 규칙과 역할, 가족 구성원 간의 경계선, 대화의 패턴, 관계 패턴, 자아분화 등이다.

둘째, 초기 대상관계를 통해 형성된 심리도식을 살펴본다. 초기 대상관계 속에서 형성된 자신에 대한 인식과 타인에 대한 인식은 모든 관계에 영향을 주는 중요한 도식이다.

셋째, 자신의 심리 발달과정을 살펴본다. 연령에 따른 발달과정을 탐색하고, 미해결과제가 있는지 살펴보는 것이다. 미해결과제는 어린 시절에 마땅히 받아야 할 중요한 욕구가 충족되지 않아 현재의 삶에 영향을 주는 것이다.

넷째, 문제에 대한 대처방식이나 과도하게 사용하는 방어기제를 탐색한다. 방어기제는 불안을 해소하기 위해 대처한 삶의 방식이다. 방어기제는 무의식에서 이루어지기 때문에 자각하지 않으면 자동적으로 사용하게 된다. 몇 가지 방어기제만 설명하겠다.

-억압(Repression): 억압은 갈등을 해결하기 위해 가장 흔히 사용되는 무의식적 정신기제로 고통스런 감정 및 생각들을 무의식 속으로 밀어내는 것이다.

-부정(Denial): 부정은 의식화되면 도저히 감당할 수 없는 생각, 욕구, 위험, 불쾌한 현실을 회피하여 편안한 상태를 유지하려는 것이다.

-합리화(Rationalization): 합리화는 사회적으로 용납될 수 없는 충동이나 행동에 대해 그럴듯한 설명이나 이유를 대는 것을 말한다.

-반동형성(Reaction Formation): 무의식 속의 받아들여질 수 없는 생각, 소원, 충동 등을 정반대의 것으로 표현하는 것이다. 예를 들면 겁이 많은 소년이 불량배처럼 행동화하는 것이다.

-투사(Projection): 용납할 수 없는 자기 자신 내부의 문제나 결점을 자기 외부에 있는 것으로 생각하는 것이다. 흔한 예로 남을 탓하는 경우를 말한다.

## 4. 자각을 통한 쓴 뿌리 목록을 작성하라.

회복의 길 1원리에서 중요한 것은 쓴 뿌리 목록을 작성하는 것이다. 쓴 뿌리 목록을 작성하면 그 문제를 가지고 회복의 길 기도를 할 수 있고, 지속적으로 훈습일지를 쓸 수 있다. 아래 목록을 참고하여 자신의 쓴 뿌리 목록을 작성해보라.

a) 원망 b) 두려움 c) 성문제 d) 고립감 e) 분노 f) 인정받기 원함 g) 과도한 돌봄 h) 통제욕 i) 버림받음에 대한 두려움 j) 권위자에 대한 두려움 k) 무감각 l) 낮은 자존감 m) 과도한 책임감 n) 무책임 o) 수동공격 p) 회피 q) 수치심 r) 불안, 염려 등

## 적용

### 1. 자신의 강점과 약점 목록쓰기

약점 목록(쓴 뿌리 목록):


강점목록:


### 2. 회복의 길 기도

주님 나에게는 (a 고립 )의 쓴 뿌리가 있습니다.

## 성산 회복 이야기 / 노상수

성산교회 예배, 목장 모임, 회복프로그램에 참여하며 하나님께서 우리 가정을 회복시켜주신 은혜를 나누기 원합니다.

저는 믿지 않는 부모님과 불교 신자이신 할머니의 영향으로 고등학교까지 교회에 출석해본 적이 없었습니다. 불교에 열심이셨던 할머니는 가끔 교회에서 전도지를 나눠주면 완강하게 거부하고 화를 내셨습니다. 부모님은 맞벌이로 항상 바쁘셨고, 아버지는 가부장적이고 알코올 중독으로 무지막지한 정서적 학대를 하였습니다. 나는 잦은 싸움과 갈등으로 야기되는 불안한 가정환경 속에서 빨리 어른이 되어 벗어나고 싶은 소망을 품고 열심히 내 삶에만 집중하였습니다.

이렇게 교회와 상관없이 살아온 나에게 지속적으로 전도하던 친한 친구의 권유로 고등학교를 졸업하고 교회를 다니게 되었고, 긍휼이 풍성하신 하나님의 은혜로 인격적으로 하나님을 만나게 되었습니다. 하나님을 만난 이후의 삶은 그 전과는 완전히 달랐습니다. 먼저 교회에서는 중, 고등부 교사로 헌신하였고, 청년부 회장, 청년부 리더로 섬겼습니다. 대학에서는 CCC 동아리 활동을 적극적으로 하며 부르신 소망만을 붙들고 항상 감사하며 타인을 위해 헌신하는 삶을 살기 시작하였습니다.

그렇게 은혜의 삶을 사는 가운데 교회 지인의 소개로 아내를 만나 1년 정도 교제하고 결혼하여 행복한 생활을 시작하였습니다. 결혼 1년 후 큰 딸을 낳았고, 나를 닮은 아이가 생겨 신기하고 놀라워 하나님께 너무나 감사하였습니다. 그리고 둘째 딸을 낳고 주 안에서 너무나 행복하게 네 식구가 잘 살고 있는 가운데 예기치 않은 건강 문제들과 삶의 각종 어려움(부모님과의 관계 악화, 부부간의 역할 문제, 집안일과 육아 문제로 아내와의 갈등)들이 조금씩 쌓여만 갔습니다. 하지만 나는 아이들을 키우는 부모들이 겪는 문제들이라고 축소하고 일반화하였고, '모두 잘 이겨내면서 살고 있다'라고 생각하였습니다. 그리고 '신앙 안에서 살면 시간이 해결해 주겠지' 하고 스스로 위로하면서 살았습니다. 그러나 문제는 계속 발생하였고 삶은 점점 더 힘들어졌습니다. 나는 그리스도인으로서 회사에서 최선을 다해 일하고, 가정에서는 최고로 좋은 아빠 역할에 집중하면서 문제없는 남편으로서 최선을 다해서 살고 있는데, 왜 아내와의 관계와 아이들과의 관계에서, 더 나아가 부모님(아버지)과의 관계에서 이렇게 어려움을 겪는 것인가? 왜 이렇게 나만 힘들고 어렵고 특별할까 하고 하나님을 원망하면서 나의 불편한 상황에만 집중하였습니다.

　나는 가족과의 관계 속에서 일어나는 문제를 율법의 틀 속에서 신앙의 힘으로 이겨내려고 노력하였지만, 문제는 해결되지 않고 점점 쌓여 갔고, 감정 또한 점점 격해져 가면서 나의 신앙까지 흔들리고 삶이 무너지기도 하였습니다. 이렇게 힘든 시간을 보내고 있던 차에 하나님의 은혜로 회복프로그램을 아내와 함께 참석하게 되었습니다. 그리고 자기분석을 통해서 나의 근본적인 문제(쓴 뿌리)들을 알게 되었고, 나의 연약한 쓴 뿌리가 결혼생활과 아이와의 관계 그리고 아버지와의 관계에 영향을 주고 있음을 자각하였습니다.

　나는 장남으로 태어나 할머니의 과잉보호와 가부장적이고 알코올 중독 아버지로부터 무지막지한 정서적 학대를 받아 매우 자기중심적이고 일에만 집중하는 경향이 있습니다. 그리고 정서적으로 학대를 받으며 '나는 절대 아버지처럼 자녀를 키우지 않을 거야'라는 내적 맹세가 나의 자녀를 양육하는 데 지나칠 정도로 돌봄으로써 오히려 아이들에게 독이 되는 경우가 있고, 돌봄이 나의 기준에 미치지 못할 때 심한 좌절감과 죄책감으로 힘들었습니다. 아버지의 강한 통제로부터 죄책감이 발달하여 비난받지 않으려는 동기로 율법주의와 완벽주의 성격이 형성되어 상대방의 입장을 조망, 공감하려 하지 않고, 내가 정한 규칙과 율법에서 벗어나는 상대방을 향해 정죄하며 비난하는 삶의 패턴들이 점점 많아지곤 하였습니다. 할머니의 지나칠 정도의 무한대 사랑과 엄마의 무조건적인 희생과 헌신, 누나의 섬세한 돌봄의 사랑이 내 안의 무의식적으로 여성에 대한 이상화가 내면화되어 아내가 가정에서 할머니, 엄마, 누나와 같은 역할을 해내지 못하면 잘 이해되지 않았고 수용도 되지 않고 마찰과 갈등만 점점 쌓여 갔습니다. 즉, 관계 속에서 발생되는 문제들을 이해하고 수용하기보다는 상대방을 정죄, 비난하면서 마찰과 갈등은 점점 쌓여만 갔습니다. 분석을 통해 자각한 이러한 문제들을 가지고 근본적인 해결을 위해서 하나씩 하나씩 하나님께 기도하기 시작하였습니다.

더 나아가 자기분석을 통해서 아내의 원가정 상황이 나와 많이 유사한 것을 알게 되었습니다. 그동안 이해하지 못했던 아내의 행동과 말들이 조금씩 이해되고 수용되면서 긍휼한 마음이 생기게 되었습니다. 서로에 대한 이해의 폭이 넓어졌고, 상대방을 정서적으로 공감하는데 더욱 집중하고 노력하게 되었습니다. 이제는 비난, 비판, 분노, 짜증내기 보다는 아내에 대해 더 많이 이해하기 위해 기도합니다. 그리고 아내는 아이들과 남편을 위해서 무조건적인 희생과 헌신을 해야 하는 존재가 아님을 인식하고, 아내의 욕구 충족을 방해하지 않고 존중하면서 아내의 욕구 충족을 도와주며 나의 욕구 충족도 채우는 삶을 실천하기 위해 다르게 행동하려고 노력하고 있습니다.

부모님과의 관계에서는 시대적으로 그럴 수밖에 없었던 상황과 환경을 이해하고 아버지에 대한 미움, 증오, 무시보다는 이해하려고 노력하고 가족에 대한 아버지의 과오에 대해서 용서하기로 결단하고 기도하기 시작하였습니다. 또한, 부모님에 대한 연민의 쓴 뿌리를 자각하며 객관화함으로써 부모님과의 관계 개선을 위해서도 다르게 행동하며 효과적인 문제 해결을 위해 기도하며 노력하고 있습니다.

아이들과의 관계에서는 완벽한 아빠가 아닌 충분히 좋은 아빠가 되기 위해 노력하고 있으며 아빠도 완벽하지 않은 존재이고 실수할 수 있는 존재고, 실수해도 괜찮다고 아이들에게 설명하며 적절하게 훈육하면서 아이들과 매 순간순간 아빠와의 절정(Peak) 경험을 많이 만들기 위해 노력하고 있습니다.

마지막으로, 나의 연약함을 아시는 하나님의 인도하심으로 성산 가족이 되어 예배와 목장모임 그리고 회복프로그램을 통해서 우리 가정에 하나님 나라가 온전히 이루어지기를 소원하며 헌신하고 잠잠히 기도하면서 나아가고 있습니다.

내가 여호와를 항상 내 앞에 모심이여 그가 나의 오른쪽에 계시므로 내가 흔들리지 아니하리로다 이러므로 나의 마음이 기쁘고 나의 영도 즐거워하며 내 육체도 안전히 살리니(시 16:8-9).

# 제 2원리

## 나는 발견된 성품적 약점을 인정하고
## 하나님과 다른 사람에게 고백한다.

회복의 2원리는 자신의 성품적 약점을 솔직하게 인정하고 하나님과 다른 사람에게 시인하는 것이다. 제 1원리에서 자신의 약점을 자각하였으면 그것을 있는 그대로 수용하고 시인해야 한다. 많은 사람이 자신의 성품적 약점을 자각하여도 사람 앞에 시인하고 고백하는 것을 수치로 생각하여 숨기려 애를 쓴다. 회복 사역을 하면서 종종 듣는 질문은 자신의 문제를 어느 정도 공개해야 할지 모르겠다고 하는 것이다. 그럴 때마다 필자는 할 수 있는 만큼만 공개하라고 대답한다. 자신의 문제를 나누는 것이 쉬운 일은 아니지만, 질문한 사람 중 대부분은 생각보다 자신을 많이 오픈하고 나눈다. 오픈한 후에 소감을 물으면 한결같은 대답은 너무 시원하고 자유롭다는 것이다. 자신의 문제를 하나님과 다른 사람 앞에 시인하는 것은 회복의 출발점이며, 변화에 대한 저항을 철폐하는 것이다.


### 1. 시인하는 것은 변화의 출발이다.

자신의 내면의 문제를 고백하는 것은 어둠에서 빛으로 나오는 것이다. 어린 자녀가 잘못했을 때 부모는 이미 용서했어도 자녀에게 잘못을 인정하게 한다. 그 이유는 자신의 잘못을 인정하고 부모에게 시인할 때 그 문제에서 자유로울 수 있기 때문이다.

> 만일 우리가 죄가 없다고 말하면 스스로 속이고 또 진리가 우리 속에 있지 아니할 것이요 만일 우리가 우리 죄를 자백하면 그는 미쁘시고 의로우사 우리 죄를 사하시며 우리를 모든 불의에서 깨끗하게 하실 것이요(요일 1:8-9).

"만일 우리가 우리의 죄를 자백하면"은 8절에서 "죄가 없다고 말하는 것"과 대조가 된다. 죄가 없다고 말하는 것은 자신을 속이는 것이고 그 속에 진리가 없음을 말하는 것이다. 그러나 죄를 자백하면 하나님께서 그 죄를 용서하시고 모든 불의에서 깨끗하게 하신다고 선언하신다. 본문에서 자백하는 구체적인 방법은 설명하지 않았지만, '자백하다'는 '인정한다', '시인한다'는 의미이다. 즉, 자백한다는 것은 자신의 죄나 약점을 하나님과 다른 사람 앞에 시인하는 것을 말한다. 죄를 시인하는 것이 변화의 출발이기 때문에 하나님은 우리가 죄를 인정하고 시인하기를 원하신다.

자신의 죄를 시인하지 못하는 사람은 신앙생활을 오래 해도 변화되지 않는다. 자신의 약점을 시인하지 못하는 이유는 다음과 같은 것이 있다.

첫째, 마음이 완악한 사람은 자신의 죄를 시인하지 않는다. 심리적으로 보면 자기애적 인격과 반항성 인격을 가진 사람이 여기에 속하는 것 같다. 자기애적 인격의 특징은 분에 넘치는 자기 존중감을 가지고 있어서 자신의 주장을 굽히지 않는다. 다른 사람의 평가를 들으려 하지 않고 자신의 약점을 인정하지 않는다. 연약한 모습이나 의존하는 것을 경멸한다. 자신의 우월성에서 만족을 찾는다. 반사회성 인격의 특징은 사회의 보편적인 가치 기준, 관습, 도덕 규범 등을 받아들이지 못한다. 그리고 다른 사람들의 욕구와 감정에 둔감하며 공감 능력이 부족하다. 그래서 자신의 약점을 알지 못하고 인정하지도 못한다.

둘째, 수치심이 많은 사람도 자신의 죄를 시인하지 못한다. 심리학자 에릭 에릭슨(Erik Erikson)에 의하면 어려서부터 거부당하고 통제를 많이 받으면 수치심이 발달한다. 이런 사람은 자신의 약점이 발견되는 것을 큰 수치로 생각하기 때문에 시인하지 않고 숨기려 한다. 흔히 일본의 문화를 수치 문화라 한다. 그래서 일본 사람들은 자신의 약점을 인정하거나 시인하지 않으려는 경향이 있다.

셋째, 처벌에 대한 두려움이 있는 사람도 자신의 죄를 시인하지 못한다. 가정에서 어려서부터 수용되고 용서받은 경험보다 잘못에 대해 처벌을 많이 받은 사람은 자신의 잘못을 쉽게 인정하지 못한다.

어떤 이유이든 자신의 약점을 시인하지 않으면 그 영역에 변화는 있을 수 없다. 죄에 대한 시인의 중요성은 레위기 제사법을 통해서도 볼 수 있다. 레위기에 보면 번제나 속죄제를 드릴 때 반드시 제물에 안수한다.

그는 **번제물의 머리에 안수할지니** 그를 위하여 기쁘게 받으심이 되어 그를 위하여 속죄가 될 것이라(레 1:4).

만일 평민의 한 사람이 여호와의 계명 중 하나라도 부지중에 범하여 허물이 있었는데 그가 범한 죄를 누가 그에게 깨우쳐 주면 그는 흠 없는 암염소를 끌고 와서 그 범한 죄로 말미암아 그것을 예물로 삼아 그 **속죄제물의 머리에 안수하고** 그 제물을 번제물을 잡는 곳에서 잡을 것이요(레 4:27-29).

레위기 4장은 속죄제에 관한 설명인데 제사의 과정을 요약하면 첫 번째, 부지중에 범한 죄를 깨달으면 두 번째, 예물을 가지고 성소에 가서 세 번째, 속죄제물의 머리에 안수하고 네 번째, 제물을 잡는다. 여기서 설명하고 싶은 것은 안수하는 것이다.

속죄제를 드릴 때 제물에 안수하는 것에 대해 학자들의 다양한 해석이 있지만, 필자는 두 가지 해석이 가장 타당하다고 본다. 첫 번째, 안수하는 행위는 제사드리는 사람이 자신의 죄를 희생제물에게 전가하는 의미이다. 두 번째, 제물을 드리는 자와 희생제물간에 동일화가 형성된다는 의미이다. 즉, 제물에게 안수함으로 자신을 그 짐승과 동일시함으로써 제물이 대신 죗값을 치르는 역할을 하는 것이다.[1] 여기서 중요한 것은 희생제물에 안수하면서 하나님과 제사장 앞에서 자연스럽게 자신의 범죄에 대해서 고백하는 것이다. 자신의 죄를 희생제물의 머리에 안수하며 고백함으로써 죄가 전가되고 그 제물과 동일시되어 동물이 죽고 제사 드리는 사람이 정결하게 되는 것이다. 속죄에서 중요한 것은 첫째는 죄를 깨닫는 것이고 둘째는

---

1  John E. Hartley, 「레위기」, 「WBC 성경주석」, 김경일 역 (서울: 도서출판 솔로몬, 2014), 139-140.

희생제물에 안수하며 고백하는 것이다. 그리고 제물의 희생을 통해 용서받는 것이다. 따라서 우리가 죄에 대해 용서받고 정결하기 위해 하나님과 사람 앞에 죄를 고백하는 것은 매우 중요한 영적 원리이다.

스콜라 학자들은 회개의 3가지 요소를 강조한다. 첫째, 참회의 감정이다. 둘째, 입술의 고백이다. 셋째, 회복이다. 가톨릭의 고해성사 교리는 신앙적으로 동의하지 않지만, 사람 앞에서 죄를 고백한다는 것에는 긍정적인 의미가 있다. 연구 결과에 의하면 신앙이 좋은 사람일수록 죄에 대해 민감성을 가지고 고백하려는 경향이 있다. 그리고 그것은 죄책감을 증가하기보다는 오히려 우울증과 불안 그리고 적개심을 감소시킨다고 하였다. 칼빈(Calvin)도 고해성사에 대해서는 강력하게 부정했지만, 고백의 중요성을 부인하지는 않았다. 그는 고백은 먼저 하나님 앞에 하는 것이고, 사람에게 할 필요가 있을 때는 자발적으로 해야 함을 강조하였다.[2]


## 2. 시인은 변화에 대한 저항을 없애는 것이다.

사람들은 변화를 원하지만, 한편으로는 변화에 대한 두려움을 갖는다. 그래서 자신의 문제를 부인하고, 무시하는 방법으로 변화에 저항한다. 저항은 무의식의 영역이기 때문에 자신도 모르게 하는

---

2  Mark R. McMinn, 채규만, 「심리학, 신학, 그리고 영성이 하나 된 기독교 상담」(서울: 두란노 서원, 2016), 200-3.

경우가 대부분이고, 의식했을 때는 변화와 유지 사이에서 갈등하게 된다.

변화에 저항하는 이유는 첫 번째로 자신의 문제가 부정적임을 알지만 그것으로부터 얻어지는 심리적 이차 이득이 있기 때문이다. 예를 들면 분노의 문제에서 회복하려는 마음이 있지만, 그동안 분노를 통해서 얻어진 유익들이 있기 때문에 쉽게 변화하려 하지 않는 것이다. 필자는 분노 문제 때문에 힘들어하는 내담자를 도와준 적이 있다. 상담하면서 내담자는 자신의 분노가 어디서 왔는지 이해를 하고, 분노 때문에 관계와 일에서 얼마나 많이 손해를 보았는지 인식하게 되면서 분노에서 해방되기를 간절히 원하고 훈습을 하였다. 그런데 내담자는 몇 주 지나 분노의 양이 줄어들면서 이상하게 불안하다고 고백하였다. 그 이유는 자신이 분노하지 않으면 사람들이 자기를 무시할 것 같고, 말을 듣지 않을 것 같고, 피해를 볼 것 같다고 하였다. 분노가 갖고 있는 심리적 이차 이득 때문에 무의식적으로 변화에 저항하게 된 경우이다.

두 번째는 이미 익숙한 습관이 되었기 때문이다. 사람들은 기본 욕구를 충족하기 위해 행동을 만든다. 비효과적인 방법이라도 그동안 충족해온 익숙한 방법을 쉽게 버리지 못한다. 예를 들면 지금까지 다른 사람을 의존하며 살던 사람이 스스로 선택하고 책임지는 삶을 살기로 결단해도 어떻게 해야 하는지 잘 몰라서 힘들어 한다. 비자기 표현하는 사람이 자기 표현하는 삶으로 변화하려면 정신 에너지가 많이 필요하여 피곤하다. 과도한 책임감으로 사는 사람이 적당한 경계선을 가지고 살려면 힘들다. 비효과적인 방법으로 살았지만, 그 삶의 방식이 너무 익숙한 습관이 되어서 다르게 사는 것이 힘든 것은 당연하다. 그래서 변화에 저항하는 것이다.

예수 믿는 사람들도 변화를 원하는 것 같지만 이러한 무의식의 동기 때문에 변화에 저항하는 마음이 있다는 것을 알아야 한다. 이러한 저항을 죽이는 방법 중 하나가 자신의 쓴 뿌리를 하나님과 사람 앞에 시인하는 것이다. 쓴 뿌리 문제를 시인하는 것은 그 문제가 자신에게 얼마나 심각한 영향을 주는지 각성시키는 힘이 있다. 시인하지 않으면 쓴 뿌리가 자신의 삶을 얼마나 비참하게 만드는지 망각하게 된다. 그러므로 쓴 뿌리가 자신에게 얼마나 부정적인 영향을 주는지 탐색하고, 하나님과 사람 앞에 나누는 것이 필요하다.

예를 들면 알코올 중독자 중에 변화에 대해 저항하는 사람들은 이렇게 말한다. "저는 아무 문제가 없습니다", "저는 술을 먹으면 훨씬 편안하고 창조적이고 활력이 넘쳐요", "저는 밤새도록 술을 마셔도 취하지 않을 수 있어요, 그리고 저는 병원에 갈 필요가 없습니다." 이러한 말은 자신의 문제를 인정하지 않고 변명하는 것이다. 이런 사람은 결코 변화할 수 없다.

저항을 없애고 변화하는 사람은 이렇게 말한다. "내가 생각한 것보다 이 문제가 나 자신과 가족에게 훨씬 많은 피해를 주는지 알게 되었어요", "술을 먹으면 생각하기가 어렵고 일하는데 집중이 안 돼요", "내가 술을 마셔서 가족들이 얼마나 상처를 받았는지 생각하면 가슴이 아픕니다." 이러한 고백은 술 문제가 나와 다른 사람에게 얼마나 피해를 주고 관계를 파괴하는지 인정하고 시인하는 것이다. 이런 사람은 더이상 변화에 저항하지 않고 변화하기 위해 노력하게 된다.

변화를 위해 회복의 1원리에서 쓴 뿌리 목록을 작성하고, 2원리에서는 쓴 뿌리로 인해 불편한 점을 탐색하고 하나님 앞에서 그리고 사람들과 나눠야 한다. 불편한 점 탐색은 나 자신과의 관계, 하나님과의 관계, 이웃과의 관계, 일과의 관계에서 어떤 영향을 받고 어떤 불편함이 있는지 탐색하는 것이다.

다음은 한 내담자가 '의존'의 쓴 뿌리로 인해 관계 속에서 불편한 점을 탐색한 것이다.

- 쓴 뿌리 목록 / 의존

- 쓴 뿌리로 인해 불편한 점

① 나 자신과의 관계: 시간을 효과적으로 사용하지 못한다. 도와줄 사람이 올 때까지 기다려야 하기 때문에 낭비하는 시간이 많은 것을 발견하였다.

② 이웃과의 관계: 다른 사람에게 많이 부탁하여 불편하게 한다.

③ 하나님과의 관계: 혼자 기도하기보다 꼭 함께 기도하려고 한다.

④ 일과의 관계: 주도적으로 일을 하지 못한다. 자신이 원하는 시간에 할 수 없다.

의존이라는 쓴 뿌리로 발생하는 불편한 점들을 하나님 앞에 기도로 고백하고 안전한 공동체에서 서로 나누면 구체적으로 변화할 수 있다.


### 3. 안전한 공동체에서 죄를 고백하라.

구약 시대에는 죄를 깨달으면 성소에 가서 제물에 안수하면서 하나님과 제사장 앞에서 자연스럽게 고백을 하였다. 그러면 지금 우리는 어디에서 우리의 죄를 고백해야 하는가?

먼저 가장 안전한 공동체는 하나님과의 연합이다. 그러므로 우리는 하나님과의 관계에서 자연스럽게 기도로 고백할 수 있다. 하나님은 미쁘시고 사랑이 많으신 좋으신 분이다. 우리가 하나님의 사랑받는 자녀라는 신분을 확신하고 죄의 문제를 고백해야 한다. 그리스도인은 자신의 의지로 죄를 이기려고 노력하기보다 하나님 앞에 나아가 고백하는 훈련을 먼저 해야 한다.

> 만일 우리가 우리 죄를 자백하면 그는 미쁘시고 의로우사 우리 죄를 사하시며 우리를 모든 불의에서 깨끗하게 하실 것이요(요일 1:9).

> 또 그들의 죄와 그들의 불법을 내가 다시 기억하지 아니하리라 하셨으니(히 10:17).

하나님은 우리가 고백하는 모든 죄를 사하시고 깨끗하게 하며 기억도 안 하시는 분이다. 그러므로 날마다 우리의 죄의 문제를 가지고 십자가 앞에 나아가 고백할 수 있는 것이 복이다. 자각한 쓴 뿌리의 문제 그리고 그 쓴 뿌리로 인해 하나님, 이웃, 나 자신, 일과의 관계에서 부정적으로 영향받는 내용을 가지고 날마다 십자가 앞에 나아가 고백해야 한다.

그러면 사람들 앞에서는 어떻게 고백해야 하는가? 사람 앞에서 고백하는 것은 쉬운 일이 아니다. 아무에게나 우리의 약점을 나눌 수 없다. 그래서 교회는 자신의 내면의 문제를 정직하게 나눌 수 있는 안전한 공동체가 되어야 한다. 전통적인 교회에서는 자신의 내면의 문제를 정직하게 나누기보다는 아무 문제가 없는 것처럼 가면을 쓰고 교제한다. 교회에 오면 웃고 잘 지내는 것처럼 말을 한다. 그래서 아직도 교회 안에는 바리새인들이 많이 있다. 교회에 가면 다른 사람은 다 행복한 것 같고, 나만 문제를 가진 것 같아서 마음이 더 어려울 때도 있다. 그러나 정직하게 내면의 문제를 나누면 사람은 다 비슷한 문제를 가지고 산다는 것을 알게 된다.

> 그러므로 너희 죄를 서로 고백하며 병이 낫기를 위하여 서로 기도하라 의인의 간구는 역사하는 힘이 큼이니라(약 5:16).

우리가 건강해지려면 나눌 수 있는 다른 사람이 필요하다. 타인이 없으면 우리는 건강할 수 없고 성숙할 수도 없다. 우리의 죄의 문제를 나눌 수 있는 타인 없이 인생의 문제를 해결할 수 없다. 따라서 우리의 성격적 약점을 나눌 수 있는 안전한 공동체가 필요하다.

기독교 심리학자 래리 크랩(Larry Crabb)은 성경적 상담을 이루기 위해서는 모든 것을 나눌 수 있는 영적 공동체가 필요하다고 하였다. 크랩(Crabb)은 교회가 전문적인 상담센터 이상으로 문제를 가진 사람들의 삶에 유익을 끼칠 수 있는 큰 힘을 가진 치유공동체가 될 수 있다고 믿었다. 교회는 단순한 지원체제 이상이다. 그는 이것이 하나님께서 교회를 계획하셨을 때 교회가 하도록 하신 일이라고 본다.[3]

---

3  Larry Crabb & Dan Allender, 「상담과 치유공동체」, 정동섭 역 (서울: 요단출판

교회가 내면의 문제를 정직하게 나누는 안전한 공동체가 될 때 교회는 어떤 상담소보다 치유에 효과적인 장소가 될 수 있다. 지난 100여 년 동안, 우리는 훈련된 외과 의사처럼 만성적인 심리적 장애를 다루려면 전문가가 필요하다고 생각했다. 그러나 크랩은 의학적인 문제를 제외한 인간의 모든 갈등의 뿌리는 사실상 영적 문제이며, 그것은 바로 하나님과의 단절이라고 말한다. 그러므로 영적 문제와 심리적인 문제를 분리하는 서구문화의 잘못으로부터 돌아서서 인간의 여러 심리적인 문제들을 해결하기 위해 영적 상담이 필요하다고 주장한다. 그는 우리가 심리치료를 선택하느냐, 영적 지도를 선택하느냐 하는 것이 문제가 아니라, 오히려 독립성을 선택하느냐, 공동체를 선택하느냐 하는 것이 문제라고 언급한다. 공동체에는 영적 친구의 사랑, 영적 지도자의 특별한 지혜가 수반되기 때문이다. 그러므로 우리는 단순히 공동체를 이루기만 하면 된다. 연결되고 촘촘히 엮여 있는 몸을 이루고 서로에게 결속되어 있기만 하면 된다.[4]

사람들이 회복의 길 1원리인 자기 자각을 안 하는 이유 중 하나는 자신의 문제를 자각하여도 나눌 수 있는 곳이 없기 때문이다. 사람들은 자신의 문제를 나누고 싶은데 나눌 수 있는 안전한 곳이 없어 외로움을 경험하는 것이다. 세상 어디에도 안전한 공동체를 찾기는 어렵다. 따라서 안전한 공동체는 가정과 교회가 되어야 한다.

크랩은 안전한 공동체가 되기 위해 교회는 선지자·제사장·왕의 역할이 필요하다고 하였다. 선지자의 역할이 죄를 노출하는 것이라

---

사, 2013), 207, 232.

4  Larry J. Crabb, 「지상에서 가장 안전한 곳」, 정성준 역 (서울: 요단출판사, 2005), 105, 159, 341-2.

면, 제사장의 역할은 수용하고, 격려하고, 치유하는 역할이다. 그리고 왕의 역할은 건강한 삶의 모델이 되는 것이다. 그러므로 가정과 교회가 지상에서 가장 안전한 곳이 되기 위해서는 첫째, 서로 수용하는 곳이 되어야 한다. 무슨 말을 해도 비판하거나 판단하지 않고 수용하는 곳이 되어야 한다.

한 자매가 고등학교 때 선생님에게 성추행을 당해 너무 수치심을 느끼고 죽고 싶은 마음으로 하루하루를 살았다. 그 자매는 너무 힘들어서 큰마음 먹고 엄마에게 말하기로 결심하였다. "엄마 나 요즘 죽고 싶어!" 이 말을 들은 엄마의 반응은 수용이 아니라 비난이었다. "네가 뭐가 부족해서, 교회 다니는 애가 왜 죽고 싶다고 하냐!" 그 자매는 엄마의 이 말에 충격을 받고 그 고통을 15년 동안 누구에게도 말 못하고 악몽에 시달리며 혼자 힘든 생활을 하였다. 무슨 말을 하여도 비판하지 않고 수용해줄 때 안전감을 느끼고 자신을 노출할 수 있다.

둘째, 서로 격려하고 기도하는 곳이 되어야 한다. 서로 문제를 가지고 기도해주는 공동체가 가장 안전한 곳이다. 사람들은 가르치기를 참 좋아한다. 누가 무슨 말을 하면 기다렸다는 듯이 정보를 제공하고 가르치기 시작한다. 자신의 어려운 문제를 힘들게 노출했는데 가르치려는 사람이 있으면 다시는 노출을 하지 않기로 결심한다. 안전감을 주는 공동체는 가르치려 하지 않고 서로 격려하고 기도해주는 곳이다.

셋째, 사랑으로 경청하는 곳이 되어야 한다. 세상에서 가장 어려운 것이 들어주는 것이다. 말하는 사람은 치유가 되고 들어주는 사람은 성장이 된다. 누군가가 내 말을 잘 들어만 주어도 정신병 환자가 안 된다고 융이 말하였다. 경청해 주는 것이 최고의 섬김이며 사랑이다.

넷째, 비밀을 지켜주는 곳이 되어야 한다. 비밀을 지켜주는 것은 대단히 중요하다.


## 적용


### 1. 나의 쓴 뿌리 목록


### 2. 아래의 관계 속에서 쓴 뿌리 목록으로 인해 나타나는 불편한 점을 탐색해 보라.

-나 자신과의 관계:

-하나님과의 관계:

-이웃과의 관계:

-일과의 관계:

## 3. 회복의 길 기도 예

1) 주님 나에게는 (a **고립**)의 쓴 뿌리가 있습니다.

2) 그로 인하여 (b      )문제들이 발생합니다.
 *나와의 관계에서 **소외감 실망감**을 느낍니다.
 *이웃과의 관계에서 **비난과 판단 그리고 단절의 문제가** 발생합
 니다.
 *관계된 사역에서 **매우 수동적**이 되었습니다.

---

1) 주님 나에게는 (a **의존** )의 쓴 뿌리가 있습니다.

2) 그로 인하여 (b      )문제들이 발생합니다.
 *나와의 관계에서 **시간을 효과적으로 사용하지 못합**니다.
 *이웃과 관계에서 **너무 많이 부탁하여 불편하게 합**니다.
 *하나님과 관계에서 혼자 기도하기보다 꼭 함께 기도하려고 합
 니다.
 *일과의 관계에서 **주도적으로 일을 하지** 못합니다.


**성산 회복 이야기 / 김가희**

저는 목장에서 정직하게 나눔으로 회복된 이야기를 하겠습니다.

저의 쓴 뿌리는 청결 강박, 분노, 낮은 자존감, 죄책감, 수치심 등입니다. 그래서 저는 목장모임에서 목원과 관계에서 갈등이 발생할 때 정직하게 나누는 것이 어렵습니다. 정직하게 나누면 관계가 더 불편해질 것 같은 생각 때문입니다. 요즘 발생하는 또 하나의 어려움은 딸에게서 나와 같은 쓴 뿌리가 발견되면 나 때문에 그렇다는 생각 때문에 죄책감이 많이 올라옵니다.

그러던 중 제 딸 아이와 같은 목장 성도의 자녀 사이에서 관계가 불편해지는 상황이 발생했습니다. 딸의 문제에 어느 정도 개입해야 할 지 모르겠고, 말하면 관계가 더 어색해질 것 같아서 아이 엄마에게 아무 말도 못 하고 마음만 점점 불편해졌습니다.

저는 목장 안에서 정직하게 나누지 못하는 문제를 가지고 십자가 앞에 나가 나의 약점을 고백하고 주님의 도움을 구하였습니다. 주님께서 목장모임 때 정직하게 나누는 것을 시도해 보라는 마음을 주셔서 용기를 가지고 해보기로 했습니다. 힘들었지만 나누고 나서 관계가 어색해지지 않았습니다. 그리고 아이들의 불편해진 상황에 대해서 서로의 입장을 들으면서 이해하게 되었습니다. 정직하게 나눔으로 목원과의 관계는 해결되었습니다.

그런데 딸에 대한 분노가 올라왔습니다. 아이들의 갈등의 원인이 제 딸에게 있었다는 것을 알면서 참을 수 없는 수치가 올라왔습니다. 저는 청결 강박과 분노의 쓴 뿌리가 있습니다. 제 딸이 친구와 놀면서 자기 맘대로 되지 않으면 화를 많이 내고, 신발에 물 한방울만 튀어도 화를 낸다는 것입니다. 그 이야기를 듣는데 내 안에 분노와 수치심이 올라와 당장 뛰쳐나가 집에 가서 아이를 잡고 싶은 마음이 들었습니다. 그리고 죄책감도 올라왔습니다. '내 쓴 뿌리가 아이에게 많이 흘러가서 아이를 내가 다 망가뜨렸구나. 그래서 내 딸이 친구와 관계하는 것이 미숙하고 힘들었구나' 싶어 마음이 너무 아팠습니다.

저는 쓴 뿌리로 올라온 생각을 멈추고 수치심과 분노 그리고 낮은 자존감의 문제를 가지고 십자가 앞에 나아갔습니다. "주님, 저의 분노와 수치심 그리고 낮은 자존감을 주님 앞에 내려놓습니다. 저에게 온유한 마음과 합리적인 생각을 할 수 있는 힘을 주옵소서"라고 기도하며 왜곡을 버리고 합리적으로 생각을 하기로 했습니다.

그러면서 먼저 감사한 마음이 들었습니다. 그동안 딸이 학교에서 건강하게 관계를 맺는데 어려움이 있었는데 그 원인을 정확하게 자각하게 되어 감사했습니다. 그리고 남편에게도 정직하게 나누어야겠다고 생각했습니다. 남편에게 말하면 '아이가 너를 닮아서 그런 거고, 그동안 학교에서 친구와의 문제도 다 너 때문이야'라고 할 것 같아서 두려웠습니다. 그렇지만 용기를 내서 남편에게 정직하게 말했습니다. 그런데 남편은 나에 대해 비난을 한마디도 하지 않았습니다. 오히려 남편은 어떻게 아이를 도와야 할지에 대해 고민했고 다르게 하자고 노력하겠다고 했습니다. 정말 감사했습니다.

딸이 '나 때문에 다 망가졌다'는 인지 왜곡과 죄책감으로 힘들었지만 기도하며 다르게 생각했습니다. 주님은 저에게 이러한 마음을 주셨습니다. '네 딸은 유능하고 책임감 강한 아빠가 있어서 사고 싶은 것 살 수도 있고, 눈물로 기도하는 엄마도 있단다. 네 딸은 네가 생각하는 것처럼 많이 망가지지 않았어. 거짓에 속지마!' 그 순간 거짓에서 벗어남으로 제 안에 평안함이 느껴졌습니다.

저는 계속 '회복의 길 기도'를 하면서 회복하고 있습니다. 저는 쓴 뿌리인 강박과 낮은 자존감 그리고 수치심에서 오는 불안 때문에 다르게 하려고 하지만 아직 통제를 많이 합니다. 그래서 늘 기도합니다. "주님 저는 강박과 수치심에서 오는 불안이 있습니다. 나의 불안 때문에 딸에게 잔소리로 통제하게 되고, 완벽한 엄마가 되려고 노력하다가 낙심합니다." 그때마다 주님은 나에게 이렇게 말씀하시는 듯했습니다. "네 딸의 주인은 네가 아니라 나란다. 딸을 내게 맡겨라. 그러면 내가 책임지겠다. 너는 네 회복과 성장에만 집중하고, 다른 아이들과 딸을 비교하여 못 마땅해 하는 것을 멈추고, 딸의 허물을 사랑으로 덮어줄 수 있도록 구하라."

저는 딸의 주인이 되려는 것을 멈추고 내가 할 수 있는 만큼 좋은 엄마가 되기로 결단합니다. 엄마의 쓴 뿌리가 자녀에게 영향을 주듯이 나의 회복 또한 딸에게 자연스럽게 흘러갈 것을 소망하며 저의 회복에 더욱 집중할 것입니다. 요즘 매일 기도하는 게 있습니다. 딸이 새로운 학년에 올라가는데 건강한 친구들과 또 그 아이들의 엄마들과 제가 관계를 맺고 그 속에서 겸손한 마음으로 배우며 성장할 수 있게 해달라고 기도합니다. 기도에 반드시 응답하실 것을 믿기에 저와 딸은 기대가 됩니다.

이번에 목장에서 그리고 남편에게 불편한 점을 정직하게 나누어서 많은 회복을 경험했습니다. 주일 말씀과 목장의 나눔 그리고 회복 프로그램을 통해 성장하게 하시는 하나님께 감사드립니다.

# 제 3원리

## 나는 나의 삶을 지배하는 문제에 대해
## 무력한 존재임을 인정한다.

내 지체 속에서 한 다른 법이 내 마음의 법과 싸워 내 지체 속에 있는
죄의 법으로 나를 사로잡는 것을 보는도다 오호라 나는 곤고한 사람
이로다 이 사망의 몸에서 누가 나를 건져내랴(롬 7:23-24).

회복의 원리 1-2는 죄를 자각하고 시인하는 것이다. 변화를 위해
먼저 자신을 정직하게 성찰하여 성격적 약점을 자각하고 하나님과
사람 앞에 시인하는 것이 필요하다. 이제 한국 교회가 변화를 위해
적극적으로 자신의 문제를 자각하고 시인하는 삶으로 나가야 할 때
라고 생각한다.

회복의 원리 3-5는 무력감 인정, 믿음 그리고 맡김이다. 즉, 자신
이 가지고 있는 삶의 약점에 대해 무력감을 인정하고 하나님 앞에
나아가는 것이다. 성경에서 말하는 인간은 전적으로 타락하여 죄의
문제 앞에서 절대적으로 무력한 존재이다. 만약 하나님의 도움이 없
다면 우리가 죄의 문제를 자각하여도 그 문제를 스스로 해결할 능
력이 없는 것이다. 그러므로 우리는 회복을 위해 반드시 하나님 앞
에 나아가야 한다. 그리고 하나님 앞에 나아가는 데 중요한 원리는

무력감 인정과 믿음 그리고 맡김이다. 회복의 길 제 3원리는 "나는 나의 삶을 지배하는 문제에 대해 무력한 존재임을 인정한다"이다.

## 1. 전적으로 타락한 인간은 의에 대해 무력한 존재이다.

하나님의 형상으로 창조된 인간은 존귀하고 그 능력은 대단하다. 인간의 노력으로 인해 현재 우리는 과학적 발달의 성과로 불과 몇 십 년 전 만 해도 상상하지도 못했던 많은 혜택을 누리고 있다. 그러나 인간이 아무리 능력이 많은 존재라 할지라도 죄와 죽음 앞에는 절대로 무력한 존재이다. 죄와 죽음의 문제는 누구도 스스로 해결할 수 없다.

필자는 인본주의 심리학을 좋아하지만 인간을 지나치게 선한 존재로 보는 관점에 동의하지 않는다. 인본주의 심리학자들은 인간은 신뢰할 수 있는 유기체로서 자신을 실현화하기 위한 기본적 동기가 있다고 믿는다. 그들은 인간을 끊임없이 변화하고 성장하는 '되어가는 과정'으로 존재한다고 주장한다. 대표적인 인본주의 심리학자 칼 로저스(Carl Rogers)는 인간을 선천적으로 선하게 태어났다고 보았다. 인간이 부정적이고 악하게 된 것은 외부적인 영향, 즉 부모나 사회에서 가하는 '가치의 조건화'(conditions of worth)에 의해 인간의 실현화 경향성이 방해받기 때문이라고 한다.[1] 칼 로저스는 인간은 자아를 유지하고, 향상시키고, 실현화시킬 경향성 즉 '자아실현

---

1   노안영, 「상담심리학의 이론과 실제(2판)」 (서울: 학지사, 2018), 340-1.

경향성'에 의해 동기화되어 있다고 믿었다. 이 말은 인간은 부정적인 평가를 받지 않으면 스스로 완전한 존재가 될 수 있다는 것이다. 그러나 성경은 하나님을 떠난 인간은 절대적으로 부패한 존재며 스스로 선을 행할 수 없는 존재라고 선언한다.

> 만물보다 거짓되고 심히 부패한 것은 마음이라 누가 능히 이를 알리요마는(렘 17:9).

이 말씀은 인간의 죄는 마음에 새겨져 있고, 그 마음은 거짓되고 불치의 병을 앓고 있다고 표현하는 것이다. 부패한 인간의 마음은 본성적으로 악을 향해 달려간다. 그러므로 인간은 죄에 대해 무력한 존재로 하나님의 도움 없이는 결코 회복할 수 없다. 이 사실을 인정하고 하나님 앞에 나가는 것이 복이다. 우리가 죄에 대해 무력함을 인정하는 것은 두 가지 의미로 생각할 수 있다. 첫째, 인간은 하나님이 의도하신 대로 스스로 살아갈 힘이 없음을 인정하는 것이다. 둘째, 하나님 도움 없이 회복할 수 없다는 것을 인정하는 것이다. 그러면 인간이 죄의 문제 앞에 무력한 존재라는 것이 무슨 의미인지 좀 더 구체적으로 알아보고자 한다.

1) 전적으로 타락한 인간은 스스로 선을 깨달을 수 없다.
하나님의 계시가 없으면 인간은 참된 선이 무엇인지 스스로 알 수 없는 존재이다. 선에 대한 깨달음도 하나님의 은혜가 있어야 가능하다.

예수께서 이르시되 네가 어찌하여 나를 선하다 일컫느냐 하나님 한 분 외에는 선한 이가 없느니라(눅 18:19).

본문에서 예수님은 "선하다"는 말을 상투적으로 사용하는 것을 질 책하면서, 선한 분은 오직 하나님 한 분이심을 강조한다. 즉, 누구든 지 하나님을 알지 못하고는 선도 알 수 없는 존재라는 것이다. 인간 이 알고 말하는 선은 인간의 기준에서 만든 선이고 상대적인 선이다. 이러한 선은 하나님이 보시기에 진정한 선이 될 수 없다. 인간은 하 나님의 거룩한 말씀에 근거한 선이 무엇인지 알 수 없는 존재이다.

예를 들면 부모가 자녀를 사랑하는 것, 그리고 성도가 하나님을 사 랑하는 것이 선이라 할 수 있다. 그러나 문제는 부모가 자녀를 사랑 한다고 하지만 사랑을 받는 자녀의 입장에서 사랑이 아닌 것이 많 다. 그중 하나가 소유적 사랑이다. 소유적 사랑은 꽃이든 사람이든 그 대상을 소유했을 때에야 사랑한다고 생각한다. 사랑이라는 이름 으로 대상을 소유하기 때문에 대상과 완전히 하나로 융합되어, 소유 물에 대한 위협은 자신을 위협하는 것이고, 소유를 잃는 것은 자신 을 잃는 것이라고 생각한다. 따라서 이러한 소유적 사랑은 빼앗기지 않으려는 마음으로 과도하게 통제하여 결국은 대상을 죽어가게 하 는 것이다. 소유적 사랑은 스스로 사랑이라고 생각할 수 있지만, 그 것은 사랑이 아니다.

그리스도인이 하나님을 사랑한다고 하는 행동 중에도 사랑이 아 닌 것이 많다. 조나단 에드워즈(Jonathan Edwards)는 「신앙 감정 론」에서 인간의 참된 감정과 위선된 감정을 구분하였다. 아무리 열 정적으로 찬양하고 예배하여도 그것이 자기만족에서 하는 것이면 하나님을 사랑하는 것이 아니라 위선된 감정일 뿐이라는 것이다.

중독자 가족 중에 사랑이라는 이름으로 중독자의 요청을 모두 들어주어서 치료를 방해하는 경우가 많다. 우리가 사랑이라고 생각하는 것이 사랑이 아닌 것처럼, 우리가 생각하는 선이 절대적인 선이 아니라는 것을 알아야 한다. 선하신 분은 오직 하나님이시다. 전적으로 타락한 인간은 하나님의 은혜가 아니면 참된 선을 깨달을 수도 없는 무력한 존재이다. 그래서 사도 바울은 로마서에서 이렇게 말하고 있다.

> 기록된 바 의인은 없나니 하나도 없으며 깨닫는 자도 없고 하나님을 찾는 자도 없고 다 치우쳐 함께 무익하게 되고 선을 행하는 자는 없나니 하나도 없도다(롬 3:10).

어떠한 피조물도 하나님의 의를 만족시킬 수 없고 선을 깨닫지도 못하는 존재이다. 이 말은 인간은 단지 피조물로서 스스로 죄의 문제를 해결할 수 없고 다른 사람을 구원할 수도 없다는 뜻이다. 그러므로 인간이 스스로 선하다고 생각하는 것은 교만이다.

## 2) 전적으로 타락한 인간은 스스로 선을 행할 수 없다.

타락 이전의 아담은 하나님의 형상으로 완전하게 창조되어 전적으로 하나님께 복종할 수 있는 의지가 있었다. 그러나 타락한 이후 인간의 의지는 오로지 악한 것에게만 이끌리고 그것만을 지향하며,

하나님이 원하는 선을 행할 수 없게 되었다.[2] 칼빈의 5대 교리 중에서 첫 번째가 '인간의 전적 타락과 전적 무능력'이다. 이 교리는 인간은 하나님께서 기뻐하시는 선을 알 수도 없고 행할 수 있는 능력도 없다는 것이다. 인간이 행하는 선은 하나님의 말씀과 일치되는 절대적인 선이 아니라, 인간이 만든 윤리적이고 도덕적이고 상대적인 선일 뿐이다.

여호와께서 사람의 죄악이 세상에 가득함과 그의 마음으로 생각하는 모든 계획이 항상 악할 뿐임을 보시고(창 6:5).

"항상 악할 뿐임을 보시고"는 창세기 1장에서 하나님이 창조 후에 반복적으로 "보시기에 좋았더라"와 비교가 된다. 이 말씀은 인간의 완전한 타락과 총체적인 악함을 묘사하는 것이다. 인간은 성령으로 거듭나지 않는 한 하나님을 기쁘시게 하는 선을 행할 수 없고 생각과 계획이 항상 악으로 충만한 무력한 존재이다.

내 안에 거하라 나도 너희 안에 거하리라 가지가 포도나무에 붙어 있지 아니하면 스스로 열매를 맺을 수 없음 같이 너희도 내 안에 있지 아니하면 그러하리라 나는 포도나무요 너희는 가지라 그가 내 안에, 내가 그 안에 거하면 사람이 열매를 많이 맺나니 나를 떠나서는 너희가 아무것도 할 수 없음이라(요 15:4-5).

---

2 Zacharias Ursinus, 「하이델베르크 요리문답해설」, 131-3.

하나님을 떠나서는 아무것도 할 수 없는 것이 인간이다. 인간의 무력감을 깨닫고 인정하는 것이 복이다. 왜냐하면, 무력감을 인정함으로 하나님께 나아갈 수 있기 때문이다. 그리고 하나님께 나가는 사람은 새로운 삶을 시작할 수 있다.

## 2. 죄(쓴 뿌리)에 대해 인간의 무력함을 인정하자

우리가 무력감을 인정하는 것은 하나님 앞에 나아가는 첫걸음이다. 우리는 하나님 없이 스스로 회복할 수 없는 존재이다. 따라서 쓴 뿌리 앞에서 무력함을 인정하고 하나님 앞에 나아가야 한다. 알코올 중독자 모임인 A.A. 모임에서 항상 고백하는 것은 "나는 알코올의 문제 앞에 무력한 존재입니다"이다. 죄에 대해 인간의 무력감과 비참함을 인정하지 않고 하나님을 만날 수는 없다. 사람들 가운데는 무력감이라는 단어를 싫어하는 사람들이 있다. 이런 사람의 특징은 하나님 앞에 나오지 못하는 것이다.

1) 무력감을 인정하지 못하는 것이 교만이다.
자수성가한 사람이나 완벽주의자들은 인간의 무력감을 인정하지 않으려 한다. 자수성가한 사람들은 어려서부터 누구의 도움을 받지 못하고 스스로 성공을 경험한 사람이다. 이러한 성공은 어떤 환경 속에서도 타인의 도움 없이 자신의 힘으로 해낼 수 있다는 확신을 갖게 한다. 이런 사람이 가장 싫어하는 단어는 "무력감"이고, 가장 좋아하는 단어는 "자력갱생(自力更生)"이다.

이러한 사람은 인간적으로 존경스러운 면이 많은 것은 사실이지만 본질적으로 하나님 앞에 교만한 것이다. 자신의 무력감을 인정하지 않는 사람은 하나님의 필요성을 인정하지 않는다. 오히려 예수를 믿는 것은 뭔가 부족한 사람이고 불쌍한 존재라고 생각하기도 한다. 인간의 한계와 무력감을 인정하는 사람이 복된 존재이다. 복 있는 사람은 마음이 가난한 사람이다(마 5:3). 복 있는 사람은 하나님의 말씀을 주야로 묵상하는 사람이다(시 1:2). 우리가 자각한 쓴 뿌리를 자기 힘으로 해결하려 하는 것은 교만이다. 그 문제 앞에 무력함을 인정하는 것이 회복의 길이다.

2) 무력감을 인정하지 못하면 회피한다.

무력감을 인정하지 못하는 사람은 겉으로는 강한 것 같지만 결국은 문제 앞에서 도피하고, 부인하고, 자신을 속이는 삶을 살게 된다. 사람들은 본능적으로 문제로부터 도피한다. 공상의 세계로 도피, 과거의 세계로 도피, 미래를 향한 도피, 질병으로 도피, 귀족적인 도피, 종교적인 도피이다.[3] 그러나 이러한 도피는 문제 해결에 아무 도움이 되지 않는다.

얼마 전에 자수성가한 80세가 넘은 분을 전도하러 간 적이 있다. 이 분은 어머니가 일찍 돌아가셔서 어릴 적부터 계모 아래에서 경제적 돌봄을 받지 못하고 자랐다. 중학교 때부터는 형님 집에서 눈치밥을 먹으며 성공해야겠다는 일념으로 열심히 살았다. 결국은 대기업의 상무 이사가 될 정도로 성공적인 삶을 사셨다. 이 어른은 필자

---

3   Paul Tournier, 「인간치유」, 권달천 역 (서울: 생명의말씀사, 2015), 59-103.

를 만나기 전까지는 한 번도 자신의 무력감을 인정해 본 적이 없다. 부부간에도 힘든 상황을 이야기한 적이 없다. 힘든 일을 만나면 귀족적인 도피로 여행과 쾌락으로 살았고, 미래적인 도피로 반드시 극복할 수 있다는 희망을 가지고 살았다. 그리고 가족에게는 매우 엄하게 대했다. 그러나 그 내면은 항상 공허감과 불안함으로 가득했었다. 필자는 그 어른을 만나서 대단하다고 칭찬만 하고, 그러면서 고생한 일에 대해 무조건 공감만 해주었다. 그런데 얼마 후에 통곡하면서 울기 시작했다. 마치 어린 시절 엄마가 돌아가셨을 때 울고 싶었던 그 울음인 것처럼 울었다. 평생 한 번도 그렇게 울어본 적이 없다고 하였다. 그리고 생애 처음으로 자신의 무력감을 인정하고 예수님을 영접하였다. 80이 넘어서야 솔직하게 자신의 무력감을 인정하고 자유를 경험하게 되었다.

무력감을 인정하고 십자가와 부활의 주님 앞에 나아가 복음을 경험할 때 진정한 변화가 생긴다. 십자가와의 연합은 죄로부터 자유하게 하는 능력이며 부활의 주님과의 연합은 새로운 생명으로 회복하게 한다(롬 6:4-6). 그러므로 그리스도 안에서 성숙하기 위해 십자가와 부활을 적용하는 것이 중요하다.[4]

### 3) 무력감을 인정하고 하나님께 나오라

우리는 예수님이 계시기 때문에 아무리 많은 죄의 문제가 있어도 희망을 가질 수 있다. 필자가 예수님 믿으면서 가장 좋은 것은 힘든 문제를 가지고 언제든지 나아갈 수 있는 자리가 있다는 점이다. 죄

---

4 John & Paula Sandford, 「속사람의 변화 1」, 24.

의 문제이든, 삶의 문제이든 십자가 앞에 가지고 나갈 수 있다는 것이 복 중에 복이다.

> 우리에게 있는 대제사장은 우리의 연약함을 동정하지 못하실 이가 아니요 모든 일에 우리와 똑같이 시험을 받으신 이로되 죄는 없으시니라 그러므로 우리는 긍휼하심을 받고 때를 따라 돕는 은혜를 얻기 위하여 은혜의 보좌 앞에 담대히 나아갈 것이니라(히 4:15-16).

예수님은 대제사장으로서 다음의 두 가지 요건을 만족시키시는 분이다.[5] 첫 번째는 인간이 경험하는 모든 시련을 직접 경험함으로써 인간의 연약함을 공감하시는 분이다. 우리가 예수님 앞에 담대히 나아갈 수 있는 것은 어떤 문제에 대해서도 정죄하지 않으시고 공감해주시기 때문이다. 대제사장이신 예수님은 항상 두 팔을 벌리고 기다리고 계시는 분이다. 두 번째는 죄가 전혀 없는 하나님이시다. 예수님은 연약함을 공감만 해주는 분이 아니라 하나님으로서 모든 죄를 용서하시고 깨끗하게 하실 수 있는 능력이 있는 분이다. 그러므로 우리는 돕는 은혜를 얻기 위해 대제사장이신 예수 그리스도 앞에 나갈 수 있다.

---

5 Willam L. Lane, 「히브리서(상)」, 「WBC 성경주석」, 채천석 역 (서울: 도서출판 솔로몬, 2011), 393.

## 3. 인간은 언제 무력감을 인정하는가?

인간은 무력감을 인정하지 않다가 많은 고난의 터널을 통과하면서 무력감을 인정한다. 특히 인생의 바닥을 경험할 때와 말씀대로 살려고 애쓸 때 인간이 얼마나 무력한 존재인지 깨닫고 하나님 앞에 나가게 된다.

### 1) 인생의 바닥을 경험할 때

아무리 교만한 사람이라 할지라도 인생의 바닥을 경험할 때 자신의 무력감을 인정하고 하나님께 나간다. 자신의 문제와 연약함을 인정하지 않고 변화에 저항하는 사람은 안타깝지만, 인생의 바닥을 칠 때까지 기다리는 수밖에 없다. 인생의 바닥은 육체적 바닥, 정서적 바닥, 경제적 바닥, 관계적 바닥, 영적 바닥이 있다.

### (1) 육체적 바닥

많은 사람이 병상에서 무력감을 느끼고 하나님께 나아간다. 사람들이 가지고 있는 내면의 문제는 언젠가는 건강 바닥을 경험하게 한다. 건강의 문제가 발생했을 때라도 자신의 무력감을 인정하고 하나님 앞에 나아가는 사람은 소망이 있다.

### (2) 정서적 바닥

사람들은 우울증, 불면증, 외로움, 공허감 등 정서적인 문제로 고통을 호소한다. 우리나라의 자살률이 2020년도에 10만 명당 27명으로 OECD 국가 중에 1위이다. 이러한 정서적 바닥을 경험할 때 대제사장이신 예수님께 나아가는 사람은 소망이 있다.

### (3) 경제적 바닥

사람들은 경제적인 파산을 경험하면 자신의 무력감을 인정하고 하나님 앞에 나아간다. 예수님께서 부자가 하나님 나라 들어가는 것이 얼마나 힘든지 낙타가 바늘귀로 나가는 것이 더 쉽다고 했다(막 10:25). 일반적으로 돈이 많은 사람은 자신의 문제와 무력감을 인정하지 않고, 하나님의 필요성을 느끼지 못한다. 안타까운 일이기는 하지만 경제적 바닥을 치고서라도 하나님 앞에 나아가는 것이 복이다.

### (4) 관계적 바닥

상담실에 찾아오는 사람의 대부분은 관계적 바닥을 경험하고 있는 사람들이다. 인간의 내면의 문제는 관계를 단절시킨다. 어려서 부모에게 적절한 사랑을 경험하지 못하면 사랑을 주고받는데 미숙하다. 그래서 매달리는 관계를 하든지, 고립하는 것을 선택한다. 이런 사람은 반복해서 관계적 바닥을 경험하게 된다. 자신의 관계적 바닥을 인식할 때 망설이지 말고 대제사장이신 하나님 앞에 나아가야 한다.

### (5) 영적 바닥

영적 바닥을 경험하는 사람들은 특별한 하나님의 은혜를 경험한 경우이거나 악한 영에 빠져 고난 당하는 사람이 대부분이다. 특별한 은혜를 경험한 사람들은 어느 순간 "내가 이렇게 살면 안 되는데",

"이렇게 살면 죽을 것 같다" 등 어떤 두려움과 함께 내면의 소리를 듣는다. 필자가 중3 때 친구들과 나쁜 짓하며 놀 때 문득 내면에서 '너 그렇게 살면 망해'라는 마음이 들었다. 이 내면의 소리를 듣고 필자는 교회에 나가기로 결단하였다. 내면의 소리가 예수님을 믿게 된 동기가 된 것이다.

필자의 친한 친구도 세상에서 돈을 많이 벌면서 잠시 하나님을 떠나 쾌락을 일삼으며 살았다. 그런데 어느 날 새벽 만취한 상태에서 집으로 가고 있는데, 말로 표현할 수 없는 공포가 몰려와 어떻게 할 수 없어 무조건 교회로 달려갔다고 한다. 마침 새벽예배 시간이었는데 목사님과 사모님만 나와 예배하는 교회였다. 목사님께서 술 취한 청년을 잘 맞이해주고 기도해주고 밥까지 주었다고 한다. 이 경험이 신앙을 회복하는 기회가 되었고, 지금은 목사가 되어 훌륭하게 사역을 하고 있다.

어려움을 만날 때 귀신을 의지하고 초청하는 것은 사망의 길로 가는 것이다. 영적 바닥을 경험할 때 대제사장이신 하나님께 나오는 것이 생명의 길이다.

인생의 바닥을 경험할 때 인간의 무력감을 인정하고 하나님 앞에 나가는 것이 희망의 시작이며 변화의 출발이다. 찬송가 '천부여 의지 없어서'는 누구나 부를 수 있고, 이성적으로 인정할 수 있다. 그러나 정말 자신의 무력감을 인정하는 사람만이 가슴으로 부를 수 있는 찬송이다.

**천부여 의지 없어서**

1. 천부여 의지 없어서 손들고 옵니다
   주 나를 박대하시면 나 어디 가리까
   내 죄를 씻기 위하여 피 흘려주시니
   곧 회개하는 맘으로 주 앞에 옵니다
2. 전부터 계신 주께서 영 죽을 영혼을
   보혈로 구해 주시니 그 사랑 한 없네
   내 죄를 씻기 위하여 피 흘려주시니
   곧 회개하는 맘으로 주 앞에 옵니다
3. 나 예수 의지하므로 큰 권능 받아서
   주 앞에 구한 모든 것 늘 얻겠습니다
   내 죄를 씻기 위하여 피 흘려주시니
   곧 회개하는 맘으로 주 앞에 옵니다 아멘

인생의 바닥을 경험할 때 그 고난을 낭비하지 말아야 한다. 인생의 바닥을 경험할 때 철저하게 무력감을 인정하고 하나님 앞에 나가지 않으면, 상황이 좋아지게 되면 다시 교만해지는 것이다.

2) 말씀(율법)대로 살려고 할 때
자신이 비참한 존재라는 것은 하나님의 말씀을 통해서 깨달아야 한다. 우리가 말씀대로 살려고 하면 얼마나 무력한 존재인지 알게 된다. 율법의 기능은 죄가 무엇인지 깨닫게 하는 것이다.

그런즉 우리가 무슨 말을 하리요 율법이 죄냐 그럴 수 없느니라 율법으로 말미암지 않고는 내가 죄를 알지 못하였으니 곧 율법이 탐내지 말라 하지 아니하였더라면 내가 탐심을 알지 못하였으리라(롬 7:7).

용서할 수 없는 사람을 용서하려고 할 때, 사랑할 수 없는 사람을 사랑하려고 노력할 때 우리의 무력함을 알게 된다. 그리고 무력감을 인정하고 주님 앞에 나아갈 때 죄책감이나 열등감에 빠지지 않고 하나님의 은혜를 경험하게 된다. 사도 바울은 누구보다도 말씀대로 살려고 몸부림쳤기 때문에 다음과 같이 고백할 수 있는 것이다.

내 지체 속에서 한 다른 법이 내 마음의 법과 싸워 내 지체 속에 있는 죄의 법으로 나를 사로잡는 것을 보는도다 오호라 나는 곤고한 사람이로다 이 사망의 몸에서 누가 나를 건져내랴(롬 7:23-24).

바울은 율법을 통해서 자신이 얼마나 비참한 죄인인지를 알게 된다. 그리고 그는 죄의 비참함을 깨달은 만큼 하나님의 은혜를 경험한다. 죄와 은혜는 자각한 만큼 아는 것이다. 율법을 통해서 죄를 많이 자각한 사람은 "죄인 중에 내가 괴수니라"(딤전 1:15)라고 고백할 수밖에 없다. 그리고 죄에 대해 비참함을 깨닫고 십자가 앞에 나아가 은혜를 경험한 사람은 "내가 나 된 것은 하나님의 은혜로 된 것이니"(고전 15:10)라고 고백하게 된다.

우리를 더럽게 하는 쓴 뿌리를 제거하고, 예수님의 인격을 닮기 위해 우리가 해야 할 일은 자신의 무력감을 인정하고 하나님 앞에 나아가는 것이다. 자신이 비참한 존재임을 깨닫는 것이 복이다. 죄의 비

참함은 첫 번째로 인간의 본성이 부패하여 스스로 하나님 앞에 나아
갈 수 없는 존재이며, 두 번째로 그 부패성으로 인하여 영원한 정죄
아래 있다는 것이다.[6] 그러므로 우리는 하나님과의 관계를 회복하고
죄의 문제를 해결하기 위해 자신의 무력감을 인정하고 십자가 앞에
나아가야 한다. '회복의 길 기도'는 자신의 무력감을 인정하고 십자
가와 부활의 주님과 연합하는 좋은 방법이다.

## 적용

**1. 지금까지 살면서 언제 무력감을 느꼈나요?**

**2. 찬송가 "천부여 의지 없어서"가 진정한 자신의 고백인가요?**

**3. 회복의 길 기도 예**
1) 주님 나에게는 (a 고립감)의 쓴 뿌리가 있습니다.
2) 그로 인하여 (b      )문제들이 발생합니다.
 *나와의 관계에서 소외감 실망감을 느낍니다.
 *이웃과의 관계에서 비난과 판단 그리고 단절의 문제가 발생합니다.
 *관계된 사역에서 매우 수동적이 되었습니다.

**3) 나는 (a 고립감)의 문제 앞에 절대적으로 무력한 존재임을 인
정합니다.**

---

6  Zacharias Ursinus, 「하이델베르크 요리문답해설」, 71.

## 성산 회복 이야기 / 이지은

오늘 저의 간증을 한 단어로 표현하면 '사랑'입니다. 저는 미국에서 태어나 6살쯤 한국에 왔습니다. 한국 유치원에 다닐 때 저는 한국어도, 영어도 제대로 하지 못했습니다. 미국 어린이집에서 듣는 언어와 가정에서 듣는 언어가 혼재해 그 어떤 말도 제대로 배울 수 없었기 때문입니다. 그래서 저는 말이 아닌 몸짓과 소리로 다소 과격하고 감정적으로 의사표현을 했습니다. 아이들은 과격하면서 말도 제대로 하지 못하는 저를 부담스러워했고 급기야는 놀리고 괴롭히기까지 했습니다. 시간이 지나면서 말을 잘 할 수 있게 되었지만, 여전히 저는 다른 아이들에 비해 말도 제대로 못하는 감정적인 왕따였습니다. 초등학교 시절 거의 내내 저는 왕따였고, 괴롭힘의 대상이었습니다.

그래서 어린 시절 저의 소원은 정말 좋은 친구를 얻는 것이었습니다. 아이들에게 인기를 얻고 사랑받기 위해 할 수 있는 것은 다 했습니다. 아이들은 재밌고 착하고 공부 잘하고 운동도 잘하고 아무튼 다 잘하는 친구를 좋아하니까 저도 그렇게 되기 위해 늘 노력했습니다. 그래서 초등학교 이후부터 점점 인기도 많아지고 어린 시절에 그렇게 해보고 싶던 반장도 하고 공부도 정말 잘하게 되었습니다.

그런데 제가 어렸을 때부터 그렇게 원했던 정말 좋은 친구는 왠지 계속 없는 것처럼 느껴져 인기가 많았음에도 늘 공허했습니다. 왜냐하면, 저는 아이들이 원하는 친구가 되기 위해 애썼을 뿐이지 그들이 내가 원하는 친구가 되기 위해 노력하는 것을 못 느꼈기 때문입니다.

나를 있는 그대로 좋아해 주는 사람이 필요해서 남자친구에게 의

지도 해봤습니다. 남자친구는 제가 어떻게 하든 다 받아주고 다 이해해주는 듯했습니다. 그래서 남자친구에게서 사랑받는 것처럼 느껴졌습니다. 그때 생각한 것은 "내가 먼저 헌신하고 사랑하면 상대방도 나를 사랑하는구나!"라고 생각했습니다. 그래서 이제 내가 친구들에게 먼저 사랑을 해야겠다고 결심을 하였습니다.

이제는 진정한 사랑을 할 수 있을 것 같은 자신감과 기대감으로 대학에 갔습니다. 그리고 나의 모든 시간과 노력을 학교 친구들에게 쏟았습니다. 하나님보다 사랑만 있으면 다 된다는 마음이었습니다. 친구들이 무엇을 하고 있든지 상관없이 그들에게 집중했습니다. 이렇게 헌신하면 친구들이 다 나를 좋아하고 사랑할 줄 알았습니다. 그런데 친구들이 하나둘씩 나에게서 떠나갔습니다. 도무지 이해할 수가 없었습니다. 그들에게 더 매달릴수록 그들은 더 멀리 떠나만 갔습니다. 모든 사람에게 내 아픔을 무시당한 것 같고 지금까지의 내 노력이 물거품이 되는 것 같았습니다.

또 어린 시절의 집단 따돌림, 학창 시절의 공허함이 떠오르면 저는 완전히 무너졌습니다. 나는 사랑할 수도 없고 사랑을 받을 수도 없는 존재라고 생각했습니다. 완전히 무력감에 빠졌습니다. 정서적 바닥, 관계적 바닥을 경험하였습니다. 그때 부모님은 가정예배를 진행하셨고 그 예배를 통해 하나님께서는 다음의 말씀을 주셨습니다.

여호와여 내가 수척하였사오니 내게 은혜를 베푸소서
여호와여 나의 뼈가 떨리오니 나를 고치소서
여호와여 돌아와 나의 영혼을 건지시며 주의 사랑으로 나를 구원하소서

내 눈이 근심으로 말미암아 쇠하며

내 모든 대적으로 말미암아 어두워졌나이다

여호와여 내 간구를 들으셨음이여

여호와께서 내 기도를 받으시리로다. 시편6편 아멘.

하나님은 이 말씀을 통해 아이였을 때부터 친구들에게 배척당하고 지금까지 그들에게 사랑받기 위해 애썼던 내 마음을 어루만지셨고 나를 구원하실 이는 오직 하나님임을 깨닫게 하셨고 또 지난날 동안 하나님을 등지고 내 힘으로만 살아가려고 했던 것을 눈물로 회개하게 하셨습니다.

제가 회개하고 이제는 달라지고 싶다고 기도한 순간부터 하나님께서는 기다리셨다는 듯이 저를 바쁘게 변화시키기 시작하셨습니다. 우선 저를 성산교회라는 안전한 공동체로 인도하셨습니다. 회복 프로그램을 통해 제 삶의 문제점, 이를테면 사람에게 사랑받기 위해 사는 제 삶의 태도를 구체적으로 작업하게 하셔서 더이상 사람의 사랑에 집착하지 않게 도우셨습니다. 이전에는 공허함 때문에 일도 제대로 하지 못했었는데 이제는 일에 집중할 수 있게 되었고 인간관계와 일 모두 균형잡힌 생활을 할 수 있게 되었습니다.

그리고 교회 안에 있는 청년들과 함께 하나님이 계신 삶이 얼마나 행복하고 풍족한 삶인지 나누게 하시고 저를 매일매일 기쁘게 하셨습니다. 제 삶의 다음 단계가 기대되게 하시고 더 나아가 다른 청년들의 삶이 기대되게 하셨습니다. 더이상 하루하루가 공허하지 않게 되었습니다.

그리고 최근에는 생명의 삶과 일대일 양육을 통해 하나님이 어떤 분이신지, 예수님이 죽기까지 나를 얼마나 사랑하시는지 배우면서 하나님과의 친밀한 관계를 소망하게 되었습니다. 하나님께서 제게 말씀하시는 것이 무엇인지 귀 기울이게 하셔서 하나님에 대한 사랑이 더욱 깊어지고 나를 위해 대신 죽으신 예수님을 더욱 사랑하게 되고 있습니다.

매 순간을 되돌아보면 그 어느 것 하나도 하나님께서 개입하지 않으신 것이 없었습니다. 고통으로 인해 잘못된 선택을 했을 때도 하나님은 나를 잊지 않으시고 다음을 계획하고 계셨음을 깨닫습니다. 저는 정말로 그런 사랑을 받을 만한 행동을 하거나 그만한 사람이 아님을 고백합니다. 저는 제힘으로 누군가를 사랑할 수 있는 존재가 아님을 또 고백합니다. 그러나 하나님의 큰 사랑을 받는 자녀가 바로 나임을 고백합니다. 전지전능한 하나님을 통해서는 무엇이든 가능합니다.

어린 시절 왕따 당해 낙담하고 움츠러든 저를 지금은 이렇게 많은 사람 앞에서 주님을 찬양하고, 더 나아가 하나님의 사랑을 말로 전할 수 있는 사람으로 변화시킨 것은 정말로 하나님이십니다. 사랑의 하나님을 찬양합니다.

# 제 4원리

## 나는 전능하신 하나님이 나를 온전한 사람으로 회복시킬 수 있음을 믿는다.

회복의 길 제 4원리는 믿음의 중요성에 관한 것이다. 회복의 걸림돌 중 하나는 회복을 확신하지 못하는 것이다. 특히, 어린 시절에 상처가 많은 사람은 자신이 회복할 수 있다는 믿음을 갖지 못하는 경우가 많다. 상담하면서 안타까운 사람은 자신의 쓴 뿌리를 인식하지만, 변화에 대한 믿음을 갖지 못하여 낙심하고 무기력에 빠지는 사람이다. 이런 사람은 회복할 수 없다는 잘못된 믿음 때문에 훈습에 대한 열정을 갖지 않는다. 그리고 자주 하는 말은 "저도 회복할 수 있을까요?", "이렇게 실천한다고 제가 변화되겠어요?"이다. 그래서 상담자를 고갈시키는 사람들이기도 하다.

요한복음 5장에 나오는 38년 된 병자도 너무 오랫동안 아픈 상태로 있었기 때문에 회복에 대한 기대감이 부족했던 것으로 보인다. 그래서 예수님은 이 병자에게 "네가 낫고자 하느냐"라는 질문을 통해 먼저 회복에 대한 믿음을 갖게 하시고 치유하신다.

거기 서른여덟 해 된 병자가 있더라 예수께서 그 누운 것을 보시고 병이 벌써 오래된 줄 아시고 이르시되 네가 낫고자 하느냐(요 5:5-6).

우리가 문제에 대해 무력감을 인정하는 것은 회복의 근원이신 예수 그리스도 앞에 나가기 위한 것이다. 우리가 배우는 '회복의 길 12단계'는 회복을 위해 우리가 실천해야 할 것이 무엇인지 구체적으로 가르쳐 준다. 그러나 우리가 알아야 할 것은 회복시키는 주체가 내가 아니라 하나님이라는 것이다. 온전한 회복은 우리를 위해 십자가에 죽으시고 부활하신 예수 그리스도와 연합하여 살 때 가능하다.

회복의 과정은 매우 사납고 어려운 풍랑이 있는 여정이다. 하나님은 그것을 아시고 우리 안에 믿음을 선물로 주신다. 회복의 길 4원리는 "나는 전능하신 하나님이 나를 온전한 사람으로 회복시킬 수 있음을 믿는다"이다. 이 믿음으로 우리는 회복에 대한 확신과 열정을 가지고 나아갈 수 있다. 자신의 쓴 뿌리를 자각하고 변화를 위해 출발한 사람들은 예수 그리스도께서 회복시키는 분이심을 반드시 믿어야 한다. 우리가 회복을 위해 결단하고 순종해야 하지만, 온전한 사람으로 자라게 하고 회복시키는 것은 하나님이다. 사도 바울도 회복시키는 주체가 예수 그리스도이심을 다음과 같은 말씀으로 선언한다.

그런즉 심는 이나 물 주는 이는 아무것도 아니로되 오직 자라게 하시는 이는 하나님뿐이니라(고전 3:7).

오호라 나는 곤고한 사람이로다 이 사망의 몸에서 누가 나를 건져내랴 우리 주 예수 그리스도로 말미암아 하나님께 감사하리로다 그런즉 내 자신이 마음으로는 하나님의 법을 육신으로는 죄의 법을 섬기노라(롬 7:24-25).

우리가 아무리 큰 아픔을 경험하였어도 회복의 근원이신 예수 그리스도를 믿는 믿음 안에서 소망을 가질 수 있다. 그리고 회복의 주체가 되시는 예수 그리스도를 경험할 때 "내가 나 된 것은 하나님의 은혜로 된 것이니(고전 15:10)"라고 고백할 수 있다.

필자는 프로그램을 진행하면서 하나님에 대한 이미지가 믿음에 큰 영향을 주는 것을 경험한다. 하나님에 대해 왜곡된 이미지를 가진 사람은 좋으신 하나님을 믿는데 어려움을 갖는다. 그러므로 바른 믿음을 갖기 위해서는 우리 안에 표상된 하나님의 개념을 발견하고 성경에서 말하는 하나님 개념으로 수정하는 것이 필요하다.

## 1. 하나님 자체 vs 이미지화된 하나님

### 1) 초기 대상관계에서 표상된 하나님

표상된 하나님은 어린 시절의 상(像)들, 감정들, 그리고 기억들로 이루어진 것을 말한다. 자기 표상의 과정은 가정 안에서 시작한다. 가정환경은 아이로 하여금 자기 인식과 타인 인식의 이미지를 갖도록 자양분을 제공하는 곳이며, 이러한 초기의 대상관계 안에서 하나님에 대한 이미지도 함께 이루어진다.

아이가 학대하는 부모, 무관심한 부모를 경험하며 형성한 타인 표상은 그대로 하나님에 대한 표상으로 연결된다. 그래서 어려서 학대받은 경험이 있으면 하나님을 두려운 분으로 인식하고, 부모에게 경제적인 지원을 받은 경험이 없으면 하나님을 인색한 분으로 인식한다. 반면에 부모로부터 충분한 사랑을 경험한 사람은 사랑의 하나님을 인식하는 데 어려움이 없다.

리조토(Rizzuto)와 맥다그(McDargh)는 초기 아동기에 자기의 이미지들 뿐만 아니라 하나님의 이미지들이 발달한다는 사실을 밝히는데 공헌하였다. 부모가 따뜻한 사랑으로 돌보아 주는 가정이든지, 아니면 독단적이고 무정하게 대하는 가정이든지 간에 바로 그 상황 안에서 자기 이미지와 하나님 이미지가 형성된다는 것이다. 따라서 신앙을 갖기 전에 이미 신에 대한 내적 표상이 이루어진다.[1]

우리가 회복을 위한 믿음을 갖기 위해서는 내 안에 왜곡된 하나님 이미지를 발견하고 버려야 한다. 다음은 필자가 상담 중에 만난 몇 가지 사례이다.

첫 번째 사례는 어린 시절에 공정하지 못한 부모님으로부터 편애를 당하면서 내면에 표상된 공정하지 못한 하나님 이미지를 갖게 된 분이다. 이 분은 신앙생활도 오래하고 현재 사역을 하시는 분인데, 요한복음 5장을 묵상하면 매우 화가 난다고 고백하였다. 요한복음 5장은 예수님께서 많은 환자가 있었는데 딱 한 사람, 38년 된 환자만 고쳐주는 내용이다. 그분이 화가 나는 것은 예수님이 베데스다 연못에 있는 사람을 다 고쳐주셔야지, 왜 한 사람만 고쳐주느냐는 것이다. 예수님은 공정하지 못하고 편애하는 분이라는 생각에 분노가 일어난다고 하였다.

예루살렘에 있는 양문 곁에 히브리 말로 베데스다라 하는 못이 있는

---

1  Michael St. Clair, 「인간의 관계 경험과 하나님 경험」, 이재훈 역 (서울: 한국심리 치료연구소, 1998), 23-4.

데 거기 행각 다섯이 있고 그 안에 많은 병자, 맹인, 다리 저는 사람, 혈기 마른 사람들이 누워 물의 움직임을 기다리니 거기 서른여덟 해 된 병자가 있더라 예수께서 그 누운 것을 보시고 병이 벌써 오래된 줄 아시고 이르시되 네가 낫고자 하느냐(요 5:2-6).

두 번째 사례는 어려서부터 아버지가 가정에 무책임하여 대학교 졸업할 때까지 경제적인 지원을 한 번도 받지 못한 청년이다. 이 청년의 하나님에 대한 이미지는 인색한 하나님, 기도해도 절대 응답해 주지 않는 하나님이다. 하나님에 대해 이런 이미지를 가지고 있는 분들을 회복 사역 현장에서 자주 경험하였다. 이 청년은 인색한 하나님에 대한 이미지 때문에 기도하지 않는다. 그리고 기도를 해도 인색한 하나님을 확인하기 위해서 하는 것 같다. 한두 번 기도하고 응답되지 않으면 '내가 그럴 줄 알았어'라고 생각하고 더 기도하지 않는다. 이런 분들은 마태복음 7장 7절 "구하라 그리하면 너희에게 주실 것이요 찾으라 그리하면 찾아낼 것이요 문을 두드리라 그리하면 너희에게 열릴 것이니"라는 말씀을 머리로는 믿지만 마음으로 믿지는 못한다. 기도에 대한 약속의 말씀은 다른 사람에게는 적용이 되어도 자신에게는 적용이 되지 않는 말씀이라고 생각한다.

세 번째 사례는 어려서부터 학대를 경험하고 부모로부터 따뜻한 보호를 받아보지 못한 자매이다. 이 자매에게 표상된 하나님은 항상 멀리 있고, 자신의 문제에 전혀 관심이 없고, 방임하는 분, 그리고 조금만 잘못해도 벌을 주는 분이다. 자매는 성경에서 하나님이 보호해 준다는 말씀이 믿어지지 않는다고 고백한다. 오히려 시편 121편 말씀을 읽을 때 하나님에 대해 분노가 일어난다고 한다.

내가 산을 향하여 눈을 들리라 나의 도움이 어디서 올까 나의 도움은 천지를 지으신 여호와에게서로다 여호와께서 너를 실족하지 아니하게 하시며 너를 지키시는 이가 졸지 아니하시리로다 이스라엘을 지키시는 이는 졸지도 아니하시고 주무시지도 아니하시리로다 여호와는 너를 지키시는 이시라 여호와께서 네 오른쪽에서 네 그늘이 되시나니 낮의 해가 너를 상하게 하지 아니하며 밤의 달도 너를 해치지 아니하리로다 여호와께서 너를 지켜 모든 환난을 면하게 하시며 또 네 영혼을 지키시리로다 여호와께서 너의 출입을 지금부터 영원까지 지키시리로다(시 121:1-8).

이 말씀을 읽을 때마다 '하나님이 내가 학대당할 때 졸지도 아니하고 주무시지도 않았다고요? 낮의 해와 밤의 달이 나를 해치지 않게 하셨다고요? 나의 출입을 지키셨다구요? 언제 나를 보호하고 지켜주었나요?'라는 생각에 화가 난다고 하였다. 시간이 많이 걸렸지만, 지금은 회복하여 좋으신 하나님을 믿고 있다.

우리 안에 표상된 하나님 이미지는 진리가 아니다. 성경에 계시한 하나님이 진리이다. 하나님은 마음이 상한 자를 가까이 하시고 구원하시는 분이다. 의인이 고난을 받을 수 있지만, 하나님은 반드시 고난에서 건져주시고 승리하게 하시는 분이다. 우리가 성경에 계시된 좋으신 예수 그리스도를 믿기 위해서 먼저 우리 안에 잘못 표상된 하나님의 이미지를 발견하고 버려야 한다. 그리고 성경에서 계시하는 예수 그리스도를 믿어야 한다. 믿음은 자기감정이 아니라 성경을 믿는 것이다. 감정적으로 인정되지 않더라도 성경에 계시된 하나님을 믿기로 결정하는 것이 중요하다. 잘못 표상된 하나님 이미지는 말씀을 경험하지 못하게 한다.

## 2) 성경에 계시된 하나님

하나님에 대한 바른 관점과 믿음을 갖기 위해서는 성경에 계시된 하나님에 집중해야 한다. 그러므로 우리는 겸손하게 성경을 읽고, 공부하고, 묵상해야 한다. 그리고 자기 안에 표상된 하나님 이미지와 계시된 하나님이 일치하도록 해야 한다. 일반적으로 하나님의 속성을 말할 때 비공유적 속성과 공유적 속성으로 나누어 설명한다. 비공유적 속성은 주권자, 영원하신 분, 전지전능하신 분, 무소부재하신 분, 변함이 없는 분 등이다. 공유적 속성은 사랑이 많으신 좋으신 분, 언제나 성실하시고 진실하신 분, 의로우신 분, 공의로우신 분 등으로 계시되었다. 성경에 계시된 하나님의 속성이 우리에게 중요한 것은 하나님의 모든 속성은 우리와 관계 속에서 구원, 치유, 회복으로 나타나기 때문이다.

한 예로 아담과 하와가 범죄하였을 때 계시된 하나님이 어떤 분인지 살펴보고자 한다. 창세기 3장에서 뱀은 하와에게 동산 나무의 열매를 먹으면 눈이 밝아져 하나님같이 되어서 선악을 알 것이라고 하와를 유혹하였다(창 3:5). 하와가 그 열매를 본즉 먹음직도 하고 보암직도 하고 지혜롭게 할 만큼 탐스럽기도 하여 그 열매를 먹고 남편에게도 주매 그도 먹었다(창 3:6). 그 결과 아담과 하와는 뱀의 말대로 눈이 밝아졌으나, 그 통찰력은 그들이 하나님처럼 된 것이 아니고 서로 벗은 몸이 보이기 시작한 것이다. 그들은 서로 수치심을 느끼며 그 부끄러움을 감추기 위해 무화과나무 잎(Fig Leaf)으로 치마를 만들어 입었다. "이에 그들의 눈이 밝아져 자기들이 벗은 줄을 알고 무화과나무 잎을 엮어 치마로 삼았더라"(창 3:7).

당시 무화과나무 잎이 가장 큰 것이어서 사용하였지만 톱니 꼴 모양의 잎사귀로 부끄러움을 가리기에는 부족했을 것이다. 그러면 범죄한 인간이 감추고 싶어하는 부끄러움은 무엇인가?

인간이 범죄한 후에 경험하는 것들은 좌절감(frustration), 열등감(inferiority feeling), 죄책감(guilt feeling), 고독(loneliness), 거절감(exclusion), 불안(anxiety), 공포(fear) 등이다. 첫 글자만 합치면 Fig Leaf(무화과 잎)이다.

아담 때부터 지금까지 모든 사람은 죄로 인해 이러한 문제들로 고통스러워하고 있고 그 문제를 없애고 감추려 노력한다. 그러나 아담과 하와가 무화과 잎으로 부끄러움을 가릴 수 없듯이 인간의 힘으로 죄로 인한 문제를 해결할 수 없다. 그러면 이 문제들을 어떻게 해결할 수 있다는 말인가? 우리는 하나님께서 동산에 숨은 아담과 하와에게 찾아오셔서 회복의 약속을 주시고(15절), 가죽옷을 지어 입혀주신(21절) 것에서 그 답을 찾을 수 있다.

> 내가 너로 여자와 원수가 되게 하고 네 후손도 여자의 후손과 원수가 되게 하리니 여자의 후손은 네 머리를 상하게 할 것이요 너는 그의 발꿈치를 상하게 할 것이니라 하시고(창 3:15)

본 절은 여자의 후손인 메시아가 뱀의 후손인 사탄에 대해 승리하는 내용으로 보고, 초대교회의 지도자였던 저스틴(Justin)과 이레니우스(Irenaeus)를 비롯한 주석가들이 창세기 3장 15절을 구원론적으로 해석하였다. 즉 그들은 본 구절을 "성경 최초의 메시아 예언"

으로 보았다. 그러므로 본 구절을 원시 복음 혹은 최초의 복음이라 부른다.[2] 이는 죄로 인해 타락한 인간 회복을 위한 하나님의 첫 약속이라는 것이다.

> 여호와 하나님이 아담과 그의 아내를 위하여 가죽옷을 지어 입히시니라(창 3:21).

하나님께서 아담과 하와에게 가죽옷을 지어 입히셨다. 옷은 보호 기능과 사회적 지위나 역할을 나타내는 것이다. "입히시니라"는 성경에 두 가지 용례로 사용된다. 첫 번째, 왕들이 명예롭게 된 신하들에게 옷을 입히는 것이다. 에스더 6장에서 아하수에로 왕이 암살의 음모에서 구원해준 모르드개에게 왕복을 입히고 존귀하게 하는 장면이 나온다. 두 번째, 제사장들에게 거룩한 옷을 입히는 것이다. 하나님께서 아담과 하와에게 가죽옷을 입히시는 것은 아담과 하와를 보호해 주는 의미와 회복시켜주는 것을 의미한다.[3]

성경에서 계시하는 하나님은 우리를 구원하시고 회복시키시는 분이다. 인간은 스스로 자신의 약점을 해결하거나 가릴 수 없다. 하나님께서 지어주시는 가죽옷을 입어야 한다. 그러므로 우리는 회복하기를 원하시는 하나님을 신뢰하고 믿는 것이 필요하다.

---

2  Gordon J. Wenham, 「창세기 (상) 1-15」, 「WBC 성경주석」, 203.

3  Ibid., 207-8.

## 2. 하나님은 나의 회복에 열정을 가지신다.

하나님의 소원은 모든 그리스도인이 예수 그리스도의 형상으로 회복하는 것이다. 그러므로 하나님은 실패한 사람에게 먼저 찾아가셔서 회복을 위해 적극적으로 일하신다. 성경에 많은 예가 있지만, 구약의 엘리야와 신약의 베드로를 통해 회복을 위한 하나님의 열정을 살펴보고자 한다.

### 1) 엘리야

엘리야는 갈멜산에서 850명의 바알과 아세라 선지자들과 홀로 싸워 승리한 영적인 영웅이다. 그러나 엘리야는 승리 후에 그가 기대했던 것처럼 아합과 이스라엘 백성이 하나님께로 돌아오지 않는 것을 보았고 오히려 이세벨로부터 죽음의 위협을 받는다. 이세벨은 내일까지 반드시 엘리야를 죽이겠다고 신의 이름으로 맹세를 한다(왕상 19:2). 이 소식을 들은 엘리야는 순식간에 영적인 탈진 상태에 빠진다. 영적으로 그렇게 담대하고 대단했던 엘리야가 어떻게 갑자기 심각한 영적 침체에 빠질 수 있는가? 성경의 인물을 심리학적인 동기로 해석하는 것은 주석상의 오류이지만 이 경우는 심리학적인 접근이 불가피하다.[4] 현대 정신과 의사들은 이런 현상을 '아드레날린 과다분비 우울증'(post-aderenalin depression)이라고 명명하고 있다. 사람들이 어떤 일에 몰두하면 몸에서 아드레날린이 많이 소모

---

4   Richard Nelson, 「열왕기상·하」, 「현대성서주석」, 김희권 역 (서울: 한국장로교출판사, 2011), 209.

되어 일이 끝나고 나면 공허감과 우울증에 빠지게 되는 현상이다.[5]

엘리야에게 찾아온 정서적 문제는 첫째는 절망감과 무력감이다. 엘리야는 자신의 무력감 앞에서 모든 소망을 잃고 로뎀나무 아래서 하나님께 죽여 달라고 구한다(왕상 19:4). 둘째는 극도의 외로움이다. 그는 여호와를 섬기는 사람이 오직 나만 남았다고 불평한다(왕상 19:10,14). 셋째는 열등감이다. 엘리야는 실패감에 빠져서 자신을 열조의 선지자들과 비교한다. 그는 "나는 내 조상들보다 낫지 못하니이다(왕상 19:4)."라고 한탄한다. 이렇게 영적 침체에 빠진 엘리야를 하나님은 결코 책망하거나 징벌하지 않으신다. 오히려 엘리야가 캄캄한 동굴에서 나와 하나님의 현현을 목격하고 회복하도록 안내하신다.[6]

하나님이 엘리야를 회복시키는 과정에서 하나님의 특별한 사랑과 회복의 원리를 볼 수 있다. 첫째는 육체와 마음을 치료하신다. 하나님은 엘리야를 재우시고 천사를 통해 어루만지시고 먹을 것을 공급해 주셨다(왕상 19:5-8). 엘리야는 먹고 마시고 다시 자고 일어나며 천사들의 만져 줌을 통해서 육체적인 회복과 마음의 회복을 얻을 수 있었다. 천사가 "어루만졌다(נָגַע)"는 "만지다," "치다"라는 뜻으로 핵심적인 의미는 "만지다"이다.[7] 이 단어가 하나님이 사람을 어루만져 주심에 대해 사용되었고(단 8:18, 10:10,16; 렘 1:9), 하나님이 사물

---

5   목회와신학 편집팀, 「열왕기상 어떻게 설교할 것인가」, 「HOW주석」 (서울: 두란노 아카데미, 2008), 317.

6   Richard Nelson, 「열왕기상·하」, 「현대성서주석」, 210.

7   R. Laird Harris, et al., 「구약원어신학사전 (하)」, 번역위원회 (서울: 요단출판사, 1986), 1293.

을 접촉하시거나 만지심을 나타내기도 한다(암 9:5; 시 104:32; 144:5). 둘째는 말씀으로 치료하신다. 하나님은 엘리야에게 호렙산에서 세미한 음성으로 그가 할 일을 말씀하셨다(왕상 19:12). 그것은 예후에게 기름 부어 이스라엘의 왕으로 세우고, 엘리사를 선지자로 세우라고 하신 것이다. 그리고 아직 바알에게 무릎을 꿇지 않은 사람이 칠천 명이 있음을 말씀하신다. 엘리야는 하나님의 공급해 주심과 사랑 그리고 세미한 음성을 통해서 영적 탈진과 우울증에서 해방되고 새로운 사명을 받아 사역한다. 엘리야의 회복은 자신의 힘으로 이루려는 것을 내려놓고 하나님의 음성을 따라 순종하며 사는 삶이다.

### 2) 베드로

베드로는 예수님을 배반한 죄책감과 수치심을 가지고 다른 제자들과 갈릴리에서 고기를 잡으며 부활하신 주님을 기다리고 있었다(요 21:1-3). 예수께서 이미 제자들에게 부활 후에 너희보다 먼저 갈릴리로 갈 것이고 거기서 보리라(막 14:28, 16:7)고 말씀하셨기 때문이다.

부활하신 예수님은 배반한 베드로와 제자들의 죄책감을 치유하고 다시 사명을 주기 위해 갈릴리에 가신다. 예수께서는 제자들을 처음 부르셨던 누가복음 5장의 사건과 비슷하게 상황을 설정하신다. 예수님은 밤새도록 고기 한 마리도 잡지 못한 제자들을 향하여 그물을 오른편에 던지라고 말씀하신다. 제자들이 그 말씀에 순종했는데 놀랍게도 그물을 들 수 없을 정도로 많이 잡았다(요 21:6). 그때 한 제자가 예수님이심을 직감하고 주님이라 말하자 베드로는 겉옷을 두른 후에 물로 뛰어들어 예수님께로 달려갔다(요 21:6-7).

베드로가 육지에 올라와 보니 예수님께서 제자들을 위해 숯불과 떡 그리고 고기를 준비하셨다(요 21:9). 이것은 예수님과 제자들 사이에 친밀한 식사 교제가 이루어졌다는 것을 보여준다.[8] 그리고 예수님은 베드로에게 집중하여 같은 질문을 세 번 하신다. "요한의 아들 시몬아 네가 이 사람들 보다 나를 더 사랑하느냐"(요 21:15-17). 이것은 베드로가 예수님을 세 번 부인한 것을 기억나게 하는 질문이었다. 베드로는 다른 제자들과 비교하여 예수님에 대한 자신의 충성심을 단언하였다(마 26:33). 그와 같이 예수님도 다른 제자들과 비교하여 "네가 다른 사람들이 나를 사랑하는 것보다 더 많이 나를 사랑하느냐?" 질문함으로 그때 일을 상기시켜 주고 계신다.[9]

회복을 위해서는 죄를 직면해야 한다. 예수님이 음식을 준비하며 사랑으로 제자들을 찾아갔지만, 죄에 대해 넘어가지 않고 직면하게 하신다. 베드로는 예수님의 질문에 대하여 이제는 다른 제자들과 비교하지 않고 비록 자신이 예수님을 부인했으나 "내가 진심으로 주님을 사랑하는 줄을 주님께서 아시나이다"(요 21:15-17)라고 고백한다.[10] 예수님의 질문은 직면과 함께 베드로에게 그의 진심을 고백할 수 있는 배려를 한 것이다. 베드로는 예수님을 사랑한다는 세 번의 고백을 통해 내면의 죄책감과 수치심이 회복되어 가는 것이다.

베드로의 고백에 대해 예수님이 "내 양을 먹이라", "내 양을 치라"

---

8   G. R. Beasley-Murray, 「요한복음」, 「WBC 성경주석」, 715.

9   Gerard S. Sloyan, 「요한복음」, 「현대성서주석」, 김기영 역 (서울: 한국장로교출판사, 2010), 356.

10   G. R. Beasley-Murray, 「요한복음」, 「WBC 성경주석」, 720-1.

고 말씀하신 것에는 용서와 회복의 메시지가 포함되어 있다. 그리고 예수님은 베드로에게 "나를 따르라"(요 21:19)고 명령하신다. 여기서 "따르라"(ἀκολούθει)는 현재 진행형으로 매일매일 반복적으로 "따르라"는 것이다. 주님을 따라가는 것은 주님과의 친밀한 인격적인 교제를 나누는 것이다. 베드로는 예수님과의 만남을 통해서 죄책감으로부터 벗어나 예수님의 온전한 제자로 회복된다. 예수님은 실패한 베드로에게 인격적으로 찾아가서 함께 먹고, 죄를 자각하게 하고, 사랑을 고백하게 하여 사명을 회복시켰다.

### 3. 하나님이 나를 온전한 모습으로 회복시킬 수 있음을 믿는다.

회복의 과정에서 믿음이 없으면 중도에 포기할 가능성이 크다. 우리가 기억해야 할 것은 우리가 회복을 원하는 것보다 하나님이 더 큰 열정을 가지고 우리의 회복을 도우신다는 것이다. 그러므로 회복을 향해 가면서 넘어지고 재발하여도 온전한 믿음만 있으면 다시 일어날 수 있다. 좋으신 하나님에 대한 믿음은 온전한 회복의 자리로 끝까지 나아가게 하는 힘이 된다.

> 열두 해 동안이나 혈루증으로 앓는 여자가 예수의 뒤로 와서 그 겉옷 가를 만지니 이는 제 마음에 그 겉옷만 만져도 구원을 받겠다 함이라 예수께서 돌이켜 그를 보시며 이르시되 딸아 안심하라 네 믿음이 너를 구원하였다 하시니 여자가 그 즉시 구원을 받으니라(마 9:20-22).

열두 해 동안이나 혈루증 앓는 여자가 예수님의 뒤로 와서 겉옷을 만진 것은 그 겉옷만 잡아도 구원을 받겠다는 믿음이 있기 때문이다. 믿음은 어떠한 상황 속에서도 낙심하지 않게 한다.

구약성경 나아만 장군이 치유 받는 장면에서도 믿음이 얼마나 중요한지 보여준다. 아람 왕의 군대 장관 나아만은 나병환자였다. 그는 이스라엘에서 잡혀 온 어린 소녀에게 이스라엘에 있는 선지자 엘리사에게 가면 치유 받을 수 있다는 소식을 듣고 기대하는 마음으로 엘리사에게 갔다. 문제는 엘리사의 처방이었다. 엘리사는 나아만 장군에게 사환을 보내어 요단강에서 몸을 일곱 번 씻으면 나을 것이라 했다.

> 나아만이 이에 말들과 병거들을 거느리고 이르러 엘리사의 집 문에 서니 엘리사가 사자를 그에게 보내 이르되 너는 가서 요단 강에 몸을 일곱 번 씻으라 네 살이 회복되어 깨끗하리라 하는지라(왕하 5:9-10).

나아만은 자신이 생각하고 기대한 것과 다른 엘리야의 처방에 몹시 화가 났다. 그는 말씀에 대한 믿음보다 자기 생각을 앞세웠다. 나아만은 엘리사가 하나님 여호와의 이름을 부르고 손을 환부 위에 흔들어 고칠 것을 기대하였다. 우리가 회복하려면 자기 생각보다 하나님의 말씀을 믿고 따라야 한다. 하나님 말씀을 믿고 나가면 반드시 회복의 날을 경험하게 된다.

> 나아만이 노하여 물러가며 이르되 내 생각에는 그가 내게로 나와 서

서 그의 하나님 여호와의 이름을 부르고 그의 손을 그 부위 위에 흔들어 나병을 고칠까 하였도다 다메섹 강 아바나와 바르발은 이스라엘 모든 강물보다 낫지 아니하냐 내가 거기서 몸을 씻으면 깨끗하게 되지 아니하랴 하고 몸을 돌려 분노하여 떠나니(왕하 5:11-13).

나아만은 신하들의 간곡한 부탁에 선지자의 말대로 요단 강에 일곱 번 몸을 잠그고 살이 어린 아이의 살 같이 회복되었다.

그의 종들이 나아와서 말하여 이르되 내 아버지여 선지자가 당신에게 큰 일을 행하라 말하였더면 행하지 아니하였으리이까 하물며 당신에게 이르기를 씻어 깨끗하게 하라 함이리이까 하니 나아만이 이에 내려가서 하나님의 사람의 말대로 요단강에 일곱 번 몸을 잠그니 그의 살이 어린 아이의 살 같이 회복되어 깨끗하게 되었더라(왕하 5:13-4).

회복의 과정에서 중요한 것은 믿음이다. 자기 생각이 중요한 것이 아니다. 나를 온전히 회복하기를 원하시는 하나님을 믿음으로 끝까지 포기하지 않을 때 반드시 회복은 일어나게 된다. 우리가 회복에 대한 확신을 가질 수 있는 것은, 회복의 근원이신 예수 그리스도가 계시기 때문이다. 예수님은 우리의 회복을 간절히 바라고 돕는 분이시다. 우리 안에 형성된 왜곡된 하나님 개념을 버리고 좋으신 하나님을 온전히 믿음으로 주님 오시는 그날까지 회복을 향해 나아가길 바란다.

# 적용

**1. 여러분의 육신의 아버지에 대한 이미지를 생각하고 나열해 보세요**

**2. 아버지에 대한 이미지가 하나님에 대한 이미지로 연결되어 있는 것이 무엇인지 살펴보세요(긍정적인 것, 부정적인 것)**

### 3. 회복의 길 기도 예

1) 주님 나에게는 (a 고립감)의 쓴 뿌리가 있습니다.

2) 그로 인하여 (b    )문제들이 발생합니다.

  *나와의 관계에서 소외감 실망감을 느낍니다.

  *이웃과의 관계에서 비난과 판단 그리고 단절의 문제가 발생합니다.

  *관계된 사역에서 매우 수동적이 되었습니다.

3) 나는 (a 고립감)의 문제 앞에 절대적으로 무력한 존재임을 인정합니다.

4) 이 문제를 해결하고 회복시킬 수 있는 분은 오직 하나님이심을 믿습니다.

## 성산 회복 이야기 / 문예진

저의 쓴 뿌리는 과도한 책임감과 통제입니다. 쓴 뿌리가 통하지 않는 자녀를 주셔서 쓴 뿌리를 제거해 주신 하나님의 은혜를 나누고자 합니다. 제게는 세 명의 자녀가 있습니다. 첫째와 셋째는 성품이 온순하고 순종적이며 욕구도 강하지 않아 양육이 수월했던 자녀들입니다. 그러나 둘째 은민이는 달랐습니다. 은민이는 "은민아, 이거 해라! 이거 해야지!" 하면 "왜?" 하고 묻는 아이였습니다.

세 아이를 키우는 광야 같은 환경에서 왜? 라는 질문은 그 자체가 고난이었습니다. 은민이는 이해가 되지 않으면 순종이 어려운 아이였는데 그때 저는 은민이를 이상한 아이, 유별난 아이라고 생각하고 힘들어하기만 했습니다. 그렇게 은민이는 제게 부모로서 무력감과 죄책감을 느끼게 하는 존재였습니다. 불안과 두려움, 수치심이 나를 짓눌렀습니다. 이 문제는 스스로 해결할 수 없는 무거운 짐이었습니다. 저는 은민이 문제를 가지고 주 앞에 나아가 기도했습니다. 저는 하나님께서 우리 딸을 회복시킬 수 있는 전능하신 분임을 믿습니다.

저는 하나님께 이렇게 기도하였습니다. "하나님! 저는 딸 은민이를 어떻게 키워야 할 지 모르겠어요. 은민이는 제 말을 너무 안 들어요. 그래서 딸이 잘못될까 봐 너무 두렵고 무서워요. 제가 할 수 있는 것이 아무것도 없습니다. 하나님! 은민이 안에 있는 거역하는 마음을 고쳐주세요"

하나님은 제 기도를 외면하지 않으시고 항상 말씀해 주셨습니다. 어느날 기도하는데 저에게 이런 마음이 들었습니다. '딸아, 은민이로 인해 두려워하고 있구나! 두려워하지 말아라. 은민이는 나의 사랑하는 자녀란다. 내가 책임지고 은민이를 인도할 거란다. 나에게 은민이를 맡기렴. 너는 은민이에게 최선을 다했고, 내가 그런 너를 안다. 하지만 네가 다할 수는 없는 거야. 이제 내가 할 거야! 딸을 나에게 맡기고 신뢰하렴.'

하나님께서 제가 최선을 다했다는 것을 알아주시니 감사했습니다. 그리고 딸에게 상처를 준 것이 생각이 나서 회개했습니다. "아버지, 저는 많이 부족했습니다. 은민이를 이해해주지 못했고 품지도 못했습니다. 왜라는 질문을 귀찮아했습니다. 나로 인해 은민이가 망가진 것 같아 너무 마음이 아픕니다. 아버지 저를 용서해주세요. 저는 아무것도 할 수 없는 죄인입니다."

저는 그렇게 오랜 기간 기도하면서 주님이 하실 일을 기대하며 나아갔습니다. 저는 딸에게 두 마음이 있었습니다. 엄마 말에 순종하지 않는 것에 대한 분노와 나의 통제하는 말에 상처받을 까봐 두려워하는 마음입니다. 하나님께 기도하며 위로받고 믿음으로 나아갔습니다. 그러나 하나님께서 딸을 맡기라는 말씀이 무슨 의미인지 나중에 깨달았습니다. 저는 회복프로그램을 통해 나의 쓴 뿌리를 알게 되었고 과도한 책임감으로 은민이를 통제하고 있음을 자각하게 되었습니다. 은민이의 문제가 아니라 나의 문제임을 자각했습니다.

저는 삼 남매의 장녀이고, 아버지가 일찍 돌아가시고, 엄마는 의존적인 분이어서 장녀인 나에게 모든 것을 맡겼습니다. 나는 어려서부터 부모화되어 엄마와 동생들까지 책임지는 삶을 살았습니다. 그래서 저는 모든 것을 책임져야만 하는 삶을 받아들였습니다.

저의 과도한 책임감이 쓴 뿌리라는 것을 자각하고 그동안 하나님께서 "딸을 맡기라"는 마음을 주신 것이 무슨 뜻이었는지 이해했습니다. 제가 과도하게 통제하는 과정 속에서 은민이는 존중받지 못했고 항상 엄마에게 지적을 당했기에 순종이 어렵다는 것도 알게 되었습니다. 저는 쓴 뿌리를 구체적으로 회개하게 되었고 하나님의 긍정적인 성품을 구하는 기도를 하였습니다. 과도한 책임감이 아니라 나의 한계를 인정하고 주님께 맡기고 통제가 아니라 수용과 기다림 그리고 격려와 칭찬을 할 수 있는 힘과 지혜를 구했습니다. 저는 모든 능력의 근원이신 하나님이 나를 온전한 모습으로 회복시킬 수 있음을 믿음으로 기도했습니다. 딸의 변화를 위해 기도하는 것이 아니라 나의 회복을 위해 기도했습니다. 이 모든 회복 과정들을 통해 주님은 저를 변화시켜 주셨습니다.

첫째, 나의 모든 죄책감과 불안과 수치심을 가져가시고 제게 평안과 믿음과 소망을 선물로 주셨습니다. 둘째, 은민이의 어떠한 행동에 상관없이 있는 모습 그대로를 사랑할 수 있는 마음과 은혜를 부어주셨습니다. 최근에는 은민이의 필요를 보게 하시고 구체적으로 공급하고 보상해주는 지혜도 주십니다. 엄마가 많이 부족했고 은민이를 잘 돕지 못했음을 인정하고 용서를 구하게 하셨습니다. 은민이를 잘 아시고 능히 도우실 수 있는 하나님을 의지하고 살아가라고 말하게 하십니다.

요즘 학원 픽업하면서 은민이와 자연스럽게 대화할 수 있는 기회가 열렸습니다. 그 시간에 주님이 우리에게 오셔서 관계를 회복시키시고 계십니다. 하나님에 대해 궁금해 하고 질문하는 은민이가 어찌나 사랑스럽고 예쁜지요. 주님의 사랑이 제 안에 부어지고 있는 것을 경험합니다. 이제 더이상 은민이는 무거운 짐이 아니라 주님 안에 함께 거하는 사랑스런 자녀이자 친구가 되었습니다.

나의 과도한 책임감이라는 무거운 짐을 주님 앞에 내려놓을 때 내게 쉼을 주시고 온유하고 겸손하신 주님의 마음을 배우게 하십니다. 마태복음 11장 말씀을 내 삶에 성취하신 주님을 찬양합니다.

수고하고 무거운 짐진 자들아 다 내게로 오라 내가 너희를 쉬게 하리라 나는 마음이 온유하고 겸손하니 나의 멍에를 메고 내게 배우라 이는 내 멍에는 쉽고 내 짐은 가벼움이라 하시니라"(마 11:28~30).

# 제 5원리

## 나는 나의 삶을 지배하는 문제를
## 하나님께 완전히 맡긴다.

만일 평민의 한 사람이 여호와의 계명 중 하나라도 부지중에 범하여 허물이 있었는데 그가 범한 죄를 누가 그에게 깨우쳐 주면 그는 흠 없는 암염소를 끌고 와서 그 범한 죄로 말미암아 그것을 예물로 삼아 그 속죄제물의 **머리에 안수하고** 그 제물을 번제물을 잡는 곳에서 잡을 것이요(레 4:27-29).

회복의 길 3, 4, 5원리는 서로 연결된 내용이다. 제 3원리는 나는 나의 삶을 지배하는 문제에 대해 무력하며 스스로 삶을 조절할 수 없음을 인정하는 것이다. 우리가 무력감을 인정함으로 하나님 앞에 나갈 수 있다. 제 4원리는 모든 능력의 근원이신 하나님이 나를 온전한 모습으로 회복시킬 수 있음을 믿는 것이다. 믿음이 중요한 것은 회복의 길이 만만치 않기 때문이다. 회복의 길을 가면서 '내가 과연 회복할 수 있을까?' 하는 의심이 들면 회복을 포기하고 싶은 마음이 든다. 이때 중요한 것이 회복시키는 주체가 내가 아니라 하나님이라는 믿음을 갖는 것이다. 제 5원리는 두 단계를 통해 깨닫고 믿은 것을 적용하는 단계로 십자가 앞에 맡기는 것이다.

우리는 우리의 삶을 지배하는 문제, 알코올, 약물, 지배욕, 분노, 불신, 낮은 자존감 등을 십자가 앞에 가지고 나아가 내려놓아야 한다. 삶의 문제에서 자유롭게 되는 열쇠는 문제를 자발적으로 하나님 앞에 맡기는 것이다. 인간은 삶의 주인이 '자신'이라고 생각하기 때문에 스스로 문제를 해결하려는 경향이 있다. 그러므로 우리는 자신의 문제를 하나님께 맡기는 훈련을 해야 한다.

회복의 길 5원리는 "나는 나의 삶을 지배하는 문제를 하나님께 완전히 맡긴다"이다. 제 5원리의 핵심은 맡기는 것이다. 필자가 처음 회복의 길 12단계를 적용할 때 제 5원리를 어떻게 적용할까 고민하다가 날마다 나의 쓴 뿌리 문제를 십자가 앞에 고백하며 내려놓는 기도를 시작했다. "주님 저의 수동공격을 십자가 앞에 내려놓습니다." "주님 저의 회피를 십자가 앞에 내려놓습니다." 매우 짧은 기도였지만 놀라운 능력이 나타나는 것을 경험하였다. 십자가 앞에 내려놓을 때 하나님의 은혜가 경험되고 쓴 뿌리로부터 자유롭게 되는 경험을 하였다. 그래서 쓴 뿌리를 십자가 앞에 내려놓는 것이 어떤 영적인 원리가 있는지 많은 생각을 하였다. 그때 하나님께서 "죄의 문제를 십자가 앞에 내려놓는 것은 그리스도의 '전가된 의'의 효력을 경험하게 한다"는 깨달음을 주셨다.

우리가 쓴 뿌리를 제거하고 회복하는 과정에서 십자가 앞에 내려놓고 전가된 의를 경험하는 것이 중요하다. 전가된 의는 하나의 교리가 아니라 매일 삶 속에서 경험해야 하는 것이다. 그것을 경험할 때 날마다 거룩한 삶으로 회복해 나갈 수 있다.

**첫째, 예수님을 믿음으로 의롭게 된 것은 '전가된 의'이다.**

성경에서 말하는 "의"(義)는 하나님과 하나님의 법에 완전히 일치하는 것이다. 의의 종류는 율법적인 의(legal righteousness)와 복음적인 의(evangelical righteousness)가 있다. 율법적 의는 한 사람이 하나님의 법을 완전히 성취하여 의롭다고 선언되는 것을 의미한다. 율법적 의를 이룬 분은 예수 그리스도 한 분 외에는 없다. 복음적 의는 죄가 전혀 없는 중보자가 우리를 대신하여 율법을 성취하고 이행하여, 하나님께서 그것을 믿는 자에게 전가한 것을 의미한다. 따라서 복음적 의를 전가된 의(Inputation)라고 하고 성경에서 전가된 의(Inputation)는 '여기시다'로 번역되었다.[1]

> 그러므로 그것이 그에게 의로 여겨졌느니라 그에게 의로 여겨졌다 기록된 것은 아브라함만 위한 것이 아니요 의로 여기심을 받을 우리도 위함이니 곧 예수 우리 주를 죽은 자 가운데서 살리신 이를 믿는 자니라(롬 4:22-24).

우리가 의롭게 되는 방법은 오직 믿음을 통해서 이루어지고, 그 의는 전가된 의이다. 「하이델베르크 요리문답」 제60문에서 의롭게 되는 방법을 다음과 같이 설명한다. "비록 내가 하나님의 모든 계명을 크게 어겼고 단 하나도 지키지 않았으며 여전히 모든 악으로 향하는 성향이 있다고 나의 양심은 고소하지만 하나님께서는 나의 공로가

---

1  Zacharias Ursinus, 「하이델베르크 요리문답해설」, 530-3.

전혀 없이 순전히 은혜로 그리스도의 온전히 만족케 하심과 의로움과 거룩함을 선물로 주십니다. 하나님께서는 마치 나에게 죄가 전혀 없고 또한 내가 죄를 짓지 않은 것처럼, 실로 그리스도께서 나를 위해 이루신 모든 순종을 내가 직접 이룬 것처럼 여겨 주십니다. 오직 믿는 마음으로만 나는 이 선물을 받습니다."[2]

> 사람이 의롭게 되는 것은 율법의 행위로 말미암음이 아니요 오직 예수 그리스도를 믿음으로 말미암는 줄 알므로 우리도 그리스도 예수를 믿나니 이는 우리가 율법의 행위로써가 아니고 그리스도를 믿음으로써 의롭다 함을 얻으려 함이라 율법의 행위로써는 의롭다 함을 얻을 육체가 없느니라(갈 2:16).

**둘째, 우리는 그리스도의 전가된 의의 은혜와 능력을 통해 온전한 그리스도인으로 회복해 나갈 수 있다.**

예수님을 닮아가기 위해서는 날마다 전가된 의를 기억하고 그 은혜 안에 사는 것이 중요하다. 우리가 전가된 의를 경험하는 것은 하나님의 긍휼과 예수님의 십자가의 은혜를 경험하는 것이고 성화로 가는 출발이며 능력이 된다.

칼빈(Calvin)은 「기독교 강요」에서 이렇게 설명한다. 전가된 의는 주님의 대리적 무릎을 통해 값을 지불한 의 즉, 예수님께서 모든 율

---

2  Ibid., 529.

법에 순종하였고, 율법의 형벌을 당하시고 죽기까지 순종함으로 이루어진 의가 성도의 전 생애를 통해서 부여되는 것으로써 성도 구원의 전 과정에 지속적인 영향을 미치는 것이다.[3] 이처럼 전가된 의는 그리스도인의 전 생애에 부어지는 은혜이고 구원의 전 과정에 영향을 주는 것이다.

회복의 길 5원리를 적용하면서 전가된 의의 능력에 대해 새롭게 깨달은 것이 감사하다. 지금까지 전가된 의의 개념을 교리적 수준에서 이해하고 있었던 것이 사실이다. 예수님을 믿기만 하면 의롭게 되어 하나님의 자녀가 된 것을 확신하고 감사하였다. 그러나 전가된 의에 대한 교리적 개념이 필자를 성숙한 그리스도인으로 나가게 하지는 않았다. 그리스도인이 신앙생활 하면서 해결해야 할 개념 중 하나가 칭의와 성화가 분리된 것이다. 칭의는 있는데 성화가 없는 이상한 현상이 있다. 예수 그리스도를 믿음으로 얻은 칭의는 단지 의롭게 된 상태가 아니라 우리 안에 의를 일으키는 능력이 되어야 한다. 종교 개혁자 루터는 칭의와 성화를 명확하게 구별하지 않았고, 칭의의 개념을 '의로운 자로 여기다'(justum reputare)와 '의로운 자로 만든다'(justum efficere)라는 하나의 의미로 말하였다.[4]

그러므로 그리스도인은 날마다 자신의 죄를 십자가 앞에 내려놓으며 전가된 의의 은혜를 경험하면서 예수님을 닮기까지 회복해야 한다. 회복의 길 5원리를 적용할 때 이러한 문제를 해결할 수 있다고 생각한다. 구약성경 제사법에서 속죄 제사를 드릴 때 제물에 안수하

---

3  John Calvin, 「기독교 강요 (상)」, 699-701.

4  Herman Bavinck. 「개혁교의학 4」, 박태현 역 (서울: 부흥과개혁 개혁사, 2014), 225-6.

는 것은 죄를 제물에 전가하여 속죄하는 것이다.

> 만일 평민의 한 사람이 여호와의 계명 중 하나라도 부지중에 범하여
> 허물이 있었는데 그가 범한 죄를 누가 그에게 깨우쳐 주면 그는 흠
> 없는 암염소를 끌고 와서 그 범한 죄로 말미암아 그것을 예물로 삼
> 아 그 속죄제물의 **머리에 안수하고** 그 제물을 번제물을 잡는 곳에
> 서 잡을 것이요(레 4:27-29).

제물에 안수하는 행위는 제사를 드리는 사람이 자신의 죄를 제물
에게 전가하는 의미이다. 그리고 제물이 죄인을 대신해서 죗값을 치
르는 역할을 의미한다. 우리가 잠시 구약시대로 돌아가서 자기 죄를
깨닫고 죄 문제를 해결하기 위해 성전에 제물을 끌고 가서 제사 드
린다고 가정해보자. 제사 드리기 위해서 먼저 하는 것은 양의 머리
에 자신의 죄를 하나씩 고백하여 전가하는 것이다. "주님 제가 미워
하는 죄를 지었습니다", "분노하는 죄를 지었습니다", "통제하는 죄
를 지었습니다", "무책임한 죄를 지었습니다." 죄를 전가한 후에는
칼을 들어 양의 목을 찔러 죽이는 것이다. 제물을 죽이는 것은 제사
장이 하는 것이 아니라 제사 드리는 사람이 하는 것이다. 내가 죽어
야 하는데 나의 죗값을 치르기 위해 대신 양이 피를 흘리며 죽어가
는 과정을 볼 때 여러분은 어떤 감정이 들겠는가? 나의 죄를 대신 지
고 죽어가는 양을 보며 죄에 대한 비참함을 깨닫고 펑펑 울 것이다.
그리고 다시는 죄를 짓지 않겠다는 결단을 하게 될 것이다. 이와 같
이 구약시대의 속죄제는 자신의 죄를 제물에게 전가하고 제물을 죽
이는 행위를 함으로써 죄에 대한 비참함을 깨닫고 거룩한 삶으로 결

단하는 효과가 있었다.

우리가 예수를 믿음으로 의롭게 된 것을 교리로만 생각하면 그 믿음은 거룩한 삶으로 동기화가 되지 않는다. 우리가 회복하기 위해서는 날마다 십자가 앞에 죄를 고백함으로 전가된 의를 경험하고 그 은혜 안에서 살아야 한다.

그러면 날마다 십자가 앞에 삶의 문제를 내려놓는 것, 즉, 전가된 의를 경험하는 것이 어떤 영적인 의미가 있을까? 삶의 문제를 십자가 앞에 맡기는 것은 그리스도와의 연합, 죄에 대해 죽기로 결정, 은혜 아래 들어가는 것을 경험하는 삶이다.

## 1. 맡기는 것은 그리스도와 연합하는 것이다.

연합은 모든 것을 함께 나누는 관계이다. 인간관계에서도 진실한 나눔이 있을 때 서로 연합을 경험한다. 그리스도인은 이미 믿음으로 말미암아 그리스도와 연합되었다. 그러나 교리적인 연합이 아닌 삶에서 그리스도와의 연합을 어떻게 경험할 수 있는가? 우리의 중보자 예수 그리스도, 대리적 무릎을 이루신 예수 그리스도 앞에 나의 죄와 쓴 뿌리를 내려놓을 때 그분과 완전히 연합을 경험할 수 있다.

무릇 그리스도 예수와 합하여 세례(침례)를 받은 우리는 그의 죽으심과 합하여 세례(침례)를 받은 줄을 알지 못하느냐 그러므로 우리가 그의 죽으심과 합하여 세례(침례)를 받음으로 그와 함께 장사되었나니 이는 아버지의 영광으로 말미암아 그리스도를 죽은 자 가운데서 살리심과 같이 우리로 또한 새 생명 가운데서 행하게 하려 함이라(롬 6:3-4).

우리가 예수님을 믿고 세례(침례)를 받는 것은 예수님과 연합하는 것이다. 세례(침례)는 예수님과 함께 죽고 부활하신 예수님과 함께 사는 것을 의미한다. 그러므로 세례(침례) 의식은 매일 삶 속에서 자각한 죄와 쓴 뿌리를 십자가 앞에 고백하고 부활하신 주님과 동행하기로 결단하는 것이다. 이것이 주님과 연합하는 것이고 전가된 의를 경험하는 삶이다.

칼빈(Calvin)도 「기독교 강요」 3권 11장에서 그리스도와의 연합과 전가된 의를 다음과 같이 설명한다. "우리가 밖에 계신 그리스도를 멀리서 바라봄으로써 그의 의가 우리에게 전가되는 것이 아니라, 그를 옷 입으며 그의 몸에 접붙여지기 때문이다."[5] 그러므로 우리는 그리스도와의 연합을 기뻐하는 것이다. 그리고 3권 1장에서 칼빈은 신자가 그리스도의 인격과 신비스러운 연합이 없이는 그리스도께서 다 이루신 공로의 효력을 맛볼 수 없음을 강조하였다.[6]

우리가 회복하기 위해서는 십자가와의 연합을 통한 그리스도의 의를 누리는 것이 중요하다. 십자가와의 연합을 통해 의로움을 누리는 사람은 내적인 변화를 의식하고 살게 된다. 그리스도인은 내적인 변화에서 외적인 변화로 나아갈 수 있다.

우리 교회는 십자가와 연합을 통해 그리스도의 의를 경험하고 그

---

5  John Calvin, 「기독교 강요 (중)」, 250-1.

6  Ibid,. 7-10.

능력으로 내적인 변화에서 외적인 변화로 나아가고 있다. 다음은 회복의 길 3-5원리 기도문이다. "나는 분노의 문제 앞에 절대적으로 무력한 존재임을 인정합니다. 이 문제를 해결하고 회복시킬 수 있는 분은 오직 하나님이심을 믿습니다. **나의 죄를 위해 십자가에 죽으시고 부활하신 주님 앞에 나의 분노를 내려놓습니다. 이 쓴 뿌리로 인한 죄를 용서하시고 깨끗하게 하시니 감사합니다.**"

단순한 기도이지만 놀라운 능력이 있다. 우리는 이 기도를 통해서 십자가와 연합을 경험하고 그리스도의 전가된 의를 경험한다. 이러한 경험은 내적인 변화에서 외적인 변화로 나아가게 한다.

## 2. 맡기는 것은 죄에 대해 죽기로 결정하는 것이다.

우리가 알거니와 우리의 옛 사람이 예수와 함께 십자가에 못 박힌 것은 죄의 몸이 죽어 다시는 우리가 죄에게 종 노릇 하지 아니하려 함이니 이는 죽은 자가 죄에서 벗어나 의롭다 하심을 얻었음이라(롬 6:6-7).

예수님이 십자가를 통해서 이루시고자 하는 것은 단지 죄를 용서해주시고 끝나는 것이 아니다. 내 속에서 계속 죄를 짓도록 만드는 죄성에 대해서 죽기를 원하시는 것이다. 그래서 내 안에 있는 옛 사람, 죄의 쓴 뿌리에 대해서 종지부를 찍고 새로운 피조물로 회복되기를 원하시는 것이다.

죄를 이기는 방법은 죄와 씨름하는 것이 아니라 죄에 대해 죽는 것이다. 예수님의 참된 제자가 되기 위해서는 죄된 자아를 십자가에 못 박는 훈련을 해야 한다. 억압당한 자아는 조금만 상황이 바뀌면 또 튀어나와 죄를 짓게 한다. 그러므로 성령의 사람으로 변화되기 위해서 자아를 억누르는 훈련이 필요한 것이 아니고, 십자가 앞에 나아가 죄의 문제를 내려놓는 훈련을 하여야 한다.

> 내가 그리스도와 함께 십자가에 못 박혔나니 그런즉 이제는 내가 사는 것이 아니요 오직 내 안에 그리스도께서 사시는 것이라 이제 내가 육체 가운데 사는 것은 나를 사랑하사 나를 위하여 자기 자신을 버리신 하나님의 아들을 믿는 믿음 안에서 사는 것이라(갈 2:20).

죄된 자아가 죽는 것, 자아를 십자가에 통과시키는 것은 일회적인 사건이 아니다. 성령께서 조명하셔서 죄악된 자아를 보여주실 때마다 십자가에 못 박는 일을 반복적으로 행하는 것이다. 십자가 앞에 분노나 불신의 문제를 내려놓는 고백을 할 때 그 강도(強度)가 약해지는 것을 경험하게 될 것이다. 죄에서 죽었다는 말은 죄가 완전히 없어졌다는 의미가 아니라 죄의 세력에서 해방되었다는 뜻이다(롬 6:7). 즉, 죄의 종노릇을 하지 않게 되었다는 의미이다. 종이란 주인이 시키면 시키는 대로 하는 것이다. 우리가 전에는 죄의 종이 되어 죄의 지배를 받았고 죄를 짓지 않으려 해도 짓게 되는 삶을 살았다. 그러나 우리가 죄를 인정하고 십자가 앞에 고백할 때 하나님은 우리의 죄를 용서하실 뿐만 아니라 깨끗하게 하신다(요일 1:9). 십자가 앞에 죄를 고백하는 것은 죄에 대해 죽기로 결정하는 것이며 죄에 대해 해방을 경험하는 길이다.

우리 교회 김효숙 집사의 고백이다. "훈습일지를 쓰는 훈련을 하면서 죄인인 나의 모습을 구체적으로 십자가로 가져 가게 되는 삶을 살게 되어 부활의 능력도 경험합니다. 저는 자기애가 강하여 모든 것을 내 중심으로 생각하고 있다는 것을 깨달았습니다. 내 감정만 생각하고, 내가 기분 나빴던 것, 내가 피곤한 것, 나한테 피해가되는 것만 생각했습니다. 나는 보호 받아야 하고, 나는 나약한 사람이라는 생각이 저에게 있습니다. 이러한 생각들이 나를 힘들게 하고 거기에서 빠져나오지 못하게 했습니다. 이제는 그럴 때마다 나는 그것을 가지고 십자가로 나아갑니다. 그럴 때마다 하나님은 나의 이기적이고 악한 생각은 십자가에 죽고 상대방을 이해하고 나아갈 수 있는 은혜를 주십니다. 지금은 내가 나를 보아도 힘이 있어 보이고 다른 사람들에게서도 예뻐졌다는 소리를 듣습니다."

### 3. 맡기는 것은 은혜 안에 들어가는 것이다.

> 그러므로 이제 그리스도 예수 안에 있는 자에게는 결코 정죄함이 없나니 이는 그리스도 예수 안에 있는 생명의 성령의 법이 죄와 사망의 법에서 너를 해방하였음이라(롬 8:1-2).

십자가 앞에 나아가 '전가된 의'를 경험하는 것은 하나님의 은혜 안에 들어가는 것이다. 회복은 습관과의 싸움이기도 하다. 우리는 구원 받기 전에 죄의 지배를 받으며 형성된 습관들이 있다. 어떤 사람은 예수 믿고 담배를 끊었다가 부부 싸움을 하고 나면 다시 담배를 피운다. 예수님 믿기 전에 부부 싸움을 하면 스트레스를 풀기 위하여 담배를 피웠던 습관이 되살아나기 때문이다. 어떤 분은 갈등이 생기면 고립을 선택하여 숨는 사람이 있다. 옛 습관이 살아나기 때문이다. 이러한 옛 습관과 싸움에서 최대의 적은 죄책감이다. 옛 습관은 반복적으로 일어나기 때문에 죄책감에 빠지게 한다. 그러므로 옛 습관에서 승리하는 비결은 항상 하나님의 은혜 아래 있는 것이다(롬 6:14).

> 죄가 너희를 주장하지 못하리니 이는 너희가 법 아래에 있지 아니하고 은혜 아래에 있음이라(롬 6:14).

회복의 길 5원리를 실천하는 것은 은혜 안에 거하는 방법이다. 은혜 안에 있는 것은 율법 아래 있지 않는다는 확신과 하나님의 용서와 사랑을 느끼는 것이다.

첫째, 날마다 쓴 뿌리 문제를 가지고 십자가 앞에 나아가는 사람은 율법 아래 있지 않다는 것을 경험한다. 율법 아래 있는 사람은 죄의 문제로 넘어질 때 죄책감과 정죄감에 빠지는 경향이 있다. 그러나 십자가 앞에 나아가는 사람은 전가된 의를 경험한다. 이런 사람은 죄와의 싸움에 일시적으로 패배해도 하나님과의 관계에는 달라질 것이 없다는 것을 기억한다. 하나님은 여전히 우리를 사랑하시는 아버지이시고 우리는 여전히 그의 사랑을 받은 자녀라는 것을 확신한다. 기억하는 하나님의 모습은 화내시는 하나님이 아니라 안타까워하시고 용납해주시는 하나님이다. 죄는 우리의 적이고 하나님은 죄와의 싸움에서 우리를 도우시는 분이라는 것을 생각한다. 이것이 우리가 율법 아래에 있지 않다는 의미이다.

둘째, 날마다 쓴 뿌리 문제를 가지고 십자가 앞에 나가는 사람은 하나님의 용서와 사랑 그리고 도움을 경험한다.

> 그러므로 우리는 긍휼하심을 받고 때를 따라 돕는 은혜를 얻기 위하여 은혜의 보좌 앞에 담대히 나아갈 것이니라(히 4:16).

쓴 뿌리의 문제를 가지고 십자가 앞에 나아갈 때 말로 표현할 수 없는 하나님의 따뜻한 사랑을 경험하는 것은 그리스도인의 특권이다. 열 번을 넘어지고 나아가도 여전히 안아주시고 붙잡아주시는 하나님의 사랑을 경험하게 된다. 하나님은 언제나 변함없이 용납해주시고 힘을 주시고 다시 도전할 수 있는 능력을 주신다. 하나님 말씀에 순종했을 때 느끼는 승리의 기쁨만큼, 넘어져서 십자가 앞에 나아갈 때 경험하는 용서하시는 하나님의 손길이 더 큰 기쁨을 주기도 한다. 그래서 사도 바울은 이렇게 고백하였다. "죄가 더한 곳에 은혜가 더욱 넘쳤나니 이는 죄가 사망 안에서 왕 노릇 한 것 같이 은혜도 또한 의로 말미암아 왕 노릇 하여 우리 주 예수 그리스도로 말미암아 영생에 이르게 하려 함이라"(롬 5:20-21).

비록 과거의 상처가 많고 지금 반복적으로 넘어지더라도 날마다 십자가 앞에 나아가는 사람은 용서와 도움의 은혜를 경험하게 된다. 정직하게 십자가 앞에 나아가는 사람은 지극히 풍성한 하나님의 사랑을 가슴에 채우며 회복을 향해 가게 된다. 이것이 자신을 은혜 아래에 두는 것이다.

대화 치료 이론에서 구두점의 원리가 있다. 구두점 원리는 사람마다 자신의 입장과 이해관계에 따라서 구두점을 찍어 이야기를 이해하는 것이다. 구두점은 자신의 입장을 강화하거나 이해관계에 따라서 유리한 방식으로 사용된다. 우리는 지금까지 살면서 많은 상처를 경험하고 그 결과 내면의 쓴 뿌리들이 형성되었다. 그리고 우리는 그 상처 때문에 하나님의 은혜를 경험하기도 한다. 자신의 삶 이야기를 상처받은 것에 구두점을 찍고 이해하느냐, 아니면 하나님께 받은 사랑과 은혜에 구두점을 찍고 사느냐가 중요하다.

구두점을 상처받은 것에 찍는 사람은 "나는 배반당했어", "나는 학대당했어", "나는 버림받았어", "나는 억울해!"라고 말하며 살 것이다. 그러나 하나님의 사랑에 구두점을 찍는 사람은 "나는 특별히 하나님의 선택 받은 사람이다", "나는 세상에서 가장 많이 용서받은 사람이다", "나는 하나님의 사랑받는 자녀이다!"라고 고백하며 살 것이다. 구두점을 하나님의 사랑에 찍고 해석하는 사람은 죄가 더한 곳에 하나님의 은혜와 사랑이 넘치는 것이 무엇인지 안다. 그래서 더 이상 죄가 왕 노릇하지 않고 은혜가 왕 노릇하는 삶을 산다.

다시 김효숙 집사의 고백이다. "저의 쓴 뿌리인 열등감이 올라와 정죄감과 죄책감에 빠지게 되면 다시 우울함이 올라오고 수치심을 느끼기도 합니다. 이럴 때는 로마서 8장 1절 '그러므로 이제 그리스도 예수 안에 있는 자에게는 결코 정죄함이 없나니'라는 말씀처럼 예수님 안에서 죄와 사망의 법에서 해방됐음을 믿고 선포하며 이겨냅니다. 이제는 죄책감이 올라와도 오래가지 않습니다. 나는 육체를 가진 인간이기 때문에 그럴 수 있다고 생각하고 하나님께 죄를 고백하고 용서를 구하는 기도를 합니다. 그렇게 하면 하나님께서는 곧 평안을 주십니다."

# 적용

1. 발견한 쓴 뿌리를 십자가 앞에 내려놓으며 전가된 의를 경험해 보세요.

2. 지금까지 살면서 하나님께 받은 사랑의 경험에 구두점을 찍어 그 사랑을 기록해 보세요.

### 3. 회복의 길 기도 예
1) 주님 나에게는 (a 고립감)의 쓴 뿌리가 있습니다.
2) 그로 인하여 (b    )문제들이 발생합니다.
 *나와의 관계에서 소외감 실망감을 느낍니다.
 *이웃과의 관계에서 비난과 판단 그리고 단절의 문제가 발생합니다.
 *관계된 사역에서 매우 수동적이 되었습니다.
3) 나는 (a 고립감)의 문제 앞에 절대적으로 무력한 존재임을 인정합니다.
4) 이 문제를 해결하고 회복시킬 수 있는 분은 오직 하나님이심을 믿습니다.

5) 나의 죄를 위해 십자가에 죽으시고 부활하신 주님 앞에 나의 (a 고립감)을 내려놓습니다. 이 쓴 뿌리로 인한 죄를 용서하시고 깨끗하게 하시니 감사합니다.

## 성산 회복 이야기 / 김효숙

저는 회복프로그램 하면서 내가 생각의 폭이 너무 좁고, 망상이 많은 편이고, 가장 근본적인 쓴 뿌리인 열등감으로 인해 많은 문제가 발생하는 것을 알게 되었습니다.

저는 어릴 때 혼자 있는 시간이 많았습니다. 엄마는 나를 혼자 두고 일하러 가신 적이 많았고 내성적인 성격 탓에 학창시절뿐 아니라 성인이 되어서도 혼자 있는 시간이 많았습니다. 그래서 사람들 사이에 있으면 어색하고 힘듭니다.

회복프로그램 후 전도사님과 어린 시절을 얘기하면서 그때에도 예수님께서 나와 함께 하셨다고 말씀해 주셨습니다. 그때 무언가 쾅하고 얻어맞은 기분이었습니다. '난 혼자가 아니었구나' 나를 사랑해주시는 예수님께서 늘 함께 하셨다는 것을 믿게 되었습니다. 예전에는 항상 혼자이고 외롭고 힘들다고 생각한 적이 많았는데 그런 생각들이 점점 줄어들었습니다. 속상하고 내 마음을 털어놓을 상대가 없을 때는 하나님께 투정도 부리고 화도 내봅니다. 그러면 모든 것을 받아주시는 하나님을 믿게 되어 평안해집니다. 예수님께서 언제 어디서든지 나와 함께하심을 경험하니 힘이 생기고 혼자 있는 시간들이 예전보다 힘들지 않습니다.

훈습일지를 쓰는 과제를 하면서 죄인인 나의 모습을 구체적으로 십자가로 가져가게 되는 삶을 살게 되어 부활의 능력도 경험하였습니다. 나는 자기애가 강하다 보니 내 위주로 생각을 많이 했습니다. 그래서 내 감정만 생각하고, 내가 기분 나빴던 것, 내가 피곤한 것, 나한테 피해가 되는 것만 생각했습니다. 나는 보호 받아야 하고, 나는 나약한 사람이라는 자기중심적 생각을 많이 합니다.

나는 피해받는 상황이나 화난 상황이 생기면 수많은 왜곡된 생각으로 인해 힘들었습니다. **이제는 그럴 때마다 그것을 가지고 십자가로 나아가 내려놓습니다. "주님! 나 중심적인 삶을 십자가 앞에 내려놓습니다. 이기적인 삶을 내려놓습니다. 열등감을 내려놓습니다." 십자가 앞에 내려놓을 때 이기적인 나의 자아가 죽고 다른 사람을 이해하고 나아갈 수 있는 은혜를 주십니다.** 지금은 내가 나를 보아도 당당해진 것 같고, 다른 사람들에게도 "예뻐졌다", "힘이 있어졌다"는 말을 자주 듣습니다.

"인자가 온 것은 섬김을 받으려 함이 아니라 도리어 섬기려 하고 자기 목숨을 많은 사람의 대속물로 주려 함이니라"(막 10:45). 예수님은 항상 자기 자신보다 우리를 먼저 생각하시는 분이셨습니다. 이제 나는 할 수 있어. 내가 더 먼저 할 수 있고 다른 사람들에게 선한 일을 해 줄 수 있다는 생각으로 변화되고 있습니다.

그리고 매일 하나님의 말씀을 묵상하면서 아버지의 마음을 깨닫고 그 사랑에 반응하며 살아가려고 합니다. 묵상하고 시작한 하루와 그렇지 못한 하루는 너무 차이가 났습니다. 묵상했을 때는 마음에 평안과 안정이 있고 하나님의 말씀을 종일 생각하게 됩니다. 이 말은 무슨 뜻이었을까? 내가 무엇을 해야 할까? 하나님께 물어보면서 하루를 보내게 됩니다. 묵상하면서 하나님과 더욱 친밀해짐을 느끼고 저를 정말 사랑하심을 느낄 수 있습니다. 지금까지 살아온 게 모두 하나님의 사랑임을 깨달았습니다.

그리고 나의 가장 큰 쓴 뿌리인 열등감이 올라와 날 정죄하고 죄책감에 빠지도록 하여 다시 우울해지고 수치심이 느껴질 때 로마서

8장 1절 "그러므로 이제 그리스도 예수 안에 있는 자에게는 결코 정죄함이 없나니" 말씀을 믿고 선포하며 이겨냅니다. 이제는 죄책감이 올라와도 오래가지 않습니다. 나는 육체를 가진 인간이기 때문에 그럴 수 있다고 생각하고 하나님께 죄를 고백하고 진리의 말씀을 믿고 선포합니다. 그렇게 하면 하나님께서는 곧 평안을 주십니다.

일대일 양육을 받으면서 경험한 은혜는 나에게 힘을 주시는 하나님을 경험하는 것이었습니다. 집에 있을 때 늘어져 있거나 TV 시청을 많이 하는 편이었는데 요즘은 혼자 있는 시간을 유익하게 보냅니다. 그리고 하나님과 함께하는 시간이 매우 즐겁습니다. 제가 힘이 생기니 아들도 집에서 누워서 지내는 편이었는데 활동하는 아이로 바뀌고 성격도 밝아졌습니다. 또 제가 성경을 보니 아들도 성경책에 관심을 가지고 제가 말씀을 외울 때는 자기도 외운다면서 따라합니다.

그리고 또 하나의 큰 은혜는 저녁마다 가족이 예배를 드립니다. 함께 성경책을 읽고 찬송을 부르고 기도합니다. 찬송을 부르면서 우리 가족이 조금씩 밝아지고 성경을 읽으면서 하나님께서 언제나 함께하심을 느끼고, 하루 동안 감사한 것과 힘들었던 것을 나누면서 대화를 많이 하게 됩니다. 그러면서 저는 남편을 더 이해하고 아들은 안정감과 자신감을 갖는 것을 보게 되었습니다.

히브리서 4장 16절 말씀 "그러므로 우리는 긍휼하심을 받고 때를 따라 돕는 은혜를 얻기 위하여 은혜의 보좌 앞에 담대히 나아갈 것이니라."

하나님께 나아가는 자에게 생각과 행동의 변화를 주심을 확실하게 깨달았습니다. 아직도 부족한 저이기에 하루하루 묵상을 통해 나

의 삶을 변화시키고 싶습니다. 그리고 기도도 많이 부족하기에 기도
도 많이 하는 사람이 되고 싶습니다.

# 제 6원리

## 나는 나에게 해를 입힌 사람의 명단을 만들어서 그들을 기꺼이 용서한다.

그 때에 베드로가 나아와 이르되 주여 형제가 내게 죄를 범하면 몇 번이나 용서하여 주리이까 일곱 번까지 하오리이까 예수께서 이르시되 네게 이르노니 일곱 번뿐 아니라 일곱 번을 일흔 번까지라도 할 지니라 그러므로 천국은 그 종들과 결산하려 하던 어떤 임금과 같으니 결산할 때에 만 달란트 빚진 자 하나를 데려오매 갚을 것이 없는지라 주인이 명하여 그 몸과 아내와 자식들과 모든 소유를 다 팔아 갚게 하라 하니 그 종이 엎드려 절하며 이르되 내게 참으소서 다 갚으리이다 하거늘 그 종의 주인이 불쌍히 여겨 놓아 보내며 그 빚을 탕감하여 주었더니 그 종이 나가서 자기에게 백 데나리온 빚진 동료 한 사람을 만나 붙들어 목을 잡고 이르되 빚을 갚으라 하매 그 동료가 엎드려 간구하여 이르되 나에게 참아 주소서 갚으리이다 하되 허락하지 아니하고 이에 가서 그가 빚을 갚도록 옥에 가두거늘 그 동료들이 그것을 보고 몹시 딱하게 여겨 주인에게 가서 그 일을 다 알리니 이에 주인이 그를 불러다가 말하되 악한 종아 네가 빌기에 내가 네 빚을 전부 탕감하여 주었거늘 내가 너를 불쌍히 여김과 같이 너도 네 동료를 불쌍히 여김이 마땅하지 아니하냐 하고 주인이 노하여 그 빚을 다 갚도록 그를 옥졸들에게 넘기니라 너희가 각각 마음으로부터 형제를 용서하지 아니하면 나의 하늘 아버지께서도 너희에게 이와 같이 하시리라(마 18:21-35).

회복의 길 6-7원리는 용서와 보상에 관한 것이다. 제 6원리는 "나는 나에게 해를 입힌 사람의 명단을 만들어서 그들을 기꺼이 용서한다"이다. 용서는 예수님의 인격이며 삶이셨고 가장 중요한 가르침이다. 용서는 회복의 중요한 개념이며 성숙한 삶의 모습이다.

예전에 재미있게 보았던 영화 '글래디에이터'가 있다. 검투사 막시무스와 또 한 명의 주인공으로 황제의 아들 코모두스가 나온다. 코모두스는 아버지의 사랑과 인정을 갈망하였지만 받지 못했다. 그는 아버지에 대한 원망과 미움으로 가득했다. 그는 아버지에게 이렇게 말하였다. "아버지는 저에게 언제나 네 가지 덕목을 가르치셨습니다. 그것은 지혜, 정의, 용기, 절제입니다. 저는 아버지를 기쁘게 하려고 이 모든 것을 지키고 싶었고, 신이라도 되고 싶었습니다. 그러나 아버지는 제가 정말로 필요했던 사랑과 인정을 주시지는 않았습니다. 아버지가 저를 안고 따뜻한 말 한마디만 주셨더라도 그 말은 저에게 태양과 같았을 것입니다. 그러나 아버지는 아버지는…." 이렇게 절규하며 조용히 마르쿠스 아우렐리우스 황제를 죽인다. 용서하지 못한 아버지와 용서하지 못한 아들의 상처가 만들어내는 비극적 한 장면이다. 물론 이 장면은 역사의 사실과 좀 다르다는 비평이 있지만, 용서하지 못한 비극이 무엇인지 우리에게 보여 준다.

용서는 다양한 대인관계의 갈등을 해결하는데 도움이 되고, 상처받은 사람의 심리 상태와 건강을 회복시키는 효과적인 방법으로 부부치료와 가족치료에도 활용되고 있다. 용서는 그 개념 속에 종교적 특성이 내재되어 있기 때문에 심리학자들에게 별로 주목을 받지 못한 개념이었다. 그러나 최근에 사람들의 생각과 감정과 행동을 변화시키는 용서의 효력에 대한 연구와 적용이 심리학자들에 의해 이루어지고 있다. 이 장에서는 용서의 정의와 성경에서 말하는 용서 그리고 용서의 과정에 대해서 살펴보고자 한다.

## 1. 용서란 무엇인가?

용서란 말은 그리스어 아피에미(ἀφίημι)로 "내보내다", "놓아버리다"라는 뜻이 있다. 상대방에 대한 분노로 자신을 어찌하지 못하고 과거에만 머물러 앞으로 나가지 못하는 건 자신에게 아무 유익이 되지 않는다. 그러므로 자신을 위해 놓아버리는 것이 용서다.

노스(J. North)는 용서를 다음과 같이 정의한다. "자신이 부당하게 취급받아 오고 있다는 것을 이성적으로 결정하자마자, 사람들은 분개와 그와 관련된 반응을 기꺼이 포기하고 선행의 도덕 원리를 바탕으로 고통을 준 사람에게 연민, 조건 없는 존중, 관용 그리고 도덕적 사랑으로 응답하기 위해 노력하는 것"이다.[1] 이 정의에 따르면 용서는 첫 번째, 상처의 결과로 경험하는 분노와 원한의 감정들을 포기하는 것이다. 두 번째, 고통을 준 사람에 대해 도덕의 원리

---

[1] Robert D. Enright & Richard P. Fitzgibbons, 「용서 심리학」, 방기연 역 (서울: 시그마프레스, 2011), 28.

를 바탕으로 사랑과 공감과 불쌍히 여김으로 마음을 교체하는 의지적 과정이다.

로버트 엔라이트(Robert Enright)도 용서는 전환을 포함한다고 한다. 용서는 개인적으로 부당한 상처를 준 사람에 대해 갖는 부정적 관점, 감정, 태도, 행동 반응을 극복하고, 스스로 긍정적인 정서 상태를 유지하고 상호 관계가 좋아지는 과정으로 설명한다.[2]

노스(J. North)와 엔라이트(Robert Enright)의 용서의 정의를 보면 용서는 영원히 불가능할 것 같다는 생각이 든다. 필자는 상담하면서 정서적 학대, 신체적 학대, 성폭력을 경험한 내담자를 만났다. 이러한 상처를 받은 사람이 어떻게 분노를 포기하고 그 대상에 대해 긍정적인 마음을 가질 수 있겠는가? 상처 준 대상을 용서한다는 것은 결코 쉬운 일이 아니다.

용서는 자신의 의지만으로는 불가능할 때가 많다. 그러므로 용서는 인간의 모든 죄를 용서하기 위해 십자가에 죽으신 주님의 사랑을 경험할 때만 가능하다. 그리고 용서는 우리가 과거에 묶이지 않고 미래를 향해 가기 위해서는 반드시 필요한 과정이다. 상처받은 사람은 용서하지 않을 권리가 있지만, 그 결과는 더 큰 고통으로 이어지게 된다. 비용서의 결과는 다음과 같다.

첫 번째, 비용서는 과거에 묶이게 한다. 용서하지 않으면 피해 경험을 계속 반추(Rumination)하여 피해의식과 분노의 감정에 묶이게 한다. 용서학의 권위자인 프레드 러스킨(Fred Luskin)은 "용서란 이미 일어난 나쁜 일이 비록 내 과거는 망가뜨렸을지언정 오늘과

---

2 Ibid,. 27.

미래는 결코 파괴할 수 없다는 힘찬 자기 선언이다!"라고 했다.[3] 용서는 과거의 상처가 자신의 현재와 미래에 불행으로 연결되지 않도록 결단하는 것이다. 용서할 때 부정적인 감정에서 벗어나 긍정적인 사고와 행동으로 나아갈 수 있다.

두 번째, 비용서는 관계에 지속적인 어려움을 준다. 어린 시절에 상처 준 사람을 용서하지 않으면 그 사람에 대한 부정적인 판단이나 감정이 남아 있어 다른 대상에게 정서가 전이되어 관계에 어려움을 준다. 예를 들면 어린 시절 아버지에게 받은 상처를 용서하지 않으면 남성 권위자에 대해 불편한 감정을 느낄 수 있다. 여성인 경우는 남편과의 관계에서 이유 없이 거부하고 화를 내는 경우가 발생한다. 한 남성 내담자는 어린 시절부터 아버지에게 이유 없이 학대를 받으며 성장하였다. 그는 아버지에 대한 분노가 해결되지 않아 분노 조절이 안 되고 가끔은 살인 충동까지 생겨서 프로그램에 참여하였다. 또 다른 내담자도 어린 시절부터 아버지와 형들에게 받은 상처로 분노와 원망이 해결되지 않아 늘 복수심으로 살았다. 그는 자신의 잣대에 불의한 일이라 생각하면 즉각적으로 분노를 표현하고 비난하기 때문에 관계에 많은 어려움이 있었다. 두 분 모두 지금은 용서하고 회복하였다. 우리가 용서하지 못하면 내면에 분노와 원망이 많아 관계에 어려움을 준다.

세 번째, 비용서는 마귀에게 틈을 준다. 용서하지 않으면 가해자에 대한 분노와 복수의 감정을 갖게 되어 있다. 마귀는 우리 안에 있는 분노를 틈타 더 강력한 분노로 만들어 간다. 그래서 성경에서 분

---

3 Fred Luskin, 「나를 위한 선택 용서」, 장현숙 역 (서울: 알에이치코리아, 2014), 14.

을 내어도 해가 지도록 품지 말라고 경고하는 것이다. "분을 내어도 죄를 짓지 말며 해가 지도록 분을 품지 말고 마귀에게 틈을 주지 말라"(엡 4:26-27).

네 번째, 비용서는 미워하는 사람을 닮게 한다. 우리 말에 시집살이 해본 며느리가 더 무섭다는 말이 있다. 부모에게 폭력을 경험한 사람이 나중에 자녀에게 폭력을 행할 가능성이 높다. 용서하지 않으면 미워하는 사람의 삶을 그대로 닮을 수가 있다. 상담하면서 부모를 미워하고 용서하지 못하는 내담자에게 종종 듣는 고백은 자신이 부모를 그대로 닮아가고 있어서 두렵다고 하는 것이다.

다섯 번째, 비용서는 그런 이성과 결혼하게 된다. 이마고(imago: 라틴어로서 image를 뜻함) 관계 치료의 개념 중에 결혼 대상자를 찾는 무의식적 동기는 어린 시절 부모에게 받지 못했던 것을 서로에게서 받기 위해 선택한다고 한다. 예를 들어 엄마가 너무 바빠서 정서적인 공감을 받지 못한 남자는, 엄마와 같이 바쁜 여성을 찾아 정서적 공감을 받아내고 싶은 무의식 동기를 가지고 결혼하는 것이다. 그래서 부모와 다른 줄 알고 결혼했는데 나중에 보면 부모와 똑같은 것을 발견하게 된다. 따라서 결혼 전에 어린 시절 부모에게 받지 못했던 것이 무엇인지 알고 용서하는 것이 매우 중요한 과제이다.

여섯 번째, 건강에도 악영향을 준다. 과거의 상처를 용서만 해도 건강이 좋아지는 경우가 많이 있다.

우리가 과거에 묶이지 않고 행복한 미래를 향해 가기 위해서는 용서가 꼭 필요하다. 그러나 용서는 결코 쉬운 것이 아니다. 용서하기 위해서는 십자가의 사랑을 경험하는 것이 중요하고, 용서의 과정을 아는 것이 도움된다.

## 2. 용서는 주님의 마음을 갖는 것이다.

그 때에 베드로가 나아와 이르되 주여 형제가 내게 죄를 범하면 몇
번이나 용서하여 주리이까 일곱 번까지 하오리이까 예수께서 이르
시되 네게 이르노니 일곱 번뿐 아니라 일곱 번을 일흔 번까지라도 할
지니라 …너희가 각각 마음으로부터 형제를 용서하지 아니하면 나의
하늘 아버지께서도 너희에게 이와 같이 하시리라(마 18:21-22, 35).

용서에 관한 예수님의 가르침은 형제가 잘못할 때에 몇 번 용서해
주어야 하느냐는 베드로의 질문에서 시작되었다. 당시 랍비는 잘못
을 세 번까지는 용서해주라고 가르쳤다. 사실 한 번의 실수도 용서
하지 못하는 우리에 비하면 세 번 용서하는 것도 잘하는 것이다. 베
드로는 예수님의 제자로서 적어도 바리새인들보다는 더 많이 용서
해야 한다고 생각했던 것 같다. 그래서 일곱 번이면 충분하지 않겠
나 생각했던 것으로 보인다. 그런데 예수님은 일곱 번을 일흔 번까
지라도 용서하라고 말씀하셨다. 예수님이 일곱 번을 일흔 번까지 용
서하라는 말씀은 490번을 용서하고 491번째에는 용서하지 말라는
의미가 아니다. 예수님은 용서의 횟수에 관심이 있는 것이 아니라
태도에 관심이 있는 것이다. 용서는 하나님 백성의 삶에 기초를 이
루어야 한다는 것이다.

예수님께서 일곱 번을 일흔 번까지라도 용서하라고 말씀하신 것
은 예수님의 성품이고 친히 그렇게 살았기 때문이다. 우리는 예수님
의 대속적인 죽음을 통해서 구원을 받았다. 우리가 치유받고 구원받
는 것은 오직 하나님의 용서를 통해서만 가능한 것이다. 하나님의 용

서가 없으면 인간은 파괴되고 고립된 상태에 머물게 되며, 그분의 용서로 우리는 새로운 생명을 얻었다. 예수님의 희생적 죽음은 용서의 궁극적 행동이다. 그러므로 용서는 우리를 향한 하나님의 성품이다. 우리가 어떠한 죄를 가지고 나가더라도 하나님은 우리의 죄를 용서하시고 깨끗하게 하신다.

우리는 하나님의 용서를 경험하면서 하나님의 성품을 닮아 간다. 하나님은 당신께서 우리를 용서한 것같이 우리도 서로 용서하기 원하신다.

> 서로 친절하게 하며 불쌍히 여기며 서로 용서하기를 하나님이 그리스도 안에서 너희를 용서하심과 같이 하라(엡 4:32).

하나님의 계명은 무거운 짐이 아니다(요일 5:3). 예수님은 우리에게 용서를 강요하시는 분이 아니라 먼저 우리를 용서하시고 그 성품을 닮아가도록 힘을 주시는 분이다. 우리가 용서하는 것은 주님의 마음을 닮아가는 것이다.

본회퍼(Bonhoeffer)는 그의 책 「나를 따르라」에서 온유한 사람은 예수 그리스도 때문에 부당한 일을 당했을 때 앙갚음하려 하지 않고 모든 권리를 하나님께 맡기는 사람이라고 한다. 그는 "원수도 하나님의 사랑에 포함됨을 알고, 예수 그리스도의 십자가 아래서 그를 보게 되는 것이다. 하나님은 나에게 선악을 묻지 않으신다. 그분 앞에서는 나의 선조차 사악한 것에 지나지 않기 때문이다. 하나님의 사랑은 그 사랑을 필요로 하는 원수를 찾는다"[4]고 말한다. 하나님의 용서와 사랑을 경험한 그리스도인은 원수까지도 용서하고 사랑할 수 있는 마음을 가질 수 있다.

### 3. 용서는 과정이다.

용서는 과정임을 아는 것이 중요하다. 사람들이 용서하기 두려워하는 이유는 상처 준 대상에 대한 감정을 교체하거나 화해하고 싶지 않기 때문이다. 하나님의 은혜를 경험하여도 신체적으로나 정서적으로 그리고 성적으로 학대한 사람을 용서하고 긍정적인 감정을 갖는다는 것은 어려운 일이다. 상담 장면에서 이러한 분에게 용서를 강요하거나 너무 급하게 시도하도록 하면 안 된다. 용서의 과정을 천천히 나누는 것이 효과적이다.

로버트 엔라이트(Robert Enright)는 그의 책 「용서 심리학」에서 용서와 심리적 과정을 개방단계, 결정단계, 작업단계, 심화단계로 나누어 설명하였다. 개방단계는 상처가 삶에 어떤 영향을 미치고 있는지 인식하는 단계이다. 결정단계는 용서의 의미를 이해하고 용서하기로 결정하는 단계이다. 작업단계는 상처를 준 사람을 이해하고 새로운 관점으로 바라보며 관계에서 긍정적인 변화를 이루는 단계이다. 심화단계는 고통 속에서 새로운 의미를 발견하고 삶의 목적을

---

4  Dietrich Bonhoeffer, 「나를 따르라」, 김순현 역 (서울: 도서출판 복 있는 사람, 2021), 212-3.

새롭게 하는 단계이다.[5]

### 1) 개방단계(인식 단계)

개방단계는 과거에 받은 상처로 인해 현재 나타나는 문제들을 통찰하고 용서의 대상을 인식하는 것이다. 첫 번째, 개방단계는 용서를 위해 용서의 대상을 구체적으로 인식하고 명단을 작성하는 것이다. 어떤 사람들은 상처받은 것을 회피하려 한다. 왜냐하면 우리에게 상처를 준 사람들은 대부분 가족이거나 가까운 사람들이기 때문이다. 가족에게 상처받은 것을 인정하면 가족을 비판하고 원망하는 것으로 생각하여 죄책감이 생기기 때문에 회피하려는 것이다.

그러나 용서의 대상을 인식하는 것은 그 사람을 원망하고 미워하려는 것이 아니다. 상처받은 사람은 내면에 분노, 슬픔, 두려움, 복수심과 같은 부정적 정서를 갖기 때문에 용서를 통해 미해결된 정서를 해결하려는 것이다.

용서의 대상을 인식하지 못하는 또 다른 이유는 상처받은 사건이 대부분 어린 시절에 이루어졌고 현재 관계에는 문제가 없기 때문이다. 이런 경우 용서하지 않아도 문제가 되지는 않지만 어린 시절의 상처로 현재 나타나는 증상이 있으면 회복을 위해 용서가 도움이 된다.

필자의 가장 핵심적인 쓴 뿌리는 수동공격과 회피이다. 그 원인은 막내라는 형제 순위와 어린 시절 어머니와 형에게 하기 싫은 심부름을 하면서 형성된 것이다. 현재는 어머니와 형님은 이 세상에서 가

---

5  Robert D. Enright & Richard P. Fitzgibbons, 「용서 심리학」, 81.

장 존경하는 분들이지만 어린 시절에는 본의 아니게 상처를 준 대상이기도 하다. 필자는 어린 시절의 사건들을 생각하며 하나씩 용서를 하였고, 이는 수동공격과 회피의 쓴 뿌리를 회복하는 데 매우 효과적이었다.

두 번째, 개방단계에서 과거에 받은 상처로 인해 현재 나타나는 부정적인 정서와 인지 행동을 통찰하는 것이다. 비용서는 가해자에 대한 기억을 갖고 살게 하고 여러 부정적인 감정에 묶이게 한다. 이러한 것들을 자각할 때 용서의 동기를 갖게 된다.

창세기 37장에 보면 요셉이 형들에 의해 애굽의 노예로 팔려간다. 요셉이 형들에게 팔릴 때 고통스러운 마음으로 살려 달라고 호소한 내용이 창세기 42장 21절에 언급되어 있다. "그들이 서로 말하되 우리가 아우의 일로 말미암아 범죄하였도다 그가 우리에게 애걸할 때에 그 마음의 괴로움을 보고도 듣지 아니하였으므로 이 괴로움이 우리에게 임하도다." 형들에게 팔린 요셉은 애굽이라는 낯선 환경에서 오는 두려움보다 믿었던 형들에게 인신매매를 당하며 경험한 배반과 미움 그리고 원망과 같은 심리적인 고통이 훨씬 힘들었을 것이다. 요셉은 애굽에서 바로의 친위 대장 보디발 가정의 총무로 일하였는데 설상가상으로 보디발의 아내의 모함 때문에 옥에 갇히는 억울한 일을 당하였다(창 39:7-20). 버림받는 사건과 계속되는 억울한 일들을 경험하면서 요셉의 내면의 고통은 점차 증가했을 것이다. 일반적으로 이 정도의 상처를 경험한 사람들은 현실에서 정상적으로 생활하는 것이 매우 힘들다. 요셉 역시 형들을 생각만 하면 분노와 미움 때문에 잠도 자지 못했을 것이다. 이러한 지속적인 감정의 고통은 용서의 필요성을 인식할 수 있고, 하나님 앞에 나아가는 동기가 된다. 요셉의 정서적인 고통은 하루도 하나님 없이 살 수 없는 상태였을 것이다. 그래서 요셉은 늘 하나님과 함께하며 승리할 수 있었다.

우리 안에 있는 피해의식, 분노, 미움, 짜증, 복수심 등은 아직 용서하지 못한 사람이 있다는 것을 보여주는 것이다. 우리가 회복하기 위해서는 비용서의 결과로 경험하는 감정 상태를 정직하게 인식하고 용서의 명단을 만들어야 한다.

### 2) 결정단계

결정단계는 의지적으로 용서를 결단하는 단계이다. 과거의 상처 때문에 여전히 화가 나지만 그것으로부터 자유롭기 위해 용서를 선택하는 것이다. 용서는 스스로 복수하려는 마음을 멈추고 복수를 하나님께 맡기는 행위이다. 용서를 결단하지 못하면 상처를 준 사람에게 복수할 방법을 의식 또는 무의식에서 찾는다. 우리는 다음 두 가지 의미에서 용서하기로 결단해야 한다.

### (1) 용서를 결단하는 것은 자신을 위한 것이다.

용서는 상처받은 과거의 고통에서 벗어나 미래를 향해 가기 위한 결단이다. 미국 최고의 방송인 오프라 윈프리는 아홉 살 때 사촌 오빠, 친척, 엄마의 지인에게까지 성적인 학대를 당했다. 그녀는 용서를 이렇게 설명했다. "용서란 상대방에게 면죄부를 주는 것이 아니고 결코 상대방의 행동을 정당화하는 것도 아닌 나 자신이 과거를 버리고 앞으로 나아가기 위해서 하는 것입니다." 용서는 자신을 위해서 하는 것이다.

주인이 노하여 그 빚을 다 갚도록 그를 옥졸들에게 넘기니라 너희가 각각 마음으로부터 형제를 용서하지 아니하면 나의 하늘 아버지께 서도 너희에게 이와 같이 하시리라(마 18:34-35).

용서하지 않으면 자유를 상실한다. 본문에서 종이 용서하지 못함으로 옥에 갇히듯이, 우리가 용서하지 못하면 영적으로 심리적으로 육적으로 묶이게 된다. 용서하지 못하는 사람이 있으면 그 사람에 대한 부정적인 생각이 머리를 떠나지 않는다. 의식과 무의식에서 늘 생각이 나고 때로는 꿈에도 나온다. 용서하지 못하는 사람은 기억 속에서 생각과 삶을 지배한다. 교회에서 사역하고 싶어도 용서하지 못한 사람이 그것을 하고 있으면 사역에 동참하지 못한다. 가고 싶은 모임이 있어도 그 사람이 참석한다는 것을 알면 피하게 된다. 또 친했던 친구라 할지라도 내가 용서하지 못하는 사람과 친한 것을 알면 관계가 멀어지기도 한다. 이러다 보면 소화 불량, 고혈압, 불면증 등 신체적인 증상을 일으키기도 하고 심하면 정신 질환에 걸리기까지 한다. 그래서 자신을 위해서 용서하기로 결단해야 한다.

(2) 용서를 결단하는 것은 하나님의 사랑을 받았기 때문이다.

용서는 감정이나 상황이 아니라 믿음으로 말씀에 순종하며 의지적으로 결단하는 것이다. 용서는 아무 조건 없이 하나님의 말씀에 순종하는 반응의 결단이다. 상대방이 사과하면 용서하겠다는 조건을 걸지 말아야 한다.

이에 주인이 그를 불러다가 말하되 악한 종아 네가 빌기에 내가 네 빚을 전부 탕감하여 주었거늘 내가 너를 불쌍히 여김과 같이 너도 네 동료를 불쌍히 여김이 마땅하지 아니하냐 하고(마 18:32-33).

이 말씀의 핵심은 "내가 너를 불쌍히 여김과 같이 너도 네 동료를 불쌍히 여김이 마땅하다"이다. 우리에게 베풀어주신 하나님의 사랑과 용서는 다른 사람을 사랑하고 용서하는 것으로 반응하는 것이 마땅하다. 우리는 이미 하나님의 사랑과 용서를 받은 사람이다. 우리가 하나님께 받은 사랑과 용서를 생각할 때 아무리 용서하기 어려운 사람이라도 용서할 수 있다. 그러므로 기도로 용서를 시작하는 것이 중요하다. 조용히 주님 앞에 머무를 때 성령님께서 용서할 수 있는 마음과 능력도 주신다. 용서는 감정이 아니라 의지이고 결단이다. 의지는 하나님의 사랑 안에 머무를 때 속으로부터 흘러나온다.

성경은 용서하고 싶은 감정이 생기면 용서하라 하지 않으셨다. 우리의 감정과 관계없이 용서하라고 명령하셨다. 그러므로 용서를 결단하는 출발점은 기도이다. 예수님의 이름으로 용서를 선포한다. 용서는 예수님의 이름으로 더 이상 내 마음에 복수하지 않기로 결정하고 그 사람을 불쌍히 여기게 해달라고 기도하는 것이다.

### 3) 작업단계(인식의 변화와 감정교체 단계)

작업단계는 용서를 결정한 후에 상처를 준 사람에 대한 개인적 역사를 이해하고 새로운 관점(reframe)을 갖는 단계이다. 이 단계에서 상처를 준 사람을 새로운 관점으로 바라보고, 새로운 방식으로 대응할 준비를 하는 것이다. 이러한 인식의 변화는 긍정적인 감정교체로 이어질 수 있다. 그리고 인식의 변화와 감정교체는 일반적으로 시간이 많이 걸리고, 불가능한 사람이 있을 수도 있다.

상처 준 사람에 대한 인식의 변화를 위해 먼저 그 사람의 성장 과정을 아는 것이 도움이 된다. 부모를 용서하지 못한 사람이 자서전적 자기분석을 통해 삼대(조부모, 부모, 본인)의 성장 과정을 이해하면 어린 시절 상처를 준 부모에 대한 새로운 관점을 갖는 것을 많이 경험하였다. 조부모를 통해 부모가 받은 상처를 보면서 부모가 자신에게 왜 그렇게 상처 주는 행동을 했는지 이해가 되고 불쌍히 여기는 마음을 갖게 된다. 새로운 관점은 감정교체를 가능하게 한다. 상처를 준 사람에 대해 이해하고 새로운 관점을 갖기 시작하면 그동안 미워했던 감정, 분노하고 원망했던 감정이 긍휼과 사랑의 감정으로 교체된다. 용서는 결국 감정교체까지 가는 것을 목표로 해야 한다.

두 번째는 상처 준 사람에 대한 인식의 변화를 위해 인간의 무지를 깨닫는 것이 도움이 된다. 인간이 타인에게 상처를 주는 것은 무지에서 오는 경우가 대부분이다. 특히 부모가 자녀에게 상처를 주는 것은 대부분 무지 때문이다. 잘 키워 보려는 마음이 오히려 독이 되는 경우가 많다. 비록 상처를 받았어도 무지를 이해하면 새로운 인식과 감정교체가 가능해진다. 예수님께서 자신을 십자가에 못 박은 사람을 용서할 수 있었던 것은 그들의 무지를 이해했기 때문이다.

이에 예수께서 이르시되 아버지 저들을 사하여 주옵소서 자기들이 하는 것을 알지 못함이니이다 하시더라(눅 23:34).

"자기들이 하는 것을 알지 못함이니이다." 인간의 무지를 아는 것은 상처 준 사람을 새로운 관점으로 볼 수 있는 중요한 요소이다. 우리가 2000년 전 골고다의 언덕으로 가서 예수님을 십자가에 못 박고 있던 로마의 병정들에게 "당신들이 지금 무슨 일을 하고 있는지 알고 있습니까?"라고 질문하면 어떻게 대답하겠는가? 그들은 틀림없이 안다고 대답할 것이다. 우리가 하는 일은 바른 일이라고 대답했을 것이다.

그런데 주님은 그들이 무슨 일을 하고 있는지 모른다고 하셨다. 그들은 십자가에 못 박고 있는 분이 하나님의 아들이요 인류의 구세주이심을 몰랐다. 뿐만 아니라, 자기들의 행동이 얼마나 큰 죄인지 알지 못했다. 그래서 사도 바울도 이렇게 기록하였다.

이 지혜는 이 세대의 통치자들이 한 사람도 알지 못하였나니 만일 알았더라면 영광의 주를 십자가에 못 박지 아니하였으리라(고전 2:8).

형제들아 너희가 알지 못하여서 그리하였으며 너희 관리들도 그리한 줄 아노라(행 3:17).

그들의 무지가 죄를 정당화할 수는 없다. 그리고 예수님도 그들의 죄를 용납하는 것은 아니다. 단지 예수님은 그들의 무지를 이해하고 용서하는 것이다. 죄인된 인간의 무지를 이해하는 것이 새로운 관점과 감정교체를 할 수 있는 출발점이 될 수 있다. 요셉이 형들에 대해 감정교체까지 하며 용서할 수 있었던 것은 하나님의 주권 속에서 새로운 관점을 가졌기 때문이다.

그의 형들이 또 친히 와서 요셉의 앞에 엎드려 이르되 우리는 당신의 종들이니이다 요셉이 그들에게 이르되 두려워하지 마소서 내가 하나님을 대신하리이까 당신들은 나를 해하려 하였으나 하나님은 그것을 선으로 바꾸사 오늘과 같이 많은 백성의 생명을 구원하게 하시려 하셨나니(창 50:18-20).

용서에 대해 가장 많이 사용되고 있는 공통적 정의는 '개인적으로 깊고 부당한 정서·사고·행동 반응을 극복하고, 더 나아가서 긍정적 정서·사고·행동 반응을 하는 것'이다. 긍정적인 감정에 이른 용서를 위해서는 상처 준 대상에 대한 새로운 관점이 필요하다.

## 4) 심화단계(성숙단계)

심화단계는 상처받은 경험과 용서의 과정 속에서 새로운 의미를 발견하게 되며 그를 통해 개인적인 유익을 깨닫는 것이다. 야고보는 여러 가지 시험을 당할 때 기뻐하라고 한다. 왜냐하면, 시련을 통해 온전한 사람으로 성장하기 때문이다.

내 형제들아 너희가 여러 가지 시험을 당하거든 온전히 기쁘게 여기라 이는 너희 믿음의 시련이 인내를 만들어 내는 줄 너희가 앎이라 인내를 온전히 이루라 이는 너희로 온전하고 구비하여 조금도 부족함이 없게 하려 함이라(약 1:2-4).

고난은 결코 기쁜 일은 아니다. 그러나 그 속에서 의미를 발견하면 기뻐할 수 있다. 여기서 말하는 기쁨은 감정적인 기쁨이 아니라 의지적으로 기뻐하고 감사하는 것이다. 사람들은 고난 가운데서 사랑을 배우고, 공감을 배우고, 배려를 배우며 성장한다. 고난이라는 것이 역기능만 있는 것이 아니라 유익도 있다. 어린 시절의 상처가 좋은 것은 아니지만 상처 때문에 성장하기도 하고 사명을 발견하기도 한다.

애굽에 노예로 팔려간 요셉은 자신이 당한 사건을 하나님 섭리의 관점에서 해석하고 인생의 새로운 의미 즉 사명을 발견하였다. "섭리란 하나님의 전능하고 언제 어디나 미치는 능력으로 하나님께서 마치 자신의 손으로 하듯이, 하늘과 땅과 모든 피조물을 여전히 보존하고 다스리시는 것이다."[6] 요셉은 자신이 애굽으로 팔려 온 것을 하나님이 생명을 구원하기 위해서 보내신 것이라고 고백한다. 그리고 하나님의 큰 구원으로 형들의 생명을 보존하고 후손들을 이곳에 두시려고 자신을 앞서 보냈다고 고백한다(창 45:7-8). 이 고백이 요셉 이야기의 핵심이다. 요셉은 이 고백을 마음속에 늘 간직하면서 살았을 것이다. 이것이 심화단계의 용서이다.

당신들이 나를 이 곳에 팔았다고 해서 근심하지 마소서 한탄하지 마소서 하나님이 생명을 구원하시려고 나를 당신들보다 먼저 보내셨나이다 하나님이 큰 구원으로 당신들의 생명을 보존하고 당신들의 후손을 세상에 두시려고 나를 당신들보다 먼저 보내셨나니 그런즉 나를 이리로 보낸 이는 당신들이 아니요 하나님이시라 하나님이 나를 바로에게 아버지로 삼으시고 그 온 집의 주로 삼으시며 애굽 온 땅의 통치자로 삼으셨나이다(창 45:5-8).

---

6 Zacharias Ursinus, 「하이델베르크 요리문답해설」, 261.

심화단계는 자기 자각을 통한 인생의 새로운 의미와 목적을 깨닫게 된다. 자신도 불완전한 존재이며 다른 사람들의 용서가 필요한 존재임을 자각하게 되고, 자신은 다른 사람들과 더불어 사는 존재라는 사실을 자각한다. 심화단계는 성숙한 사람이 되고 자신의 새로운 사명을 발견하는 단계이다. 상처를 넘어 축복의 통로가 되는 것이다.

## 적용

### 1. 용서의 명단을 작성해보세요

### 2. 용서를 결단하고 선포해보세요

"오늘 나 ( 이름 )은(는) 하나님의 뜻을 따라 ( 이름 )으로부터 (상처, 고통, 손해)를 입은 것에 대해 ( 이름 )을(를) 용서합니다. 이 순간부터 보복할 권리를 영원히 내려놓습니다."

### 3. 용서의 작업단계와 심화단계를 경험한 것을 나눕시다.

### 4. 회복의 길 기도 예

1) 주님 나에게는 (a 고립감)의 쓴 뿌리가 있습니다.

2) 그로 인하여 (b      )문제들이 발생합니다.

*나와의 관계에서 소외감 실망감을 느낍니다.

*이웃과의 관계에서 비난과 판단 그리고 단절의 문제가 발생합니다.

*관계된 사역에서 매우 수동적이 되었습니다.

3) 나는 (a 고립감)의 문제 앞에 절대적으로 무력한 존재임을 인정합니다.

4) 이 문제를 해결하고 회복시킬 수 있는 분은 오직 하나님이심을 믿습니다.

5) 나의 죄를 위해 십자가에 죽으시고 부활하신 주님 앞에 나의 (a 고립감)을 내려놓습니다. 이 쓴 뿌리로 인한 죄를 용서하시고 깨끗하게 하시니 감사합니다.

**6) 나에게 (a 고립감)이 생기도록 상처를 준 (이름)을 예수님 이름으로 용서하기로 결단합니다. 원통함과 쓴 뿌리 굴레에서 저를 벗어나게 해주셔서 감사합니다. 보복할 권리를 포기하니, 주님이 제 상한 감정들을 치유해 주시옵소서.**


### 성산 회복 이야기 / 이인혜

제가 원수의 공격으로 넘어졌다가 다시 일어설 수 있었던 것은 하나님께서 저를 보호하시고 사랑하시고 제가 주의 보혈 아래 있기 때문에 가능함을 자랑하고 싶습니다. 저는 오늘 회복프로그램을 마치고 최근에 작업한 일들을 나누고자 합니다.

"복 있는 사람은 악인의 꾀를 따르지 아니하며 죄인의 길에 서지 아니하며, 오만한 자의 자리에 앉지 아니하며"(시 1:1) 라는 말씀이 저에게 이해가 되지 않았습니다. 왜냐하면, 저의 삶을 되돌아봤을 때 저는 악인의 꾀를 따르지 않았고 죄인의 길에 서지 않았으며 오만한 자리에 앉지 않았지만, 내 삶은 복 있는 삶이 아니라 너무 고단했고 눈물 없이 살 수 없는 삶이었기에 단 한 번도 내가 복 있는 사람이라고 생각해 본 적이 없습니다.

한국에 와서 결혼 후 시댁의 어른들은 제가 감당할 수 없을 정도로 욕설을 퍼부었고, 터무니없는 말과 요구를 하였습니다. 그때마다 남편은 그것을 막아주기보다는 오히려 시댁의 요구를 들어주려 하고 나에게 이해하고 잘하도록 노력해보라고 했습니다. 지금은 시부모님과 관계가 많이 회복되었지만, 남편으로부터는 꼭 사과받고 싶은 마음이 있습니다. 남편을 용서하지 못한 마음 때문에 남편과 깊은 감정적인 대화 속으로 들어가지는 못했습니다. 남편을 용서하지 못한 것이 부부 사이를 가로막고 있는 큰 장벽이라는 것을 알고 용서를 구하지 않는 남편에게 많이 서운했습니다. 저는 우리 부부가 친밀한 관계 속으로 들어갈 수 있는 키는 남편이 가지고 있다고만 생각했습니다. 남편이 회복프로그램을 하고 나에게 사과하기를 기대했는데 남편은 하지 않았습니다. 그래서 내 마음은 공허하기도 하고 순간순간 섭섭함과 피해의식 그리고 분노도 올라왔습니다.

그런데 어느 날 하나님은 남편이 아니라 내가 그 키를 가지고 있고 내가 먼저 남편에게 사과하기를 원하신다는 마음을 주셨습니다. 저는 너무 기가 막히고 속상했습니다. 저는 하나님께 따지며 물었습니다. "하나님! 저는 할 만큼 했는데 절 보고 여기서 뭘 더 어떻게 하라는 건가요? 잘못은 남편과 시댁이 했는데 왜 항상 내가 희생하고 사과해야 하나요?"

그때 하나님은 남편의 어린 시절 이야기를 기억나게 하셨습니다. 남편은 종종 어린 시절의 이야기를 저에게 해주었습니다. 남편은 어린 시절 부모로부터 버림받을까 봐 두려워했고, 아빠에게 맞고 사는 엄마가 너무 불쌍해서 '나라도 엄마를 행복하게 해줘야 해'라고 맹세하면서 착한 아이로 살기로 결심했습니다. 저에게 이런 생각이 들었습니다. '너는 남편의 입장에서 한 번이라도 생각해봤니?' 저는 그 순간 아무 대꾸도 못하고 멍하니 있다가 내가 이기적인 생각을 하고 있었음을 깨달았습니다. '남편이 그동안 시어머니와 나 사이에서 얼마나 마음고생이 많았을까?'라는 생각에 남편에게 미안한 마음이 들면서 눈가에 흐르는 눈물을 주체할 수가 없었습니다. 이기적으로 내 입장에서만 생각하고 살았던 것을 회개했습니다. 남편을 이해하고 나니 남편을 진심으로 용서할 수가 있었습니다.

지금도 여전히 시어머니는 자신의 기분에 따라 "너, 그딴 식으로 할 거면 우리 아들하고 살지 마. 어디서 거지 같은 것이 우리 집에 와서 나를 이렇게 힘들게 해!"라고 합니다. 그럴 때마다 저는 감정적으로 반응하지 않고 다 들어주고, 별로 잘못한 것 없어도 사과를 하면 어머니는 비로소 기분이 풀려서 출퇴근 길 운전 조심하라고 말씀하시면서 전화를 끊습니다. 저는 그때마다 저렇게 밖에 말 못하시는 어머니는 얼마나 힘들까라는 생각에 너무 안쓰러웠고 감정적으로 반응하지 않는 저 자신이 너무 놀라웠습니다. 선으로 악을 이기고 생명 안에서 왕 노릇 하길 원하시는 하나님의 말씀이 이해가 되어 감사가 넘쳤습니다.

12년 전에 중국에서 같이 살던 동생이 "언니는 앞으로 꿈이 뭐야?"라고 물었을 때 "내 꿈은 사랑하는 사람과 우리 딸하고 같이 살면서 출퇴근하는 게 꿈이야"라고 했더니 "언니는 꿈도 좀 꿈 같은 것 꿔라! 일반 사람들이 평범하게 누리는 삶이 무슨 꿈이야?" 했는데 12년이 지난 오늘, 주님은 나의 소박한 꿈을 다 이루어 주셨고, 2년 전에 우리 가족이 다 교회에 나와 주님을 마음껏 찬양하는 것이 꿈이었는데 그것 또한 다 이뤄주셨습니다.

지금도 여전히 크고 작은 일들이 많이 일어나지만, 그것들을 통해 배우게 하시고 나 자신을 좀더 성숙의 길로 인도하는 과정이라고 생각하기에 모든 것이 감사하고 내가 얼마나 복이 많은 사람인지, 시편 1편 1절 말씀을 읽을 때 불편함 없이 이해가 되었고, 지난날의 고난과 아픔들은 돈 주고 살 수 없는 경험이고 나의 저력(底力)이 되어 앞으로 내 삶의 밑거름이 됐음을 알게 되었습니다. 하나님은 고난을 통해 나를 성장시키시고 고난을 통해 많은 것을 배우면서 세상을 살아가게 하시는 분임을 알게 하셨습니다.

며칠 전에 딸이 저에게 "엄마 내가 엄마를 뛰어넘은 것 같아서 기분이 좋아"라고 이야기했습니다. "엄마를 뛰어넘었다는 게 무슨 말이야!"라고 제가 묻자 "엄마는 니의 인생 선배잖아요. 그런데 내가 엄마보다 더 잘하는 게 있다는 게 마음이 뿌듯했어요. 그렇다고 내가 엄마를 무시하는 건 아니고 그냥 기분이 좋아"라고 하는데 딸이 건강하게 잘 크고 있음을 확인시켜주는 말을 직접 들은 것 같아 하나님께 감사했습니다.

이번에 제가 아프면서 더 놀라운 사실은 시어머니께서 청량리에서 김포까지 택시 타고 병문안을 오셨습니다. 그때 제가 "어머니 저 지금 많이 아파요"라고 하면서 제 손을 내밀었더니 어머니는 두 손으로 내 손을 꼭 만져 주시면서 "네가 왜 이렇게 아프냐고 어쩌다가 이렇게 아프게 됐냐"고 물어보시는데 저는 아주 기뻤고 '오늘 같은 날도 오네'라는 생각에 눈물이 났습니다. 저희 결혼기념일이 12월 24일인데 시아버지께서 저희 결혼기념일에 전화 주셔서 결혼기념일을 축하한다고 말씀하시고, 이제 시댁에 가면 와 줘서 고맙다는 말씀을 참 많이 하십니다.

남편을 이해하고 용서하면서 남편과 친밀해지고 시댁과의 관계가 회복되어가고 있어서 감사합니다. 무엇보다도 제가 성장해가는 것 같아서 감사합니다. 힘들고 어려운 과정이었지만 시댁을 통해 공격해 오는 어둠의 세력들과 싸워 승리할 수 있었던 것은 100% 하나님께서 하셨기에, 이 모든 영광 하나님 한 분께만 올리고 싶습니다. 마지막으로 나에게 주신 말씀을 읽고 마무리하겠습니다. "고난 당한 것이 내게 유익이라 이로 말미암아 내가 주의 율례들을 배우게 되었나이다"(시 119:71).

# 제 7원리

## 나는 내가 해를 끼친 사람의 명단을 만들어서
## 그들에게 기꺼이 보상한다.

그러므로 예물을 제단에 드리려다가 거기서 네 형제에게 원망들을
만한 일이 있는 것이 생각나거든 예물을 제단 앞에 두고 먼저 가서
형제와 화목하고 그 후에 와서 예물을 드리라 너를 고발하는 자와
함께 길에 있을 때에 급히 사화하라 그 고발하는 자가 너를 재판관
에게 내어 주고 재판관이 옥리에게 내어 주어 옥에 가둘까 염려하라
진실로 네게 이르노니 네가 한 푼이라도 남김이 없이 다 갚기 전에는
결코 거기서 나오지 못하리라(마 5:23-26).

제 7원리는 "나는 내가 해를 끼친 사람들의 명단을 만들어서 그들
에게 기꺼이 보상한다"이다. 12단계 모체가 되는 옥스퍼드 그룹의
사람들 간에는 보상하는 일이 아주 강한 전통이었다. 그리스도인이
다른 사람에게 상처를 주었으면 하나님께 회개하는 것도 중요하지
만 사람에게도 용서를 구하고 보상할 것은 해야 한다.

2007년 영화 '밀양'을 보면서 보상의 중요성을 많이 생각했다. 서
른세 살 신애(전도연)는 남편을 잃고 아들과 함께 남편의 고향 밀양
으로 간다. 밀양에 도착한 신애가 점차로 마을에 적응해갈 무렵, 태

권도 학원 원장이 신애의 아들 준이를 유괴하여 살해한다. 남편을 잃고 아들마저 잃은 신애는 모든 희망을 상실하였다. 그런 절망 속에 신애에게 희망을 준 것은 신앙이었다. 그녀는 하나님의 은혜를 경험하면서 모든 것을 용서하고 새로운 삶을 출발하고 싶었다. 신애는 용서에 대한 갈등 끝에 자신을 추스르고 범인을 용서하기 위해 교도소를 찾아갔다. 그런데 아들을 죽인 범인은 교도소 안에서 회개하고 하나님께 용서를 받았으며 너무나 평온하게 안식을 누리고 있다고 고백한다. 여기에서 신애는 완전히 무너진다. 자신은 죽을 만큼 힘든 시간을 보냈는데 범인은 용서받고 안식을 누렸다니 너무 충격이었다. "그 사람은 이미 용서를 받았대요, 그런데 내가 어떻게 다시 그 사람을 용서하냐고요!" 하나님이 무슨 자격으로 나에게 묻지도 않고 용서했냐고 따진다.

범인의 고백이 문제가 없는 것처럼 보이지만, 우리들에게 잘못된 기독교 신앙이 무엇인지를 보여준다. 하나님께 용서받으면 모든 것이 오케이라고 생각하는 것은 잘못이다. 하나님의 사랑과 용서를 경험하면 나 때문에 상처받았던 사람에 대한 미안한 마음이 더 커지는 것이 정상이다. 이것은 죄책감이 아니라 상처받은 사람들의 감정과 아픔을 공감하는 것이다. 회개하기 전에는 자기중심적으로 생각하여 자신의 잘못을 합리화한다. 그러나 하나님의 용서를 경험하면 내가 상처 준 상대방의 고통에 대해 공감하는 것은 당연한 것이다.

누가복음 19장에서 삭개오도 예수님 앞에서 회개하고 보상하기로 다짐하는 것을 볼 수 있다. 삭개오가 예수님을 인격적으로 만나고 회복되기까지 그의 태도에도 주목해 볼 필요가 있다. 첫 번째, 삭개오는 자신의 문제를 가지고 예수님께 나아갔다. 그는 주님을 보기 원했고, 보기 위해 돌무화과나무에 올라갔다(눅 19:3-4). 이러한 삭개오의 행동에서 어린아이와 같은 순수한 마음과 열정으로 하나님 나라를 추구하는 것을 볼 수 있다. 두 번째, 예수님이 삭개오를 부르자 그는 지체하지 않고 급히 내려와 "즐거워하며" 영접하였다(눅 19:6). 여기서 "즐거움"(χαίρων)은 누가복음에서 구원에 수반되는 기쁨의 표현으로 9번 사용되었다(1:14, 8:13, 10:17, 13:17, 15:5, 9, 32, 19:6, 37). 삭개오는 자기에게 다가오는 하나님의 나라를 온 마음으로 받아들인 것이다.[1] 세 번째, 삭개오는 예수님을 "주"(κύριον)라고 고백하는데(눅 19:8) 이 단어는 예수님의 주권과 주되심을 인정하는 표현이다. 네 번째, 삭개오는 예수님의 주되심을 고백한 후 "소유의 절반을 가난한 사람에게 나누어 주고 누구의 재물을 속여 빼앗은 것이 있으면 네 배로 갚겠다"(눅 19:8)고 선언한다. 이것은 삭개오의 자발적인 고백이다. "네 배 갚는다"는 것은 당시의 보상기준을 훨씬 뛰어넘는 수준이다. 구약의 율법은 도적질과 관련된 배상은 통상적으로 5분의 1을 더하여 보상하도록 요구한다(레 6:2-5).[2] 삭개오의 파격적인 보상 제의는 복음의 은혜에 대한 회개의 열매라 할 수 있다.

> 삭개오가 서서 주께 여짜오되 주여 보시옵소서 내 소유의 절반을 가난한 자들에게 주겠사오며 만일 누구의 것을 속여 빼앗은 일이 있으면 네 갑절이나 갚겠나이다(눅 19:8).

---

1 John Nolland, 「누가복음 (하)」, 「WBC 성경주석」, 김경진 역 (서울: 도서출판 솔로몬, 2010), 105.

2 Ibid., 106.

하나님은 우리의 죄를 용서하시고 죄책감에서 자유로우라고 하시지만, 상처를 준 사람에 대해 무책임하라고 하지는 않는다. 하나님은 상처를 준 사람에게도 용서를 구하고 보상을 하라고 말씀하신다. 만약에 영화에 나오는 범인이 바른 신앙을 가졌으면 회개하고 안식할 수가 없다. 죄책감에서는 어느 정도 자유로울 수 있지만, 피해자의 아픔을 더 느끼는 고통이 따를 수 있다. 그 마음으로 용서를 구하고 보상할 수 있는 것은 보상해야 한다. 본 장에서는 보상의 중요성과 보상의 명단 작성 그리고 보상의 방법을 살펴보겠다.

## 1. 해를 끼친 사람에게 보상하라.

자신의 잘못에 대해 용서를 구하고 보상을 하는 것은 속죄의 의미가 아니다. 그것은 자신의 쓴 뿌리로 피해를 준 사람들의 회복을 돕는 것이다.

1) 보상은 상처를 준 사람에게 사죄의 진정성을 보여준다.

사람들이 용서를 구하는 사람에 대해서 진정성을 느끼지 못한다고 말하는 경우가 종종 있다. 정말 진정성이 없어서 그럴 수도 있지만, 진정성을 가지고 용서를 구했는데도 용서가 안 되는 경우가 있다. 만약에 진정성을 가지고 용서를 구했는데 상대방이 진정성을 느끼지 못하면 그것은 말로만 용서를 구할 내용이 아니고 보상이 필요한 것이다. 보상은 사죄의 진정을 보여주는 것이다.

누구든지 여호와의 성물에 대하여 부지중에 범죄하였으면 여호와께 속건제를 드리되 네가 지정한 가치를 따라 성소의 세겔로 몇 세겔 은에 상당한 흠 없는 숫양을 양 떼 중에서 끌어다가 속건제로 드려서 성물에 대한 잘못을 보상하되 그것에 오분의 일을 더하여 제사장에게 줄 것이요 제사장은 그 속건제의 숫양으로 그를 위하여 속죄한즉 그가 사함을 받으리라(레 5:15-16).

사람이 부지중에 제사장만 먹을 수 있는 음식을 먹었다든지, 흠이 있는 제물을 드렸을 경우, 이웃에게 탈취한 재산은 원래 가격의 5분의 1을 추가하여 보상하고 속건제를 드린다. 이러한 속건제의 의미는 회개의 진정성을 보여주는 중대한 단계이다. 우리가 말로만 용서를 구해도 되지만, 보상이 필요한 것은 보상해야 진정한 회개라 할 수 있다. 보상은 피해자에게 범죄자의 사죄가 참되다는 것을 보여주는 것이다.[3] 이러한 사죄의 진정성은 피해자의 원통함을 풀어준다. 가해자도 죄책감으로부터 자유할 수 있다. 회복의 길 6원리에서 용서의 과정 3단계가 감정교체 단계인데, 상처 준 사람이 진정한 사죄를 하면 용서하는 사람의 감정교체가 쉬워진다.

2) 보상은 상처를 준 사람과 관계 회복을 위한 효과적인 노력이다.

그러므로 예물을 제단에 드리려다가 거기서 네 형제에게 원망들을

---

3  John E. Hartley, 「레위기」, 「WBC 성경주석」, 김경열 역 (서울: 도서출판 솔로몬, 2014), 246.

만한 일이 있는 것이 생각나거든 예물을 제단 앞에 두고 먼저 가서 형제와 화목하고 그 후에 와서 예물을 드리라 너를 고발하는 자와 함께 길에 있을 때에 급히 사화하라 그 고발하는 자가 너를 재판관에게 내어 주고 재판관이 옥리에게 내어 주어 옥에 가둘까 염려하라 진실로 네게 이르노니 네가 한 푼이라도 남김이 없이 다 갚기 전에는 결코 거기서 나오지 못하리라(마 5:23-26).

본문에 보면 초대교회 공동체 안에도 사람들 사이에 갈등문제가 많았던 것으로 보인다. 특히 본문에서는 "형제에게 원망들을 만한 일이 있는 것이 생각나거든… 먼저 가서 형제와 화목하고 그 후에 와서 예물을 드리라"고 한다. 원망들을 만한 일은 형제에게 모욕적인 언행을 했다는 것을 암시한다. 그리스도인은 자신의 언행을 통해 다른 사람에게 상처를 주었을 때 하나님께 예배드리기 전에 먼저 형제에게 잘못을 인정하고 용서를 구하는 태도를 가져야 한다. 비록 상대의 마음에 상처를 주었어도 잘못을 인정하고 용서를 구하거나 보상을 실천하면 오히려 성장의 기회가 될 수 있다. 그리고 깨어진 관계가 효과적으로 회복될 수 있다.

오래전에 아주 친한 친구 아버님이 돌아가셨는데 조문을 가지 못한 일이 있었다. 그 친구는 필자가 조문 올 것을 기대하고 기다렸는데 끝내 나타나지 않자 크게 실망하였다. 사실 필자는 연락을 받지 못해서 못 갔다. 친구는 부고를 모임 총무에게 했는데 총무는 빈소가 부산이기 때문에 서울에서 갈 수 있는 사람이 없다고 생각하여 아무에게도 연락을 안 한 것이다. 결국 장례식이 다 끝나고 부고를 알게 되었다. 몇 달 후에 친구를 만나 용서를 구했고, 친구도 서운했지만 괜찮다고 했는데 뭔가 모르게 거리감이 느껴졌다. 그 후 몇 번 만났는데 왠지 서먹한 분위기가 있었다.

회복의 길 12단계 보상에 관해 알게 되었을 때 맨 처음 보상 명단으로 생각난 것이 그 친구였다. 어떻게 보상할까? 고민하다가 좋은 화분을 보내고 같이 식사해야겠다고 생각했다. 꽃집에 친구에게 찾아가는 날에 맞춰 배달을 요청하였고, 친구를 만나 다시 미안한 마음을 전하였다. 친구는 웃으면서 이렇게 안 해도 된다고 하였지만, 매우 좋아하였다. 그리고 둘 사이에 약간의 막힌 담이 완전히 사라지는 경험을 하였다.

우리가 살다 보면 상처를 받을 수도 있고 줄 수도 있다. 이웃에게 원망들을 만한 일을 하였으면 말로만이 아니라 적절한 보상을 하는 것이 관계 회복에 매우 효과적이다.

### 3) 보상은 가치감을 회복한다.

> 야곱아 너를 창조하신 여호와께서 지금 말씀하시느니라 이스라엘아 너를 지으신 이가 말씀하시느니라 너는 두려워하지 말라 내가 너를 구속하였고 내가 너를 지명하여 불렀나니 너는 내 것이라(사 43:1).

이 말씀에서 강조하는 것은 이스라엘이 최고의 가치 있는 존재라고 선언하는 것이다. "내가 너를 구속하였고"는 하나님께서 이스라엘을 애굽 노예 생활에서 구원한 것을 말한다. 구약성경에서 구속은 노예에게 자유를 주기 위해 가까운 친족이 대신 값을 지불하는 것이다. 하나님의 구속을 통해 자유를 누리는 이스라엘 백성은 보배롭고 존귀한 존재가 되었다.

하나님은 죄 가운데 있는 우리를 구원하기 위해 죗값을 모두 보상해 주었다. 하나님이 갚아 주지 않아도 되는데 우리가 스스로 죗값을 해결할 수 없었기 때문에 하나님이 대신 갚아 주신 것이다. 하나님께서 우리의 모든 죗값을 갚아 주신 것을 깨달을 때 그리고 그것을 믿을 때 우리가 얼마나 소중하고 가치 있는 존재인지 알게 된다. 인간의 진정한 가치는 주님과의 관계 안에서 회복할 수 있다.

구속의 은혜를 경험한 그리스도인은 예수 그리스도의 구속을 본받아서 다른 사람을 구속하는 행위를 할 수 있다. 그것이 자비이다. 자비를 베풂으로 구속자의 역할을 할 수 있다. 비록 내가 타인에게 상처를 주었지만, 진정성 있는 사죄와 보상은 타인의 회복과 성장을 돕는 구속의 행위라 할 수 있다. 사랑으로 하는 보상은 실천하는 사람과 받는 사람 모두의 가치감을 회복시킨다. 보상하는 사람은 진정성 있는 사죄와 함께 자비를 베풂으로 가치감이 회복되고, 보상을 받는 사람은 인격적인 사랑을 받음으로 가치감이 회복된다. 보상을 받으면서 "나는 사랑 받을 만한 사람이구나. 나는 존중 받을 만한 사람이구나. 나는 가치 있는 인격체이구나!"라는 것을 느낄 수 있다.

필자는 28살 때부터 담임목회를 시작하면서 교회 사역과 설교에 대한 부담감 때문에 집안일을 전혀 돕지 못했다. 그리고 3남 1녀의 자녀들에게 아버지 역할을 제대로 하지 못했다. 아이들이 바라보는 아빠는 자신들보다 성도들 자녀가 더 중요하고, 교회가 더 중요한 사람이었다. 그리고 아빠는 늘 바쁘고 공부만 하는 사람으로 보였던 것 같다. 지금까지 후회 없는 인생을 살았지만, 젊어서 아이들에게 아빠 노릇 제대로 하지 못한 것만큼은 너무 후회된다. 이 사실을 깨닫고서 자녀들에게 보상해야겠다는 결단을 하였다. 보상하는 마음으로 자녀들에게 용서를 구하고 일 년에 한 번은 꼭 가족과 함께하는 시간으로 가족여행을 하기로 했다. 그리고 여행은 아이들이 원하는 곳, 아이들이 먹고 싶은 것으로 하는 원칙을 가졌다. 여행 외에도 보상하는 마음으로 하는 것들이 많이 있다. 이러한 보상은 자녀들에게 아빠와의 관계 회복만이 아니라 사랑받는 존재라는 가치감 회복에도 매우 효과적이다.

## 2. 보상의 명단을 만들라

우리는 자신이 상처를 준 사람을 생각하고 그 중에서 보상이 필요한 명단을 작성하고 실천해야 한다. 보상 명단은 첫 번째, 즉시 보상할 지금 명단(my Now list), 두 번째, 지금은 아니지만 마음의 준비가 되면 보상할 나중 명단(my SOONER OR LATER list), 세 번째, 만날 수 있다면 보상하고 싶은 아마 명단(my MAYBE list), 네 번째, 보상하기를 원하지만 보상할 수 없는 전혀 명단(my NEVER list)으로 분류하는 것이 좋다. 전혀 명단은 보상하면 더 상처받을 사람도 포함된다. 보상의 명단을 만들기 위해 몇 가지 과정이 필요하다.

### 1) 상처 준 행동을 구체적으로 점검하라

어찌하여 형제의 눈 속에 있는 티는 보고 네 눈 속에 있는 들보는 깨닫지 못하느냐 보라 네 눈 속에 들보가 있는데 어찌하여 형제에게 말하기를 나로 네 눈 속에 있는 티를 빼게 하라 하겠느냐 외식하는 자여 먼저 네 눈 속에서 들보를 빼어라 그 후에야 밝히 보고 형제의 눈 속에서 티를 빼리라(마 7:3-5).

보상하기 위해서는 먼저 자신의 눈 속에 있는 들보를 발견하는 작업이 필요하다. 그러면 자신의 들보는 무엇일까?

첫 번째, 각자의 쓴 뿌리이다. 자신의 쓴 뿌리 때문에 가족과 주변 사람들이 상처받은 것을 생각해보아야 한다. 나의 가시로 찌른 사람이 누구인가? 예를 들면 나의 수치로 상처 준 사람, 나의 통제로 상처 준 사람, 나의 무책임으로 상처 준 사람, 나의 분노로 상처 준 사람을 생각해보아야 한다. 나의 들보를 보는 시간은 힘든 것이지만 하나님 형상을 회복하는 중요한 길목이다.

두 번째, 미성숙한 언행이다. 성숙하지 못해서 상처를 준 경우가 많다. 상담하면서 성숙하지 못한 사람들의 몇 가지 유형을 보면 ① 상대방의 말을 전혀 못 듣는 사람이다. 다른 사람의 말을 들을 마음의 공간이 전혀 없다. ②일관성이 없는 사람이다. 자신의 감정과 환경과 변화에 따라 수시로 약속을 바꾸고 태도를 바꾸는 것이다. ③ 편애하는 사람이다. ④감정을 조절하지 못하여 부부 싸움을 자주 하고 자녀들과도 언성을 높여서 말하는 사람이다. ⑤모든 것을 돈으로 해결하려 하는 사람이다. ⑥자녀를 의존하고 사는 사람이다. 이러한 부모의 양육을 받으며 성장한 자녀들은 많은 상처를 받는다.

세 번째는 무지해서 준 상처이다. 부모들이 자녀들에게 상처준 것들의 대부분은 무지 때문이다. 필자도 열심히 사역하는 것이 좋은 아빠라는 무지한 생각 때문에 자녀들에게 더 중요한 정서적인 부분을 채워주지 못했다. 사랑은 기술이 필요하다. 바울도 빌립보 교회를 위해 기도할 때 지식과 통찰력이 있는 사랑이 풍성해지도록 기도하였다. "내가 기도하노라 너희 사랑을 지식과 모든 총명으로 점점 더 풍성하게 하사"(빌 1:9). 상대가 원하는 것을 모두 해주는 것이 진정한 사랑은 아니다. 무조건 잘해 주는 것도 사랑이 아니다. 그래서 사랑에는 지식과 통찰력이 필요하다. 지식이 없으면 사랑이 잘못된 방향으로 나가기 쉽다.

사랑의 기술이 부족한 엄마 사랑에 관한 이야기이다. 엄마가 딸을 너무 사랑하고 잘 되었으면 하는 마음으로 유치원 때부터 모든 계획을 세워서 딸을 지원해주었다. 엄마는 딸에게 모든 것을 바쳤다. 딸은 엄마가 늘 함께해주는 것에 만족하고 엄마 말을 잘 들었다. 그런데 고 3이 되어서 딸이 처음으로 엄마 말을 거부한 사건이 있었다. 그때 엄마는 딸의 태도에 큰 실망과 배반감을 느끼고 "이제는 네가 알아서 선택하고 책임져"하고 딸의 일에 전혀 관여하지 않았다. 딸은 스스로 선택하고 책임지는 훈련을 한 번도 해본 적이 없는데 갑작스러운 환경에 적응 못하고 성인이 된 지금까지 힘든 인생을 살고 있다. 그리고 지금도 엄마는 딸에게 네가 내 말 안 들어서 그렇다고 비난한다. 정말 안타까운 내담자이다.

네 번째는 부지중에 준 상처이다. 부지중에 상처를 준 적은 없는지 살펴보는 것도 중요하다. 필자는 오래전에 그런 실수를 한 적이 있다. 전도사 시절에 부모님이 일찍 돌아가신 세 자매 청년이 있었다. 어느날 아침 일찍 자매에게 전화가 왔다. 지난밤에 밤새도록 창문 두드리는 소리가 나서 너무 무섭고 두려움 속에 떨다가 날이 새기를 기다렸다가 전화한 것이다. 필자는 빨리 우리 집으로 오라고

해서 마음을 안정시키고 좀 쉬도록 하였다. 그런데 문제는 그날 마침 한 친구가 집에 왔는데, 자매들이 누구냐고 질문한 것이다. 필자는 간단하게 상황 설명을 하고 마지막에 너무 불쌍한 자매들이라고 했다. 그 '불쌍하다'는 말이 자매들에게 큰 상처였다는 것을 나중에 알게 되었다. 세 자매는 보상의 아마 명단에 있다. 언젠가 다시 만나면 용서를 구하고 꼭 보상하고 싶은 마음이 있다.

### 2) 명단을 작성하고 보상을 결단하라

상처를 준 대상을 생각하는 것도 쉬운 일이 아니고 보상하는 것 역시 쉬운 일은 아니다. 그래서 보상하기 위해서는 용기와 결단이 필요하다. 그리고 구체적으로 (지금, 나중, 아마, 전혀) 명단을 작성하고 실천하기로 결단해야 한다. 명단을 작성하고 어떻게 보상할 것인지 하나님 앞에 지혜를 구하면서 방법을 생각해 보기 바란다.

## 3. 보상을 실천하라

그러므로 무엇이든지 남에게 대접을 받고자 하는 대로 너희도 남을 대접하라 이것이 율법이요 선지자니라(마 7:12).

보상하는 방법은 진심으로 용서를 구하는 법, 물질이나 선물로 보상하는 법, 구속자의 역할로 보상하는 법이 있다.

## 1) 용서를 구하라

용서를 구하는 것은 피해자를 배려하고 회복을 돕는 일이다. 잘못하고도 용서를 구하지 않고 넘어가는 사람들이 있다. 상처받은 사람들이 힘들어하는 것은 상처를 받은 것 때문이 아니라 용서를 구하지 않는 태도 때문에 더 힘들어 한다. 우리가 어떤 이유이든지 상처를 주었을 때는 용서를 구해야 한다. 용서를 구하는 법은 닐 앤더슨의 「이제 자유입니다」에 잘 소개하고 있다.[4]

첫 번째, 내 행동이 잘못된 것임을 인정하자.

두 번째, 구체적으로 무슨 일을 저질렀는지 시인하자.

세 번째, 방어하거나 핑계 대지 말자.

네 번째, 다른 사람을 비난하지 말자. 그들이 내게 용서 구하기를 기대하거나 요구하지 말자.

다섯 번째, 잘못을 고백한 후 "저를 용서해 주시겠습니까"하고 질문하자.

## 2) 물질석으로 보상하리.

말로 용서를 구해도 해결되지 않는 것은 물질적인 보상이 필요하다. 상처받은 사람이 반복해서 원망을 표시한다면 물질적인 보상을 해야 한다.

필자가 회복의 길 보상의 원리를 공부하고 보상 명단으로 생각한 것은 아내였다. 우리는 3남 1녀를 낳아 양육하였다. 첫째와 둘째는

---

4  Neil T. Anderson, 「이제 자유입니다」, 293.

아토피 피부가 있어서 매일 밤 가려워서 힘들어 했다. 아내는 네 명의 아이를 양육하느라 정말 고생을 많이 했다. 반면에 필자는 사역에 바빠서 집안일에 도움을 주지 못했고, 자녀들에게 아빠 역할을 제대로 하지 못했다. 지금 생각하면 후회되는 일이지만 일찍 목회를 시작해서 필자도 늘 힘든 상태였다. 아내는 아이들 양육하는데 남편이 도와주지 않았다고 가끔 한 번씩 원망을 하였다. 그럴 때마다 진심으로 미안하다고 용서를 구했다. 그런데 아내는 계속해서 그 이야기를 했고 나는 반복적으로 용서를 구했다. 나중에는 여러 번 용서를 구했고 다시 바꿀 수 없는 과거에 대한 원망을 계속하니 필자도 좀 서운하고 화가 났다. 어떻게 해결할 수가 없었다.

필자는 아내에게 보상하기로 결정하고, 그날 함께 드라이브하자고 했다. 드라이브하면서 아내에게 이야기 했다. "여보 아이 넷 양육하느라 정말 고생 많았고, 잘 키워줘서 정말 고마워. 그리고 내가 잘 도와주지 못해서 정말 미안해, 그래서 당신에게 보상하고 싶어. 원하는 것 있으면 말해줘." 이 말을 들은 아내는 눈물을 흘리며 "말만 들어도 괜찮다"며 보상은 됐다고 했다. 그래서 필자가 다시 말했다. "그러면 이제 더는 내가 아이들 양육하는데 도와주지 못한 것에 대해 이야기하기 없기야!" 그러자 아내는 "그럼 보상을 받아야겠다"고 했다. 그래서 다시 말하였다. "그럼 뭐든지 말해, 바로 해줄 수 있는 거면 바로 해주고, 좀 비싼 거면 돈을 모아서 꼭 해줄게!" 아내는 한참 생각한 후에 평소에 갖고 싶었던 소파를 원한다고 했다. 사실 너무 비싼 거여서 사지 못하였는데 보상으로 원해서 해주기로 했다. 하나님이 기뻐하셨는지 2년은 걸릴 줄 알았는데 4개월 만에 돈을 모아서 보상했다. 보상할 때는 그 문제에 대해 더 원망하지 않기로 서로 약속을 해야 한다. 아내는 보상을 받고 약속했는데 지금까지 그 문제로 비난하거나 원망한 적이 한 번도 없다.

### 3) 구속자의 역할을 하라

기독교 상담에 중요한 개념 중 하나는 '구속자의 역할'을 하는 것이다. 구속이란 "죄의 값을 대신 지불하여 회복하는 것"을 의미한다. 성경에서 구속자는 오직 예수 그리스도 한 분이다. 그리스도인은 결코 구속자가 될 수 없다. 그러나 그리스도인이 예수님의 삶을 본받아 구속자 역할을 실천할 수 있다. 그리스도께서는 죄가 없으심에도 다른 사람의 죄를 위해 십자가에 자신을 내어 주셨다. 예수의 십자가 사랑을 본받아 상처로 고통당하는 사람들의 회복을 위해 그리스도인들이 희생·헌신하자는 의미에서 '구속자 역할'이라는 용어를 사용했다.

기독교 상담에서 '구속자 역할'은 삶의 시련에서 상처받고 파괴된 인간들에게 사랑의 관계를 제공해 주어 회복을 돕는 것이다.[5] '구속자의 역할'이란 어린 시절에 상처를 받은 사람에게 사랑으로 보상해주는 것이다. 그리스도인은 하나님의 특별한 은혜로 구원받았기 때문에 다른 사람의 치유를 위해 '구속자 역할'을 할 수 있다. 우리는 그것을 자비라고 한다. 즉 자비를 베풀므로 '구속자의 역할'을 하는 것이다.

대상관계 이론에서 인간은 삶의 초기관계에서 경험한 역할들을

---

5  Mark R. McMinn & 채규만, 「심리학, 신학, 그리고 영성이 하나 된 기독교 상담」, 279-80.

내재화하고, 반응해왔던 방법들로 다른 사람들에게 반응한다고 한다. 예를 들면 학대받으면서 학대자의 역할을 내면화하고, 희생자의 역할을 내면화하여 반응하고 행동한다. 이러한 사람이 회복하기 위해서는 구속자의 역할을 해주는 사람이 필요하다. 즉, 초기 중요한 대상이 해주지 못한 것들을 대신 보상해주는 사람이다. 대상관계 학자 도널드 위니컷(Donald Woods Winnicott)은 상담자 역할을 부모가 해주지 못한 '충분히 좋은 엄마(good-enough mother)' 역할을 대신 해주는 것이라고 하였다. 내담자가 어린 시절에 받아보지 못한 정서적인 공감, 무조건 사랑, 무조건 격려 등으로 보상해주는 역할이다.

구속자의 역할은 부모가 아닌 다른 사람이 해주는 것이다. 그러나 부모가 자녀에게 충분히 좋은 엄마 역할을 하지 못한 것을 깨달으면 직접 구속자 역할을 하면 가장 좋다. 사실 이것은 부모가 자녀의 상실 구간을 메워주는 것이지만 필자는 구속자 역할이라 한다. 필자는 부모가 자녀의 어린 시절에 상처를 준 것을 보상하고 싶을 때 구속자 역할을 권한다.

보상에 대해 강의하면 많이 질문하는 것 중 하나가 어린 자녀에게 상처를 준 것에 대해 보상하는 문제이다. 엄마가 산후 우울증 때문에 상처를 준 경우, 질병 때문에 장기간 아이들을 돌보지 못한 경우, 직장생활 때문에 애착기에 돌보지 못한 경우 등 다양하다. 이런 문제는 구속자 역할을 하는 것이 가장 좋은 보상이다. 부모는 자녀에게 보상하는 마음으로 구속자의 역할을 해야 한다. 그리고 교회 공동체 안에서 서로 구속자의 역할을 해야 한다.

새 계명을 너희에게 주노니 서로 사랑하라 내가 너희를 사랑한 것 같이 너희도 서로 사랑하라 너희가 서로 사랑하면 이로써 모든 사람이 너희가 내 제자인 줄 알리라(요 13:34-35).

사람은 상처를 받은 만큼 다른 사람에게 상처를 주고 산다. 타인에게 고통을 주는 사람은 분명히 고통을 받은 사람이다. 특히 자녀들에게 상처를 준 것이 기억나면 용서를 구하고, 보상할 수 있으면 보상하고, 그리고 구속자의 역할을 하는 것이 진정한 사랑이다.

## 적용

### 1. 보상의 명단을 작성해보세요

### 2. 물질 보상과 구속자 역할을 실천해보고 나누세요
-보상 명단 작성한 사람에게 언제 어떻게 보상할 것인가?
-보상을 위해 기도하고 사랑하는 마음을 갖으라
-상처 준 것에 대해 용서를 구하라(용서 구하는 법 참조)
-보상하려는 마음을 표현하라
 (상대방이 마음의 준비가 안돼서 원하지 않으면 "나중 명단"
 이 된다)
-보상받기 원하는 것이 있는지 질문하라
 (질문하지 않고 해도 될 것 같으면 안 해도 된다).

-보상 후에 이 문제로 원망이나 비난을 멈출 수 있는지 묻고 약속한다.

-보상을 실천하라

## 3. 회복의 길 기도 예

1) 주님 나에게는 (a 고립감)의 쓴 뿌리가 있습니다.

2) 그로 인하여 (b      )문제들이 발생합니다.

*나와의 관계에서 소외감 실망감을 느낍니다.

*이웃과의 관계에서 비난과 판단 그리고 단절의 문제가 발생합니다.

*관계된 사역에서 매우 수동적이 되었습니다.

3) 나는 (a 고립감)의 문제 앞에 절대적으로 무력한 존재임을 인정합니다.

4) 이 문제를 해결하고 회복시킬 수 있는 분은 오직 하나님이심을 믿습니다.

5) 나의 죄를 위해 십자가에 죽으시고 부활하신 주님 앞에 나의 (a 고립감)을 내려놓습니다. 이 쓴 뿌리로 인한 죄를 용서하시고 깨끗하게 하시니 감사합니다.

6) 나에게 (a 고립감)이 생기도록 상처를 준 (이름)을 예수님 이름으로 용서하기로 결단합니다. 원통함과 쓴 뿌리 굴레에서 저를 벗어나게 해주셔서 감사합니다. 보복할 권리를 포기하니, 주님이 제 상한 감정들을 치유해 주시옵소서.

**7) 그리고 쓴 뿌리로 인하여 내가 상처를 준 사람들에게 용서를 구하고 보상하기를 원합니다. 지혜를 주시고 용기를 주옵소서.**

## 성산 회복 이야기 / 이정호

저의 쓴 뿌리는 착한 아이 역할을 하는 것입니다. 저는 지금까지 엄마에게 착한 아들로 살면서 아내에게 많은 상처를 주었습니다. 물론 처음부터 착한 아들은 아니었습니다. 저는 어린 시절, 사고뭉치 골목대장으로 온 동네 사고란 사고는 다 치고 다녔고, 아침에 입고 나간 옷이 하루도 성해서 들어오는 날이 없었습니다. 아버지는 가정에 무관심하고 무책임했으며 어머니에게 폭언과 폭행을 하였습니다. 어머니는 말로 표현할 수 없는 고통을 견디면서 홀로 우리 세 자녀를 키웠습니다. 저는 그런 어머니를 보면서 "나만이라도 엄마를 힘들게 하면 안 되겠다"라는 생각을 하고 또 다짐하면서 어머니에게 착한 아들이 되었습니다.

"착한 아들"은 엄마에게는 좋겠지만, 아내에게는 큰 상처를 주는 역할이었습니다. 나중에 알게 된 사실이지만 어머니는 착한 아이로 사는 나를 의지하기도 하고 정신적 배우자로 생각한 것 같습니다. 그래서 어머니는 저의 결혼을 강하게 반대하였습니다. 저는 어머니가 반대하는 결혼을 하면서 고부간의 갈등을 피할 수 없었습니다. 결혼 후 아내와 어머니의 갈등은 드라마에서 나오는 것보다 훨씬 심하였습니다. 그래도 내가 중간에서 잘하면 점점 좋아질 것이라고 생각했습니다. 저는 어머니의 불만을 들어주며 공감해주려 노력했고, 아내에게도 똑같이 불만을 들어주고 공감해주려 애썼습니다. 하지만 이건 누가 봐도 카드 돌려막기와 다름없는 힘겨운 일이었습니다. 당연히 문제는 점점 수렁으로 깊게 빠져들고 있었고, 나 역시도 중간에 낀 상태로 나만의 수렁으로 빠져들고 있었습니다.

제가 생각한 것보다 아내를 미워하는 어머니의 마음은 깊었습니다. 그래서 아내는 한 번씩 집에 갔다 오면 어머니의 말을 받아들이기 너무 힘들어, "어머니 너무 하는 거 아니야!"라며 불만을 쏟아 놓았습니다. 어머니는 아내를, 아들을 빼앗아간 나쁜 년으로만 생각하고 있기에 항상 심한 말은 물론이고, 과도한 요구까지 서슴없이 하였습니다. 집에 갔다 오는 날은 아내가 나에게 무슨 말을 할 것이라고 예상을 하였기에 속으로부터 끓어오르는 화를 그만 참지 못하고 "어머니에게 살갑게 하면 안 돼? 아무리 당신 마음에 안 든다고 해도 우리 부모님에 대해서 심한 말은 좀 삼갔으면 좋겠어. 난 중간에 끼어서 얼마나 힘든 줄 알아? 어머니가 말은 좀 심하게 하시지만 좀 참고 들어주면 안 되는 거야?"라고 소리 질렀습니다.

이것은 나의 이기적이고 어리석은 생각이었음을 회복프로그램을 하면서 알게 되었습니다. 프로그램을 통해서 단순히 어머니와 아내의 갈등이 아니라 나의 착한 아이 역할, 어머니의 대리 배우자 기대 등으로 나타나는 심각한 갈등이라는 것을 알았습니다. 어머니에게 착한 아이로 살면서 아내에게 남편의 역할을 하지 못한 것이 너무 미안합니다. 아내가 나의 말 때문에 정말 많이 힘들었겠다는 생각이 들었습니다. 그래서 이제 아내에게 속죄하는 마음으로 대화기법에서 배운 내용으로 다음과 같이 실천하며 살기로 결단을 하였습니다.

첫째. 아내의 말을 있는 그대로 무조건 끝까지 들어주자.

둘째. 아내에게 초점을 맞추며 공감해주자.

셋째. 아내의 입장에서 생각하고 아내에게 상처 주는 말을 하지 말자.

넷째. 자기표현을 흥분하지 말고 적절하게 하자.

다섯째. 잘못한 것을 진심으로 사과하자.

그동안 아내의 말을 끝까지 들어주지 못하고, 아내의 말보다 내 감정을 앞세우며 흥분한 상태에서 상처 주는 말을 한 것, 가장으로서 아내에게 우산이 되어주어야 했는데 그렇게 하지 못한 것, 어색하고 창피해서 진심으로 사과하지 못한 것을 아내에게 진심으로 용서를 구합니다. "여보 정말 힘들었지! 그동안 힘이 되어주지 못해 정말 미안해! 앞으로 우리 집에도 복음이 흘러 들어가 우리 부모님께서 구원을 받을 수 있도록 같이 기도해요. 그리고 나도 잃어버린 나 자신을 주님 안에서 찾아가도록 노력할게요."

회복프로그램을 통해 그동안 보지 못했던 나의 상처를 보게 하시고 나로 인하여 아내에게 상처준 것을 보게 하신 하나님께 감사드립니다.

# 제 8원리

## 나는 회복이 하나님의 기뻐하시는
## 뜻임을 인정하고 회복의 삶을 결단한다.

그러므로 나의 사랑하는 자들아 너희가 나 있을 때뿐 아니라 더욱 지금 나 없을 때에도 항상 복종하여 두렵고 떨림으로 너희 구원을 이루라 너희 안에서 행하시는 이는 하나님이시니 자기의 기쁘신 뜻을 위하여 너희에게 소원을 두고 행하게 하시나니(빌 2:12-13).

사람들이 변화되지 않는 이유 중 하나는 변화에 대한 적극적인 의지가 없어서이다. 사람들은 효과적인 길을 생각하기보다 늘 가는 익숙한 길로 가려는 경향이 있다. 새로운 생각을 하는 것은 많은 에너지가 필요하기 때문에 그동안 살아왔던 방식대로 살려고 하는 것이다. 전적으로 타락한 인간이 죄를 지으려는 경향성을 가지고 사는 것도 같은 원리라고 할 수 있다. 그러므로 그리스도인이 쓴 뿌리를 제거하고 하나님의 형상을 회복하기 위해서는 항상 깨어있어야 한다. 그래서 회복의 길 8원리는 '결단'이다.

회복의 길 8원리는 "나는 회복이 하나님의 기뻐하시는 뜻임을 인정하고 회복의 삶을 결단한다"이다. 변화를 위해서 우리가 준비해야 할 것은 결단하는 것이다. 자신의 문제를 자각한 다음에 진심으로 변화를 원하고 결단해야 한다. 윌리엄 로(William Law)는 "대부분 그리스도인이 참된 경건에 크게 부족한 것은 그러한 의향을 전혀 가지지 않기 때문이다"라고 하였다.[1] 어거스틴(Augustine)도 "훌륭한 그리스도인의 전 삶은 거룩한 갈망이다"[2]라고 하였다. 그만큼 변화에 대한 의지가 중요하다.

제임스 오 프로차스카(J. O. Prochaska)는 로드아일랜드 대학의 임상 및 건강심리학 교수이자 암 예방 연구 센터장이다. 그는 왜 어떤 사람들은 성공적인 변화를 이루고, 어떤 사람들은 그렇게 되지 못하는지 의문을 가지고 변화 동기를 연구하면서, 변화는 결과가 아니라 과정이라는 것을 알게 되었다. 변화하는 과정 속에서 여러 번 재발하기도 하지만 변화 과정을 꾸준히 밟아 가면 언젠가는 결국 이전의 부정적 행동을 버리고 새로운 행동 습관을 갖게 된다는 것이다. 그가 말하는 변화의 과정은 6단계로 이루어지며 다음과 같다.

① 인식전단계: 어려움을 인정하지 않거나 무시하는 단계이다. 이 단계는 자기 문제를 알지도 못하고 인정하지 않는 수준이다.

② 인식단계: 문제를 인정하지만, 변화에 대한 양가감정을 가지는 갈등단계이다. 즉, 변화에 대한 의지가 별로 없는 단계이다. 인식 단계에 머무르는 사람 역시 늘 갈등만 하고 변화되지는 않는다.

③ 준비단계: 문제를 인정하고 변화를 결심하는 단계이다. 그러나 구체적으로 실행하는 데는 미숙하다. 실천에 미숙하더라도 결단은 변화의 시작이라고 할 수 있다.

---

1  Andrew Murray, 「윌로엄 로 경건한 삶을 위한 부르심」, 서문강 역 (고양: 크리스천 다이제스트, 2011), 41.

2  Richard F. Lovelace, 「온전한 영성」, 김진선 역 (서울: ㈜아가페출판사, 2008), 41.

④ 행동실천단계: 본격적으로 준비한 계획을 실천하는 단계이다.

⑤ 유지단계: 실천한 내용이 원래 계획대로 잘 진행되어 유지하는 단계이다.

⑥ 재발단계: 재발이 변화의 과정이라는 것을 아는 것이 중요하다. 우리는 변화를 유지하다가 어떤 유혹이 있을 때 다시 과거로 돌아간다. 그러나 재발했다는 것은 그만큼 변화되었다는 것을 의미한다. 재발은 실패가 아니고 자연스러운 것이다. 재발을 자연스럽게 받아들이고 다시 결단하고 행동실천단계로 돌아가면 된다. 우리의 변화는 직선이 아닌 나선형으로 이루어진다는 것을 기억하는 것이 좋다.[3]

프로차스카(J. O. Prochaska)가 말한 변화의 단계에서 가장 중요한 단계는 준비단계라고 생각한다. 준비단계는 문제를 인정하고 변화를 위해 분명한 의향성을 가지고 결단하는 것이다. 변화는 문제를 인식하고 결단하는 데서 시작한다. 우리가 결단한다고 해서 그대로 실천하는 것은 아니지만, 결단하지 않으면 결코 변화할 수 없다.

## 1. 결단은 하나님의 도움을 받는 길이다.

하나님은 우리가 결단할 때 도우신다. 하나님께서 사람에게 주신 가장 큰 복 중 하나는 자유의지이다. 자유의지는 외적인 동기가 아닌 행위자의 내적인 동기에 의해 선택할 수 있는 자기 결정 능력이

---

3  신수경·조성희, 「중독과 동기면담의 실제」 (서울: ㈜시그마프레스, 2015), 52-9.

다. 어거스틴(Augustine)은 아담이 하나님의 은총에 의해 자유의지를 부여받았지만, 그 자유의지를 오용하여 하나님을 배반하였다고 했다. 아담 이후의 타락한 인간은 죄를 범하지 않을 수 있는 자유의지를 상실한 것이다.[4]

어거스틴은 의지와 결단을 다르게 설명하였다. 의지(the will) 자체는 하나님이 주신 것으로 선한 것이지만, 의지의 결단(willing)은 인간에 의해 나타나는 것으로 선하거나 악할 수 있다고 하였다. 인간은 자유의지를 통해서 선을 선택할 수도 있고 악을 선택할 수도 있다.[5] 어거스틴(Augustine)은 악을 선의 결핍이라고 하였는데, 선의 결핍은 인간의 태만한 의지에서 오는 것이라 하였다. 태만한 의지는 하나님 자신인 지고의 선을 추구하는 것이 아니라 덜한 선을 추구하는 것이다.[6] 그리스도인이 태만한 의지로 살지 않는 길은 하나님의 진리와 거룩한 삶을 향하는 적극적인 결단이다. 그리스도인은 항상 깨어서 위의 것을 추구해야 한다. "그러므로 너희가 그리스도와 함께 다시 살리심을 받았으면 위의 것을 찾으라 거기는 그리스도께서 하나님 우편에 앉아 계시느니라"(골 3:1). 타락한 인간은 의지적으로 결단하지 않으면 태만한 의지에 빠져 하나님이 원하는 삶이 아닌 세상으로 향하는 삶으로 나갈 수밖에 없는 존재이다. 하나님이 인간에게 자유의지를 주신 것은 누구도 죄에 대해 핑계할 수 없게 하기 위한 것이다.

---

4  John Hick, 「신과 인간 그리고 악의 종교 철학적 이해」, 김장생 역 (경기: 열린책들, 2007), 74-6.

5  유지황, 「어거스틴의 신학 사상 이해」 (서울: 도서출판 땅에쓰신글씨, 2006), 51.

6  John Hick, 「신과 인간 그리고 악의 종교 철학적 이해」, 60-72.

내가 와서 그들에게 말하지 아니하였더라면 죄가 없었으려니와 **지금은 그 죄를 핑계할** 수 없느니라(요 15:22).

우리가 상처받아 쓴 뿌리가 생긴 원인은 자신의 책임이 아니지만, 변화를 위해 적극적으로 선한 결단을 하지 않고 태만한 의지로 사는 것은 전적으로 자신의 책임이다. 태만한 의지는 악의 원인이 된다. 즉 회복을 위해 결단하지 않는 것은 악의 원인이며 누구도 핑계할 수 없는 것이다.

우리가 하나님이 기뻐하는 것을 선택하고 결단할 수 있는 것은 전적인 하나님의 은혜이다. 아담 이후에 타락한 인간은 의지가 타락하여 하나님이 기뻐하는 것을 선택할 수 없고, 이 세상 풍조와 악한 영을 따르고 육체의 욕심을 선택하는 비참한 존재일 뿐이다.

그는 허물과 죄로 죽었던 너희를 살리셨도다 그 때에 너희는 그 가운데서 행하여 이 세상 풍조를 따르고 공중의 권세 잡은 자를 따랐으니 곧 지금 불순종의 아들들 가운데서 역사하는 영이라 전에는 우리도 다 그 가운데서 우리 육체의 욕심을 따라 지내며 육체와 마음의 원하는 것을 하여 다른 이들과 같이 본질상 진노의 자녀이었더니(엡 2:1-3).

사람이 하나님이 원하는 삶을 살기 위해서는 먼저 하나님이 구원해주시는 전적인 은혜가 필요하다. 하나님은 구원받은 사람에게 하나님 뜻대로 살고 싶은 소원을 부어주신다. 구원받았다는 것은 하나님의 형상을 닮고 싶은 새로운 의지가 생겼다는 것이다. 구원받은 사람이라고 하면서 하나님이 주신 거룩한 의지가 전혀 없다면 믿음을 다시 점검해 봐야 한다. 믿는 사람은 믿기 전에 없었던 새로운 소원, 새로운 의지를 갖게 되어 있다. 그리고 그것은 하나님이 내 안에서 역사하신다는 증거이다.

> 너희 안에서 행하시는 이는 하나님이시니 자기의 기쁘신 뜻을 위하여 너희에게 소원을 두고 행하게 하시나니(빌 2:13).

하나님은 믿는 자에게 하나님의 기쁘신 뜻을 위하여 소원을 주시는 분이다. 하나님의 뜻은 거룩한 삶으로 회복하는 것이다. "하나님의 뜻은 이것이니 너희의 거룩함이라…"(살전 4:3). 그러므로 성령으로 거듭난 그리스도인은 날마다 하나님의 형상 회복을 위해 결단해야 한다. 하나님을 모르는 사람도 인생의 바닥을 쳤을 때 또는 자기 성장을 위해서 변화를 선택하기는 하지만, 하나님이 원하는 삶으로 회복하는 것은 아니다.

우리가 기억해야 할 것은 하나님이 아무리 거룩한 소원을 부어주셔도 우리가 거룩한 삶을 위해 결단하지 않으면 아무 의미가 없다는 것이다. 거룩한 삶을 선택하는 것은 자동으로 되는 것이 아니라 늘 깨어있어야만 한다. 하나님께서 우리 안에서 의지를 갖도록 활동하시지만, 우리가 그 의지로 결단할 때 하나님이 도와주신다.

사람이 변화되지 않는 것은 의지의 문제가 아니라 결단의 문제이다. 상담하면서 속은 것 중 하나는 내담자들이 의지가 약해서 변화되지 않는다고 생각한 것이다. 하나님은 상처가 많은 사람이든지 적은 사람이든지 구분하지 않고 모든 그리스도인 안에서 역사하여 소원을 주셨다. 그러므로 의지가 약해서 변화할 수 없다고 생각하는 것은 착각이다. 하나님이 주시는 소원을 거부하고 결단하지 않기 때문에 변화되지 않는 것이다. 결단에 가장 큰 걸림돌은 불신과 낮은 자존감이다. 내면에 불신과 낮은 자존감이 있는 사람은 "내가 결단한다고 해서 변화할 수 있을까"라는 생각 때문에 결단하는 것을 회피한다. 그리고 용서하지 못하는 마음, 거역하는 마음도 결단의 걸림돌이 된다. 하나님은 지금도 우리 안에서 거룩한 삶을 향한 소원을 주시고, 우리가 결단하는 것을 기뻐하신다.

> 여호와께서 이와 같이 말씀하시기를 나의 안식일을 지키며 **내가 기뻐하는 일을 선택하며 나의 언약을 굳게 잡는** 고자들에게는 내가 내 집에서, 내 성 안에서 아들이나 딸보다 나은 기념물과 이름을 그들에게 주며 영원한 이름을 주어 끊어지지 아니하게 할 것이며(사 56:4-5).

회복하게 하시는 이는 하나님이지만 그 과정에서 우리가 수동적으로 있어서는 안 된다. 하나님의 나라는 침노하는 자의 것으로 적극적인 행동이다(마 11:12). 달라스 윌라드(Dallas Willard)는 결단의 중요성을 다음과 같이 말하였다. "그리스도를 떠나서는 우리가 아무것도 할 수 없다는 말은 옳지만, 우리가 아무것도 하지 않으면 그리스도를 떠나게 될 것이란 말도 옳다."[7] 하나님은 우리가 변화를

---

7   Dallas Willard 외 10인, 「제자도와 영성 형성」, 홍병룡 역 (서울: 도서출판 국제제자훈련원, 2012), 109.

위해 적극적으로 결단하기를 원하신다.

> 내가 오늘 하늘과 땅을 불러 너희에게 증거를 삼노라 내가 **생명과 사망과 복과 저주를 네 앞에 두었은즉** 너와 네 자손이 살기 위하여 생명을 택하고(신 30:19).

하나님은 우리에게 생명과 복을 선택할 수 있는 의지를 주셨다. 그러면 우리는 생명과 복을 선택할 것인가? 사망과 저주를 선택할 것인가? 이것은 각자의 결단이고 책임이다. 하나님은 우리에게 생명과 복의 길을 주시고 우리에게 선택하라고 말씀하신다.

가룟 유다가 예수님을 배반한 것은 사탄의 유혹이 있었지만 결국 자신이 선택한 길이다. 유다가 사망과 저주를 선택했을 때 사탄이 그 속에 들어가서 역사하는 것이다. "조각을 받은 후 곧 사탄이 그 속에 들어간지라 이에 예수께서 유다에게 이르시되 네가 하는 일을 속히 하라 하시니"(요 13:27).

사도행전 5장에 나오는 아나니아와 삽비라가 성령을 속이고 죽은 것도 사탄의 역사가 분명하지만, 그들이 거짓을 선택한 결과이다. "베드로가 이르되 아나니아야 어찌하여 사탄이 네 마음에 가득하여 네가 성령을 속이고 땅 값 얼마를 감추었느냐"(행 5:3). 아나니아와 삽비라가 사탄에게 문을 열어주었기 때문에 사탄이 그렇게 할 수 있었다. 사탄의 시험이나 비난, 속임수를 거부하지 않고 문을 열어 두면 사탄은 들어올 것이다.

반면에 예수님의 제자로 변화를 선택하고 결단하면 성령님이 함께 하고 도와주신다. 다시 달라스 윌라드의 말로 마무리를 하고자 한다.

하나님의 은혜는 날마다 거룩하고 변화된 삶을 사는 데 필요한 연료가 되지만, 변화를 위한 우리의 적극적인 결단과 회개가 필요하다. [8]

## 2. 결단은 쓴 뿌리 반응을 거부하는 것이다.

우리 삶의 대부분의 행동은 의식이 아니라 무의식의 결과이다. 우리는 늘 가는 길로 가고, 같은 자리에 앉는다. 일상에서 별생각 없이 남들이 화내는 일에 화를 내고. 육신의 정욕과 안목의 정욕 이생의 자랑을 위해 살아간다. 인간은 일상 속에서 책임 있는 결단에 따라 행동하기보다는 무의식적으로 또는 보이지 않는 영향에 의해 끌리고 조정을 당하며 산다(엡 2:2). 남들의 눈치를 보며 그들이 하는 대로 하고, 스스로 결정하기보다 다른 사람이 결정하는 대로 따라가면 심리적으로 책임회피가 되기 때문에 평온함을 느낀다. 그러나 이런 방식의 삶은 자신의 고유성을 상실하는 것이다. 실존주의 철학자 마틴 하이데거(Martin Heidegger)는 이러한 삶을 세상에 "빠져있음"이라 하였다. "빠져있음"의 문제는 본래적인 자기에 대해 고민하기보다 잡담과 호기심으로 현 존재에서 도피하는 것이다. [9]

우리는 온전한 하나님의 형상으로 회복하기 위해서 고민하고 결단하는 것이 필요하다. 이러한 결단이 없을 때 쓴 뿌리에 빠져있는 삶, 왜곡된 지식에 빠져있는 삶, 세상 가치에 빠져있는 삶으로 그리

---

8  Ibid., 110.

9  Martin Heidegger, 「존재와 시간」, 이기상 역 (서울: 까치글방, 2001), 240-6.

스도인으로서 정체성을 상실하는 것이다. 이러한 "빠져있음"에서 우리 자신의 정체성을 찾고 회복하는 길은 결단하는 것이다. 우리는 결단을 통해서 쓴 뿌리 반응을 적극적으로 거부해야 한다. 거듭난 하나님의 자녀인 우리는 "육신에 속한 자"가 아니라 "그리스도 안에 있는 사람"이다. 전에는 어둠에 빠져있는 삶을 살았다면 이제는 빛의 자녀로 살 수 있는 사람이 되었다.

> 너희가 전에는 어둠이더니 이제는 주 안에서 빛이라 빛의 자녀들처럼 행하라(엡 5:8).

그리스도인이 빛의 자녀처럼 행동하기 위해서 능동적으로 결단해야 하는 이유는 구원받은 뒤에도 옛 사람이 여전히 살아있기 때문이다. 옛 사람의 기억과 습관, 사고방식이 뇌 속에 저장되어있다. 우리가 조금만 방심하면 옛 사람의 성품에 조정을 당하게 된다. 따라서 그리스도 안에 있는 사람은 자신의 몸을 죄가 아닌 의에게 내어주는 결단을 해야 한다. 그리스도께서 죄를 이기셨기 때문에, 우리는 죄에 복종하지 않을 수 있는 자유가 있다. 죄가 우리의 몸을 다스리지 못하도록 하는 것은 우리의 책임이다.

> 그러므로 너희는 죄가 너희 죽을 몸을 지배하지 못하게 하여 **몸의 사욕**에 순종하지 말고 또한 너희 지체를 불의의 무기로 죄에게 내주지 말고 오직 너희 자신을 죽은 자 가운데서 다시 살아난 자 같이 하나님께 드리며 너희 지체를 **의의 무기로** 하나님께 드리라(롬 6:12-13).

죄의 특징은 인간의 일부가 아닌 지정의 모든 영역에서 지배하는 것이다. 그리고 그 죄는 사람이 죄를 거부하지 않을 때 사람의 지정의를 완전히 지배할 수 있다. 그러므로 우리는 몸의 사욕을 거부하고 우리의 지체를 죄에게 복종하지 않도록 깨어있어야 하고 하나님께 복종하기로 결단해야 한다. 몸의 사욕은 우리가 하나님과 관계없이 사는 법을 습득하면서 형성한 육적인 가치관들이다. 우리가 그리스도인이 되었다고 해서 육적인 가치관이 '완전 삭제'되는 것은 아니다. 날마다 결단하며 옛 사람의 반응을 적극적으로 거부하고 진리에 반응해야 한다. 그래서 시편 1편에 복 있는 사람은 죄를 거부하고 진리를 따르기로 결단하는 사람이다.

> 복 있는 사람은 악인들의 꾀를 따르지 아니하며 죄인들의 길에 서지 아니하며 오만한 자들의 자리에 앉지 아니하고 오직 여호와의 율법을 즐거워하여 그의 율법을 주야로 묵상하는도다(시 1:1-2).

"악인들의 꾀를 따르지 아니하며 죄인들의 길에 서지 아니하며 오만한 자들의 자리에 앉지 아니하고 오직 여호와의 율법을 즐거워하여 그의 율법을 주야로 묵상하는" 것은 의지적 결단이 없이는 불가능하다. 하나님은 믿는 사람에게 선한 것을 추구하는 소원을 이미 주셨다. 그리스도인은 하나님이 주신 의지로 죄를 거부하고 하나님이 기뻐하는 것을 선택하는 결단을 해야 한다. 결단이 없는 그리스도인은 태만한 의지로 살아가는 것이고 결국은 맛을 잃어간다. 결단은 적극적으로 쓴 뿌리 반응을 거부하고 변화의 삶을 추구하는 것이다.

## 3. 결단은 익숙함 대신 낯섦을 선택하는 것이다.

새로운 삶은 불편하고 익숙하지 않다. 가족치료 이론 중에 항상성이라는 개념이 있다. 항상성은 모든 체계는 변화보다는 같은 상태를 유지하려는 속성을 갖는 것이다. 항상성은 가족의 행동을 예측할 수 있어 안정감을 가질 수 있다. 항상성은 가족 체계를 안정적으로 유지하려는 것이기 때문에 변화를 거부하는 것이다. 예를 들면 남편이 가정에 소홀해지면서 아내는 남편 없이 자녀들 중심으로 살아가는 체계를 형성하였다. 어느 날 남편이 어떤 계기로 일 중심에서 가정 중심의 삶으로 변화를 결단하고 아내와 함께하는 삶을 시도하기 시작했다. 이러한 남편의 행동에 대해 아내는 이미 자녀와 함께 하는 삶이 편안하고 안정되어서 남편이 가정 중심으로 돌아오는 것을 불편해하고 밀어내는 행동을 한다. 결국 남편이 좌절하고 변화를 포기하게 되는데 이것이 항상성이다.

우리가 변화를 위해서는 항상성을 극복해야 한다. 익숙함 대신 낯선 삶을 선택하는 훈련을 해야 한다. 기도하지 않던 사람이 기도하기로 결단하고 시작하면 그 삶이 낯설다. 분노하던 사람이 온유하게 산다는 것, 다른 사람을 통제하는 사람이 통제하지 않고 산다는 것, 타인을 의존하며 살던 사람이 의존을 버리는 것은 매우 불편하다. 그것들이 비효과적이고 병리적이지만 지금까지 자신의 삶을 지탱해 온 것들이다.

그래서 변화를 위해서는 반복적으로 결단해야 한다. 결단이란 편안함을 주는 익숙한 삶 대신 불안 속에서 자신의 낯섦에 대면하기를 선택하는 것이다. 결단이 없으면 새로운 삶이 낯설고 익숙하지 않아서 다시 옛 사람으로 돌아간다. 그뿐만 아니라 우리 안에는 항상성을 추구하는 욕구가 있어서 옛 사람을 버리는 것에 대한 두려움도 갖고 있다. 그래서 옛 사람을 버리는 것은 정말 죽는 것과 같다. 변화는 익숙했던 옛 사람을 완전히 죽이기로 결단하는 데서 시작한다. 예수님이 말씀하신 것처럼 죽고자 하는 자는 살 것이요 살고자 하는 자는 죽을 것이다.

> 누구든지 제 목숨을 구원코자 하면 잃을 것이요 누구든지 나를 위하여 제 목숨을 잃으면 구원하리라(눅 9:24).

하나님의 형상을 회복하기 위해서는 익숙했던 삶을 포기해야 한다. 상담 중에 남편과 사랑의 관계 회복을 원하는 분이 있었다. 그런데 그분의 약점은 여성성 발달이 부족해서 목소리나 성격이 남자 같은 분이었다. 사실 남편이 아내에게 원하는 것은 부드럽게 말하고 배려하는 것이었다. 아내가 남편과 관계 회복을 위해 무엇이 필요한지, 아내는 이미 알고 있다. 문제는 아내는 죽어도 부드럽게 말하는 것이나 애교부리며 하는 말은 못하겠다는 것이다. 자기 스타일에 맞지 않고 닭살 돋아서 못한다는 것이다.

이미 패턴화된 익숙한 자기 성품을 버리는 것은 정말 죽는 것이다. 변화를 위한 결단은 익숙했던 삶의 패턴을 버리고 불편한 것을 선택하는 것이다. 변화하려면 불편함을 극복해야 한다.

# 적용

**1. 결단하는 데 걸림돌이 있는지 생각해보고 기록하세요.**

**2. 결단의 중요성에 대해 깨달은 것을 기록해 보세요.**

**3. 회복의 길 기도 예**

1) 주님 나에게는 (a 고립감)의 쓴 뿌리가 있습니다.

2) 그로 인하여 (b      )문제들이 발생합니다.

  *나와의 관계에서 소외감 실망감을 느낍니다.

  *이웃과의 관계에서 비난과 판단 그리고 단절의 문제가 발생합니다.

  *관계된 사역에서 매우 수동적이 되었습니다.

3) 나는 (a 고립감)의 문제 앞에 절대적으로 무력한 존재임을 인정합니다.

4) 이 문제를 해결하고 회복시킬 수 있는 분은 오직 하나님이심을 믿습니다.

5) 나의 죄를 위해 십자가에 죽으시고 부활하신 주님 앞에 나의 (a 고립감)을 내려놓습니다. 이 쓴 뿌리로 인한 죄를 용서하시고 깨끗하게 하시니 감사합니다.

6) 나에게 (a 고립감)이 생기도록 상처를 준 (**이름**)을 예수님 이름으로 용서하기로 결단합니다. 원통함과 쓴 뿌리 굴레에서 저를 벗어

나게 해주셔서 감사합니다. 보복할 권리를 포기하니, 주님이 제 상한 감정들을 치유해 주시옵소서.

7) 그리고 쓴 뿌리로 인하여 내가 상처를 준 사람들에게 용서를 구하고 보상하기를 원합니다. 지혜를 주시고 용기를 주옵소서.

**8) 이제 쓴 뿌리로 인한 죄에서 벗어나 거룩한 삶을 살기로 결단합니다. 오늘도 거룩함을 향한 열정을 가지고 주님 앞에 나아갑니다. 더 이상 쓴 뿌리로 반응하지 않고 진리에 반응하겠습니다.**


### 성산 회복 이야기 / 한소희

저는 회복프로그램과 목장예배 그리고 주일 예배를 드리며 인격적인 하나님의 사랑을 경험할 수 있었고 저의 회복을 통해 일하시는 하나님 아버지를 경험할 수 있어서 감사한 삶을 살고 있습니다. 그러던 중 지난 3월 재정적인 문제로 제가 일해야 하는 상황이 벌어졌고 저희 가정은 맞벌이라는 새로운 환경을 맞이하게 되었습니다. 코로나 시국에 아이들 어린이집 문제며, 직장을 구하는 문제, 또 새로운 직장에서 적응하는 문제 등 많은 상황과 환경 속에서 하루하루 아버지의 도우심을 구하며 살았습니다.

오늘 저는 새로운 직장에서 회복을 경험한 이야기를 나누고자 합니다. 제가 처음 출근한 날, 삼월 초 그날은 하필 구로구 콜센터 집단 감염이 언론에 보도된 날이었습니다. 제가 취업한 곳은 콜센터였고 그때 세상의 모든 초점이 신천지에 집중되어 있을 때였습니다.

첫날 교육을 받으러 모인 스무 명 중에 기독교인은 저 하나뿐이었고 사람들은 틈만 나면 신천지를 비난했습니다. 나중에 알게 된 사실이지만 그때 사람들은 저의 카톡 프로필에 성경구절이 있는 것을 보고 제가 이곳 콜센터에 파견된 신천지라고 여겼다고 합니다. 그만큼 민감했던 시기였고 시간이 지날수록 신천지에 대한 비난은 일반 모든 교회와 교회 다니는 사람에게로 확대되었습니다.

저는 소외된 그 상황에서 어찌할 바를 몰랐습니다. 예전에 이런 상황이었으면 회피하고 다른 직장을 찾아보았을 것입니다. 하지만 저는 피하고 싶지 않았습니다. 직면한 이 어려움을 피하지 않고 관계 문제를 극복하고 더 성숙의 기회로 삼아야겠다는 결단을 하고 할 수 있는 행동을 시작하였습니다.

아침에 일어나 묵상을 하거나 말씀을 듣고 기도를 하였습니다. 회사에 가서는 지금 내가 느끼는 감정과 올라오는 쓴 뿌리가 무엇인지 차분히 자각해 보았습니다. 드러난 쓴 뿌리는 낮은 자존감, 소외감, 열등감, 무시, 버림받는 두려움이었습니다.

서른아홉 살인 지금의 한소희가 있는 이 교육장이 예전의 14살 소희가 있었던 교실로 투영되었습니다. 성인인 동료들의 무리가 그때 같은 반 친구들의 무리로 보였습니다. 그 가운데 혼자 소외된 두려움과 창피함에 벌벌 떨고 있는 14살의 소희가 보였습니다. 놀림을 받거나 부당한 상황 속에서 누구에게도 도움을 청할 수 없었고 그 어려운 속내를 누구하고도 나눌 사람 없이 외롭고 힘들었던 14살에 소희였습니다. 그날 저는 힘들었던 5살, 11살, 14살, 19살의 어린 소희를 만났습니다. "소희야, 많이 외롭고 힘들었겠구나. 살아내느라 고생했어. 이제 너는 쉬렴. 이제는 지금의 나로 살아갈게. 39

살의 소희로 살아갈게." 어린 소희를 보내주고 바로 감사와 찬양이 나왔습니다.

처음엔 이 교육장이 제 상처를 콱 꼬집는 것처럼 아픈 환경이었지만 이 교육장을 통해 제 쓴 뿌리가 드러났고 하나님 아버지의 일하심으로 과거의 트라우마를 회복할 수 있었습니다. 많이 아팠던 깊숙한 상처를 가장 뛰어난 명의이신 하나님이 깔끔하게 수술해주신 것처럼 개운하고 자유로워졌습니다.

저는 하나님 아버지의 딸입니다. 예수님이 자신의 목숨값을 지불하고 살리신 주의 자녀입니다. 지금 저를 사랑하고 저를 위해 기도해주시는 분들이 많습니다. 든든한 남편도 있습니다. 제가 의기소침하여 쪼그려 지낼 이유가 전혀 없습니다.

신기한 것은 이 작업을 하자마자 자존감이 회복되고 쓴 뿌리에서 자유로워지면서 사람들이 저에게로 다가와 친해지고 싶어 했습니다. 더 이상 교회를 욕하는 사람도 없고 저의 믿음을 존중해 주었습니다. 자신들의 어려움을 얘기하고 도움을 청하기도 합니다. 동료들은 제게는 어둠이 전혀 보이지 않는다고 합니다. 어떻게 하면 그럴 수 있냐고 묻습니다. 저는 예수를 믿으면 그렇게 된다고 얘기해 주었습니다. 저는 지금 하나님의 딸, 당당한 39살의 한소희로 살고 있습니다.

지난 5년간 성산교회에서 회복훈련을 하면서 변화하지 않는 영역을 보며 좌절감이 들 때도 있었습니다. 빠르게 회복하는 다른 사람과 비교될 때도 있었습니다. 그런데 이번의 경험을 통해 회복의 길 훈련이 이미 제 삶의 일부가 되었다고 느껴졌습니다. 포기하지 않고 늘 회복을 결단하며 도전하면 되는구나 생각했습니다.

회복이라는 같은 방향으로 함께 나가는 성산 가족 여러분 사랑합니다. 도움을 주신 목사님과 목장 가족들 존경하고 사랑합니다. 지금도 삶의 여러 가지 문제에 직면하게 됩니다. 하지만 저는 끊임없이 결단하고 선포할 것입니다. 저는 긍휼하심을 받고 때를 따라 돕는 은혜를 얻기 위하여 은혜의 보좌 앞에 담대히 나아갈 것입니다.

　목사님이 설교 중에 하신 말씀이 생각납니다. "고난을 낭비하지 마세요." 제가 겪은 일을 고난이라고 표현하기엔 민망하지만 다양한 문제 속에서 저에게 꼭 맞는 방법으로 역사하시는 하나님 아버지, 그렇게 인격적으로 저를 만나주시는 하나님 아버지를 찬양합니다. 이 땅에서 천국을 맛보게 하시는 하나님 아버지를 찬양합니다.

# 제 9원리

## 나는 겸손한 마음으로 하나님께
## 긍정적인 성품을 주시도록 기도한다.

너희는 유혹의 욕심을 따라 썩어져 가는 구습을 따르는 옛 사람을 벗어 버리고 오직 너희의 심령이 새롭게 되어 하나님을 따라 의와 진리의 거룩함으로 지으심을 받은 새 사람을 입으라 그런즉 거짓을 버리고 각각 그 이웃과 더불어 참된 것을 말하라 이는 우리가 서로 지체가 됨이라 분을 내어도 죄를 짓지 말며 해가 지도록 분을 품지 말고 마귀에게 틈을 주지 말라 도둑질하는 자는 다시 도둑질하지 말고 돌이켜 가난한 자에게 구제할 수 있도록 자기 손으로 수고하여 선한 일을 하라 무릇 더러운 말은 너희 입 밖에도 내지 말고 오직 덕을 세우는 데 소용되는 대로 선한 말을 하여 듣는 자들에게 은혜를 끼치게 하라 하나님의 성령을 근심하게 하지 말라 그 안에서 너희가 구원의 날까지 인치심을 받았느니라 너희는 모든 악독과 노함과 분냄과 떠드는 것과 비방하는 것을 모든 악의와 함께 버리고 서로 친절하게 하며 불쌍히 여기며 서로 용서하기를 하나님이 그리스도 안에서 너희를 용서하심과 같이 하라(엡 4:22-32).

회복의 길 9원리는 성격적 결함을 제거하고 긍정적 성품을 구하는 것이다. 어떤 사람은 성장하기 위해서는 성격적 약점보다는 강점에 집중하고 개발해야 한다고 한다. 이것이 틀린 말은 아니지만 정확하게 이해할 필요가 있다. 사람의 강점과 약점은 재능과 성격에서 나타난다. 사람이 자신의 잠재력을 극대화하기 위해서 재능은 강점에 집중하고 개발하는 것이 효과적이다. 부족한 재능을 개발하기 위해 노력하는 것보다 강점을 개발하면 더 유능한 사람이 될 수 있다는 의미이다. 그러나 성격적 약점은 다르다. 성격적 약점은 자신의 강점을 드러나지 못하게 하고 인간관계에 많은 문제를 발생시킨다. 그러므로 우리는 끊임없이 성격적 약점을 제거하고 긍정적인 성품을 갖도록 기도하며 성장해 가야 한다. 긍정적인 성품은 우리가 입어야 할 새 사람이다. 사도 바울도 하나님 형상 회복을 위해 옛 사람을 버리고 새 사람을 입으라고 명령한다(골 3:9-10; 엡 4:22-24).

> 너희는 유혹의 욕심을 따라 썩어져 가는 구습을 따르는 옛 사람을 벗어 버리고 오직 너희의 심령이 새롭게 되어 하나님을 따라 의와 진리의 거룩함으로 지으심을 받은 새 사람을 입으라(엡 4:22-24).

성경에는 회복이라는 단어보다는 '새롭게 한다.' '온전하게 한다'라는 등의 용어로 표현한다. 본 구절은 믿음으로 거듭난 그리스도인에게 죄의 본성을 버리고 새로운 삶으로 변화하라는 명령이다. 여기서 '옛 사람'이란 아담 안에 속한 옛 인간성으로 죄에 지배받는 그 사람의 전인격을 지칭한다. 반면 '새 사람'은 성도들이 생명의 근원이신 예수 그리스도를 영접하여 주어진 새로운 인격을 말한다.[1] 우리가 입어야 할 새 사람에 대해서 토마스 R. 슈라이너(Thomas R. Schreiner)는 좀 더 구체적으로 설명하였다. "신자들이 버려야 하는 옛 사람은 첫째 아담이고, 입어야 하는 새 사람은 둘째 아담이다."[2] 우리가 입어야 할 새 사람은 최초의 사람 아담이 아니고 그리스도이다. 그러므로 우리 신앙의 목적은 복귀(Repristination)가 아니라 회복(Restoration)이다. 로마서 13장 14절에서도 "오직 주 예수 그리스도로 옷 입고 정욕을 위하여 육신의 일을 도모하지 말라"에서 새 사람을 입는 것이 옛 아담이 아닌 "그리스도를 입는 것"임을 보여준다. 여기서 "입으라"(ἐνδύσάστε)는 골로새서 3장 10절에 사용된 "입으라"(ἐνδσάμενοι)와 같은 동사를 사용했다. 즉 새 사람을 입는 것은 예수 그리스도를 입는 것이다.[3] 따라서 회복의 목표는 성장이며 그리스도로 옷 입는 것이다. 그러므로 우리는 날마다 그리스도의 성품으로 옷 입어야 한다.

회복의 길 9원리는 "나는 겸손한 마음으로 하나님께 긍정적인 성품을 주시도록 기도한다"이다. 긍정적인 성품을 위해 기도하는 것은 두 가지 중요한 의미가 있다. 첫째, 우리가 쓴 뿌리를 버리는 궁극적인 목적은 새 사람을 입는 것이다. 즉 예수 그리스도의 성품인 긍정적 성품을 갖는 것이다.

---

1  Peter T. O'Brien, 「골로새서·빌레몬서」, 「WBC성경주석」, 정일오 역 (서울: 도서출판 솔로몬, 2008), 348-51.

2  Thomas R. Schreiner, 「바울신학」, 엄성옥 역 (서울: 도서출판 은성, 2015), 222.

3  Ibid., 222.

가시떨기에 뿌려졌다는 것은 말씀을 들으나 세상의 염려와 재물의 유혹에 말씀이 막혀 결실하지 못하는 자요(마 13:22).

필자는 20년 이상 목회하면서 열심히 설교하고, 성경공부를 했는데 "왜 사람들의 마음속에 말씀이 심겨지지 않을까?"라는 문제로 많이 고민하였다. 그 이유를 마태복음 13장 22절에서 발견하였다. 사람들의 마음 밭에 씨가 심겨지고 열매를 맺으려면 먼저 마음 밭 안에 있는 가시를 제거해야 한다. 가시를 제거하지 않으면 아무리 열심히 씨를 뿌려도 결실할 수 없다. 그래서 회복의 길 1원리에서 7원리까지 죄를 발견하고 죽이는 단계가 중요하다. 그러나 우리가 기억해야 할 것은 가시를 제거하는 것은 그 자체가 목적이 아니라 씨를 심어서 열매를 맺기 위한 것이다.

하나님 형상 회복을 위해서 먼저 죄를 자각하고 죄 죽이는 것은 새 사람을 입기 위한 것이다. 리처드 러블러스(Richard F. Lovelace)는 이렇게 말했다. "성경은 우리에게 끝없이 자기반성에 매달리라고 하지 않는다. 오히려 성경이 강조하는 것은 우리가 그리스도 안에 있고 하나님과 교제하는 특권에 집중하도록 돕는다."[4] 하나님과 교제하고 하나님의 성품으로 사는 것이 그리스도인의 삶의 목표이다.

이로써 그 보배롭고 지극히 큰 약속을 우리에게 주사 이 약속으로 말미암아 너희가 정욕 때문에 세상에서 썩어질 것을 피하여 신성한 성품에 참여하는 자가 되게 하려 하셨느니라(벧후 1:4).

---

4  Richard F. Lovelace, 「온전한 영성」, 112.

둘째, 긍정적 성품을 구하는 것은 회복의 목표를 구체화하는 것이다. 우리가 회복하기 위해서는 목표가 분명해야 한다. 쓴 뿌리를 발견하고 죽이는 단계를 거쳐서 구체적이고 실천 가능한 변화의 목표를 정해야 한다. 우리가 막연하게 "주님 제가 주님 성품 닮기를 원합니다."라고 기도하는 것은 효과적이지 않다. 예수님의 어떤 성품이 필요하고 닮고 싶은지 구체적이어야 한다. 그런 의미에서 긍정적인 성품의 목록을 작성하고 기도해야 한다. 그러면 어떻게 긍정적 성품의 목록을 작성할까?

### 1. 쓴 뿌리 반응 대신 자신이 원하는 긍정적인 성품의 목록을 정하라

사람은 무의식적으로 쓴 뿌리에 반응하며 살게 된다. 뉴질랜드에서 1,000명의 아동을 3세에서 26세까지 23년 동안 관찰한 종단 연구에 따르면 3세에 관찰된 성격이 26세가 되었을 때의 성격과 놀랍도록 유사했다고 한다.[5] 그만큼 우리는 어린 시절에 형성한 성품으로 살아가고 있는 것이다. 그러므로 우리가 변화하기 위해서 어려서부터 형성한 자신의 쓴 뿌리 반응을 정확하게 알고, 그것을 대신할 효과적이고 긍정적인 성품의 목록을 작성하고 기도해야 한다. 이것이 옛 사람을 벗어 버리고 새 사람을 입어가는 과정이다. 바울은 에베소서 4장에서 죄의 성품을 죽이고 새 사람을 입으라고 강조한다.

---

5  Donald O. Clifton & Tom Rath, 「위대한 나의 발견 * 강점 혁명」, 갤럽 역 (서울: 청림출판사, 2019), 29.

그런즉 **거짓을** 버리고 각각 그 이웃으로 더불어 **참된 것을 말하라** 이는 우리가 서로 지체가 됨이니라 **분을 내어도** 죄를 짓지 말며 해가 지도록 **분을 품지 말고** 마귀로 틈을 타지 못하게 하라 **도적질하는 자는** 다시 도적질하지 말고 돌이켜 빈궁한 자에게 구제할 것이 있기 위하여 제 손으로 **수고하여 선한 일을 하라** 무릇 **더러운 말은** 너희 입밖에도 내지 말고 오직 덕을 세우는데 소용되는대로 **선한 말**을 하여 듣는 자들에게 은혜를 끼치게 하라 하나님의 성령을 근심하게 하지 말라 그 안에서 너희가 구속의 날까지 인치심을 받았느니라 너희는 **모든 악독과 노함과 분냄과 떠드는 것과 훼방하는 것을 모든 악의와** 함께 버리고 서로 인자하게 하며 **불쌍히 여기며 서로 용서하기를** 하나님이 그리스도 안에서 너희를 용서하심과 같이 하라(엡 4:25-32).

본문 말씀에서도 성격적 약점을 벗어 버리고 긍정적인 성품을 갖는 것을 강조한다. 거짓을 버리는 것이 목표가 아니고 참된 것을 말하는 것이 목표이다. 분을 내어도 해가 지도록 분을 품지 않는 것, 도적질하는 행동을 버리고 자신의 손으로 수고하여 선한 일을 하는 것, 더러운 말을 버리고 선한 말, 은혜가 되는 말을 하는 것, 그리고 모든 악독과 노함과 분냄과 떠드는 것을 버리고 불쌍히 여기고 용서하는 성품을 갖는 것이 그리스도인이 입어야 할 새 사람이다.

하나님 형상을 회복하기 위해서는 쓴 뿌리 목록을 작성하여 그것을 버리고 쓴 뿌리를 대신할 긍정적인 성품의 옷을 입는 것이 중요하다. 사람들이 긍정적인 성품 목록을 작성하는 것을 어려워한다. 그래서 개인적으로 자신의 쓴 뿌리 목록을 대신할 긍정적인 성품이 무엇인지 질문하는 경우가 많이 있다. 다음과 같은 과정을 통해서 작성하면 된다.

## 긍정적인 성품 목록 작성하는 과정

1) 쓴 뿌리 반응을 구체적으로 탐색하라. 우리는 이미 쓴 뿌리 목록을 작성하고 그로 인해 나타나는 문제들이 무엇인지 작성하였다. 긍정적인 성품 목록을 작성하기 위해서 먼저 문제가 무엇인지 분명하게 탐색해야 한다.

2) 원하는 행동이나 성품을 생각하라. 긍정적인 성품의 목록을 쓴 뿌리 목록과 반대되는 단어에 너무 집중하지 말고 쓴 뿌리에 대신할 자신이 원하는 긍정적인 성품을 찾는 것이다. 분노의 쓴 뿌리가 있는 사람이 긍정적인 성품으로 온유한 성품, 유연성 있는 성품, 경청의 성품 등 사람마다 다르게 정할 수 있다.

3) 여러 문제를 포함하는 성품을 찾아라. 한 가지 쓴 뿌리에 한 가지 긍정적인 성품을 갖는 것은 아니다. 여러 가지 쓴 뿌리에 한 가지 긍정적인 성품으로 대신할 수 있다.

4) 실천 가능하고 현실적인 목표를 정하라. 이것은 목표를 세울 때 중요한 원리이다.

성경에 나타난 긍정적인 성품은 성령의 9가지 열매와 팔복을 참조할 수 있다. 성령의 열매는 사랑, 희락, 화평, 오래 참음, 자비, 양선, 충성, 온유, 절제이다. 팔복은 가난한 마음, 애통하는 마음, 온유한 마음, 의에 주리고 목마른 마음, 긍휼히 여기는 마음, 청결한 마음,

화평하게 하는 마음, 의를 위해 박해를 선택하는 마음이다.

오직 성령의 열매는 사랑과 희락과 화평과 오래 참음과 자비와 양선
과 충성과 온유와 절제니 이같은 것을 금지할 법이 없느니라(갈 5:22).

심령이 가난한 자는 복이 있나니 천국이 그들의 것임이요 애통하는
자는 복이 있나니 그들이 위로를 받을 것임이요 온유한 자는 복이
있나니 그들이 땅을 기업으로 받을 것임이요 의에 주리고 목마른 자
는 복이 있나니 그들이 배부를 것임이요 긍휼히 여기는 자는 복이 있
나니 그들이 긍휼히 여김을 받을 것임이요 마음이 청결한 자는 복이
있나니 그들이 하나님을 볼 것임이요 화평하게 하는 자는 복이 있나
니 그들이 하나님의 아들이라 일컬음을 받을 것임이요 의를 위하여
박해를 받은 자는 복이 있나니 천국이 그들의 것임이라(마 5:3-10).

## 2. 이론에 기초한 긍정적인 성품의 목록을 정하라

이론에 기초한 긍정적인 성품 목록은 심리학 학자들이 제시하는
성숙한 인격의 특성들을 말한다. 우리는 건강한 삶의 특징을 통해서
버려야 할 약점들을 발견할 수 있고 구체적으로 기도할 수 있는 긍정
적인 성품의 목록을 작성할 수 있다. 인본주의 심리학자 아브라함 매
슬로우(Abraham H. Maslow)의 자아 실현한 사람의 특징과 긍정
심리학자 피터슨과 셀리그먼(Peterson & Seligman)의 덕목과 성
격 강점을 살펴보면서 긍정적 성품 목록을 생각해보겠다.

1) 아브라함 매슬로우(Abraham H. Maslow)의 자아실현한 사람의 특징[6]

매슬로우는 인격적 성숙을 통해 자아실현을 이룬 세계적인 위인들의 삶을 분석하여 그들의 특징을 다음과 같이 제시하였다.

① 현실 인식 능력이다. 건강한 사람은 현실을 과장하거나 축소하지 않고 객관적이고 합리적으로 인식하여 대처한다. 현실을 정확하게 인식하는 사람은 거짓이나 사기로부터 자신을 보호할 수 있다.

② 수용적인 태도이다. 자신과 타인의 강점과 약점을 있는 그대로 받아들인다. 이런 사람은 열등감이나 교만한 마음을 갖지 않고 타인을 쉽게 판단하거나 비난하지도 않는다. 건강한 사람은 사고가 유연하며, 변화에 개방적이고, 무수히 다양한 사람의 사상을 허용하고 수용 가능한 것으로 본다.

③ 솔직성과 자발성이다. 건강한 사람은 매사에 단순하고 명료하며 자연스럽다. 지나치게 자신을 숨기는 것도 없고 자기 생각과 감정을 적절하게 표현할 줄 안다.

④ 창의적 태도이다. 창의적인 사람은 모든 생각과 행동을 새로운 방법으로 시도해 보고 그것이 다른 사람에게 어떤 유익이 되는지 살펴본다. 새로운 생각을 얻기 위해 책을 읽는 습관을 갖는다.

⑤ 예민한 감성 능력이다. 건강한 사람은 환경과 사람 앞에서 감성적인 반응을 잘한다. 자연에 대해서, 사람에 대해서, 예술과 문학에 대해서, 학문과 진리에 대해서 즐거움과 아름다움을 느낄 수 있는 감상 능력이 있다. 이들의 삶은 지루하지 않고 늘 활력이 있다.

---

6  권석만, 「현대 성격심리학」 (서울: 학지사, 2021), 270.

⑥ 절정경험(peak experience)이 많다(사생활을 즐기는 태도). 건강한 사람은 사소한 일에도 기쁨을 누리고 절정경험을 많이 가지고 있다. 하나님은 모든 것에 기쁨을 누릴 수 있는 것을 심어 놓으셨다.

⑦ 자율성과 주도적인 태도이다. 자아실현을 한 사람은 독립성과 자율성에 대한 강한 욕구를 지닌다. 자율적이고 주도적인 사람은 두려움 없이 자신의 문제를 적극적으로 해결해 나간다.

⑧ 혼자만의 시간에 대한 욕구이다. 건강한 사람은 정서적 개별화가 분명해서 혼자만의 시간을 창조적으로 사용한다. 때로 혼자 있는 시간을 즐길 줄 알고 타인에 의존하거나 매달리지 않는다.

⑨ 문화 압력에 저항하는 태도이다. 건강한 사람은 자신의 가치를 위해 고난을 선택할 용기가 있다. 때로는 잘못된 관행으로 압력을 가할 때 저항하는 용기가 있다.

⑩ 깊은 대인관계를 한다. 사람들과 피상적인 관계를 맺기보다는 의미 있는 관계를 한다. 타인과 깊은 우정과 사랑 그리고 가족에 대한 진지한 열정을 가지고 산다. 타인을 소유하거나 통제하지 않고 인격적으로 서로 성장을 추구하는 관계를 한다.

⑪ 인도주의적 성향이 있다. 모든 인간이 경험하는 상황에 대해 같은 운명을 지닌 한 인간으로서 공감하며 이웃에 대한 형제애와 책임감을 느낀다.

⑫ 유머 감각이 있다. 타인에게 상처를 입히거나 우월감에 근거한 유머가 아니라 누구나 미소 짓고 수긍할 수 있는 유머를 사용할 줄 안다.

⑬ 사명의식과 헌신적인 태도이다. 건강한 사람은 자기 정체성이

분명하여 사명의식을 가지고 헌신하는 삶을 산다.

⑭ 민주적인 가치를 옹호한다. 민주적 가치를 가지고 사는 사람은 권위보다 선의에 의존하고, 복종을 요구하기보다는 사랑으로 한다. 다른 사람의 말을 존중하고 듣는다. 그러나 독선적이고 독단적인 사람은 늘 권위주의에 의존한다.

⑮ 수단과 목적을 구분한다. 건강한 사람은 본질을 추구하고 목적을 위해 수단을 정당화하지 않으며 결과와 과정을 모두 중요하게 생각한다. 수단과 목적을 구분하지 않고 사는 사람들은 탐심이 많을 수 있다.

우리가 자아실현한 사람의 특징을 안다고 그것이 자신의 성품이 되는 것은 아니다. 매슬로우도 자아실현을 한 사람은 세계사에 극소수라고 하였다. 자신에게 필요한 건강한 성품의 목록 한두 가지를 정해서 버려야 할 약점을 십자가 앞에 내려놓고 긍정적 성품을 구할 때 자신의 성품이 될 수 있는 것이다.


2) 피터슨과 셀리그만 (Peterson & Seligman)의 덕목과 성격강점

피터슨과 셀리그만(Peterson & Seligman)은 세계의 주요 종교와 철학에 관한 기본 저술을 읽고 공통적인 미덕을 6개의 덕목과 24개의 성격강점으로 분류하였다. 6개 덕목은 지혜와 지식, 용기, 사랑과 인간애, 정의감, 절제력, 영성과 초월이다. 6개의 덕목 아래 24개의 성격강점이 있다.[7]

---

7  Martin E. P. Seligman, 「마틴 셀리그만의 긍정심리학」, 김인자·우문식 역 (경기: 도서출판 물푸레, 2016), 232-74.

A. 지혜와 지식: 더 나은 삶을 위해 지식을 습득하고 활용하는 것과 관련된 강점

(1) 호기심: 새로운 경험에 대한 열린 마음을 갖고 자신의 생각과 다른 것에 대해 유연성을 갖는 성품이다.

(2) 학구열: 항상 새로운 것을 배우려는 열정이 있는 성품이다.

(3) 판단력, 개방성: 흑백논리에 빠지지 않고 충분한 근거를 가지고 분별하고 결정하는 성품이다. 모든 일을 합리적이고 객관적으로 생각하는 사람이다.

(4) 창의성, 독창성: 목적을 이루기 위해 새로우면서 타당한 방법을 추구하는 성품이다.

(5) 지혜, 통찰력: 복잡한 문제를 잘 해결해 가는 성품이다. 성경에서 지혜는 하나님의 음성을 듣는 마음이다.

B. 용기: 장애물이 있더라도 목표를 성취하고자 실천하는 강점

(6) 용감성, 호연지기: 위험과 시련이 있어도 물러서지 않고 도전하는 성품이다.

(7) 끈기, 성실성: 시작한 일을 끝까지 해내는 성품이다.

(8) 진실. 정직: 가면을 쓰지 않고 항상 진실하게 말하고 참되게 행동하는 성품이다.

(9) 열정, 활력: 내면에 소망과 활력이 넘치고 열정적인 성품이다.

C. 사랑과 인간애: 타인을 배려하고 친밀한 관계를 하는 관계적 강점

(10) 사랑, 사랑을 주고받을 수 있는 능력: 다른 사람들과 친밀한 관계를 소중히 여기는 성품이다.

(11) 친절성: 자기 이익을 도모하기보다 타인에게 선행을 베푸는 성품이다.

(12) 사회지능, 정서지능: 타인의 동기와 감정을 알고 그에 맞게 반응해주는 성품이다.


D. 정의감: 건강한 공동체 생활과 관련된 사회적 강점

(13) 팀워크(시민정신), 협동심, 충성심: 언제 어디서나 자신의 역할을 다해내고 공동체를 위해 헌신하고 충성하는 성품이다.

(14) 공정성, 평등: 사적 감정에 따른 편견과 편애 없이 모든 사람에게 기회를 주는 성품이다.

(15) 리더십: 공동체를 조직하고 관리하는 능력이 뛰어난 성품이다.


E. 절제력: 지나침이나 독단에 빠지지 않는 강점

(16) 용서, 긍휼: 자신에게 잘못한 사람을 불쌍히 여겨 복수심을 버리고 재생의 기회를 주는 성품이다.

(17) 겸손, 겸양: 타인의 인정과 관계 없이 맡은 일을 완수하는데 힘쓰고, 타인을 귀하게 여기는 성품이다.

(18) 신중성: 눈 앞의 이익을 추구하지 않고 멀리 보고 신중하게 선택하는 성품이다.

(19) 자기조절, 자기통제력: 자신의 감정과 욕구를 현실 원리에 맞게 충족하고 유예할 줄 아는 성품이다.

F. 영성과 초월: 현상과 행위에 대해 의미를 부여하고 하나님과 연결성을 추구하는 강점

(20) 심미안, 감상력: 세상에서 아름다움과 경이로움을 느끼는 성품이다.

(21) 감사: 자신에게 일어나는 일들에 대해 당연하게 생각하지 않고 감사하는 마음을 갖는 성품이다.

(22) 희망, 낙관성: 긍정적인 관점으로 최고의 날을 기대하며 계획하고 실천하는 성품이다.

(23) 유머감각: 잘 웃고 다른 사람을 웃게 하는 성품이다.

(24) 영성: 하나님의 섭리 안에서 자신을 볼 수 있는 성품이다.


## 3. 하나님 형상 회복에 기초한 긍정적인 성품의 목록을 정하라

하나님 형상에 대해서는 이미 5장에서 언급하였다. 사도 바울은 골로새서 3장 10절에서 "자기를 창조하신 이의 형상을 따라 지식에까지 새롭게 하라"고 하였고, 에베소서 4장 24절에서는 "하나님을 따라 의와 진리의 거룩함으로 지으심을 받은 새 사람을 입으라"고 하였다. 이 성경에 근거하여 칼빈(Calvin)은 그리스도인이 회복해야 할 하나님의 형상을 '참된 지식'과 '순결한 의' 그리고 '거룩'에 있다고 보았다.

### 1) 지식이 새로워지는데 필요한 성품

너희가 서로 거짓말을 하지 말라 옛 사람과 그 행위를 벗어 버리고

새 사람을 입었으니 이는 자기를 창조하신 이의 **형상을 따라 지식에 까지 새롭게 하심을** 입은 자니라(골 3:9-10).

새 사람을 입은 사람은 하나님의 말씀으로 지식이 새로워진 사람이다. 하나님 형상 회복을 위해서는 하나님을 아는 지식이 풍성해져야 한다. 우리 안에 진리의 말씀이 채워져서 왜곡된 지식의 틀에서 벗어나야 한다. 지식이 새로워지면 관점과 해석이 새로워진다. 그러므로 하나님을 아는 지식으로 자신과 세상을 볼 수 있는 관점을 갖고 해석할 수 있는 삶을 훈련해야 한다.

하나님을 아는 지식으로 충만하기 위해서 버려야 할 성품은 게으름, 불신, 수동공격, 왜곡 등이다. 게으른 사람은 하나님 말씀을 공부하고 읽는 것을 하지 않는다. 그리고 불신이 많은 사람은 의심이 많아서 배워도 받아들이지 못한다. 각자 지식이 새로워지는데 방해되는 쓴 뿌리를 발견하고 버려야 한다.

하나님을 아는 지식이 새로워지는 데 필요한 긍정적인 성품은 배움의 열정(말씀 사모), 통찰력(깨달음), 개방성(새로운 지식 수용성) 등이다. 하나님을 아는 지식에 대한 목마름이 있어야 한다. 의에 주리고 목마름이 있어야 하나님을 알아가는 것이다. 성경을 공부하고 읽고 쓰는 사람들은 배움에 대한 열정이 있는 사람들이다. 그리고 지식이 새로워지기 위해 통찰력을 구하는 기도와 새로운 지식을 받아들이는 개방적인 자세를 갖는 것이 필요하다.

## 2) 의(친밀한 관계)를 이루는데 필요한 성품

너희는 유혹의 욕심을 따라 썩어져 가는 구습을 좇는 옛 사람을 벗어 버리고 오직 심령으로 새롭게 되어 하나님을 따라 **의와** 진리의 거룩함으로 지으심을 받은 새 사람을 입으라(엡 4:22-24).

우리가 의롭게 되는 것은 오직 믿음으로 되는 것이다. 그리고 성경에서 말하는 믿음은 하나님과 관계 안으로 들어가는 것이다. 의를 옷 입는 것은 하나님과 친밀한 관계를 이루는 것이다. 그리스도인의 칭의와 성화는 그리스도와의 관계에서 이루어진다.

하나님과 친밀한 관계를 방해하는 쓴 뿌리는 자기중심, 불신, 분노, 인정받기 원함, 거역, 무감각, 낮은 자존감, 고립 등을 말할 수 있다. 그리고 하나님과 친밀한 관계를 위해 필요한 긍정적 성품은 배려, 공감, 순종, 겸손, 정서적 반응 등의 성품이다.

필자도 제자훈련하면서 가장 어려웠던 부분이 하나님과 친밀한 관계였다. 어려서부터 부모님과 정서적으로 친밀한 관계를 경험하지 못하였기 때문에 하나님과의 친밀함이 무엇인지 이해가 되지 않았다. 권위자와의 관계에서 친밀함에 대한 무감각이 형성된 것이다. 하나님과의 관계에서 무감각이 깨어지고 친밀한 관계를 경험하는 데 많은 시간이 걸렸다. 하나님과의 관계를 위해 공감의 성품이 매우 중요하다. 하나님 아버지 마음을 공감하는 사람은 하나님의 뜻을 더 잘 분별할 수 있다. 그러므로 방해되는 성품은 버리고 긍정적인 성품을 구하고 기도해야 한다.

### 3) 진리의 거룩함을 위해 필요한 성품

너희는 유혹의 욕심을 따라 썩어져 가는 구습을 좇는 옛 사람을 벗어 버리고 오직 심령으로 새롭게 되어 하나님을 따라 의와 **진리의 거룩**

**함으로** 지으심을 받은 새 사람을 입으라(엡 4:22-24).

진리의 거룩함은 그리스도인의 가치이다. 거룩함으로 새사람을 입는데 방해되는 쓴 뿌리는 탐심, 염려 등이다. 탐심이 많은 사람은 세상의 것에 끌리게 된다. 거룩함으로 새 사람을 입기 위해 필요한 긍정적 성품은 충성, 절제(우선순위), 헌신(자기희생) 등이다.

하나님 형상 회복에 기초한 긍정적인 성품의 목록은 회복프로그램을 진행하면서 경험한 내용이다. 하나님 형상 회복에 방해되는 쓴 뿌리 성품과 구해야 할 긍정적인 성품의 목록을 기록해 보기를 바란다. 하나님은 우리가 긍정적인 성품을 구하는 것을 기뻐하신다.

기브온에서 밤에 여호와께서 솔로몬의 꿈에 나타나시니라 하나님이 이르시되 내가 네게 무엇을 줄꼬 너는 구하라 …누가 주의 이 많은 백성을 재판할 수 있사오리이까 듣는 마음을 종에게 주사 주의 백성을 재판하여 선악을 분별하게 하옵소서 …솔로몬이 이것을 구하매 그 말씀이 주의 마음에 든지라(왕상 3:5, 9-10).

하나님께서 솔로몬에게 꿈에 나타나서 소원을 구하라고 했을 때 솔로몬은 지혜의 성품을 구했다. 솔로몬이 지혜를 구한 것은 왕으로서 백성들을 잘 통치하기 위한 것이다. 하나님은 솔로몬이 지혜의 성품을 구하는 것을 보시고 "주의 마음에 든지라"고 하셨다. 하나님께서 나에게 원하는 긍정적인 성품이 무엇인지 생각하고 기도하는 것은 하나님을 기쁘시게 하는 것이다.

지금까지 살펴본 강점 목록을 통해서 먼저 자신의 강점 목록을 작성하고 그 강점을 인정하고 감사하기를 바란다. 자신의 강점을 정직하게 인정하는 것이 건강한 삶이다. 그리고 쓴 뿌리를 버리고 개발하고 싶은 강점 목록을 작성해 보기를 바란다.


## 적용

**1. 자신의 긍정적인 성품을 기록하고 감사의 고백을 하세요.**


**2. 본장을 읽으면서 자신에게 필요한 긍정적인 성품의 목록을 기록하세요.**


**3. 회복의 길 기도 예**

1) 주님 나에게는 (a 고립감)의 쓴 뿌리가 있습니다.

2) 그로 인하여 (b      )문제들이 발생합니다.

 *나와의 관계에서 소외감 실망감을 느낍니다.

 *이웃과의 관계에서 비난과 판단 그리고 단절의 문제가 발생합니다.

 *관계된 사역에서 매우 수동적이 되었습니다.

3) 나는 (a 고립감)의 문제 앞에 절대적으로 무력한 존재임을 인정합니다.

4) 이 문제를 해결하고 회복시킬 수 있는 분은 오직 하나님이심

을 믿습니다.

5) 나의 죄를 위해 십자가에 죽으시고 부활하신 주님 앞에 나의 (a 고립감)을 내려놓습니다. 이 쓴 뿌리로 인한 죄를 용서하시고 깨끗하게 하시니 감사합니다.

6) 나에게 (a 고립감)이 생기도록 상처를 준 (이름)을 예수님 이름으로 용서하기로 결단합니다. 원통함과 쓴 뿌리 굴레에서 저를 벗어나게 해주셔서 감사합니다. 보복할 권리를 포기하니, 주님이 제 상한 감정들을 치유해 주시옵소서.

7) 그리고 쓴 뿌리로 인하여 내가 상처를 준 사람들에게 용서를 구하고 보상하기를 원합니다. 지혜를 주시고 용기를 주옵소서.

8) 이제 쓴 뿌리로 인한 죄에서 벗어나 거룩한 삶을 살기로 결단 합니다. 오늘도 거룩함을 향한 열정을 가지고 주님 앞에 나아갑니다. 더 이상 쓴 뿌리로 반응하지 않고 진리에 반응하겠습니다.

**9) 그러기 위해 제가 (c 이해와 수용의 )성품을 구합니다. 성령으로 저를 강건하게 하셔서 오늘 하루도 쓴 뿌리가 아니라 (c 이해와 수용의 )성품으로 살게 하옵소서. 하나님의 은혜를 베푸셔서 (c 이해와 수용의 )성품으로 만나는 사람에게 복의 통로가 되게 하옵소서.**

성산 회복 이야기 / 이호진

저는 최근 '회복되고 달라진 말투'에 대해 나누자 합니다. 저는 2007년 4월에 결혼했습니다. 30여 년을 싱글로 살다가 결혼하여 새로운 가족과 새집에서 사는 것이 매일매일 새롭고 신이 났습니다. 이듬해에는 정말 눈에 넣어도 안 아픈 딸아이가 태어났습니다. 그렇게 축복과 감사와 행복 속에서 딸아이가 커가는 것을 보며 열심히 살았습니다.

결혼하고 8년 정도 지났을 때, 열심히 달리며 살던 제가 서서히 지치기 시작했습니다. 그 무렵 제가 어릴 적에 어머니와 이혼하신 후 한 번도 뵙지 못했던 아버지가 청량리 근처에서 고독사하였다고 경찰서에서 연락이 왔습니다. 심리적으로 준비 안 된 상태에서 아버지 장례를 정신없이 치르고 난 뒤 설상가상으로 지금 딸아이의 동생이 될 뻔했던 아이를 먼저 천국에 보내게 되는 일이 있었습니다.

그렇게 큰일을 연속해서 치르고 나니 안 그래도 지쳐 있던 저에게 감당할 수 없는 무력감과 우울함이 찾아 왔습니다. "아~ 정말! 세상 사는 게 너무 힘들다"라는 생각에 사로잡혀 지냈습니다. 정말 사는 것이 사는 게 아니었고, 숨 쉬는 것이 숨 쉬는 게 아니었습니다.

그런 상태에서 저는 아내에게 비난하고 공격하는 말들을 하기 시작했습니다. 회사 퇴근 후에 아내가 해놓은 집안일을 못마땅하게 여기기 시작했고 하나하나 따지기 시작했습니다. 또 아내와 다투고 나면 몇 시간이고 며칠이고 감정이 풀리지 않아서 아내와 말 한마디 하지 않는 '회피와 고립'으로 들어갔습니다. 아내는 그렇게 말 안 하고 방문을 닫고 있는 저에게 먼저 다가와 손을 잡아주면서 화해하자고, 자기가 잘못했다고 마치 질기고 질긴 암흑 같은 저의 감정을 풀어주려고 부단히 노력하였습니다. 정말 성실하고 착한 아내입니다. 전 그런 아내에게 "내 감정이 풀리지도 않는데 왜 화해하자고 하냐, 말 걸지 말라고 했는데 왜 말을 거냐"라고 폭언하고 때로는 집안에 집기들을 던지고 부수는 일도 여러 번 있었습니다.

그때마다 아내는 큰 충격을 받고 씩씩거리는 내 앞에서 어찌할지 몰라 소파에서 한 시간이고 두세 시간이고 울었습니다. 그때 7살이던 딸은 폭언하는 무서운 아빠에게 겁에 질려있는 모습으로, 우는 엄마 옆에서 같이 울다가 엄마 울지 말라고, 엄마 달래기를 몇 번이고 했었습니다.

그런 일들이 있고도 시간이 갈수록 저의 우울함과 분노는 사그라지지 않았고, 회사에서든 집에서든 저를 생각해서 말해주는 주변 사람들의 피드백이나 작은 비판에도 너무 쉽게 감정적으로 반응하여 관계가 깨지게 되었습니다. 직종이 서비스업이라 회사의 동료들과 거래처 고객들에게는 상황에 따라 적절히 표현하지 못하였기에, 그날 풀지 못하고 쌓인 스트레스를 집에 와서 아내에게 풀기 십상이었습니다. 아내는 조금만 건들면 예민하게 반응하고 폭발하는 제게 몇 년 동안 계속해서 마음의 상처를 받고 있었습니다. 지금 생각해 봐도 저는 정말 나쁜 남편이었습니다.

그렇게 저는 나락으로 떨어지고 있었고 그런 와중에 2017년 5월쯤 회복프로그램을 알게 되었습니다. 저는 정말 살고 싶어서 아내와 함께 회복프로그램에 참여하였습니다. 저는 "다시 살아야겠다. 회복해야겠다."를 마음속으로 외치며 몇 년을 보냈습니다. 그렇게 몇 년간 우울증과 프로그램을 통해 발견한 쓴 뿌리를 버리기 위해 열심히 훈습했습니다. 그리고 요즘은 공격하는 말을 버리고 공감하고 세워주는 성품을 회복하기 위해 기도하고 훈습합니다.

지금 저의 상태는 감정과 생각이 정상 수준으로 유지되고 있습니다. 아내와 다툼이 있어도 전처럼 회피와 고립으로 가지 않고 최소

반나절 내에는 저의 잘못을 아내에게 인정하고 먼저 화해를 요청합니다. 그리고 "당신이 그렇게 하니 그렇잖아. 당신 때문이야!"라고 아내를 탓하거나 논리로 따지지 않습니다. 거의 10번 중에서 8번, 9번은 "여보, 아까 그 일로 나 지금 마음이 속상해. 다음에는 이렇게 한번 같이 해보자. 당신도 괜찮겠지?"라고 말하며 갈등상황으로 가지 않고 대화를 이어가고 있습니다.

아내와의 최근 대화 사례를 나누겠습니다. 4월 16일 총선 선거 다음 날 아침이었습니다. 저는 선거일이 공휴일이라 평소 못했던 것들을 밤늦게까지 하다가 다음날 늦잠을 자게 되었습니다. 아침에 출근하기 위해 일찍 일어난 아내는 제가 전날 밤 딴 짓하다가 늦잠을 잤다고 핀잔과 잔소리를 했습니다. 저는 기분 좋게 일어나야 할 아침에 잔소리를 듣는 것이 싫었습니다. 그렇게 기분이 안 좋으니 출근하는 아내에게 인사하기도 싫었고, 마침 화장실에서 일을 보고 있어서 밖에서 말을 거는 아내에게 짜증을 내며 "여보, 나 지금 화장실에 있잖아! 당신 말이 잘 안 들려!"라고 퉁명스럽게 말했습니다. 그렇게 오전 시간을 보내고, 회사에서 점심을 먹고 있을 아내가 문득 생각이 났습니다. 그래서 아까 감정을 정리하고 아내에게 카톡을 보냈습니다.

"여보, 점심 먹고 있어요? 아침에 그렇게 얘기해서 미안했어요. 어제 밤은 공부하다가 늦게 잤어요. 지금 21일 기도 중이고, 계속 성실하게 하려고 하니 당신도 날 믿어주고 격려해주면 좋겠어요. 아침에 당신도 답답해서 그렇게 얘기했지? 이따 일 끝나고 얼른 집에 와요. 밥 준비하고 있을 테니."

작년 가을부터 저의 말투와 어법을 자각하기 시작했습니다. 아내에게 공격적으로 말하는 나의 말투, 딸에게 통제하며 말하고 있는 목소리 톤을 버리고, 부드러운 목소리로 '반영 경청'하거나 '나 전달'로 자기표현하는 훈련을 하고 있습니다. 지금은 아내와 딸에게 친근하고 부드럽게 말하고 있습니다. 이렇게 바뀐 저의 모습이 요즈음에는 참 대견하다고 느껴집니다.

이제 저는 건강하게 관계를 푸는 힘이 조금 생겼습니다. 저는 오늘도 다짐합니다. 오늘 한 가지만이라도 아이에게 진심으로 '좋은 아빠' 하자! 단 한 번만이라도 아내에게 '좋은 남편' 하자입니다. 그렇게 저 스스로 약속하며 하나님께 은혜를 구하며 한 가지 한 가지씩 실천을 하고 있습니다.

저는 아직 공사 중입니다. 최근에도 아내에게 큰 소리를 낸 저의 연약한 모습을 보았습니다. 그러나 바로 잘못을 인정하고 하나님께 온유한 성품을 달라고 기도합니다. 한 가지씩 회복하면서 변화하기를 노력하고 있습니다. 여기까지 도와주신 하나님께 감사드립니다.

# 제 10원리

## 나는 묵상과 기도를 통하여
## 하나님과 친밀한 관계를 견고히 하도록 노력한다.

그리스도의 말씀이 너희 속에 풍성히 거하여 모든 지혜로 피차 가르치며 권면하고 시와 찬송과 신령한 노래를 부르며 감사하는 마음으로 하나님을 찬양하고 또 무엇을 하든지 말에나 일에나 다 주 예수의 이름으로 하고 그를 힘입어 하나님 아버지께 감사하라(골 3:16-17).

하나님 형상 회복의 과정은 죄 발견하기와 죽이기 그리고 새 사람 입기와 새 생활하기이다. 말씀과 기도 생활은 새 사람 입기의 가장 중요한 단계이다. 아무리 쓴 뿌리를 버려도 말씀과 기도 생활로 연결되지 않으면 새 사람을 입을 수 없다. 따라서 말씀과 기도는 회복의 가장 중요한 열쇠라 할 수 있다.

상담 심리학자 래리 크랩(Larry Crabb)은 「지상에서 가장 안전한 곳」에서 개념은 약간 다르게 표현했지만 죄 버리기와 새 생활하기를 강조하였다. 그는 인간의 마음에는 두 개의 방, 지하실과 다락방이 있다고 하였다. 먼저 지하실에는 ① 자아에 대한 열정(자기중심적인 삶) ② 지배에 대한 열정(자원의 타락, 자유의지 타락) ③ 정의를 내리는 열정(왜곡된 관점으로 복과 저주, 선과 악을 판단) ④ 행위에 대한 열정(율법주의적 삶)이 있다. 지하실 에너지로 사는 것은 타락의 결과이고 쓴 뿌리들이다. 다음으로 다락방에는 성령님이 주시는 열정으로 ① 예배에 대한 열정 ② 신뢰에 대한 열정 ③ 성장에 대한 열정 ④ 순종에 대한 열정이 있다. 다락방 에너지로 사는 것은 성령을 따라 사는 것이다.[1] 크랩은 지하실의 에너지를 버리고 다락방의 에너지로 살아야 할 것을 강조한다. 지하실 에너지(옛 사람)를 버리고 다락방(새 사람)의 에너지로 살려면 말씀과 기도 생활이 습관화되어야 한다. 우리가 거룩해지는 방법은 말씀과 기도이다(딤전 4:5).

회복의 길 10원리는 "나는 묵상과 기도를 통하여 하나님과 친밀한 관계를 견고히 하도록 노력한다"이다. 묵상과 기도는 신앙생활의 기본이다. 그리스도인이 기본을 무시하면 신앙생활이 무너질 수밖에 없다. 그러므로 묵상과 기도를 항상 우선순위에 두고 살 수 있도록 환경을 만들어야 한다. 묵상과 기도 생활은 영적인 방해가 따르기 때문에 결단하는 것과 할 수 있는 환경을 만드는 것이 중요하다.

묵상과 기도 생활은 우리 삶에 여러 유익을 주지만 하나님 형상 회복과 연결하여 적용할 수 있어야 한다. 하나님 형상 회복은 참된 지식과 순결한 의 그리고 거룩함으로 새롭게 되는 것이다(골 3:10; 엡 4:22-24). 인간의 근본적인 문제는 지식의 왜곡, 깨어진 관계, 가치의 타락이다. 따라서 묵상과 기도는 첫 번째, 깨어진 관계 회복을 위해 하나님의 조건 없는 사랑을 경험해야 한다. 두 번째, 진리를 배워서 지식이 새로워져야 한다. 그리고 세 번째, 진리 안에서 삶의 참된

---

1   Larry Crabb, 「지상에서 가장 안전한 곳」, 정성준 역 (서울: 요단출판사, 2010), 127-230.

가치를 발견하고 정체성을 회복해야 한다.


## 1. 묵상과 기도의 핵심은 하나님의 사랑을 채우는 것이다.

　인간은 관계 속에서 상처를 받고 관계 속에서 치유받는다. 특별히 깨어진 하나님과의 관계 회복은 치유와 성장의 출발이며 완성이다. 그런 의미에서 묵상과 기도를 통해서 하나님의 사랑을 경험하는 것은 회복의 과정에서 매우 중요하다. 묵상과 기도의 핵심은 하나님과의 관계성이다. 기도가 하나님과의 관계보다 문제 해결에 목적을 두면 자신이 원하는 대로 문제가 해결되지 않을 때 실망하게 된다. 말씀 묵상하는 것도 관계보다 "하라 하지 말라"에 집중하면 반쪽 묵상을 하는 것이다.

　필자가 예수 믿고 처음 묵상을 시작할 때는 성경에서 "하라 하지 말라"에 집중하여 깨닫고 적용하였다. 매일 아침 말씀을 통해서 해야 할 것과 하지 말아야 할 것을 생각하고 적용하면서 많은 변화를 경험하였다. 그러나 시간이 흐르면서 성숙의 한계에 부딪혔다. 한계의 첫 번째는 적용에 대한 한계였다. 일 년 정도 열심히 적용하면서 이미 변화될 영역은 많이 변화되었고, 그 외에는 변화에 대해 답보 상태에 빠진 것이다. 두 번째는 영적 교만에 빠지게 된 것이다. 필자만큼 변화되지 않은 사람들을 보면 이해를 하지 못하고 은근히 판단하는 마음을 갖게 되었다. 그 후부터 규칙적인 묵상의 삶이 점점 무너지기 시작했다. 묵상이 다시 회복된 것은 하나님과의 관계성에 초점을 맞추면서이다. 말씀을 통해서 필자를 향한 하나님의 마음과 사랑에 초점을 두면서 하나님의 사랑이 내 안에 충만하게 채워지는 것을 경험하였다. 하나님의 사랑이 경험되니까 말씀에서 "하라 하지 말라"는 자연스럽게 실천되었다.

사람의 문제는 충분한 사랑을 경험하지 못한 데서 온다. 건강한 사람은 어린 시절에 부모에게 충분한 비대칭 사랑을 받은 사람이다. 관계는 대칭관계와 비대칭관계가 있다. 대칭관계는 대등한 관계 속에서 서로 주고받는 관계를 말한다. 성숙한 사람은 모든 관계 속에서 적절하게 주고받는 것을 할 줄 아는 사람이다. 반면에 비대칭관계는 한쪽이 일방적으로 주는 관계이다. 주로 부모와 어린 자녀의 관계이다. 어린 시절 비대칭관계 속에서 무조건적 사랑을 받으면 충성이라는 성품이 형성된다. 그러나 그 사랑을 받지 못하면 결핍에 의한 여러 증상이 나타나게 된다. 그러므로 묵상과 기도 생활을 통해서 우리 마음에 하나님의 무조건적 사랑을 경험해야 한다. 그 사랑이 채워질 때 사랑의 결핍으로 나타나는 문제들이 치유되고 온전한 사람으로 나아갈 수 있다.

하나님과 친밀한 관계 속에 머물러 있으면 성장과 함께 삶의 문제들은 자연스럽게 해결된다. 필자는 시편을 읽을 때마다 다윗의 고백을 통해서 큰 도전을 받는다.

> 내가 나의 침상에서 주를 기억하며 새벽에 주의 말씀을 작은 소리로 읊조릴 때에 하오리니(시 63:6).

> 곧 여호와의 일들을 기억하며 주께서 옛적에 행하신 기이한 일을 기억하리이다 또 주의 모든 일을 작은 소리로 읊조리며 주의 행사를 낮

은 소리로 되뇌이리이다(시 77:11-12).

주의 말씀을 조용히 읊조리려고 내가 새벽녘에 눈을 떴나이다(시 119:148).

다윗은 새벽마다 하나님 말씀을 기억하고 작은 소리로 읊조렸다. 좋으신 하나님의 성품과 역사하신 것들을 기억하고 작은 소리로 읊조리는 것이 묵상이다. 다윗은 말씀을 읊조리려고 새벽에 눈을 뜬다고 고백한다. 다윗의 이러한 행동은 젊은 남녀가 사랑에 빠져서 하루 종일 함께 있다가 헤어지면 또 보고 싶어 하는 마음인 것 같다. 다윗이 하나님을 얼마나 사랑하는지 그는 생활 속에서 무얼 보아도 하나님을 연상했다. 반석을 보아도, 성을 보아도, 바위를 보아도 하나님을 생각하며 하나님의 사랑과 보호하심을 느꼈던 것이다. 그래서 다윗은 시편 18편에서 이렇게 고백한다.

나의 힘이신 여호와여 내가 주를 사랑하나이다 여호와는 나의 반석이시요 나의 요새시요 나를 건지시는 이시요 나의 하나님이시요 내가 그 안에 피할 나의 바위시요 나의 방패시요 나의 구원의 뿔이시요 나의 산성이시로다 내가 찬송 받으실 여호와께 아뢰리니 내 원수들에게서 구원을 얻으리로다(시 18:1-3).

다윗은 모든 만물을 통해서 하나님의 사랑과 숨결을 느꼈다. 하나님과의 친밀한 관계는 그를 성장하게 하고 원수까지도 용서할 수 있는 원인이 되었다. 묵상을 통해 하나님과의 친밀한 관계를 경험하는 것은 하나님의 마음을 닮고 세상에서 승리하는 비결이다. 다윗이 시편 23편을 고백할 수 있었던 것도 이런 묵상의 결과라고 생각한다.

> 여호와는 나의 목자시니 내게 부족함이 없으리로다 그가 나를 푸른 풀밭에 누이시며 쉴 만한 물 가로 인도하시는도다 내 영혼을 소생시키시고 자기 이름을 위하여 의의 길로 인도하시는도다 내가 사망의 음침한 골짜기로 다닐지라도 해를 두려워하지 않을 것은 주께서 나와 함께 하심이라 주의 지팡이와 막대기가 나를 안위하시나이다 주께서 내 원수의 목전에서 내게 상을 차려 주시고 기름을 내 머리에 부으셨으니 내 잔이 넘치나이다 내 평생에 선하심과 인자하심이 반드시 나를 따르리니 내가 여호와의 집에 영원히 살리로다(시 23:1-6).

누구든지 성장하고 회복하기 위해 필요한 것은 사랑이다. 모든 생명체는 사랑을 받아야 성장할 수 있다. 그래서 어려서부터 부모와 여러 사람으로부터 건강한 사랑을 받으며 자라는 것이 필요하다. 그러나 이 세상에서 완벽한 사랑을 받고 자란 사람은 있을 수 없다. 왜냐하면 사람의 사랑이 왜곡되어 있기 때문이다. 에릭 프롬은 생명애(biophily)와 사체애(necrophily)를 구분하였다. "생명애는 구조적이고 기능적으로 성장하는 특징을 가지고 있는 반면, 사체애를 가지고 있는 사람은 성장하지 않고 기계적인 것에 애착을 가진다. 사체애를 가진 사람은 존재보다는 소유하는 것에 집착한다. 꽃이든 사람이든 그 대상을 소유할 때 그것과 관계를 맺을 수 있다."[2]

사체애는 사랑의 이름으로 소유하고 지배하려고 하는 것이다. 사체애는 "내가 너를 이렇게 사랑하잖아. 그러니까 너는 내 꺼야! 내가 하라는 대로 해야 해."라고 하는 것이다. 이것은 인격적인 사랑이 아니라 소유하고 지배하려는 것이다. 자신이 원하는 삶을 상대에게 강요하는 것이다. 이것은 상대의 잠재력을 인정해주는 것이 아니라 자신의 좌절된 꿈을 자녀(타인)에게 강요하는 것이다. 우리나라 문화는 부모가 자녀와 동일체 의식을 많이 갖는다는 점이다. 그래서 부모가 자녀를 위해 희생도 많이 하지만 소유하고 지배하려는 경향도 있다. 진정한 사랑은 소유하고 지배하는 것이 아니라 나를 통해서 상대가 성장하고 잠재력을 발휘하도록 돕는 것이다.

이 세상에는 완전한 사랑이 없기 때문에, 사람들은 사랑의 결핍을 느낀다. 사람들이 공허한 마음을 채우기 위해서 물질을 추구하기도 하고, 사람들에게 매달리기도 하지만 그럴수록 더 큰 외로움을 느끼게 된다. 우리의 공허한 가슴을 충만하게 해주는 것은 오직 하나님의 사랑뿐이다. 하나님은 본질이 사랑이기 때문이다. 오직 하나님의 사랑만이 사람을 회복할 수 있다.

### 1) 묵상을 통해서 하나님의 사랑을 경험해 간다.

묵상은 성경에 계시된 하나님의 성품을 생각하며 사랑을 경험하는 시간이다. 그리고 그 사랑을 말과 글로 고백하고 선포하는 것이

---

2  Eugene S. Gibbs, 「한 권으로 읽는 교육학 명저 24선」, 김희자 역 (서울: 도서출판 디모데, 2005), 196.

다. 우리가 묵상하면서 경험하는 하나님의 성품은 다음과 같다.

(1) 하나님은 멀리 계신 분이 아니라 친밀하시고 가까이 계신 분이다.

주님, 주께서 나를 샅샅이 살펴보셨으니, 나를 환히 알고 계십니다. 내가 앉아 있거나 서 있거나 주께서는 다 아십니다. 멀리서도 내 생각을 다 알고 계십니다. 내가 길을 가거나 누워 있거나, 주께서는 다 살피고 계시니, 내 모든 행실을 다 알고 계십니다(시 139:1-3).

묵상하면서 가까이 계신 하나님, 항상 나와 함께 하신 하나님을 경험해야 한다. 하나님은 우리의 아픔, 눈물, 염려, 두려워하는 모든 것을 아시는 분이다. 우리가 당하는 억울한 일, 상처받은 것, 모두 아시는 분이다. 이런 하나님을 묵상하며 그 품에 안길 때 회복을 경험한다.

(2) 하나님은 벌을 내리는 분이 아니라 자비롭고 긍휼이 많은 분이다.

주님은 자비롭고, 은혜로우시며, 노하기를 더디 하시며, 사랑이 그지없으시다. 두고두고 꾸짖지 않으시며, 노를 영원히 품지 않으신다. 우리 죄를, 지은 그대로 갚지 않으시고 우리 잘못을, 저지른 그대로 갚지 않으신다(시 103:8-10).

하나님은 쉽게 분노하시는 분이 아니다. 하나님은 우리의 죄를 심판하시는 분이 아니라 오히려 대신 죗값을 치러주시는 분이다. 하나님은 자비롭고 은혜롭고 노하기를 더디 하시고 꾸짖지 않으시는 하나님이시다. 이런 하나님 앞에 나아가는 것이 얼마나 큰 행복인가?

(3) 하나님은 엄격한 분이 아니라 따뜻하게 용납하시고 사랑하는 분이다.

> 이에 일어나서 아버지께로 돌아가니라 아직도 거리가 먼데 아버지가 그를 보고 측은히 여겨 달려가 목을 안고 입을 맞추니 아들이 이르되 아버지 내가 하늘과 아버지께 죄를 지었사오니 지금부터는 아버지의 아들이라 일컬음을 감당하지 못하겠나이다 하나 아버지는 종들에게 이르되 제일 좋은 옷을 내어다가 입히고 손에 가락지를 끼우고 발에 신을 신기라(눅 15:20-22).

세상은 경쟁과 긴장이 있는 곳이다. 세상은 용납하기보다는 인정받고 사랑받고 싶으면 능력을 증명해 보라고 요청한다. 하나님을 떠나 세상으로 나갈 때 조건에 맞고 능력을 입증하지 못하면 노예와도 같은 존재가 된다. 탕자는 세상에서 조건적인 삶에 익숙해져서 아버지께로 나아가 아들이 아니라 종으로 왔다고 조건을 붙인다. 우리는 하나님 앞에 나아갈 때 세상의 방식으로 하나님을 조건의 하나님으로 만든다. 그리고 조건의 하나님으로 만나게 된다. 그러나 하나님은 우리의 조건이 아닌 존재 자체로 인정하고 용납해주시는 분이다.

(4) 하나님은 바빠서 내 곁에 계시지 않는 분이 아니라 항상 함께하시고 내 곁에 계시는 분이다.

내가 너희에게 분부한 모든 것을 가르쳐 지키게 하라 볼지어다 내가 세상 끝날까지 너희와 항상 함께 있으리라 하시니라(마 28:20).

사람들은 종종 하나님은 너무 바쁘셔서 나와 같은 사람에게는 관심이 없을 것으로 생각한다. 내가 드리는 기도에는 별로 관심을 두지 않을 것으로 생각한다. 그러나 하나님은 세상 끝날까지 항상 우리와 함께하신다고 약속하셨다. 공기가 안 보인다고 없는 것이 아닌 것처럼 하나님이 안 보인다고 나에게서 멀리 계신 분이 아니다. 묵상을 통해서 항상 나와 함께 하시는 하나님으로 믿고 여기고 선포하고 경험하는 것이 복 있는 삶이다.

(5) 하나님은 나에 대해 만족하지 못하는 분이 아니라 나를 기뻐하는 분이다.

너의 하나님 여호와가 너의 가운데에 계시니 그는 구원을 베푸실 전능자이시라 그가 너로 말미암아 기쁨을 이기지 못하시며 너를 잠잠히 사랑하시며 너로 말미암아 즐거이 부르며 기뻐하시리라 하리라(습 3:17).

하나님은 우리 존재 자체를 기뻐하시는 분이다. 자신을 수치스러운 존재라고 생각하는 사람은 스스로 자기 존재를 거부한다. 세상에서 비교와 경쟁의식에 갇혀 살면 자신을 수용하고 사랑하지 못한다. 비교와 경쟁의 세상에서는 인정받으면 좋아하고 조금만 부정적인 말을 들어도 화가 난다. 그래서 스스로 능력을 증명해 보이기 위해 안간힘을 쓴다. 하나님께 인정받고 사랑받으려고 애쓰지 말라. 우리는 하나님 앞에서 존귀하고 충분히 사랑받을 만한 존재이다. 하나님은 이미 당신의 존재 자체를 기뻐하시고 사랑하신다는 사실을 기억하고 그 하나님을 찬양하라.

(6) 하나님은 나의 기쁨을 억압하는 분이 아니라 만족하게 하시고 풍성하게 하시는 분이다.

> 좋은 것으로 네 소원을 만족하게 하사 네 청춘을 독수리 같이 새롭게 하시는도다(시 103:5).

하나님은 우리의 기쁨을 억압하는 분이 아니다. 하나님을 오해하는 사람들은 하나님은 내가 하기 싫은 것을 시키는 분이라고 생각한다. 하나님을 사랑하면 오지에 가서 선교사가 되라고 말씀하실 것 같아 두려워하는 사람이 있다. 하나님은 우리가 만족하고 풍성한 삶을 살기 원하신다. 하나님 말씀에 순종하는 삶을 살면 가장 만족하고 풍성한 삶을 경험하게 된다. 묵상하면서 이러한 하니님의 성품을 발견하고 그 사랑을 받아들이고 말로 고백하고 글로 기록해 보기를 바란다. 의지적으로 고백하고 글로 기록할 때 하나님의 사랑이 강하게 느껴지게 될 것이다.

2) 하나님의 성품을 선포하며 하나님의 사랑을 경험한다.
하나님의 말씀을 통해서 하나님의 성품을 선포하고 고백하는 것이 필요하다. 회복의 길 4원리에서 언급한 것처럼 초기 대상관계에서 형성된 표상이 하나님에 대한 왜곡된 개념을 갖게 한다. 내면에 형성된 왜곡된 표상은 하나님의 사랑을 경험하지 못하게 하는 이유이다. 왜곡된 하나님 개념을 극복하고 하나님의 사랑을 경험하기 위해서 계시된 하나님 성품을 선포하고 고백하는 것이 중요한 묵상 방법이다. 먼저 아래 표[3]의 말씀을 참고해서 선포하고, 자신에게 필요한 말씀으로 왜곡된 하나님의 성품을 회복하기를 바란다. "나는 하나님이 멀리 계시고 무관심한 분이라는 거짓을 거부한다. 나는 하나님이 나에게 가까이 계신 분이라는 진리를 믿습니다"라고 선포하라. 우리 안에 형성된 하나님에 대한 왜곡은 이런 선포를 통해서 떠나고 진리가 심겨지게 된다.

| 나는 하나님이 ~라는 거짓을 거부한다. | 나는 하나님 아버지가 ~라는 진리를 기꺼이 믿는다. |
| --- | --- |
| 1. 멀리 계시며 무관심한 분 | 1. 친밀하고 가까운 분<br>(시 139:1-18) |
| 2. 쉽게 벌을 내리고 잔인한 분 | 2. 자비롭고 은혜로우신 분<br>(시 103:8-14, 출 34:6, 벧후 3:9) |
| 3. 엄격하고 차가운 분 | 3. 우리를 기꺼이 용납하시고 사랑하시는 분(렘 31:20, 사 40:11) |
| 4. 매우 바빠서 내 곁에 계시지 못하는 분 | 4. 항상 함께하시고 내 곁에 있기 원하시는 분(마 28:20, 히 13:5) |
| 5. 내가 무엇을 해도 만족하지 못하시는 분 | 5. 나로 하여금 기뻐하시는 분<br>(습 3:17) |

---

3  Neil T. Andersom, 「이제 자유입니다」, 255-6.

| | |
|---|---|
| 6. 인생에서 가지는 기쁨을 억압하시는 분 | 6. 만족하게 하시고 풍성하게 하시는 분(시 103:5, 요 10:10) |
| 7. 통제하고 지배하려는 분 | 7. 은혜와 자비가 충만하신 분, 실패할 자유도 허락하시는 분 (눅 15:11-24, 히 4:15-16) |
| 8. 빈틈없고, 트집 잡기 좋아하는 분 | 8. 내가 성장하도록 헌신적으로 돌보시고, 성숙해가는 자녀를 자랑스러워하시는 분 (롬 8:28-29, 고후 7:4, 히 12:5-11) |
| 나는 그분에게 눈동자와 같은 존재다!(신 32:10) ||

### 2. 묵상과 기도는 진리가 마음속에 스며들게 하는 것이다.

묵상은 우리 안에 진리를 채워가는 것이다. 인간의 문제는 하나님을 아는 지식이 없는 것이다. 참된 지식이 없어서 사탄의 거짓에 속고 산다. 사탄의 거짓이 위험한 것은 사람들이 속고 있다는 사실을 모르기 때문이다. 우리가 속지 않기 위해서는 진리로 무장해야 한다. 묵상은 우리 안에 진리를 채우는 것이다. 묵상을 통하여 날마다 지식이 새로워질 때 하나님과 동일한 눈으로 자신과 타인 그리고 세상을 볼 수 있는 관점이 열린다. 묵상을 통해 내면에 있는 거짓을 버리고 진리의 지식으로 충만하기를 바란다.

## 1) 사람들이 속는 통로

### (1) 왜곡된 내적인 언어에 속는다.

인간은 영아기부터 반복해서 들은 부모의 말들이 내면화되면서 지식이 형성되고, 그것은 자신과 타인 그리고 세상을 보는 관점이 된다. 만약 평생 평평한 거울이 아니라 볼록 거울만 보고 살았다면 왜곡되게 비친 모습이 자신이라고 생각할 것이다. 사람들은 왜곡된 내적 언어로 자신과 타인 그리고 세상을 해석하면서 스스로 속고 산다.

왜곡된 내적인 언어는 첫 번째, 부정적인 언어가 내면화된 것이다. 어려서부터 부정적인 말을 많이 듣고, 언어 학대를 받으면 자신과 타인에 대해 부정적인 관점을 갖게 된다. 이런 사람은 "나는 할 수 없는 사람이야.", "나는 사랑받을 자격이 없는 사람이야.", "나는 태어나지 말아야 할 사람이었어."라는 말에 속고 산다. 이런 사람은 다른 사람이 잘한 것을 인정해 주면, 그것을 믿지 않고 아니라고 부정한다. 사랑한다고 하면 어색해한다. 친절하게 다가오면 그 사람의 동기를 의심한다. 자신에 대해 긍정적인 말을 받아들이지 않고 거부한다. 심지어는 현재 평안한 상태이면 언젠가는 평안함이 깨어질 것이라는 믿음을 가지고 산다. 이렇게 내면화된 부정적인 언어 때문에 스스로 속고 사는 것이다.

두 번째, 내적 맹세이다. 하나님은 맹세하지 말라고 했다. 특히 어려서 한 내적 맹세는 평생 그 말에 묶여 살게 한다. 필자의 친한 친구는 초등학교 때 어머니가 돌아가셔서 새엄마와 함께 살게 되었다. 친구는 새엄마가 불편해서 필요한 것이 있으면 아버지에게 요청하였다. 그런데 아버지는 요청하는 아들에게 항상 엄마에게 말하라고 했다. 친구는 몇 번 반복해서 같은 일을 경험하면서 "이제 나는 죽어도 아버지에게 요청하지 않을 거야."라고 맹세하였다. 그리고 그후로 아버지에게 아무것도 요청하지 않고 스스로 살아갔다. 맹세는 그의 삶을 혹독한 고난으로 몰아넣었고, 문제는 성인이 된 지금까지도 아무리 친한 친구에게도 부탁하지 못한다. 혹시 어린 시절에 내적 맹세한 것이 있으면 취소하고 버려야 한다. 내적 맹세는 우리를 속이고 있는 것이다.

세 번째는 비합리적인 신념이 내면화된 것이다. 비합리적 신념을 엘리스(Albert Ellis)는 당위성으로 설명하였다. 당위성은 비합리적인 신념의 뿌리를 이루고 있는 세 가지 당위성, 즉 '자신에 대한 당위성'(I must), '타인에 대한 당위성'(Others must), '조건에 대한 당위성'(Conditions must)이 있다. 자신에 대한 당위성은 "나는 훌륭한 사람이어야 한다.", "나는 실패해서는 안 된다.", "나는 항상 적절하게 행동해야 한다." 등의 신념으로 사는 것이다. 타인에 대한 당위성은 타인에게 당위적인 행동을 기대하는 것이다. "부모이니까 나를 사랑해야 한다.", "자식이니까 내 말을 들어야 한다.", "부인이니까 순종해야 한다.", "직장동료니까 항상 일에 협조해야 한다." 등의 신념을 가지고 사는 것이다. 조건에 대한 당위성은 "나의 가정은 항상 사랑으로 가득 차 있어야 한다." "나의 교실은 정숙해야 한다." 등 자신에게 주어진 조건에 대해 당위적 사고를 갖고 임하는 것이다.[4]

아론 벡(Beck)은 인지 왜곡을 자동적 사고로 설명하였다. 자동적 사고는 정서적 반응을 이끄는 어떤 자극에 대해 자동으로 일어나는

---

4  노안영, 「상담심리학의 이론과 실제(2판)」 (서울: 학지사, 2018), 450-1.

생각과 신념이다. 심리적으로 취약한 사람의 자동적 사고는 왜곡돼 있거나, 극단적이거나, 논리적으로 부정확하다.[5]

(2) 사탄의 거짓에 속는다.

> 너희는 너희 아비 마귀에게서 났으니… 그는 처음부터 살인한 자요 진리가 그 속에 없으므로 진리에 서지 못하고 거짓을 말할 때마다 제 것으로 말하나니 이는 그가 거짓말쟁이요 거짓의 아비가 되었음이라(요 8:44).

사탄은 거짓의 영으로 우리의 생각과 감정을 속인다. 사탄은 자신과 타인을 파괴하는 감정과 생각을 갖게 한다. 갑자기 건강에 대한 두려움과 불안을 갖게 한다. 순간적으로 강한 원망과 분노를 갖게 한다.

사탄이 거짓으로 시험할 때 분별하여 진리의 말씀으로 대적해야 한다. 예수님께서도 사탄이 시험할 때 말씀으로 물리치셨다. "시험하는 자가 예수께 나아와서 이르되 네가 만일 하나님의 아들이어든 명하여 이 돌들로 떡덩이가 되게 하라 예수께서 대답하여 이르시되 기록되었으되 사람이 떡으로만 살 것이 아니요 하나님의 입으로부터 나오는 모든 말씀으로 살 것이라 하였느니라 하시니"(마 4:3-4).

(3) 세상의 가치에 속는다.

이 세상이나 세상에 있는 것들을 사랑하지 말라 누구든지 세상을 사

---

5 Ibid., 466.

랑하면 아버지의 사랑이 그 안에 있지 아니하니 이는 세상에 있는 모든 것이 육신의 정욕과 안목의 정욕과 이생의 자랑이니 다 아버지께로부터 온 것이 아니요 세상으로부터 온 것이라(요일 2:15-16).

세상의 가치에 따라 살면 자신을 상실하고 속는 인생을 살게 된다. 필자는 28살부터 개척교회 담임 사역을 하였다. 주변에 경제적으로 잘 사는 친구들을 보면 '지금 내가 잘살고 있는 것인가? 젊은 나이에 누릴 수 있는 것을 너무 많이 포기한 것 아닌가?' 라는 생각에 순간 흔들릴 때가 있었다. 세상의 가치는 인간의 욕망으로 만들어진 것들이다(요일 2:16). 세상의 가치는 계속해서 우리에게 다음과 같이 속삭이며 속이려 한다.

세상의 가치는 돈만 있으면 영원히 행복할 수 있다고 말한다. 그러나 성경은 돈을 사랑하는 것은 일만 악의 뿌리가 된다고 한다.

"돈을 사랑함이 일만 악의 뿌리가 되나니 이것을 탐내는 자들은 미혹을 받아 믿음에서 떠나 많은 근심으로써 자기를 찔렀도다"(딤전 6:10).

세상의 가치는 외적인 아름다움이 선이라고 한다. 그러나 성경은 현숙한 여인이 되라고 가르친다.

"누가 현숙한 여인을 찾아 얻겠느냐 그의 값은 진주보다 더 하니라"(잠 31:10).

세상의 가치는 인기를 추구한다. 그래서 모든 사람에게 인정 받으려 한다. 그러나 성경은 하나님을 기쁘게 하는 것을 추구하라 말씀한다.

> "이제 내가 사람들에게 좋게 하랴 하나님께 좋게 하랴 사람들에게 기쁨을 구하랴 내가 지금까지 사람들의 기쁨을 구하였다면 그리스도의 종이 아니니라"(갈 1:10).

세상의 가치는 우리를 속이고 있다. 그러나 성경은 세상의 가치에 반대로 말씀한다. 이러한 거짓에 빠지지 않기 위해서 우리 안에 진리를 채워야 한다. 묵상은 하나님의 진리가 마음 판에 새겨지게 하는 것이다. 진리로 무장할 때 속지 않는 삶을 살게 된다. 그리고 하나님 형상을 회복하는 것은 지식이 새로워지는 것이다.

> 그리스도의 **말씀이 너희 속에 풍성히 거하여** 모든 지혜로 피차 가르치며 권면하고 시와 찬송과 신령한 노래를 부르며 감사하는 마음으로 하나님을 찬양하고 또 무엇을 하든지 말에나 일에나 다 주 예수의 이름으로 하고 그를 힘입어 하나님 아버지께 감사하라(골 3:16-17).

그리스도의 말씀이 우리 안에 풍성히 거할 때 지혜와 권면과 찬양과 감사가 넘치는 삶이 된다. 지식이 새로워지는 것이 새 사람을 입는 것이다. 필자는 인지 왜곡이 심한 사람에게는 묵상과 함께 성경 암송을 권한다. 내면에 왜곡된 지식은 하나님의 말씀으로 채워질 때 온전히 치료된다. 다음의 진리선언문을 읽고 자신의 마음에 새겨질 때까지 선포하는 것도 좋은 방법이다.

## 진리선언문 [6]

1. 나는 성부, 성자, 성령, 삼위일체 하나님만이 참되고 살아 계신 분임을 인정한다. 그분은 만유를 창조하시고 조화롭게 붙들고 계신 분으로, 존귀와 찬양과 영광을 받으시기에 합당하다(출 20:2-3; 골 1:16-17 참고).

2. 나는 예수 그리스도가 구원자이고, 말씀이 육신이 되어 우리 가운데 거하신 분임을 인정한다. 그분은 마귀의 일을 멸하시고, 통치자들과 권세들을 무력화시켜 공공연히 드러내어 구경거리로 삼으시고, 십자가로 그들을 이기신 분이다(요 1:1, 14; 골 2:15; 요일 3:8 참고).

3. 내가 아직 죄인이었을 때 그리스도께서 나를 위해 죽으심으로 하나님이 그분의 사랑을 나타내셨음을 믿는다. 그분이 나를 어둠에서 그분의 나라로 옮기셨고, 이제 나는 그리스도 안에서 용서받고 구원받았음을 믿는다(롬 5:8; 골 1:13-14, 참고).

4. 이제 나는 하나님의 자녀로, 그리스도와 함께 하늘에 앉아 있다는 것을 믿는다. 믿음으로 말미암아 하나님의 은혜로 내가 구원받았으며, 이것은 내 노력의 결과가 아니라 선물로 받은 것임을 믿는다(엡 2:6, 8-9; 요일 1:13 참고).

5. 나는 주 안에서 그 힘의 능력으로 강건하게 서기로 결단한다. 우리의 싸움은 혈과 육에 속한 것이 아니고, 오직 어떤 견고한 진도 무너뜨리는 하나님의 능력이 우리 무기이기에 나는 육신을 신뢰하지

---

6  Neil T. Andersom, 「이제 자유입니다」, 260-2.

않는다. 나는 하나님의 전신갑주를 입는다. 믿음으로 굳게 서서 악한 자를 대적하기로 다짐한다(고후 10:4; 엡 6:10-20; 빌 3:3 참고).

6. 그리스도 없이 나는 아무것도 할 수 없다고 믿기 때문에 그분을 전적으로 의지할 것이다. 나는 그리스도 안에 거하여 많은 열매를 맺고, 아버지를 영화롭게 하기로 결단한다. 예수님이 내 주인임을 사탄 앞에서 선언한다. 내 인생에서 모든 거짓 은사와 사탄의 역사를 거절한다(요 15:5, 8; 고전 12:3 참고).

7. 나는 예수님이 진리이고, 그 진리가 나를 자유롭게 할 것을 믿는다. 그분이 나를 자유롭게 한다면, 나는 정말 자유로워질 것이다. 내가 빛 가운데 행할 때만 하나님과 사람과 참된 교제를 나눌 수 있음을 인정한다. 따라서 나는 모든 생각을 사로잡아 그리스도께 복종하여 사탄의 모든 속임수에 맞설 것이다. 성경만이 진리와 인생의 권위 있는 기준임을 선포한다(요 8:32, 36, 14:6; 고후 10:5; 딤후 3:15-17; 요일 1:3-7 참고).

8. 나는 내 몸을 하나님께 거룩한 산 제물로 드려서 내 지체를 의의 도구로 바치기로 결단한다. 하나님의 살아 있는 말씀으로 내 마음을 새롭게 하여 그분의 뜻은 선하고, 만족스럽고, 온전하다는 것을 증명하기로 결단한다. 악한 일을 행하던 옛 사람을 벗어버리고, 새 사람을 입는다. 나는 그리스도 안에서 새로운 피조물임을 선포한다(롬 6:13, 12:1-2; 고후 5:17; 골 3:9-10 참고).

9. 나는 모든 진리로 인도하실 성령으로 충만할 것을 믿음으로 결단한다. 육신의 정욕을 좇지 않고, 성령을 따라 살겠다(요 16:13; 갈 5:16; 엡 5:18 참고).

10. 모든 이기적인 목표를 거부하고, 궁극적으로 사랑을 지향하기

로 결단한다. 나는 두 가지 가장 큰 계명에 순종하여 온 마음과 영혼
과 생각과 힘을 다해 주 나의 하나님을 사랑하고, 이웃을 내 몸같이
사랑하겠다(마 22:37-38; 딤전 1:5 참고).

11. 주 예수님이 하늘과 땅의 모든 권세를 지니고, 모든 통치자와
권세 있는 자를 다스리는 분임을 믿는다. 나는 그분 안에서 온전하다.
나는 그리스도의 몸에 속하기 때문에 사탄과 그의 졸개들은 내게 복
종한다는 사실을 믿는다. 따라서 나는 하나님께 순복하고 마귀를 대
적하라는 명령을 지키고, 예수 그리스도의 이름으로 사탄에게 내 앞
에서 떠날 것을 명한다(마 28:18; 엡 1:19-23; 골 2:10; 약 4:7 참고).

### 3. 묵상과 기도는 우리의 정체성을 갖게 한다.

인간의 타락은 방향성 왜곡이다. 하나님이 기뻐하는 선을 선택할
수 있는 가치를 상실한 것이다. 하나님 형상을 회복하는 것은 거룩
한 삶의 회복 즉 가치의 회복이다. 우리는 하나님과 관계 속에서 나
의 존재와 역할을 분명하게 알 수 있다. 말씀을 묵상하면서 내가 누
구인지, 왜 사는지, 어디로 가야 하는지, 나를 향한 하나님의 뜻은
무엇인지, 내가 붙들고 살아야 할 가치는 무엇인지 생각하고 발견
해야 한다.

자기 삶의 의미와 방향성을 발견하지 못한 사람들은 가짜 정체성
(Pseudo identity)을 가지고 산다. 가짜 정체성은 자신을 돈이나 지
위, 학력, 외모 등과 동일시하는 것이다. 돈이 자신이기에 돈을 위해
목숨을 걸고, 위치가 자신이기 때문에 성공하는 데 생명을 건다. 자

신과 타인의 판단기준도 돈이나 지위 그리고 외모이다. 가짜 정체성을 가지고 사는 사람들은 일을 해도 왜 하는지 모르고 자기를 상실하고 산다. 그러므로 우리는 묵상을 통해서 자신을 발견하고 사명을 발견해 나가야 한다.

1) 우리가 얼마나 소중한 존재인지를 알아야 한다.

성경은 우리가 얼마나 소중하고 존귀한 존재인지 말씀한다. 인간은 하나님의 형상으로 창조되었기 때문에 존재 자체가 아름답고 존귀하다. 성경에서 우리를 어떤 존재로 말하고 있는지 몇 구절만 생각해 보자.

나는 하나님의 자녀다(요 1:12).

나는 그리스도의 친구다(요 15:15).

나는 의롭게 되었다(롬 5:1).

나는 주님과 연합하여 한 영이 되었다(고전 6:17).

나는 값을 치르고 사신 바 되었다. 나는 하나님께 속하였다(고전 6:20).

나는 그리스도의 몸의 한 지체다(고전 12:27).

나는 성도다(엡 1:1).

값으로 산 것이 되었으니 그런즉 너희 몸으로 하나님께 영광을 돌리라(고전 6:20).

야곱아 너를 창조하신 여호와께서 지금 말씀하시느니라 이스라엘아 너를 지으신 이가 말씀하시느니라 너는 두려워하지 말라 내가 너를

구속하였고 내가 너를 지명하여 불렀나니 너는 내 것이라 …네가 내
눈에 보배롭고 존귀하며 내가 너를 사랑하였은즉 내가 네 대신 사람
들을 내어 주며 백성들이 네 생명을 대신하리니(사 43:1, 4),

역할은 존재에서 나온다. 그러므로 하나님 앞에서 자신이 얼마나
존귀한 존재인지 발견하면 어떻게 살아야 하고, 왜 살아야 하는지,
무엇을 추구해야 하는지 방향성을 찾을 수 있다. 하나님과 관계 안
에서 자신이 누구인지 아는 사람은 본질을 잃지 않는다.

2) 우리의 역할을 알아야 한다.

진리 안에서 본질적인 자신을 발견하면 그곳에서 자신의 역할이
무엇인지 분명히 알 수 있다. 모든 존재의 본질 속에는 존재해야 하
는 이유가 분명히 있다. 그 존재에 부여된 역할을 해내는 것이 사명
이다.

너희는 세상의 소금이니 소금이 만일 그 맛을 잃으면 무엇으로 짜게
하리요 후에는 아무 쓸데없어 다만 밖에 버려져 사람에게 밟힐 뿐이
니라 너희는 세상의 빛이라 산 위에 있는 동네가 숨겨지지 못할 것
이요(마 5:13-14).

성경에서 우리는 세상의 소금이요 빛이라 하였다. 세상에서 소금
과 빛으로 산다는 것은 성경에서 말하는 부모의 역할, 남편의 역할,
아내의 역할, 자녀의 역할, 리더의 역할 등을 해내는 것이다. 우리
가 주어진 환경 속에서 하나님의 선하신 뜻과 기뻐하시는 뜻이 무엇

인지 분별해서 역할을 해내는 것이 본질이고 하나님이 주신 사명이다. 우리의 사명은 거창한 것이 아니라 하나님과 관계 안에서 나의 본질을 발견하고 역할을 해내는 것이다. 하나님의 자녀는 하나님의 약속과 명령에 따라 사는 사람이다. 성경에서 나에게 약속하고 명령한 것에 귀를 기울이고 마음속에 새겨야 한다. 약속과 명령 안에 사는 것이 가장 안전하다.

묵상과 기도는 신앙생활의 기본이며, 새 사람을 입기 위한 중요한 과정이다. 우리는 묵상과 기도를 통해서 무조건적 사랑을 경험할 수 있고, 진리를 채워갈 수 있다. 그리고 하나님과 관계 속에서 참된 자신을 발견하고 성경의 가치로 살아가야 한다.

묵상과 기도를 위해 필요한 것은 첫 번째, 구별된 장소이다. 두 번째, 구별된 시간이다. 그리고 마지막으로 노트를 준비하는 것도 중요하다. 성령님은 읽고 생각할 때 역사하지만 때로는 노트에 기록할 때 역사하는 경우가 많다는 것을 기억하라.


## 적용

1. 묵상을 통해서 하나님의 사랑을 경험한 것을 기억해보고 기록해보세요.


2. 쓴 뿌리로 반응하는 거짓에 대체할 진리의 말씀을 찾고 읊조리세요.

## 3. 회복의 길 기도 예

1) 주님 나에게는 (a 고립감)의 쓴 뿌리가 있습니다.

2) 그로 인하여 (b      )문제들이 발생합니다.

 *나와의 관계에서 소외감 실망감을 느낍니다.

 *이웃과의 관계에서 비난과 판단 그리고 단절의 문제가 발생합니다.

 *관계된 사역에서 매우 수동적이 되었습니다.

3) 나는 (a 고립감)의 문제 앞에 절대적으로 무력한 존재임을 인정합니다.

4) 이 문제를 해결하고 회복시킬 수 있는 분은 오직 하나님이심을 믿습니다.

5) 나의 죄를 위해 십자가에 죽으시고 부활하신 주님 앞에 나의 (a 고립감)을 내려놓습니다. 이 쓴 뿌리로 인한 죄를 용서하시고 깨끗하게 하시니 감사합니다.

6) 나에게 (a 고립감)이 생기도록 상처를 준 (**이름**)을 예수님 이름으로 용서하기로 결단합니다. 원통함과 쓴 뿌리 굴레에서 저를 벗어나게 해주셔서 감사합니다. 보복할 권리를 포기하니, 주님이 제 상한 감정들을 치유해 주시옵소서.

7) 그리고 쓴 뿌리로 인하여 내가 상처를 준 사람들에게 용서를 구하고 보상하기를 원합니다. 지혜를 주시고 용기를 주옵소서.

8) 이제 쓴 뿌리로 인한 죄에서 벗어나 거룩한 삶을 살기로 결단합니다. 오늘도 거룩함을 향한 열정을 가지고 주님 앞에 나아갑니다. 더 이상 쓴 뿌리로 반응하지 않고 진리에 반응하겠습니다.

9) 그러기 위해 제가 (c 이해와 수용의 )성품을 구합니다. 성령으

로 저를 강건하게 하셔서 오늘 하루도 쓴 뿌리가 아니라 (c 이해와 수용의 )성품으로 살게 하옵소서. 하나님의 은혜를 베푸셔서 (c 이해와 수용의 )성품으로 만나는 사람에게 복의 통로가 되게 하옵소서.

**10) 주님 저는 말씀을 사모합니다. 말씀을 읽고 묵상하는 삶에 우선순위를 두게 하옵소서. 말씀을 통하여 하나님의 사랑을 경험하고 진리를 알아가게 하옵소서. 그리고 갈 길과 할 일을 보여주시옵소서. (말씀) 이제 주님 말씀을 따르며 복종하겠습니다.**

성산 회복 이야기 / 성혜정

말씀 암송을 통해 경험한 하나님의 은혜를 나누고자 합니다. 저는 가혹한 체벌과 남아선호 사상이 강한 집에서 태어났습니다. 저에게는 두려움과 외로움이라는 쓴 뿌리가 있었습니다. 그로 인한 왜곡, 망상, 의존, 고립, 분노, 원망, 억울함, 비자기표현이 자주 나타납니다.

나 자신도 모르고 살던 나를 하나님은 성산교회로 이끄셨고, 6년 전 목사님을 통해 주신 이사야 43장 1-4절, "야곱아 너를 창조하신 여호와께서 지금 말씀하시느니라 이스라엘아 너를 지으신 이가 말씀하시느니라 너는 두려워하지 말라 내가 너를 구속하였고 내가 너를 지명하여 불렀나니 너는 내 것이라 네가 물 가운데로 지날 때에 내가 너와 함께 할 것이라 강을 건널 때에 물이 너를 침몰하지 못할 것이며 네가 불 가운데로 지날 때에 타지도 아니할 것이요 불꽃이 너를 사르지도 못하리니 대저 나는 여호와 네 하나님이요 이스라엘의 거룩한 이요 네 구원자 임이라 내가 애굽을 너의 속량물로, 구스와 스바를 너를 대신하여 주었노라." 이 말씀으로 위로해주신 이유를 이제야 깨닫습니다.

저는 어려서부터 너무 많은 저주 같은 말을 들었습니다. 그래서 부정적인 생각이 많아 목사님은 처방으로 성경을 암송하라 하셨습니다. 전도사님이 일대일 양육을 하면서 지도해주실 때 제일 먼저 암송한 말씀은 로마서 1장 17절이었습니다. "복음에는 하나님의 의가 나타나서 믿음으로 믿음에 이르게 하나니 기록된 바 오직 의인은 믿음으로 말미암아 살리라 함과 같으니라." 저는 이 말씀을 암송하며 믿음으로 살아야겠다는 생각을 했습니다. 요한복음 1장 14절 "말씀이 육신이 되어 우리 가운데 거하시매 우리가 그의 영광을 보니 아버지의 독생자의 영광이요 은혜가 진리가 충만하더라"도 암송하였는데 예수님 안에 있는 은혜와 진리가 내 안의 왜곡을 풀어주신다는 약속으로 믿어졌습니다. 그리고 로마서 8장 전체를 암송하였는데, 16절 "성령이 친히 우리의 영과 더불어 우리가 하나님의 자녀인 것을 증언하시나니"라고 하신 말씀으로 내가 하나님의 자녀라는 정체성을 확인시켜 주셨습니다.

성경을 암송하면서 내 안에 부정적인 생각들과 왜곡들이 많이 풀어지는 것을 경험하였습니다. 그러나 그후 저의 미성숙하고 게으른 영성생활을 틈타 왜곡된 생각과 두려움, 외로움, 분노의 광풍이 몰아쳤습니다. 이 때문에 남편과의 관계가 심각한 상태가 되었고, 그런 환경에 노출된 자녀들은 두려움의 풍랑에 빠지게 되었습니다. 그러한 사망의 음침한 골짜기에서 어찌할 바를 모르며 헤매는 저에게 주님은 오직 의인은 믿음으로 말미암아 살리라(롬 1:14)와 믿음은 들음에서 나며 들음은 그리스도의 말씀으로 말미암았느니라(롬 10:17)를 떠올려 주셨습니다. 그리고 저는 '주님 저에게 믿음을 주세요'라고 간절히 기도했습니다. 꺼져가는 등불을 끄지 않으시는 은혜와 긍휼이 풍성하신 주님이 히브리서 11장 믿음장을 생각나게 해 주셨습니다. 전에 목사님이 "집사님이 생각하면 모두 왜곡이니 생각하지 말고 말씀을 암송하라"는 것이 기억나서 나의 왜곡된 생각들에서 벗어나고 믿음을 갖기 위해 히브리서를 외우기 시작했습니다. 비록 암송하는 사이에도 왜곡된 생각으로 종종 무너짐이 있었지만, 예수 그리스도가 길이요 진리요 생명이라 하셨기에 그때마다 다시 회개하고 일어나 매달리고 또 매달렸습니다.

히브리서 암송을 하면서 깨달은 것은 "내가 믿는 예수 그리스도는 나의 대제사장으로 나의 죄를 위하여 자기의 피로 단번에 죄 사함을 이루셨다. 그로 인해 나는 거룩함을 얻었고 그가 나를 영원히 온전하게 하셨다. 그러므로 이것을 굳게 잡아 그의 안식에 들어갈 수 있다는 것입니다. 이것이 나의 담대함이고 큰 상을 얻게 하신다는 약속이었습니다. 주님은 한 영원한 제사로 자기 원수들을 자기 발등상이 되게 하실 때까지 기다리신다."는 것입니다. 할렐루야!

암송하면서 조금씩 두려움과 분노의 양이 줄기 시작했습니다. 그러나 4월 중순 다시 두려움과 분노가 재발했습니다. 모든 것이 다 되돌아간 것 같았습니다. "이젠 아무것도 못 하겠다. 난 안 되나 보다."라는 생각으로 주님께 기도했습니다. "주님, 이젠 아무것도 못하겠어요. 이걸 해도 저걸 해도 안 되고 이젠 못하겠습니다."

그때 주님이 주신 마음은 주일 설교시간에 들었던 고린도전서 2

장 2절 "내가 너희 중에서 예수 그리스도와 그가 십자가에 못 박히신 것 외에는 아무것도 알지 아니하기로 작정하였음이라"는 말씀이었습니다. 그날 저도 예수 그리스도와 그가 십자가에 못 박히신 것 외에는 아무것도 알지 아니하기로 결단하였습니다. 이제 저는 압니다. 예수 그리스도와 그가 십자가에 못 박히신 것을 모르는 것이 두려움이요, 예수 그리스도와 그가 십자가에 못 박히신 것과 동행하지 않는 것이 외로움임을 압니다.

지금까지 저와 함께 사는 아이들이 증언합니다. "말씀이 엄마를 회복시키는 과정을 통해 하나님의 살아계심을 확실히 믿는다."라고요. 말씀으로 치료의 광선을 떠올려 저를 치유하시고 자유케 하시며 진리로 이끄심으로 그분의 일을 친히 이루시는 하나님을 찬양합니다. 아멘!


## 성산 회복 이야기 / 김하정

로마서 필사를 마치고 성실히 완성하게 해주신 하나님께 감사드립니다. 필사를 끝마치며 감사 기도를 하던 중 이런 마음이 들었습니다. "필사하면서 네가 깨달은 것이 무엇이니? 어떤 마음으로 필사를 했니?" 이 질문에 아무것도 생각나지 않았는데, 또 질문이 떠올랐습니다. "필사를 사람들에게 보이고 싶어서 했니, 완성의 목적을 가지고 했니, 상 받고 싶어서 했니?" 말씀을 대하는 저의 태도와 의도에 대한 질문 같았습니다. 나도 이것을 해냈다는 것에 의미를 부여하던, 일 중심적인 저를 발견하고 회개했습니다. 그리고 다시 로마서 필사 책을 폈습니다. 자세히 다시 읽으며 시간이 걸리더라도 주님과의 친밀함을 구하며 묵상하였습니다. 로마서를 자세히 읽으면 읽을수록 울컥 올라오는 감동의 말씀들이 살아서 역사하심을 느낄 수 있었습니다.

로마서를 필사하며 저의 약점인 '비판과 비난'이라는 주제로 훈습일지 작업을 하였습니다. 저는 사람을 보자마자 무의식적으로 장단점을 구분하며 비판하는 마음이 생기는데, 이 문제가 죽는 날까지 해결되지 않을 거라고 생각했습니다. 그래서 이웃사랑이 어려웠습니다. 그런데 로마서 14:15 "그리스도께서 대신하여 죽으신 형제"라는 말씀을 필사하고 묵상할 때 강력하게 제 마음에 성령님의 역사하심이 느껴졌습니다. 하나님께서 지으신 모든 이웃들이 모두 똑같이 귀한 가치가 있는 영혼이라고, 연약한 영혼들을 하나님의 크신 사랑으로 덮어주고, 세워주고, 격려해주라고 말씀하셨습니다. 장점에만 집중해주는 그것이 이웃사랑의 첫걸음이라고 말입니다. 무의식적으로 판단, 정죄하며 살았던 저 자신도 돌아보며 회개하게 하셨습니다. 그리고 주님은 계속 말씀하시는 듯했습니다. "사람들은 상대의 죄를 보고 손가락질하지만, 나는 그들의 아픔을 보고 나의 생명까지 버려 감싼단다. 딸아, 상대의 연약한 부분이 보이면 나를 인격적으로 만날 수 있도록 기도해주렴. 그리고 연약한 자들을 긍휼히 여기는 마음으로 용서해 주겠니? 나에게 받은 사랑으로 행하고, 계산하지 말고, 미루지 말고, 먼저 흘려 보내주는 자가 되길 축복한단다. 나는 나의 기쁨이 아닌 아버지의 뜻을 위해 모든 것을 행했단다."

로마서 필사가 끝난 지금도 끊임없이 저의 삶 속 언행에 의도를 물으시고, 자각하게 하시고, 인정하게 하시고, 생각 없이 던진 농담에도 회개하게 하십니다. "사랑으로 행한 거 맞니? 먼저 행했니?"라고 계속 물으십니다.

저는 모태신앙으로 34년 동안 교회를 다녔지만, 흘려듣던 말씀으로 겨우 살아낸 껍데기 신자였습니다. 말씀을 지식으로만 알았지 삶에서 불일치로 어둡게 살았던 저 자신을 보게 하셨습니다. 목사님 말씀 중에 내가 어디에 서 있는지, 어디를 향하고 있는지, 우선순위가 무엇인지 항상 점검하라고 하셨는데, 저는 안개 속에서 뿌옇게 살면서 소망이 없다며 빛으로 들어가는 열쇠를 외면했던 자입니다. 나를 만드신 분을 믿지 못하고 다른 것으로 치유 받으려고 했던 자입니다.

매일 말씀과 함께하는 지금 이 순간들이 진정 하나님을 신뢰하고 믿는다고 말할 수 있게 되어 감사합니다. 매일 기도하고 묵상하는 현재가 새롭게 태어난 갓난아이와 같아 행복합니다. 주님께서는 말로만 믿고 행함이 없던 저에게 듣는 귀를 열어주셨고, 말씀을 마음에 새길 수 있는 눈을 열어주셨으며, 생명을 입술에 담아 선포하게 하셨습니다.

세상의 지혜가 아닌 하나님의 진리와 지혜가 내 삶을 바꾼다는 것을 깨달았습니다. 하나님의 말씀은 죄에 대해 민감하게 회개하는 삶을 살게 하시고, 하나님 아버지의 마음으로 형제를 용서할 능력을 주셨습니다. 저는 오늘도 주님의 진리 안에서 자유를 누립니다. 제 삶의 모든 것들로 협력하여 선을 이루시는 하나님을 찬양하며 현재의 제 삶에 하나님의 살아계심을 나타내는 딸이 되길 기도하며 영광 돌립니다.

# 제 11원리

## 나는 매일 회복의 과정을
## 점검하고 실천한다.

누구든지 말씀을 듣고 행하지 아니하면 그는 거울로 자기의 생긴 얼굴을 보는 사람과 같아서 제 자신을 보고 가서 그 모습이 어떠했는지를 곧 잊어버리거니와 자유롭게 하는 온전한 율법을 들여다보고 있는 자는 듣고 잊어버리는 자가 아니요 실천하는 자니 이 사람은 그 행하는 일에 복을 받으리라(약 1:23-25).

제임스 오 프로차스카(J. O. Prochaska) 변화의 6단계를 기억하는가? 첫 번째, 인식전단계로 문제가 있지만 인정하지 않는 단계이다. 두 번째, 인식단계로 문제를 인정하지만 변화에 대한 의지가 부족한 단계이다. 세 번째, 준비단계로 문제를 인정하고 변화를 결심하는 단계이다. 네 번째, 행동실천단계로 본격적으로 준비한 계획을 실천하는 단계이다. 다섯 번째, 유지단계로 실천하는 내용을 지속해서 진행하고 유지하는 단계이다. 여섯 번째, 재발단계로 어떤 유혹이 있을 때 다시 과거로 돌아가는 단계이다.

변화의 6단계에서 가장 어려운 단계는 유지단계라 생각한다. 무슨 일이든지 지속해서 실천하고 유지하는 것이 어렵다. 필자의 경험이

기도 하지만 건강 관리를 위해 피트니스 클럽(fitness club)을 1년 간 등록하고 지속적으로 하는 사람은 많지 않다. 다이어트도 체중을 빼는 것은 할 수 있지만 유지하는 것이 더 어렵다.

회복 사역을 하면서 안타까운 것은 프로그램 중에는 열심히 훈련일지를 쓰고 실천하다가 프로그램이 끝나면 지속적으로 실천하지 않는 사람이다. 회복의 길 11원리는 "나는 매일 회복의 과정을 점검하고 실천한다."이다. "하나님 형상 회복모델 12단계"는 각 원리를 지속적으로 실천하기 위해 재구성한 것이고, 훈련일지 쓰는 것과 회복의 길 기도를 통해 실천할 수 있다. 온전한 사람이 되기까지 항상 겸손한 마음으로 자신을 점검하고 실천하는 것이 중요하다. 매일 회복의 길 기도와 훈련일지를 쓰면서 12가지 회복의 원리를 실천하기를 바란다.


## 1. 지속적으로 실천하라.

> 누구든지 말씀을 듣고 행하지 아니하면 그는 거울로 자기의 생긴 얼굴을 보는 사람과 같아서 제 자신을 보고 가서 그 모습이 어떠했는지를 곧 잊어버리거니와 자유롭게 하는 온전한 율법을 들여다보고 있는 자는 듣고 잊어버리는 자가 아니요 실천하는 자니 이 사람은 그 행하는 일에 복을 받으리라(약 1:23-25).

말씀을 듣고 실천하지 않는 사람은 자신의 문제를 곧 잊어버리는 사람이다. 이런 사람은 복을 받을 수 없다고 한다. 자신의 삶을 점검하는 것은 문제를 인식하며 살기 위한 것이다. 따라서 지속적인 실천을 위해서는 반드시 자신의 삶을 점검하고 평가하는 시간을 가져야 한다. 그리스도인이 묵상하는 유익 중 하나는 말씀을 통해서 자신을 점검할 수 있는 것이다. 그래서 복 있는 사람은 하나님의 말씀을 즐거워하고 그의 말씀을 주야로 묵상하는 사람이다(시 1:2). 점검하고 지속적으로 실천하는 사람이 자유로운 삶을 살고 하나님의 복을 누린다. 자신의 삶을 점검하는 것이 중요한 또 하나의 이유는 누구도 단시간 안에 온전한 사람으로 회복할 수 없기 때문이다. 회복과 성장은 평생에 걸쳐 이루어지기 때문에 평생 자신의 삶을 점검하면서 실천해야 한다. 그래서 회복의 과정은 해산의 고통이 따른다.

> 나의 자녀들아 너희 속에 그리스도의 형상을 이루기까지 다시 너희를 위하여 해산하는 수고를 하노니(갈 4:19).

해산의 고통은 특별한 고난이라기보다 회복을 위해 날마다 깨어서 실천하려고 몸부림치기 때문에 생긴다. 한두 번 설교하고 가르쳐서 사람이 변한다면 무엇이 어렵겠는가? 목사(상담사)가 포기하지 않고 끝까지 가르치고 훈련하는 것도 쉬운 일이 아니고, 성도(내담자)가 하나님의 형상을 회복하기까지 점검하면서 실천하는 것도 해산하는 고통이다.

매주 간증이 있는 사람들의 특징은 자신의 문제를 자각하고 결단하고 지속적으로 실천하려고 노력하는 사람들이다. 말씀 암송을 통해 인지 왜곡으로부터 회복을 경험하고 있는 한 성도는 새로운 말씀을 암송하고 암송한 말씀을 유지하기 위해 매일 노력하지 않으면 안 된다고 고백한다. 적어도 하루에 두 장씩 암송을 복습한다고 한다. 변화된 삶을 유지하기 위해 노력하지 않으면 다시 재발할 가능성이 크다. 그래서 사도 바울도 디모데에게 성장을 위해서 계속해서 실천하라고 권면한다.

> 이 모든 일에 전심 전력하여 너의 성숙함을 모든 사람에게 나타나게 하라 네가 네 자신과 가르침을 살펴 이 일을 계속하라 이것을 행함으로 네 자신과 네게 듣는 자를 구원하리라(딤전 4:15-16).

우리는 주님 오시는 그날까지 하나님 형상 회복을 위해 지속적으로 실천해야 한다. 실패하는 사람의 특징 중의 하나는 중간에 포기하는 것이다. 우물을 파면 물이 나올 때까지 파야 하는데, 실패하는 사람은 물 나오기 직전에 중단하는 것이다.

하나님은 고난을 통해서 우리를 연단하신다. 우리는 고난 속에서 자신의 약점을 십자가에 못 박고, 지속적으로 하나님의 말씀을 실천할 때 마침내 순금같이 된다. 지속적인 실천을 위해서 다음의 세 가지가 중요하다.

### 1) 변화의 목표를 분명히 하라.

하나님 형상 회복을 위해 지속적인 실천이 어려운 이유는 스스로 문제가 없다고 생각하는 것이다. "나 정도면 괜찮아.", "나는 특별히 어려운 문제가 없어."라고 생각하는 것이다. 이렇게 생각하는 사람은 세 부류가 있다. 첫 번째, 문제가 있는데 인식하지 못하는 사람이다. 두 번째, 순기능 가정에서 성장하여 문제가 많지 않은 사람이다. 어려서부터 상처가 많은 사람은 관계와 일에서 여러 가지 불편함을 경험하기 때문에 변화에 대한 열정이 있지만, 순기능 가정에서 자란 사람은 일반적으로 삶이 순탄하기 때문에 변화의 의지가 약한 경우가 대부분이다. 세 번째, 자신의 쓴 뿌리 문제를 인식하고 훈습하여 어느 정도 문제가 해결된 사람이다. 신앙생활을 오래 한 사람들도 여기에 속하는 경우가 많다. 그러므로 변화를 위해 지속적으로 실천하기 위해서는 변화의 목표가 분명해야 한다. 그리스도인의 변화 목표는 예수님의 형상을 닮는 것이다. 우리의 변화 목표는 문제가 없는 삶이 아니라 그리스도의 형상을 닮는 것이라는 것을 기억해야 한다. 모든 그리스도인은 그리스도의 형상을 닮기까지 치열하게 실천해야 한다.

오래전에 「하나님을 경험하는 삶」의 저자 헨리 블랙가비(Henry T. Blackaby)가 내한하여 세미나를 하였다. 필자는 그의 책을 읽고 가르치면서 저자를 만나보고 싶은 마음이 있어서 세미나에 참여하였는데, 그때 특별한 경험을 하였다. 그의 강의를 들으면서 강의 내용보다 그의 얼굴과 삶에서 흘러나오는 묘한 영적 매력을 경험하였다. 그러면서 순간 들은 생각은 "나도 저렇게 늙고 싶다."였다. 나이 70이 넘으면 필자의 얼굴만 봐도 사람들이 은혜 받고 마음의 평안을 경험하면 좋겠다는 소원을 가졌다. 물론 필자의 주관적인 경험이지만 하나님의 형상을 닮은 분의 모델을 본 것 같았다.

지속적으로 변화를 추구하는 사람은 나이를 먹어가면서 예수님의 인격을 더 닮아가는 것이 당연하다. 우리는 평생 공사 중이다. 사도 바울은 빌립보서에서 이렇게 고백한다. "내가 이미 얻었다 함도 아니요 온전히 이루었다 함도 아니라 오직 내가 그리스도 예수께 잡힌 바 된 그것을 잡으려고 달려가노라"(빌 3:12).

필자가 보기에 성숙한 사람이 하나님 앞에 더 온전한 사람이 되기 위해 자신의 삶을 점검하고 실천하는 것을 보면 정말 아름답고 존경스럽다. 그리스도의 장성한 분량까지 온전히 이르렀다고 할 사람은 아무도 없다. 모든 사람은 약점이 있고 언제든지 약점이 드러날 수 있다. 그러므로 그리스도의 인격을 닮기까지 항상 자신의 약점을 살피고 긍정적인 성품 목록을 점검하고 실천하는 태도를 갖는 것이 필요하다.

> 우리가 다 하나님의 아들을 믿는 것과 아는 일에 하나가 되어 온전한 사람을 이루어 그리스도의 장성한 분량이 충만한 데까지 이르리니 …오직 사랑 안에서 참된 것을 하여 범사에 그에게까지 자랄지라 그는 머리니 곧 그리스도라(엡 4:13, 15).

2) 취약점(vulnerable spot) 보완을 위한 대처 계획을 만들라.

지속적 실천이 어려운 또 다른 이유는 반복적으로 재발을 경험하기 때문이다. 사람마다 반복적으로 무너지는 취약점을 가지고 있다. 취약짐은 유발인자라고도 하는데, 유발인자는 옛 생활로 돌아가게 하는 상황을 말한다. 예를 들면 단주한 사람이 월급날 술을 먹고 싶은 갈망이 강해질 수 있다. 불안의 문제가 있는 사람 중에 재정의 문제가 생기면 심각하게 낙심하거나 무너지는 사람이 있다. "월급날"이나 "재정의 문제"가 유발인자가 된다. 이런 취약점으로 인해 몇 번 재발을 경험하고 낙심하게 되면 회복을 위한 실천을 중단하게 된다. 그러므로 사람마다 쓴 뿌리로 인해 무너지는 취약점을 분석하고 미리 대처할 수 있는 계획을 세우는 것이 중요하다. 예를 들면 취약점이 나타날 때 말씀 읊조리기, 기도하기, 산책하기, 영적 리더에게 기도 부탁하기 등이다.

전립선 암으로 치료 중인 한 성도는 늘 감사하며 살아가다가 병원에 검사받으러 가기 며칠 전부터 신경이 예민해져서 아내에게 자주 화내고 불안한 마음에 힘들어했다. 마음을 잘 지키다가 검사받기 전에 늘 무너지는 자신의 모습에 실망하였다. 이 성도는 "검사받기 전"이 취약점이라는 것을 깨닫고 그때 특별히 다르게 하기로 계획하였다. 그는 "이제 자유입니다" 설교를 반복적으로 들으면서 질병의 두려움을 끊는 기도를 하였다. 그리고 육체의 약함으로 게을러진 것을 인정하고 아침마다 한강에 가서 산책하였다. 취약점을 인정하고 다르게 실천하면서 두려움과 분노의 문제에서 자유를 경험하였다.

공황장애로 상담을 받은 한 성도는 "혼자 있는 시간"이 취약점이었다. 혼자 있으면 갑자기 공황장애가 찾아와서 괴로워했다. 이 성도는 혼자 있는 시간에 자신도 모르게 역동하는 무의식을 차단하기 위해 주기도문을 반복해서 선포하고 말씀을 반복해서 듣기로 하였다. 그리고 감사 일기를 쓰기로 하였다. 놀라운 것은 혼자 있는 시간에 가만히 있지 않고 약속한 세 가지를 실천하면서 공황장애에서 자유롭게 되었다.


3) 지원공동체가 중요하다.

지속적으로 실천하는 것의 어려움은 혼자 하는 것이다. 아프리카 속담으로 알려진 "빨리 가려면 혼자 가고, 멀리 가려면 함께 가라"는 말이 있듯이 변화의 길은 멀고도 험하다. 그러므로 지속적으로 실천하기 위해서는 함께 할 수 있는 공동체가 필요하다. 목적지를 향해 함께 갈 수 있는 사람이 있어야 지치지 않고 끝까지 갈 수 있다. 회복과 성장은 혼자 하는 것이 아니라 공동체 안에서 성장하는 것이다.

> 그에게서 온 몸이 각 마디를 통하여 도움을 받음으로 연결되고 결합되어 각 지체의 분량대로 역사하여 그 몸을 자라게 하며 사랑 안에서 스스로 세우느니라(엡 4:16).

공동체는 서로 격려하고 서로 용기를 주는 곳이다. 우리 교회가 회복의 삶에 대해 매주 간증할 수 있는 비결은 목장이라고 생각한다. 목장 안에서 매주 말씀 나눔과 삶의 나눔을 한다. 말씀 나눔은 주일 말씀을 듣고 특별히 깨닫고 결단한 것과 적용하며 좋았던 것을 나누는 것이다. 삶의 나눔은 쓴 뿌리로 인해 나타난 상황과 그것에 대해 어떻게 효과적으로 반응했는지 나누는 것이다. 그리고 회복의 길 기도와 훈습일지 쓰는 것을 격려한다. 회복을 위해 함께 기도하고 격려하는 공동체가 있기 때문에 계속 실천할 수 있는 것이다.

## 2. 지속적으로 점검하라.

조나단 에드워즈(Jonathan Edwards)는 그의 책 「점검」에서 죄의 길에서 벗어나 그리스도를 닮아가는 삶을 위해서 점검과 결단의 중요성을 강조한다. 그리스도인은 항상 자신의 죄의 상태와 하나님을 향하여 불순종하는 습관을 점검해야 한다.

에드워즈는 일기를 쓰며 거룩한 삶을 위한 75개의 점검표와 70가지 항목으로 이루어진 자신의 결심을 남겼다: "나는 하나님의 도움 없이는 아무것도 할 수 없음을 고백합니다. 저의 이 결심이 하나님의 뜻에 일치한다면 제게 은혜를 베푸셔서 지킬 수 있는 능력 주시기를 하나님께 간구합니다."[1] 그의 결심문은 거룩하기를 갈망하는 모든 그리스도인에게 자신을 살피고 결단하는 일에 표본을 제공해주고 있다. 우리가 삶을 점검하는 방법은 현장점검, 일일점검, 척도점검으로 할 수 있다.

### 1) 현장점검

현장점검은 자신의 행동, 사고, 동기를 순간순간 돌아보고 점검하는 것이다. 프로그램하는 그룹원 중에 옆 사람을 심하게 때리면서 웃는 습관을 가진 사람이 있었다. 맞는 사람은 아프지만 웃는 상황이니까 그냥 넘어갔다. 그런데 어느날 한 사람이 너무 아프다고 진지하게 말해주었다. 그 순간 그분은 처음으로 자신의 행동을 점검할 수 있었고 그 습관을 바꾸기로 하였다.

순간순간 자신을 점검하는 습관을 갖는 것이 중요하다. 조나단 에드워즈처럼 훌륭한 믿음의 사람은 민감한 마음으로 자신의 삶을 점검하는 태도를 갖는다. 필자는 목회하면서 순간순간 나 자신을 돌아보며 점검한다. 사역의 동기를 점검해보고, 성경이 말하는 대로 사역하는지 점검해본다. 누구든지 자신을 점검하지 않으면 본질을 상

---

1  Jonathan Edwards, 「조나단 에드워즈의 점검」, 조계광 역 (서울: 생명의말씀사, 2015), 113.

실하고 쓴 뿌리 동기로 사역하고 살아가게 된다. 사역자가 처음에는 순수한 마음으로 사역하지만 점검하지 않으면 자신도 모르게 변질되어 간다. 하나님의 뜻을 이루기 위한 순수한 마음으로 시작한 사역이 어느 순간부터 사람들에게 인정받기 위해서, 비교의식과 시기 때문에, 자신의 성공을 위해서, 미래에 대한 두려움 때문에 사역할 수 있는데 그 동기는 자신만 알 수 있다. 우리는 자신을 점검할 때 선으로 위장된 악에서 떠날 수 있다.

사도 바울도 항상 자신의 삶과 사역을 점검한 것을 볼 수 있다. "내가 내 몸을 쳐 복종하게 함은 내가 남에게 전파한 후에 자기가 도리어 버림이 될까 두려워함이로라"(고전 9:27). 열심히 사역하면서 자신을 점검하는 시간을 갖지 않으면 하나님의 뜻과 전혀 관계없이 할 수 있다는 것을 명심해야 한다.

### 2) 일일점검

일일점검은 하루를 시작하거나 끝맺기 전에 잠시 하루 동안 어떤 일이 일어났는지 평가해보는 것이다. 하루의 삶을 뒤돌아보며 다른 사람과의 상호작용, 일어난 일, 자신이 직면한 이려움을 평가해보는 것이다. 자신의 삶을 점검하는 것은 스트레스이지만 회복과 성장을 위해 매일 점검하는 시간을 갖는 것이 중요하다. 점검할 때 좋은 점은 훈습일지 쓰는 것과 회복의 길 기도를 함께 할 수 있다는 것이다. 훈습일지 쓰는 것을 어려워하는 사람들은 점검하지 않기 때문이다.

그러나 너를 책망할 것이 있나니 너의 처음 사랑을 버렸느니라 그러므로 어디서 떨어졌는지를 생각하고 회개하여 처음 행위를 가지라 만일 그리하지 아니하고 회개하지 아니하면 내가 네게 가서 네 촛대를 그 자리에서 옮기리라(계 2:4-5).

"어디서 떨어졌는지 생각하는 것"은 지나온 삶을 기억하여 점검하는 것이다. 우리의 삶의 결과는 무의식의 열매이다. 우리는 대부분의 삶을 의식적이기보다 무의식적으로 산다. 일일점검을 하지 않고 살면 항상 같은 패턴으로 반응하며 살게 된다. 그러므로 하루의 삶을 기억하면서 쓴 뿌리로 반응하였는지 긍정적인 성품으로 살았는지 점검하는 것이 필요하다. 우리가 자신의 삶을 점검할 때 비효과적으로 반응한 것을 효과적인 방법으로 계획을 세울 수 있다. 그리고 성공적으로 반응하며 행동한 것은 더 강화하고 유지할 수 있다.

행동 변화는 네 단계로 이루어진다. 첫 번째, 의식하지 못해서 미숙하게 반응하며 사는 '무의식 미숙달' 단계, 두 번째, 의식은 하지만 실천하지 못하는 '의식 미숙달' 단계, 세 번째, 의식하면 실천하는 '의식 숙달' 단계, 그리고 마지막으로 긍정적인 성품이 완전히 몸에 밴 '무의식 숙달' 단계이다. 일일점검은 무의식의 삶에서 의식적인 삶으로 전환해 주는 것이다. 따라서 변화를 위해 날마다 점검하는 것이 필요하다.

### 3) 척도점검

척도점검은 자신의 쓴 뿌리 목록에 대해 1-10까지 점수로 평가해보는 것이다. 점수가 높을수록 양이 많고 강도가 센 것을 말한다. 훈습하고 있는 것이 분노라면 오늘 하루 분노의 점수가 몇 점 정도인가?

우리의 변화 목표는 0점이 아니라 4-6점 정도이다. 보통 0-3점과 7-10점이 문제 영역이다. 분노가 너무 없어도 문제이고 너무 많아도 문제인 것이다. 그러므로 오늘 분노 척도 점수가 6점으로 평가되었다면 약간 높은 편이다. 그러면 4점 정도로 낮추려면 그 상황에서 어떻게 반응하면 될까? 하고 평가하고 계획하는 것이다. 긍정적인 성품에 대해서도 똑같은 방법으로 점검해 보면 된다. 이번 주간 온유한 점수가 3점 정도로 평가가 된다면 6점이 되려면 어떻게 하면 될까? 평가하고 계획을 세우는 것이다. 우리는 척도점검을 통해 좀 더 구체적으로 쓴 뿌리 목록과 긍정적 성품의 목록을 평가할 수 있다. 척도평가는 자신의 삶을 구체적으로 점검하고 계획할 수 있는 좋은 방법이다.

### 3. 점검의 영역과 목록을 작성하라

#### 1) 쓴 뿌리 목록에 대한 점검 목록

쓴 뿌리 목복을 점검하는 것은 항상 쓴 뿌리를 생각하고 살라는 것은 아니다. 우리의 관심은 상황에 대해 어떻게 대처하는지 자신을 보는 것이다. 건강한 사람은 스트레스 대처 능력이 건강한 사람이다. 쓴 뿌리로 반응하는 것은 거짓으로 반응하며 사는 것이다. 점검하는 목적은 쓴 뿌리로 반응하지 않고 진리로 반응하기 위한 것이다. 하루를 지내고 쓴 뿌리로 반응한 것이 있는지 점검하고 기록하는 것은 회복과 성장에 중요한 요소이다.

성장하지 않는 사람은 자기를 돌아볼 시간이 없기 때문이다. 아름다운 시(poem)는 삶의 고난에서 나온다. 가끔 큰 위기와 고난 속에 있는 친구들이 하루하루 삶에서 느낀 것을 간단하게 쓴 것을 보내주는데 내용 자체가 훌륭한 시(poem) 같다는 생각이 든다. 고난은 자신을 점검하고 돌아보는 시간을 주기 때문에 아름다운 시가 나오게 한다. 계속 잘나가는 사람들, 자수성가한 사람들, 스스로 착하다고 생각하는 사람들은 오히려 자신을 돌아볼 시간을 갖지 않는다. 점검하는 것은 자신을 성찰하는 것이고 회개하는 것이다.

우리나라 사람들이 가장 존경하는 인물이 이순신 장군이라는 것에 동의하지 않을 사람은 없다. 그가 그렇게 존경받는 인물이 되고 모든 전쟁에서 이길 수 있었던 가장 큰 힘은 「난중일기」라고 생각한다. 전쟁 중에 얼마나 할 일이 많고 잠도 부족할 텐데 그는 거의 매일 일기를 썼다. 대부분 날씨와 그날 있었던 일상을 아주 간단하게 기록했다. 그러나 때로는 자신의 고민과 애끓는 민족애가 고스란히 느껴진다. 특히 아들의 전사 소식을 듣고 통곡하며 고통스러운 마음으로 며칠 동안 쓴 일기는 아버지의 마음이 어떤지 그대로 보여주었다. 일기는 자신을 점검할 수 있는 가장 좋은 방법이다. 이순신 장군은 바쁜 중에도 늘 일기를 쓰면서 자신을 성찰하고 점검하였고 그것이 그의 인격이 되어서 수군들과 주민들에게 자연스럽게 흘러갔을 것이다. 그 결과로 수군과 주민들이 하나 되어 목숨 바쳐 싸워 전쟁에서 승리할 수 있었을 것이다. 그리고 지금까지 가장 존경받는 인물이 되었다.

다음은 프로그램 중에 쓴 뿌리 목록으로 점검한 사례이다.

| 쓴 뿌리 목록 | 상황 | 반응 (대처 방법) | 감정 (척도점수) | 다르게 계획하기 |
|---|---|---|---|---|
| 분노 낮은 자존감 | 1) 남편의 무뚝뚝한 말 2) 명령처럼 말함 | 짜증을 내고 화를 냄 | 분노(8점) | 1) 호흡하고 마음을 안정하고 듣기 2) 화내지 않고 산책하고 오기 |
| 인정 받기 원함 | | | | |

위 사람은 남편과 대화하면 너무 화가 나서 스트레스 받고 남편과의 관계가 어려운 상태에 있는 분이다. 남편의 말투가 너무 무뚝뚝하고 명령조라 참을 수가 없다고 한다. 분노의 점수는 8점 정도이다. 남편의 말투에 왜 그렇게 화가 나는지 생각해보니 남편의 말투가 자신을 무시한다는 생각이 들어서였다. 이것은 낮은 자존감의 쓴 뿌리로 인한 분노라는 것도 깨달았다. 남편의 말투가 자신을 무시하는 것이 아니라 남편의 언어 습관임을 이해하고 남편과 대화할 때 호흡하며 끝까지 듣기로 계획하였다. 그래도 화가 나면 말을 중단하고 잠시 산책하기로 하였다. 점검을 통해 남편의 말투에 무시당한다고 생각하여 반응하는 것을 다르게 계획을 하면서 남편과 좋은 관계를 유지하고 있다. 더 놀라운 고백은 이렇게 생각과 행동을 바꾸니 남편의 말투도 부드러워졌다고 한다.

2) 긍정적인 성품에 대한 점검 목록 작성

에드워즈(Edwards)의 점검 목록은 하나님의 형상을 닮기 위해 적극적으로 자신의 삶을 점검하고 실천하는 것이다. 에드워즈는 다음

네 가지의 영역에서 자신을 철저하게 점검하며 성찰하였다. 크게 보면 하나님과의 관계, 나와의 관계, 이웃과의 관계를 점검하는 것이다. 에드워즈의 점검 목록을 참고해서 여러분의 점검 목록을 만들면 좋을 것이다.

(1) 주일을 거룩히 지키는가?

① **주일을 철저히 지키고 있는가?**
  -주일의 시작부터 끝까지 온전히 지키는 것이다.
  -거룩한 언행을 지키는 것이다.
  -경건하게 시간을 활용하는 것이다.

② **예배 속에서 죄를 짓고 있지는 않았는가?**
  -거룩한 의식에 소홀히 한 것이다.
  -하나님을 찬양하는 일에 소홀히 한 것이다.
  -공동체의 잘못을 소홀히 여기는 것이다.
  -외부 환경을 핑계로 예배 시간을 소홀히 지키는 것이다.
  -예배에 집중하기를 소홀히 여기는 것이다.

(2) 은밀한 죄를 짓지는 않는가?
  -다른 사람을 보지 못하는 일, 오직 자기 양심 외에는 제약받지 않는 은밀한 행위들을 점검하십시오.
  -성경을 읽는 의무를 소홀히 하는 것
  -쓴 뿌리 반응으로 살아가는 것

(3) 이웃을 섬기고 사랑하는가?

**① 이웃에 대한 감정을 점검하라.**

-성미가 급하고 화를 누르지 못하는 편인가?

-이웃을 미워하고 있지는 않은가?

-시기심을 품고 있지는 않은가?

**② 이웃을 대하는 행동을 점검하라.**

-누군가를 속이거나 해롭게 하는 행동은 없는가?

-이웃에게 저지른 잘못에 보상하지 않는 행동은 없는가?

**③ 이웃에게 선을 베풀 의무를 지키는지 점검하라.**

-가난한 이웃을 돕고 있는가?

-죄의 길로 행하는 이웃을 바로 잡아주고 있는가?

**④ 이웃과 거룩하게 교제할 의무를 지키는지 점검하라.**

-부도덕하고 비양심적인 사람들과 어울리고 있는가?

-대화 중에 악한 말을 하는 습관이 있지는 않은가?

-친구의 악한 말을 너그럽게 받아주고 있지 않는가?

-오직 진실만을 말하고 있는가?

(4) 가족을 아끼고 사랑하는가?

-남편과 아내의 역할을 하고 있는가?

-부모의 역할을 하고 있는가?

-자녀의 역할을 하고 있는가?

# 적용

## 1. 점검 목록을 작성해 보세요.

## 2. 당신의 취약점이 무엇인지 구체적으로 생각하고 기록해 보세요.

## 3. 회복의 길 기도 예

1) 주님 나에게는 (a 고립감)의 쓴 뿌리가 있습니다.

2) 그로 인하여 (b     )문제들이 발생합니다.

　*나와의 관계에서 소외감 실망감을 느낍니다.

　*이웃과의 관계에서 비난과 판단 그리고 단절의 문제가 발생합니다.

　*관계된 사역에서 매우 수동적이 되었습니다.

3) 나는 (a 고립감)의 문제 앞에 절대적으로 무력한 존재임을 인정합니다.

4) 이 문제를 해결하고 회복시킬 수 있는 분은 오직 하나님이심을 믿습니다.

5) 나의 죄를 위해 십자가에 죽으시고 부활하신 주님 앞에 나의 (a 고립감)을 내려놓습니다. 이 쓴 뿌리로 인한 죄를 용서하시고 깨끗하게 하시니 감사합니다.

6) 나에게 (a 고립감)이 생기도록 상처를 준 (**이름**)을 예수님 이름으로 용서하기로 결단합니다. 원통함과 쓴 뿌리 굴레에서 저를 벗어

나게 해주셔서 감사합니다. 보복할 권리를 포기하니, 주님이 제 상한 감정들을 치유해 주시옵소서.

7) 그리고 쓴 뿌리로 인하여 내가 상처를 준 사람들에게 용서를 구하고 보상하기를 원합니다. 지혜를 주시고 용기를 주옵소서.

8) 이제 쓴 뿌리로 인한 죄에서 벗어나 거룩한 삶을 살기로 결단합니다. 오늘도 거룩함을 향한 열정을 가지고 주님 앞에 나아갑니다. 더 이상 쓴 뿌리로 반응하지 않고 진리에 반응하겠습니다.

9) 그러기 위해 제가 (c 이해와 수용의 )성품을 구합니다. 성령으로 저를 강건하게 하셔서 오늘 하루도 쓴 뿌리가 아니라 (c 이해와 수용의 )성품으로 살게 하옵소서. 하나님의 은혜를 베푸셔서 (c 이해와 수용의 )성품으로 만나는 사람에게 복의 통로가 되게 하옵소서.

10) 주님 저는 말씀을 사모합니다. 말씀을 읽고 묵상하는 삶에 우선순위를 두게 하옵소서. 말씀을 통하여 하나님의 사랑을 경험하고 진리를 알아가게 하옵소서. 그리고 갈 길과 할 일을 보여주시옵소서. (말씀) 이제 주님 말씀을 따르며 복종하겠습니다.

**11) 오늘 하루도 깨어있어 계속해서 나의 삶을 점검하며 실천하는 삶을 살게 하소서.**

## 성산 회복 이야기 / 고은화

코로나19는 우리 모두에게 아픔과 분노 그리고 깨달음을 주고 있는 것 같습니다. 저 역시 코로나19의 고난을 비껴갈 수 없었습니다.

작년 5월을 마감으로 저는 수업을 한 번도 나가지 못했습니다. 저는 "일을 안 하면 삶의 희망을 잃을 것이며 집안일만 하면 난 분명 우울증이 올 거야"라고 입버릇처럼 말하였습니다. 그런데 거의 1년을 자칭 주방장, 본업에 충실히 임했지만 삶의 희망을 잃지 않았고 우울증도 오지 않았으며 하루하루 열심히 잘 살아가고 있습니다. 이 모든 것이 주님의 인도함이 있었기 때문에 가능한 일이라고 확신합니다. 그래서 그동안 주님께 받은 은혜를 여러분과 함께 나누겠습니다.

　지난해 중반기부터 코로나19로 인한 시련도 극복하지 못했는데, 하나둘씩 생각지도 못했던 일들이 연이어 일어나기 시작했습니다. 계속되는 고난으로 극도의 분노, 좌절, 무기력, 무망감이라는 복합적인 감정이 제 마음을 지배했습니다. 그런데 신기한 건 제가 매주 느끼는 감정에 대한 답변을 주일 예배 때 목사님이 해주셨습니다. 저는 주일마다 대성통곡을 했습니다. 집에서 예배드린 것이 얼마나 다행입니까? 그때 코로나가 그렇게 감사할 수가 없었습니다. 지금 생각해보면 그동안 쌍둥이들 키우면서 힘들었던 일들과 남편과의 내적 갈등 속에서 조금씩 쌓아두고 방치했던 감정들이 한꺼번에 쓰나미처럼 온 것 같습니다. 저는 매주 예배 때마다 대성통곡하며 하나님의 위로와 깨달음을 통해 부정적인 감정의 노예에서 벗어나고 승리하는 삶을 살기로 결단하였습니다.

　저는 하나님이 주신 마음으로 하루 일곱 가지 과제를 실행하며 매일 승리하는 삶을 살아내기로 결단하였습니다. 1) 하루 계획 세우기 2) 새벽예배 한 줄 요약하기 3) 감사일기 4) 칭찬일기 쓰기 5) 부정언어를 긍정언어로 바꾸기 6) 성경 읽기 7) 소감쓰기입니다. 하루계획은 아주 구체적으로 세웠습니다. 그리고 실천을 했는지 안했는지 그 다음 날에 점검합니다. 매일 계획하고 점검하면서 무망감에 빠지지 않고 할 일을 할 수 있었습니다. 특히, 결단한 일곱 가지를 실천하는 것만으로도 큰 힘이 되었습니다. 새벽예배 한 줄 요약은 목사님이 새벽예배 때 사명이라는 주제로 말씀하시면 그날은 "나의 사명은 00이다" 이렇게 적었습니다. 이렇게 하면 하루 종일 새벽예배 말씀을 기억하고 의식하고 살 수 있어서 참 좋습니다. 감사일기는 구체적으로 쓰려고 노력했습니다. 어떤 때는 감사일기가 노트 한 면을 거의 차지하기도 합니다. 칭찬일기는 셀프 칭찬입니다. 스스로 칭찬하며 격려하고 위로도 했습니다. 처음에는 좀 쑥스러웠는데 점점 뻔뻔해지면서 내용도 달라졌습니다. 어떤 날은 "은화야 너 어쩜 이렇게 멋지니 오늘은 하트 5개!" 또 어떤 날은 "은화야 너는 어쩜 이렇게 예쁘니, 게다가 의지력은 엄지 척이야!" 이런 낯간지러운 칭찬도 스스럼없이 하고 있는 자신을 발견하게 되었습니다. 부정언어를 긍정언어로 바꾸는 것에 가장 많은 노력을 기울였습니다. 주일 예배 때 목사님이 자주 말씀하신 것처럼 일이 힘들어서 괴로운 것이 아니라, 말 때문에 상처받아서 힘들 때가 많습니다. 습관화된 화법을 고치기는 사실 쉽지는 않은 것 같습니다.

제가 주말에 남편한테 "오빠야 마트 가자!"하면 우리 남편이 "못생긴 사람이랑 안가!"라고 합니다. 이게 우리 남편의 화법입니다. 그러면 저도 뒤질세라 "잘생겨서 좋겠다! 축하해. 잘생긴 사람 다 얼어죽었다!" 저의 화법도 만만치 않습니다. 그러나 남편의 말이 거슬릴 때 감정적으로 대응하면 그 결과는 더 처참해지는 것을 경험하였습니다. 그래서 저는 요즘 말이나 상황에서 갈등이 생기면 꼭 메모하고 새롭게 대본을 만들어보고 연습하고 실천합니다. 다음은 제가 대본을 만들어서 연습하고 실천한 내용입니다.

"오빠야 마트 가자." "못생긴 사람이랑 안가." "오빠야, 그럴수록 가야지. 주연 뒤에는 항상 빛나는 조연이 있는 거 몰라? 난 오빠가 빛나라고 내가 더 빛날까 봐 이를 악물고 참고 있어." "거짓말!" "정말이야!"

저의 능청스러운 답변에 남편도 기분 좋은 것 같으면서 참 묘한 기분이었을 겁니다. 그러니까 확실히 갈등 횟수가 줄어들었습니다.

성경읽기는 지난해 저의 생일 때 목자님이 선물해준 90일 통큰통독으로 하고 있습니다. 한꺼번에 많이 하는 걸 못 해서 한 주에 통독 1일차씩 하고 있습니다. 성경은 하루에 3장씩 읽고 있습니다. 성경 통독을 하면서 저도 자연스럽게 말씀을 읽게 되고 마음에 와 닿는 말씀들은 줄을 긋거나 나만의 기도노트에 옮겨와서 기도문을 만들기도 합니다. 처음 시작할 때 21일 동안만 하고자 했는데, 21일을 하고 나니 많은 생각을 하게 되고 뭔지 말 못할 긍정 에너지가 꿈틀대는 걸 느꼈습니다. 그래서 정확히는 작년 11월 24일에 시작하였는데 지금도 진행중입니다.

지금 저는 새벽예배를 통해 기도하고 감사 일기를 쓰면서 하루를 시작하는 시간, 긍정 에너지가 넘치는 것을 경험합니다. 남편과의 대화에도 변화가 있었습니다. 저는 '부정 언어를 긍정 언어로 바꾸기'를 실천하면서 제 화법에도 상당한 문제점이 있다는 걸 발견했습니다. 그래서 저의 교만을 회개했습니다. 요즘은 견디기 힘든 고난이 오면 이렇게 기도합니다. "주님, 이 시련이 저에게 주는 의미는 무엇입니까? 이 시련을 통해 저를 또 얼마나 성장시키시렵니까? 주님 저는 오늘도 이 시련 앞에서 좌절하지 않고 꿋꿋이 버티겠습니다. 주님께서 제 손을 잡아주십시오. 저의 어깨를 다독여 주십시오. 저는 주님이 있는 한 이 시련도 거뜬히 이겨낼 수 있습니다."

행복은 외부환경에 있는 게 아니고 저의 선택과 마음(해석)에 의해 따라오기도 하고 도망가기도 하는 것 같습니다. 전에는 남편이 나에게 고난을 주는 사람이라고 생각했는데, 사실 저는 남편 덕에 책을 많이 읽게 되고 하나님과 더 친밀해지고 있습니다. 그래서 남편은 하나님이 저에게 주신 선물이라 생각합니다. 매일 7가지를 점검하며 실천하고 남편에 대해 다르게 바라보고 말과 행동을 선택하면서 작은 행복이 찾아오는 것 같습니다. 늘 함께하시고 도와주시는 하나님께 감사드립니다.

# 제 12원리

## 나는 죄에서 자유로워지고
## 회복된 삶을 다른 사람에게 전한다.

그러므로 너희는 가서 모든 민족을 제자로 삼아 아버지와 아들과 성령의 이름으로 세례(침례)를 베풀고 내가 너희에게 분부한 모든 것을 가르쳐 지키게 하라 볼지어다 내가 세상 끝날까지 너희와 항상 함께 있으리라 하시니라(마 28:19-20).

성경적인 교회는 '크냐 작냐'에 있지 않고, '건강함'에 있다. 건강한 교회의 표지가 여러 가지 있겠지만 그 중에 중요한 것은 변화에 대한 나눔이라 생각한다. 매주 간증이 있고, 모임마다 서로 회복된 것을 나누는 교회가 건강한 생명 공동체라고 할 수 있다. 성경에는 성도들이 서로 교제하고, 서로 화답하고, 서로 돌아보고, 서로 권면하고, 서로 위로하라고 강조한다. 이런 의미에서 회복의 길 12원리는 그리스도 제자의 삶이며 건강한 교회의 표지라 할 수 있다.

회복의 길 12원리는 "나는 죄에서 자유로워지고 회복된 삶을 다른 사람에게 전한다"이다. 변화된 삶을 다른 사람과 나누는 것은 변화된 삶을 견고하게 해주고 다른 사람에게 영향을 주는 유익이 있다. 제자도와 변화 원리의 관점에서 나눔의 중요성을 살펴보고자 한다.

## 1. 삶의 나눔은 최고의 신앙고백이다.

시몬 베드로가 대답하여 이르되 주는 그리스도시요 살아 계신 하
나님의 아들이시니이다 예수께서 대답하여 이르시되 바요나 시몬
아 네가 복이 있도다 이를 네게 알게 한 이는 혈육이 아니요 하늘
에 계신 내 아버지시니라 또 내가 네게 이르노니 너는 베드로라 내
가 이 반석 위에 내 교회를 세우리니 음부의 권세가 이기지 못하리
라(마 16:16-18).

예수님께서 "내가 이 반석 위에 내 교회를 세우겠다는 것"은 베드
로의 신앙고백을 말한다. 교회는 예수 그리스도에 대한 신앙고백 위
에 세워진다. 그러므로 신앙고백이 없는 교회는 교회라 할 수 없다.
예수님의 제자는 신앙고백이 분명해야 한다.

우리는 예수님의 제자로 어떻게 신앙고백하는가? 주일 예배 시간
에 사도신경으로 신앙고백할 수 있다. 찬송과 기도를 통해서 신앙고
백할 수 있다. 그러나 우리가 아무리 주님을 찬양한다고 해도 예수
님을 만남으로 변화된 감사와 간증이 없다면 진정한 신앙고백이라
할 수 없다. 우리가 입술로 고백하는 것은 어렵지 않다. 진정성 있는
고백은 행동을 통해서 나타난다. 행동은 말보다 훨씬 강력한 고백이
다. 말로 아무리 사랑한다고 해도 행동이 없으면 울리는 징이나 요란
한 꽹과리가 될 뿐이다. 예수님도 그리스도인이 입술로만 고백하고
행동으로 고백하지 않는 것에 대한 위험성을 말씀하셨다.

외식하는 자들아 이사야가 너희에 관하여 잘 예언하였도다 일렀

으되 이 백성이 입술로는 나를 공경하되 마음은 내게서 멀도다(마 15:7-8).

그리스도인은 예수님의 인격을 닮아가는 이야기가 있어야 한다. 우리가 회복의 길을 실천해 나간다면 회복과 성장의 이야기를 만들어 갈 수 있다. 그 삶을 나누는 것이 신앙고백이다. 이러한 삶의 나눔이 있을 때 찬양과 예배가 더 뜨거워진다. 변화된 삶을 나누는 것은 하나님께 드리는 최고의 영광이며 이웃에게는 격려와 도전을 준다. 필자는 목사로서 성도의 회복과 성장을 위해 섬기고 헌신하는 것을 당연한 일로 생각한다. 그럼에도 가끔 그 헌신이 힘들게 느껴질 때도 있다. 그러나 다시 감사하고 힘을 내는 것은 성도의 간증을 들을 때이다. 예배시간의 간증과 목장모임에서 나눔을 들을 때 그리고 개인 교제에서 변화된 이야기를 들을 때 감동이 되고 보람이 느껴진다. 너무 감사해서 눈물이 나고 내가 세상에서 가장 행복한 사람이라는 생각이 든다.

성도의 회복을 위해 별로 한 것도 없는 목사가 이렇게 기쁜데, 우리의 구원(회복)을 위해 십자가에서 죽으시고 부활하신 예수님께서 우리의 변화된 이야기를 들을 때 얼마나 기뻐하시겠는가? 그래서 우리 교회는 할 수 있으면 매주 간증을 하려고 한다. 우리는 작은 변화라도 나누는 용기를 가져야 한다. 사람들이 자신의 변화에 대해서는 별것 아니라고 생각하는 경향이 있다. 나누기 위해서는 이런 잘못된 생각을 버려야 한다. 그리고 스스로 작은 변화라고 생각하는 것을 담대하게 나눌 필요가 있다. 그 나눔이 최고의 신앙고백이며 하나님께 기쁨이 되고 다른 사람에게 격려와 도전이 된다.

## 2. 삶의 나눔은 변화를 견고하게 한다(확증한다).

제자는 하나님의 은혜 안에서 회복되어가는 사람이다. 회복은 단 번에 이루어지는 것이 아니라 끊임없는 과정이다. 회복은 성공과 실 패를 경험하며 나선형으로 이루어진다. 결단하고 실천하다가 재발 하면 또 재결단하여 실천하며 성장해 가는 것이다. 그 과정 속에서 변화를 견고하게 하는 것이 나눔이다. 우리가 서로 삶을 나눌 때 변 화된 삶은 더욱 견고해진다. 우리가 온전한 모습으로 회복하기 위해 서는 서로 나눌 수 있는 공동체가 반드시 필요하다.

### 1) 삶을 나눌 때 성령이 역사한다.

자신의 변화된 삶을 공동체 안에서 나눌 때 성령께서 함께하신다. 우리가 나누면 더 감사한 마음이 생기고, 열정이 생기고, 새로운 지 혜가 떠오르기도 한다. 그리고 다른 사람의 간증을 들으면서 성령님 께서 주시는 지혜를 얻을 수 있다. 주일 예배에 간증을 나눌 때 많은 사람이 격려와 도전을 받는 것은 강력하게 성령님이 역사하기 때문 이다. 목장모임에도 훈습하고 변화된 것을 서로 나눌 때 성령의 역사 를 경험할 수 있다. 마태복음 18장에서도 "두세 사람이 내 이름으로 모인 곳에는 나도 그들 중에 있느니라"(마 18:20)고 하였다. 이 말씀 은 두세 사람이 모여 함께 기도하고 나눌 때 반드시 함께하시겠다는 약속이다. 그러므로 우리가 변화된 삶을 나누는 것은 변화의 선순환 을 일으키는 중요한 요인이다.

## 2) 삶을 나누는 것은 건강한 삶의 표지이다.

우리가 정직하게 삶을 나누는 것은 건강한 사람으로 되어 가는 표지이다. 건강한 사람은 정직하게 자신의 삶을 나눌 줄 안다. 병리적인 가정에서 성장한 사람일수록 비밀이 많다. 하나님이 우리에게 원하는 것은 정직하고 순수한 마음이다. 사도행전 5장에 정직하지 못해 비극을 맞이한 아나니아와 삽비라가 나온다.

> 그 값에서 얼마를 감추매 그 아내도 알더라 얼마만 가져다가 사도들의 발 앞에 두니 베드로가 이르되 아나니아야 어찌하여 사탄이 네 마음에 가득하여 네가 성령을 속이고 땅 값 얼마를 감추었느냐(행 5:2-3).

아나니아와 삽비라는 자신들의 전 재산을 팔아 하나님께 드리기로 약속하였다. 그렇게 약속한 동기는 바나바가 전 재산을 사도들에게 가져와서 성도들에게 칭찬과 존경받는 것을 보고서 한 것으로 보인다(행 4:36-37). 그러나 이 부부는 재산을 팔고 마음이 바뀌어 얼마를 감추고 사도들에게 가져갔다. 이 사건으로 인해 부부는 죽게 된다.

사람들이 이 사건에 의문을 갖는다. 재산의 일부를 바친 것이 죽을 만큼 큰 죄는 아닌 것 같은데 하나님이 너무 가혹한 것 아닌가? 그러나 이 사건의 핵심은 일부분을 드린 것이 아니라 하나님과 교회를 끝까지 속인 것이다. 아나니아와 삽비라가 재산의 일부분을 드린 것은 전혀 문제가 되지 않는다. 재산을 팔지 않고 안 드려도 문제가 되지는 않는다. 일부를 드리고 싶으면 "제가 일부를 드립니다"

하면 된다. 문제는 일부를 드리면서 전 재산을 드리는 것처럼 속인 점에 있다.

하나님께서 싫어하시고 징계하는 것은 이중성과 위선이다. 교회가 이중성과 위선을 용납하면 교회는 부패하고 교회의 사명을 이룰 수 없다. 사도들은 부부에게 정직하게 말할 기회를 주었지만, 그들은 끝까지 거짓으로 교회의 순수성을 깼다. 건강하고 성숙한 성도는 이중성과 위선이 없어야 한다. 우리에게 죄가 있고 쓴 뿌리가 있는 것은 문제가 안 된다. 그것을 인정하지 않는 것이 문제이다. 이중성은 자신의 그림자는 숨기고 좋은 이야기만 하고, 잘한 것만 이야기하는 것이다. 이런 사람들이 모인 곳에는 참된 치유와 참 만남 그리고 변화가 있을 수 없다. 우리는 이중적이고 위선적인 삶을 버려야 한다. 건강한 사람은 자신의 모습을 있는 그대로 정직하게 나눈다. 의지적으로 정직하게 나눌 때 건강한 성도, 건강한 공동체가 된다. 그리고 이런 사람의 변화는 지속적이며 견고해진다.

### 3) 삶을 나눌 때 하나님 나라가 임한다.

바리새인들이 히나님의 나라가 어느 때에 임하나이까 묻거늘 예수께서 대답하여 이르시되 하나님의 나라는 볼 수 있게 임하는 것이 아니요 또 여기 있다 저기 있다고도 못하리니 하나님의 나라는 너희 안에 있느니라(눅 17:20-21).

예수님은 "하나님의 나라는 너희 안에 있느니라"고 말씀하였다. 여기서 '너희 가운데'(εντος υμων)는 '너희 마음속에' 또는 '너희 가운데'를 의미할 수 있지만, 본문에서는 '너희 가운데'라는 번역이 전체 맥락과도 잘 어울린다.[1] 하나님 나라가 사람들 사이에 있다는 것은 참 만남 속에 하나님 나라가 존재한다는 의미이다.

하나님 나라는 성도들이 서로 변화된 삶을 나누는 곳에 있다. 우리가 완전해서 하나님 나라가 되는 것은 아니다. 공동체 안에서 정직하게 나눌 때 '이곳이 하나님 나라'라는 것을 경험하게 된다. 진실한 나눔이 있는 곳에 가장 큰 기쁨이 있다. 그리고 그런 공동체 안에서 우리의 성장은 점점 견고하게 된다.

우리 삶의 진정한 기쁨은 "어디서가 아니라 누구와"이다. 기쁨은 큰 집, 큰 차, 큰 돈에 있는 것이 아니라, 말이 통하는 사람, 정직하게 나누는 사람과 함께할 때 주어진다.

마른 떡 한 조각만 있고도 화목하는 것이 제육이 집에 가득하고도 다투는 것보다 나으니라(잠 17:1).

사람들이 정말 원하는 것은 돈보다 사랑으로 연결된 관계이다. 잠언서 말씀처럼 부유한 환경에서 다투는 것보다 가난한 집에 살면서 화목한 것이 낫다. 참 만남은 정직한 나눔에서 시작한다. 그래서 사람들은 자신의 내면을 나눌 수 있는 공동체를 갈망한다. 우리 교회 목장모임에 예수님을 믿지 않는 사람이 초청받아 처음 참여하면 대부분 큰 충격과 감동을 받는다. 세상에 태어나서 그렇게 정직하게 삶을 나누는 것을 처음 보기 때문이다. 사람들의 깊은 내면 안에는 사랑으로 연결된 만남을 원하는 것이다. 사람들이 알코올, 게임, 쾌락

---

1   George E. Ladd, 「신약신학」, 88-9.

등에 빠지는 이유는 참 만남을 경험하지 못하기 때문이다. 신앙생활
도 종교가 아니라 관계라는 것을 기억해야 한다. 신앙을 종교로 생
각하는 사람은 하나님 나라를 경험할 수 없다. 참 기쁨은 하나님과
참 만남을 통해 이루어지는 것이다.

> 우리가 보고 들은 바를 너희에게도 전함은 **너희로 우리와 사귐이
> 있게 하려 함이니** 우리의 사귐은 아버지와 그의 아들 예수 그리스
> 도와 더불어 누림이라 **우리가 이것을 씀은 우리의 기쁨이 충만하게**
> 하려 함이라(요일 1:3-4).

요한일서 말씀은 하나님과 사귐이 기쁨의 근원이라는 것이다. 예
수를 믿으면서도 삶의 재미가 없는 사람은 종교만 있고 예수님과 사
귐이 없기 때문이다. 하나님 나라는 정직한 나눔 속에 이루어지는
것이다.

### 3. 삶의 나눔은 다른 사람의 성장을 돕는다(영향력).

변화된 삶을 나누는 것은 다른 사람의 성장을 돕는 기능을 한다.
예수님께서도 제자들과 함께하며 현장에서 삶을 보여줌으로 성장
을 도왔다. "이에 열둘을 세우셨으니 이는 자기와 함께 있게 하시고
또 보내사 전도도 하며 귀신을 내쫓는 권능도 가지게 하려 하심이러
라"(막 3:14-15). 사람을 변화시키는 것은 강의실이 아니라 현장이
다. 교육학자 호온(Horne)은 "교사가 말한 것보다 그가 어떤 사람이

냐가 학생들에게 더 많은 것을 가르친다는 것은 교육의 진리이다."[2]
라고 하였다. 회복의 길을 실천하며 변화된 삶을 나누는 것은 다른
사람의 변화를 돕는 효과적인 방법이다.

### 1) 나눔은 다른 사람에게 강력한 영향을 준다.

바울은 다메섹 도상에서 예수님을 만난 사건을 사도행전 9장, 22
장, 26장에서 변론한다. 변론의 내용은 예수님을 만나기 이전의 삶
과 다메섹 도상에서 예수님을 만나게 된 경위 그리고 변화된 삶과
이방인을 위한 사도로 소명 받은 과정이다. 변화된 삶을 나누는 것
은 다른 사람에게 강력한 영향을 준다. 우리에게 큰 영향력을 끼친
사람은 유명한 사람이 아니다. 늘 우리와 함께 생활하며 삶을 보여
준 부모님이다. 그리고 형제들과 가까운 친구들 그리고 진정성 있는
사랑으로 자신의 삶을 나눈 선생님들이다.

우리 교회는 변화를 위해 일대일 사역과 목장에서 삶의 나눔 그리
고 예배 시간에 간증하는 것을 중요하게 생각한다. 사람들에게 깊
은 영향을 주는 것은 나눔을 통해서 가능하기 때문이다. 우리 교회
에서 매주 나누는 간증의 유익에 대해 질문을 한 결과 다음과 같은
답변이 있었다. 첫째, 변화해야 한다는 도전을 받고 다시 시작할 수
있다. '나도 다시 힘을 내서 변화해야겠다'는 생각을 한다. 둘째, 자
신을 다시 성찰하는 시간이 된다. 간증하는 사람의 어려움을 보면서
자신의 문제를 다시 볼 수 있는 시간이 된다. 셋째, 문제 해결을 위

---

2  Kenneth O. Gangel 외 달라스 신학교 교수진, 「교수법 베이직」, 유명복·홍미경 역
   (서울: 도선출판 디모데, 2005), 385.

해 적용하는 데 도움이 된다. 간증하는 사람의 변화하는 과정을 들으면서 나도 저렇게 하면 되겠구나 하는 깨달음을 갖는다. 변화는 서로 나눔을 통해서 이루어진다. 우리는 적극적으로 자신의 변화된 삶을 나누어야 한다.

2) 나눔은 서로 구체적인 도움을 줄 수 있다.

삶을 나누는 것은 서로 구체적으로 기도하고 도울 수 있는 유익이 있다. 우리가 하나님의 형상을 회복하기까지 구체적으로 지지하고 지원하는 공동체가 필요하다. 성경은 "그의 안에서 건물마다 서로 연결하여 주 안에서 성전이 되어 가고"(엡 2:21)라고 했다. 연결된 관계는 성장에 있어 중요한 요소이다. 치료자가 내담자를 공감하고 이해하며 그의 고통을 마주할 때 치료할 수 있듯이, 공동체 안에서 서로 편견 없이 수용하고 서로의 아픔을 마주하는 연결된 관계가 될 때 서로 성장을 돕게 된다. 정직한 나눔은 서로 연결하여 구체적으로 도울 수 있는 관계로 이끈다.

성도들은 교회에서 매주 간증을 들으면서 다음 세 가지가 도움이 된다고 한다. 첫째, 구체적으로 기도하게 된다. 간증을 들으면서 아픔을 함께 공감하며 기도할 수 있어서 좋다. 둘째, 친밀감이 느껴진다. 정직하게 회복의 과정을 나누면 친밀해지는 것은 당연한 것이다. 셋째, 이해하고 수용이 된다. 회복의 과정을 나누면서 자연스럽게 삶의 역사를 알게 되기 때문에 판단하기보다는 있는 그대로 수용해주는 관계가 된다.

우리는 회복의 길 실천을 통해 변화된 삶을 나누는 것을 중요하게 생각해야 한다. 나눔은 하나님 앞에서 최고의 신앙고백이고, 자신에게는 변화의 확증이 되고, 이웃에게는 성장을 돕는 기능을 한다. 삶은 이야기를 만든다. 우리는 회복의 길 실천을 통해서 회복의 이야기를 창조해가야 한다. 나누기 위해서는 변화된 이야기를 준비해야 한다. 그리스도인으로서 날마다 회복의 길을 실천하여 만든 이야기를 이웃에게 적극적으로 나누기 바란다.

## 적용

**1. 변화된 삶을 이웃에게 나눌 때 유익한 점을 본 장의 내용과 자신의 경험을 통해서 발견한 것을 생각해보고 나누세요.**

**2. 회복의 길 기도 예**

1) 주님 나에게는 (a 고립감)의 쓴 뿌리가 있습니다.

2) 그로 인하여 (b      )문제들이 발생합니다.

　*나와의 관계에서 소외감 실망감을 느낍니다.

　*이웃과의 관계에서 비난과 판단 그리고 단절의 문제가 발생합니다.

　*관계된 사역에서 매우 수동적이 되었습니다.

3) 나는 (a 고립감)의 문제 앞에 절대적으로 무력한 존재임을 인정합니다.

4) 이 문제를 해결하고 회복시킬 수 있는 분은 오직 하나님이심을 믿습니다.

5) 나의 죄를 위해 십자가에 죽으시고 부활하신 주님 앞에 나의 (a

고립감)을 내려놓습니다. 이 쓴 뿌리로 인한 죄를 용서하시고 깨끗하게 하시니 감사합니다.

6) 나에게 (a 고립감)이 생기도록 상처를 준 (**이름**)을 예수님 이름으로 용서하기로 결단합니다. 원통함과 쓴 뿌리 굴레에서 저를 벗어나게 해주셔서 감사합니다. 보복할 권리를 포기하니, 주님이 제 상한 감정들을 치유해 주시옵소서.

7) 그리고 쓴 뿌리로 인하여 내가 상처를 준 사람들에게 용서를 구하고 보상하기를 원합니다. 지혜를 주시고 용기를 주옵소서.

8) 이제 쓴 뿌리로 인한 죄에서 벗어나 거룩한 삶을 살기로 결단합니다. 오늘도 거룩함을 향한 열정을 가지고 주님 앞에 나아갑니다. 더 이상 쓴 뿌리로 반응하지 않고 진리에 반응하겠습니다.

9) 그러기 위해 제가 (c 이해와 수용의 )성품을 구합니다. 성령으로 저를 강건하게 하셔서 오늘 하루도 쓴 뿌리가 아니라 (c 이해와 수용의 )성품으로 살게 하옵소서. 하나님의 은혜를 베푸셔서 (c 이해와 수용의 )성품으로 만나는 사람에게 복의 통로가 되게 하옵소서.

10) 주님 저는 말씀을 사모합니다. 말씀을 읽고 묵상하는 삶에 우선순위를 두게 하옵소서. 말씀을 통하여 하나님의 사랑을 경험하고 진리를 알아가게 하옵소서. 그리고 갈 길과 할 일을 보여주시옵소서. (말씀) 이제 주님 말씀을 따르며 복종하겠습니다.

11) 오늘 하루도 깨어있어 계속해서 나의 삶을 점검하며 실천하는 삶을 살게 하소서.

**12) 그리고 저의 변화된 삶을 나누게 하소서. 예수님의 이름으로 기도합니다.**

## 성산 회복 이야기 / 홍종인

저는 회복프로그램을 통해 느끼고 배운 점과 그 안에서 일어난 삶의 변화를 나누려고 합니다. 회복프로그램을 하기 전, 저는 나름대로 잘살고 있다고 생각하였습니다. 좋은 아빠, 좋은 남편, 그리고 좋은 사람으로 살려고 노력하였고, 그것에 행복을 느끼고, 인정받는 것에 만족했습니다. 그래서 회복프로그램은 저와는 관계없는 것으로 생각했고, 회복에 대한 갈급함이나 열망도 없었습니다.

하지만 회사 생활을 하면서 사람들 앞에 서는 것과 내 생각을 이야기하는 것에 어려움을 느끼게 되었고, 어떤 문제가 생길 때면 작은 일에도 몇 날 며칠을 불안해하며 밥도 잘 못 먹고 잠도 잘 못 자는 나의 모습을 보면서 나의 삶을 어렵게 하는 것이 무엇인지 고민하게 되었습니다. '불안해하지 말자, 실수해도 괜찮아!' 몇 번을 다짐해봐도 제 안의 불안은 없어지지 않고 더 커져만 갔습니다. 그래서 회사의 환경을 탓하고 이직을 결심하여 새로운 회사에 입사하여 환경을 바꾸었지만, 문제가 생기면 또다시 불안해지고 결국은 다시 제자리로 돌아가는 저의 모습을 보며 회복프로그램에 참여하기로 하였습니다.

회복프로그램을 통해서 많은 것을 배웠습니다. 내 생각을 정직하게 전달하는 방법, 다른 사람의 감정을 읽어주는 방법, 그리고 더 효과적으로 선택하며 건강한 삶을 살아갈 수 있는 방법을 배울 수 있었습니다. 그리고 무엇보다도 자기분석을 통해 나의 삶을 괴롭히고, 내가 나의 삶을 살지 못하도록 붙잡고 있던 쓴 뿌리들, 불안, 회피, 착한 아이, 과도한 책임감, 낮은 자존감에 대해 알 수 있었습니다.

저는 아주 어린 시절부터 작은 슈퍼에서 대학생이 될 때까지 살았습니다. 작은 슈퍼에는 방이 딸려 있었는데, 방에 가려면 슈퍼를 통해 들어가야 하는 구조였고, 부모님 방과 내 방은 바로 연결되어 있었습니다. 어렸을 적 아버지는 술을 많이 드셨고, 술을 드시면 항상 집안은 공포 분위기였습니다. 아버지가 술을 드시는 날이면 방에서 아버지의 커지는 목소리를 들으며 심장이 떨리고 불안해했고, 아무리 귀를 막아도 들리는 소리에 괴로워하며 그 시간이 지나가기만을 바랐습니다. 그 과정에서 나의 마음 속에 깊은 불안의 쓴 뿌리가 생겼고, 아버지와 어머니 사이에서 내가 할 수 있는 것들이 아무것도 없었기 때문에, 문제를 해결하기보다는 회피하려고 하는 마음이 발달되었습니다.

그리고 자존감이 형성되어야 할 청소년기에 열등의식이 생기고, 아버지의 강한 통제와 집안의 불안한 상황에서 불안, 회피, 반항, 분노 등 내면적 문제가 발생하였습니다. 그래서 어떠한 문제가 있을 때에 열등의식과 두려움, 불안이 올라와서 내 안의 유능함이 문제 앞에서 발휘가 안 되는 상황이 반복적으로 일어나게 되었음을 알게 되었습니다. 그리고 권위자들과의 관계에서도 항상 자유롭지 못했다는 것을 깨닫게 되었습니다. 자기분석을 하면서, 아버지를 더 이해하게 되었고, 무엇보다 감사한 것은 아버지가 주님 안에서 회복되어서 지금의 아버지를 보면 예전의 아버지를 용서하고 감사할 수 있다는 것이었습니다.

지금의 아버지는 술을 끊으셨고, 주 안에서 본이 되는 가장의 모습으로, 항상 본인보다 자녀들, 손자손녀들을 먼저 생각하시고, 또 누구보다 정이 많으시고, 사랑을 베푸시는 분이시기에 아버지께 더욱 잘해드리고 싶고, 더욱 친밀한 관계로 나아가고 싶은데 그동안 노력은 했지만, 그 속에서 무언가 말할 수 없는 벽이 느껴졌습니다.

그래서 회복프로그램이 끝나고, 목사님의 권유로 회복을 위하여 아버지와 둘만의 여행을 떠나기로 하였습니다. 우여곡절 끝에 1박 2일로 원주의 치악산으로 여행을 떠났습니다. 가는 길에 차 안에서 이런저런 이야기를 나누면서, 아버지가 어떻게 살아오셨는지 그리고 얼마나 힘든 인생을 살아오셨는지 듣게 되었습니다. 늘 우리 집에서 악역이셨던 아버지였는데 그동안 몰랐던 아버지의 고단한 삶을 이해하며 그 아픔을 듣고 느낄 수 있었습니다. 그리고 치악산 정상에 오르면서 오랜만에 산행으로 힘들어서 헉헉대는 저의 가방까지 메고 산에 올라가시는 아버지의 뒷모습을 보며, 지금까지 아버지가 해주신 감사했던 것들이 떠오르기 시작했습니다.

어려운 가정 형편에서도 이제는 컴퓨터를 할 줄 알아야 한다며 누구보다 먼저 컴퓨터를 사주시기도 하셨고, 또 중요하고 힘든 결정의 순간에는 항상 내 편이 되어주셨던 아버지의 모습이 생각났습니다.

산에서 내려와서 방 한 칸짜리 작은 숙소에 들어가 또 이야기를 나누기 시작했습니다. 아버지는 오늘만은 저의 어떤 이야기라도 들어주겠다고 말씀해주셨고, 저는 그동안 하지 못했던 이야기들을 풀어놨습니다. 어린 시절 그 작은 방에서 귀를 막고 불안에 떨어야 했던 날들. 그리고 겹겹이 쌓아놓은 이불 속에 얼굴을 묻고 모든 것을 포기하려 했던 순간, 슈퍼 바닥을 미친 척 뒹굴며 울부짖었던 그날의 이야기, 아버지에 대한 두려움에 내 생각을 제대로 표현하지 못했었던 모습들. 아버지는 진심으로 저의 이야기를 들어주시고, 미안하다고 말씀하셨고 그때 저의 마음을 알았더라면 적어도 집 안에서 술을 먼지 않았을 텐데, 아버지께서 가장 사랑하는 아들딸이 그렇게 힘들었을 줄 몰랐다고, 미안하다고 말씀해주셨습니다. 그리고 아버지도 제가 이야기한 그 장면들이 똑같이 가슴 속에 깊이 남아 있어 그동안 많이 힘들었다고 말씀하셨습니다. 아버지가 눈물로 이야기하시는 동안 나의 어린 모습이 생각나며, 그 아이가 위로를 받는 듯한 느낌을 받았고, 저도 그 아이에게 정말 괜찮다고 이제는 괜찮으니 불안해하지 않아도 된다고 이야기해주었습니다. 그렇게 아버지는 저의 이야기를 늦은 새벽까지 들어주셨고 저도 아버지가 더 이상 지난 일에 매이지 않고, 죄책감은 모두 버리시고, 이제는 자유로워지셨으면 좋겠다고 말씀드렸습니다.

그렇게 1박 2일의 여행을 마치고 일상으로 돌아갔습니다. 그리고 저에게는 작지만 놀라운 변화가 생겼습니다. 먼저 아버지와의 관계가 회복되었습니다. 왠지 모르게 아버지와 나 사이를 가로막고 있었던 벽이 사라짐을 느낄 수 있었습니다. 예전에는 아버지와 전화를 하면, 어색하고 할 말이 없고, 무언가 억지로 하는 듯한 느낌이었는데, 이제는 단풍을 보다가 문득 아버지가 생각나서 연락하고, 즐거운 일이 생기면 생각이 나서 연락을 드립니다. 그리고 무엇보다 아버지를 보면 안아드리고 싶고, 감사하고 고마운 마음들이 떠오릅니다.

그리고 아내와의 관계도 더욱 가까워졌습니다. 전에는 아버지와 상의해야 할 일이 있을 때 아내를 통해 연락했었고, 집안의 큰일을 결정해야 할 때 제가 회피함으로 인해 아내가 가정의 무거운 짐들을 지고 가야 하는 상황들이 많았는데, 이제는 집안에 가장으로서 힘이 생기고 회피하지 않고 제가 해야 할 역할을 할 수 있게 되었습니다.

그리고 회사 생활도 달라졌습니다. 무엇보다 사람들 앞에 서는 것과 이야기하는 것이 많이 편안해졌습니다. 그래서 팀 내에서 중요한 컨설팅 프로젝트도 진행하게 되었고, 조금 더 적극적이고 자율적으로 회사 업무를 진행할 수 있게 되었습니다. 회사의 권위자인 직장 상사에게 건강하게 자기표현을 하게 되면서 관계도 더욱 좋아졌고, 더욱 많은 성과를 내고, 인정을 받을 수 있게 되었습니다.

마지막으로 나 자신을 더욱 이해하고 사랑할 수 있게 되었습니다. 어린 시절부터 잘못된 길로 빠질 수 있는 유혹들도 있었지만, 그때마다 항상 하나님께서 함께하셨고, 중요한 때마다 좋은 친구들과 사람들을 붙여 주셨습니다. 그리고 무엇보다 늘 교회에 붙어 있게 하셨고, 필요한 때에 필요한 것들을 배울 수 있게 좋은 길을 열어주셨습니다.

밤하늘의 별들이 하나하나 있을 때에는 의미가 없지만, 누군가 그 별들을 이어 별자리로 의미를 부여했을 때 하나의 이야기가 완성되듯이, 저의 삶의 순간순간 조각들이 너무나 힘들고 어렵고 기억하기 싫은 시간이었지만, 그 시간을 이어보니 그것이 하나님이 나의 삶에 함께하신 하나의 이야기로 완성되어 감사하고, 지금의 나의 모습이 이해가 되고 나의 모습 그대로를 사랑할 수 있게 되었습니다. 그리고 지금까지 나를 지켜주신 하나님께서 앞으로 나의 모든 순간순간을 함께 하실 것을 생각하니, 어떠한 문제가 오더라도 더 이상 두렵거나 불안하지 않고 평안합니다.

간증을 마치며, 저의 삶 가운데 언제나 든든한 버팀목이 되어주신 목사님께 감사를 드리며, 함께 진심으로 서로의 삶을 치열하게 나누며, 위로하며, 다독여준 회복의 동기들께도 감사를 드립니다. 마지막으로 말씀 한 구절 읽고 마치도록 하겠습니다.

"두려워하지 말라 내가 너와 함께 함이라 놀라지 말라 나는 네 하나님이 됨이라 내가 너를 굳세게 하리라 참으로 너를 도와주리라 참으로 나의 의로운 오른손으로 너를 붙들리라"(사 41:10).

# 글을 마치며

한국 교회는 복음의 능력을 상실하여 제도주의적 교회가 되어가는 위기에 있다. 제도주의적 교회는 성경적 원리가 아닌 기업의 원리나 국가 경영 원리에 따라 교회를 유지하려는 것이다. 이 때문에 교회는 점점 세속화되고 번영 신학에 물들어 복음의 능력을 상실하고 있다.

교회가 복음의 능력을 회복하고 세상에 영향을 주기 위해서는 무엇보다도 내면의 회복이 필요하다. 교회의 영향력은 예배당의 크기나 성도의 숫자에 있지 않다. 더욱이 교회의 재산이나 교회가 가진 프로그램에서 나오는 것도 아니다. 영향력은 하나님 형상으로 회복된 그리스도인에게서 나온다. 따라서 한국 교회가 위기를 극복하기 위해서는 거룩함의 회복이 시급하다. 이를 위해서는 십자가와 부활의 복음이 올바로 선포되고 적용되어야 한다. 그리스도인이 복음을 듣고 적용할 때 성령께서 그 말씀으로 역사하여 우리 마음 가운데 죄에 대해 죽고 의에 대해 살 수 있는 능력을 부여하신다.

필자는 그리스도인의 하나님 형상 회복을 위한 현실적 대안으로 '회복의 길 12단계'를 연구하고 적용해 왔다. 하나님 형상 회복모델 '회복의 길 12단계'는 첫 번째, 죄 발견하기로 날마다 죄를 자각하고 인정하는 것이다(1-2 원리). 두 번째, 죄 죽이기로 무력감을 인정하고 죄의 문제를 해결해 주시는 십자가 앞에 나아가는 것이다. 그리고 용서와 보상을 실천하는 것이다(3-7 원리). 세 번째, 새 사람 입기로 거룩함을 향한 결단과 긍정적 성품 기도하기 그리고 말씀의 조명을 받는 것이다(8-10 원리). 네 번째, 새 생활하기로 점검과 회복된 삶을 다른 사람에게 나누는 것이다(11-12 원리).

회복의 길을 실천하면서 교회는 많은 변화와 성장을 경험하였다. 지금 우리 교회 성도들은 회복프로그램에 참여하면 누구든지 변화할 수 있다는 확신이 있다. 그래서 주변에 인간관계 문제나 내면의 문제가 있는 사람을 만나면 적극적으로 회복의 길을 소개하면서 전도한다. 30년을 사역하면서 불신자가 영적인 문제를 해결하고 싶어서 자발적으로 필자에게 찾아온 사람은 없었다. 그러나 요즘 불신자 중 관계문제나 심리문제가 있는 사람들이 필자를 찾아오는 경우가 많다. 회복의 길은 인간관계와 심리문제로 고통당하는 사람에게 도움을 줄 수 있는 도구이며 하나님 형상 회복의 방법이다. 그러므로 교회가 회복의 길을 배우고 실천하면 회복과 함께 전도하는 데에도 매우 효과적이다.

필자는 '회복의 길 12단계'가 한국 교회에 확산되어 하나님 형상 회복을 경험하고 나아가 전도의 도구가 되기 위해서 다음 몇 가지를 제안한다.

첫째, 그리스도인의 회복에 대한 관점의 변화가 필요하다. 지금까지 하나님 형상 회복을 위해서 그리스도 안에 내재하는 죄의 쓴 뿌리 제거의 필요성을 말하였다. 그리스도인의 회복은 내면의 죄 문제를 해결하는 데서 시작해야 한다. 그리스도인의 회복 사역을 중독이나 인격장애를 치유하는 것으로 한정하여 생각하는 것을 피해야 한다. 엘머 타운즈(Elmer L. Towns)저 「뉴 패러다임 시대의 11가지 교회모델」에서 회복 목회 중심의 교회를 "콕스버리 연합감리교회"와 "새들백교회"를 소개하는 데 회복 사역의 내용을 일 중독, 알코올 중독, 음식 중독, 스포츠 중독 등의 사역으로 소개한다.[1] 회복 사역을 중독이나 심리문제에 초점을 두면 그 사역이 활성화되기 어렵다. 왜냐하면, 문제를 가진 사람이 자신의 문제를 인정하지 않을 뿐 아니라 만약 인정하더라도 사람들 앞에 드러내는 것을 두려워하기 때문이다. 교회 안에서 회복 사역이 활성화되기 위해서는 드러난 문제에 집중하기보다는 신자 안에 내재하는 죄의 문제에 집중해야 한다. 죄의 문제는 그리스도 십자가 사역의 핵심이다.

둘째, 그리스도인의 회복 원리를 바로 알아야 한다. 다수의 그리스도인은 죄의 쓴 뿌리로부터 해방되기를 원한다. 그러나 안타까운 것은 대부분의 사역자들이 내면의 죄 문제를 해결할 수 있는 구체적인 방법을 배울 기회가 없었다. 그래서 목회자들은 성도들이 관계 문제나 심리 문제를 가지고 오면 결국 "기도해보세요.", "말씀을 묵상해보세요."라고 하지만 그 한계를 경험하게 된다. 그것은 기도와 말씀의 능력이 부족한 것이 아니라 죄의 문제를 해결하는 방법은 자신의 죄를 자각하고 그리스도의 십자가와 부활에 참여하는 데 있기 때문이다(롬 6:3-7). 회복의 첫걸음은 자신의 내면의 문제를 정직하게 발견하고 인정하는 것이다. 하버드대학교의 심리학자였던 올포트는 "성숙한 사람"의 특징은 날마다 자신의 내면을 정직하게 볼 수 있는 사람이라 한다. 자신을 객관적으로 볼 수 있는 통찰력은 인

---

1  Elmer L. Towns, et al, 「뉴 패러다임 시대의 11가지 교회 모델」, 이대숙 역 (서울: 요단출판사, 2011), 67-85.

격 성숙의 표지이다.[2] 자신을 성찰하는 능력이 지속적인 영적 성숙을 가져다 준다.

셋째, 회복의 길 12단계 실천은 복음의 능력을 회복하는 것이다. 그리스도인의 회복은 복음을 이해하고 날마다 적용하는 데 있다. 하나님 형상 회복모델 '회복의 길 12단계'는 첫째는 죄를 자각하고 죽이는(Mortification) 단계로 십자가와 연합하는 삶이다. 둘째는 새 사람을 입는(Vivification) 단계로 부활하신 주님과 연합하는 삶이다. 그러므로 회복의 길의 실천은 날마다 복음의 주인 되신 주님과 연합하는 삶으로 죄를 이기고 생명의 삶으로 나아가는 것이다. 즉, 회복의 길 실천은 그리스도의 삶 가운데 복음의 능력을 회복하는 길이다.

본서를 출간하면서 한국 교회에 회복의 길이 확산하기 위해 목회자 대상으로 회복프로그램 진행을 계획하고 강사 과정을 준비하고 있다. 이미 목회자 대상으로 세 그룹을 진행한 경험이 있는데, 참여한 목회자들이 회복을 경험하였고 자신의 사역 현장에 적용하기를 원하였다. 회복의 길이 한국 교회에 확장되어 진정한 부흥의 역사가 이루어지기를 기대한다.

---

2  Gorden Allport, The Individual and His Religion (New York: Macmillan, 1950), 60, 권택조, 「기독교 교육 심리학」 (서울: 대한기독교서회, 2005), 271에서 재인용.

# 부록

# 하나님 형상 회복 모델 12단계

| 영성<br>형성 | 원리 | 하나님 형상<br>회복 과정 |
|---|---|---|
| 죄의<br>자각 | 1. 나는 날마다 나의 죄와 약점을 정직하게 살핀다 (4단계). | 죄 발견하기<br>(절대 정직)<br>1) 죄 발견<br>2) 죄 인정과 회개 |
| | 2. 나는 발견된 성품적 약점을 인정하고 하나님과 다른 사람에게 고백한다 (5단계). | |
| 죄의<br>정화 | 3. 나는 나의 삶을 지배하는 문제에 대해 무력한 존재임을 인정한다 (1단계). | 죄 죽이기<br>(절대 순결)<br>1) 무력감 인정<br>2) 믿음과 맡김<br>3) 용서와 보상 |
| | 4. 나는 전능하신 하나님이 나를 온전한 사람으로 회복시킬 수 있음을 믿는다 (2단계). | |
| | 5. 나는 나의 삶을 지배하는 문제를 하나님께 완전히 맡긴다 (3단계). | |
| | 6. 나는 나에게 해를 입힌 사람의 명단을 만들어서 그들을 기꺼이 용서한다 (8단계). | |
| | 7. 나는 내가 해를 끼친 사람의 명단을 만들어서 그들에게 기꺼이 보상한다(9단계). | |
| 조명 | 8. 나는 회복이 하나님의 기뻐하시는 뜻임을 인정하고 회복의 삶을 결단한다 (6단계). | 새 사람 입기<br>(절대 무사)<br>1) 결단<br>2) 기도<br>3) 하나님의 뜻 |
| | 9. 나는 겸손한 마음으로 하나님께 긍정적인 성품을 주시도록 기도한다 (7단계). | |
| | 10. 나는 묵상과 기도를 통하여 하나님과 친밀한 관계를 견고히 하도록 노력한다 (11단계). | |

| 연합 | 11. 나는 매일 회복의 과정을 점검하고 실천한다 (10단계). | 새 생활하기 (절대 사랑) 1) 점검 2) 나눔 |
| --- | --- | --- |
| | 12. 나는 죄에서 자유로워지고 회복된 삶을 다른 사람에게 전한다 (12단계). | |

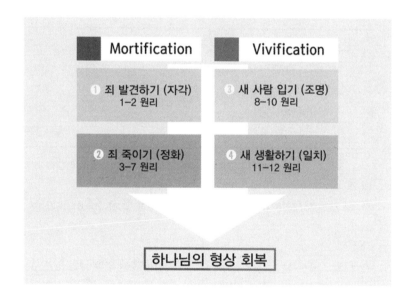

# 12단계 회복의 길 기도문

하나님은 날마다 나를 재창조하시고 섭리하시고 신실한 나의 아버지임을 고백합니다. 예수님은 나의 그리스도이심을 믿습니다. 항상 나에게 말씀하시고, 나의 모든 죄와 저주의 문제를 해결해주시고, 오늘도 나를 다스리시고 보호하심을 믿습니다. 성령님은 내 안에 계시고 영원토록 동행하심을 믿습니다.

| 1 | 주님 나에게는 (a     )의 쓴 뿌리가 있습니다. |
|---|---|
| 2 | 그로 인하여 (b     )문제들이 발생합니다.<br>1) 나와의 관계에서<br>2) 이웃과의 관계에서<br>3) 일과의 관계에서<br>4) 하나님과 관계에서 |
| 3 | 나는 (a     )의 문제 앞에 절대적으로 무력한 존재임을 인정합니다. |
| 4 | 이 문제를 해결하고 회복시킬 수 있는 분은 오직 하나님이심을 믿습니다. |
| 5 | 나의 죄를 위해 십자가에 죽으시고 부활하신 주님 앞에 나의 (a     )를 내려놓습니다. 이 쓴 뿌리로 인한 죄를 용서하시고 깨끗하게 하시니 감사합니다. |
| 6 | 나에게 (a     )이 생기도록 상처를 준 (이름)을 예수님 이름으로 용서하기로 결단합니다. 원통함과 쓴 뿌리 굴레에서 저를 벗어나게 해주셔서 감사합니다. 보복할 권리를 포기하니, 주님이 제 상한 감정들을 치유해 주시옵소서. |

| 7 | 그리고 쓴 뿌리로 인하여 내가 상처를 준 사람들에게 용서를 구하고 보상하기를 원합니다. 지혜를 주시고 용기를 주옵소서. |
|---|---|
| 8 | 이제 쓴 뿌리로 인한 죄에서 벗어나 거룩한 삶을 살기로 결단 합니다. 오늘도 거룩함을 향한 열정을 가지고 주님 앞에 나아갑니다. 더 이상 쓴 뿌리로 반응하지 않고 진리에 반응하겠습니다. |
| 9 | 그러기 위해 제가 (c    )성품을 구합니다. 성령으로 저를 강건하게 하셔서 오늘 하루도 쓴 뿌리가 아니라 (c    )성품으로 살게 하옵소서. 하나님의 은혜를 베푸셔서 (c    )성품으로 만나는 사람에게 복의 통로가 되게 하옵소서. |
| 10 | 주님 저는 말씀을 사모합니다. 말씀을 읽고 묵상하는 삶에 우선순위를 두게 하옵소서. 말씀을 통하여 하나님의 사랑을 경험하고 진리를 알아가게 하옵소서. 그리고 갈 길과 할 일을 보여주시옵소서. (말씀) 이제 주님 말씀을 따르며 복종하겠습니다. |
| 11 | 오늘 하루도 깨어있어 계속해서 나의 삶을 점검하며 실천하는 삶을 살게 하소서. |
| 12 | 그리고 저의 변화된 삶을 나누게 하소서. 예수님의 이름으로 기도합니다. |

# 훈습일지를 쓰는 이유

훈습일지를 쓰는 이유는 쓴 뿌리를 인식하고 버림으로써 하나님의 형상을 회복하는 것이다. 쓴 뿌리로 사는 것은 반이성으로 사는 것이라면, 훈습일지를 쓰는 것은 이성(자각, 결단)적인 삶을 넘어 하나님의 은혜를 경험하고 온전히 순종하는 초이성의 삶으로 가는 길이다.

### 1. 쓴 뿌리를 의식하는 것이다.

무의식적으로 패턴화된 행동을 의식화할 때 다르게 행동할 수 있다. 훈습일지를 쓰면 쓴 뿌리로 생각하고 행동했던 것을 버리고 하나님의 말씀에 순종할 수 있다.

### 2. 문제를 정확히 탐색할 수 있다.

훈습일지를 쓰면서 쓴 뿌리 증상으로 하나님과의 관계, 이웃과의 관계, 자신과의 관계, 일과의 관계 속에서 일어나는 문제(불편한 점)를 구체적으로 탐색하고 정리할 수 있다. 쓴 뿌리로 인한 증상을 알면 회복에 대한 동기도 강해지고, 변화해야 하는 목표도 분명해진다.

## 3. 필요한 긍정적인 성품을 구체적으로 알고 기도할 수 있다.


## 4. 하나님의 도움을 경험한다.

마귀는 우리 안에 있는 '쓴 뿌리'로 속이고, 끊임없이 넘어뜨리려 한다. 날마다 자신의 문제를 가지고 십자가 앞에 나가 고백하고 맡길 때 은혜를 경험하게 된다.

## 5. 용서와 보상의 대상에 대해 구체적으로 생각할 수 있다.


## 6. 변화를 위한 행동을 구체적으로 계획할 수 있다.


## 7. 변화를 평가할 수 있다.

1) 가치의 변화(우선순위)
2) 관계의 변화(연결, 신뢰)
3) 관점의 변화(다르게 생각)
4) 행동의 변화

# 회복 훈습일지

## 1. 쓴 뿌리 목록

- 자기 분석을 통해 알게 된 나의 쓴 뿌리 목록을 만든다.

## 2. 증상(상황)

- 특정 상황에서 느끼는 부정적인 감정(negative feeling)을 인식한다.

## 3. 위 증상으로 현재 관계에서 발생 되는 문제 점검

1) 나와의 관계에서

2) 하나님과의 관계에서

3) 이웃과의 관계에서

4) 일과의 관계에서


4. 쓴 뿌리 원인 찾기

1) 현재에 와 있는 과거
- 증상과 관련된 최초의 사건을 어린 시절까지(regression) 거슬러 올라가 탐색하고 원뿌리를 이해한다(자기분석 자료를 기초로 한다).

5. Don't → Do(계획하기)

- 쓴 뿌리로 인한 행동을 인식하고 의식적으로 다르게 행동하기
- 회복하길 원하는 긍정적인 성품 생각하기
- 적용할 말씀 생각하기
- 12단계 기도하기

6. 변화된 모습 (훈습 결과)

# 훈습일지 예

## 1. 쓴 뿌리

　불안, 인정받고 싶은 욕구,
　모든 사람에게 인정(사랑)받아야 한다는 왜곡된 신념, 항상 즐거워야 한다는 강박

## 2. 증상(상황)

　회사에서 일을 완벽히 잘하고 싶은데 자꾸 어려운 문제에 부딪혀서 힘들다. 민원인이 물어보는 것에 대해 완벽히 알지 못하는 나 자신이 너무 창피하고 자존심이 상했다. 모르는 게 창피해서 동료 직원에게 물어보지 못하고 대충 넘기려 했던 것 같다. 어차피 두 달밖에 안 남았고 굳이 따지면 내 일도 아니라고 생각하면서 버티고 있다. 모든 사람으로부터 인정을 받으려고 억지로 공부하려 하니 더 공부가 하기 싫었던 것 같다. 꼰대 선배가 요즘 내가 책을 많이 보니 웬일로 책을 보냐는 말이 불쾌하게 들렸다. 원래 그 사람의 말투인데 내 안의 비교의식, 열등감 때문에 예민하게 들렸던 것 같다. 단순히 일을 잘하고 싶은 마음이 아니라, 주변 사람들이 나를 어떻게 판단할까 하는 마음 때문에 괴로웠고, 옆 사람들의 실력이 나보다 뛰

어난 것 같아 자꾸 비교의식과 열등감이 생겼다.

### 3. 현재 관계에서 발생되는 문제

1) 사람과의 관계: 내 장점이 아니라 단점이 자꾸 드러나니 사람들과의 관계에도 자신이 없고, 만나기가 싫어진다. 자꾸 부정적인 얘기를 하게 된다. 회사 일이 별로니 집에서도 짜증을 내게 된다.

2) 나와의 관계: 일에 있어서는 자신이 있었는데 잘 못하는 것 같아 스스로 자존감이 떨어지고 있다.

3) 일과의 관계: 너무 즐거운 회사생활인데 회사에 가기 싫어진다.

4) 하나님과의 관계: 말씀대로 살지 못하고 부정적인 생각이 올라오니 신앙생활도 귀찮아진다.

### 4. Don't 에서 Do

1) 모든 사람에게 인정받으려는 마음을 인식하고 나서 공부의 동기를 다른 사람에게 인정받기 위한 것이 아니라 나 자신의 실력 향상과 자신감을 위해 공부하기로 결심하였다. 집에서는 시간이 없고 회사에서 틈틈이 공부하고, 자존심을 내세우지 않고 궁금한 것들을 주변 동료들에게 계속 물어본다.

2) 공부할 여건도 안 되는데 공탁이라는 어려운 자리에 온 것이 잘못된 선택이라는 생각도 했는데, 옆자리에서 큰 부담 없이 일을 배울 수 있는 좋은 기회도 되고, 나 자신을 위해 배울 수 있는 시간이 두 달밖에 없다는 생각으로 마음을 바꾸었다.

3) 각자 잘하는 영역이 있고 다른 사람들이 나보다 일찍 일을 시작했으니 당연히 더 잘할 수밖에 없다. 내가 더 잘하는 부분이 있으니 모든 면에서 인정받으려는 욕심을 버리자.

4) 너무 즐겁게만 살려고 노력했는데 즐거움만 추구하기보다 평안한 마음으로 지내기 위해 노력하자. 사람들과의 관계에 너무 애쓰기보다 평안한 마음으로 성경 말씀보기, 공부하기를 계획한다.

## 5. 변화된 점

다른 사람 때문에 억지로 하는 게 아니라 나 자신을 위해서 공부하니 공부가 하고 싶어지고, 실력이 쌓이니 자신감도 생겼다. 내가 이해하지 못하는 영역이라 생각했는데 나도 할 수 있을 것 같은 생각이 들고, 공탁을 배울 수 있는 좋은 기회라고 마음을 바꾸니 공부가 즐거워졌다.

무료할 때는 회식을 하거나 사람을 만나려 애썼는데 그러지 않으니 딱히 즐거운 일은 없었지만 꼭 즐거워야 할 필요도 없다 생각하며 평안하게 지냈던 것 같다.

## 6. 적용할 말씀

야곱아 너를 창조하신 여호와께서 지금 말씀하시느니라 이스라엘아 너를 지으신 이가 말씀하시느니라 너는 두려워하지 말라 내가 너를 구속하였고 내가 너를 지명하여 불렀나니 너는 내 것이라 … 네가 내 눈에 보배롭고 존귀하며 내가 너를 사랑하였은즉 내가 네 대신 사람들을 내어 주며 백성들이 네 생명을 대신하리니(사 43:1, 4).

내게 능력 주시는 자 안에서 내가 모든 것을 할 수 있느니라(빌 4:13)

# 참고자료

## 1. 단행본

권석만. 「현대 성격심리학」. 서울: 학지사, 2021.

권택조. 「기독교 교육 심리학」. 서울: 대한기독교서회, 2005.

김미경 외 4인. 「기독교 영아교육」. 서울: 총신대학출판부, 2009.

김영선. 「존 웨슬리와 감리교 신학」. 서울: 대한기독교서회, 2002.

김영애. 「통합적 사티어 변형체계치료-이론과 실제」. 서울: 김영애 가족치료연구소, 2011.

김용태. 「통합의 관점에서 본 기독교 상담학」. 서울: 학지사, 2017.

노안영. 「상담심리학의 이론과 실제(2판)」. 서울: 학지사, 2018.

송기득. 「인간」. 서울: 한국신학연구소, 1984.

신수경·조성희. 「중독과 동기면담의 실제」. 서울: ㈜시그마프레스, 2015.

유지황. 「어거스틴의 신학 사상 이해」. 서울: 도서출판 땅에쓰신글씨, 2006.

이경용. 「칼빈과 이냐시오의 영성」. 서울: 대한기독교서회, 2010.

정옥분. 「발달심리학: 전생애 인간발달」. 서울: 학지사, 2016.

정옥분·정순화 공저. 「결혼과 가족의 이해」. 서울: 학지사, 2016.

최윤식. 「2020-2040 한국 교회 미래지도」. 서울: 생명의말씀사, 2015.

최홍석. 「인간론」. 서울: 개혁주의신행협회, 2005.

침례교 신학총서 집필위원회. 「침례교신학총서」. 서울: 요단출판사, 2016.

한상철 외4인. 「청소년심리학」. 경기: 교육과학사, 2014.


Anderson, Neil T. 「이제 자유입니다」. 유화자 역. 서울: 조이선교회, 2016.

Augustine, St. 「고백록」. 김광채 역. 서울: 기독교문서선교회, 2012.

Bavinck, Herman. 「개혁교의학 1」. 박태현 역. 서울: 부흥과개혁사, 2015.

_____. 「개혁교의학 2」. 박태현 역. 서울: 부흥과개혁사, 2014.

_____. 「개혁교의학 4」. 박태현 역. 서울: 부흥과개혁사, 2015.

Bonhoeffer, Dietrich. 「나를 따르라」. 김순현 역. 서울: 도서출판 복 있는 사람, 2021.

Brenner, Charles. 「정신분석학」. 이근후·박영숙 역. 서울: 도서출판 하나의학사, 1987.

Calvin, John. 「기독교 강요 (상)」. 김종흡 외 3인 역. 서울: 생명의말씀사, 2014.

_____. 「기독교 강요 (중)」. 김종흡 외 3인 역. 서울: 생명의말씀사, 2014.

Chadwick, Henry. 「초대교회사」. 서영일 역. 서울: 기독교문서선교회, 1992.

Clair, Michael St. 「인간의 관계 경험과 하나님 경험」. 이재훈 역. 서울: 한국심리치료연구소, 1998.

Clifton, Donald O. & Rath, Tom. 「위대한 나의 발견 ☆ 강점 혁명」. 갤럽 역. 서울: 청림출판사, 2019.

Crabb, Larry & Allender, Dan. 「상담과 치유공동체」, 정동섭 역. 서울: 요단출판사, 2013.

Crabb, Larry J. 「지상에서 가장 안전한 곳」. 정성준 역. 서울: 요단출판사, 2005.

Crain, William. 「발달의 이론: 개념과 적용, 제5판」. 송길현·유봉현 역. 서울: 시그마프리스, 2012.

Edwards, Jonathan. 「신앙 감정론」. 정성욱 역. 서울: 부흥과개혁사, 2015.

_____. 「조나단 에드워즈의 점검」. 조계광 역. 서울: 생명의말씀사, 2015.

Enright, Robert D & Fitzgibbons, Richard P. 「용서 심리학」. 방기연 역. 서울: 시그마프레스, 2011.

Erickson, Millard J. 「복음주의 조직신학 (중)」. 현재규 역. 고양: 크리스챤 다이제스트, 2012.

Friends in Recovery, eds. The Twelve Steps–A Spiritual Journey. Scotts Valley: RPI Publishing, 1994.

Gangel, Kenneth O, et al. 「교수법 베이직」. 유명복·홍미경 역. 서울: 도서출판 디모데, 2005.

Gibbs, Eugene S. 「한 권으로 읽는 교육학 명저 24선」. 김희자 역. 서울: 도서출판 디모데, 2005.

Heidegger, Martin. 「존재와 시간」. 이기상 역. 서울: 까치글방, 2001.

Hick, John. 「신과 인간 그리고 악의 종교 철학적 이해」. 김장생 역. 경

기: 열린책들, 2007.

Hjelle, L. A. & Ziegler, D. J. 「성격심리학」. 이훈구 역. 서울: 법문사, 1983.

Jamison, Bobby 「주의 만찬」. 김용국 역. 서울: 도서출판 디사이플, 2021.

Kerr, Hugh T. 「루터의 신학개요」. 김영한 역. 서울: 한국장로교출판사, 1991.

Klein, William W 외 2인. 「성경해석학 총론」. 류호영 역. 생명의 말씀사, 2013.

Ladd, George E. 「신약신학」. 신성종·이한수 역. 서울: 대한기독교서회, 2013.

Lovelace, Richard F. 「온전한 영성」. 김진선 역. 서울: ㈜아가페출판사, 2008.

Luskin, Fred. 「나를 위한 선택 용서」. 장현숙 역. 서울: 알에이치코리아, 2014.

McMinn, Mark R & 채규만. 「심리학, 신학, 그리고 영성이 하나 된 기독교 상담」. 서울: 두란노서원, 2016.

Murray, Andrew. 「윌로엄 로 경건한 삶을 위한 부르심」. 서문강 역. 고양: 크리스천 다이제스트, 2011.

Neve, J. L. 「기독교 교리사」. 서남동 역. 서울: 대한기독교서회, 1990.

Oates, Wayne E. 「그리스도인의 인격장애와 치유」. 안효선 역. 서울: 에스라 서원, 1996.

Owen, John. 「신자 안에 내재하는 죄」. 김귀탁 역. 서울: 부흥과개혁사, 2015.

_____.「죄 죽이기」. 서문강 역. 서울: SFC 출판부, 2013.

Pohlmann, Horst G.「교의학」. 이신건 역. 서울: 한국신학연구소, 1990.

Sandford, John & Paula.「속사람의 변화 1」. 황승수·정지연 역. 서울: 도
서출판 순전한 나드, 2014.

Sanford, John A.「내 안에 있는 천국」. 이기승 역. 서울: 도서출판 두란
노, 1999.

Satir, Virginia et al.「사티어 모델: 가족치료의 지평을 넘어서」. 김영애
역. 서울: 김영애가족치료연구소, 2011.

Schreiner, Thomas R.「바울신학」. 엄성옥 역. 서울: 도서출판 은성,
2015.

Segler, Franklin M.「예배학원론」. 정진황 역. 서울: 요단출판사, 1987.

Seligman, Martin E. P.「마틴 셀리그만의 긍정심리학」. 김인자·우문식
역. 경기: 도서출판 물푸레, 2016.

Shoemaker, Sam, et al. Steps to a New Beginning. Tennessee: Published in
Nashville, 1993.

Tournier, Paul.「인간치유」. 권달천 역. 서울: 생명의말씀사, 2015.

Towns, Elmer L, et al.「뉴 패러다임 시대의 11가지 교회 모델」. 이대숙
역. 서울: 요단출판사, 2011.

Ursinus, Zacharias.「하이델베르크 요리문답해설」. 원광연 역. 경기: 크
리스챤다이제스트, 2006.

Wenar, Charles & Kerig, Patricia.「발달정신 병리학 5판」. 이춘재 외7역.
서울: 박학사, 2011.

Willard, Dallas 외 10인.「제자도와 영성 형성」. 홍병룡 역. 서울: 도서출
판 국제제자훈련원, 2012.

Wolters, Albert M. & Goheen, Michael W. 「창조 타락 구속」. 양성만·홍병
룡 역. 서울: 한국기독학생회출판부, 2014.

Young, Jeffrey E 외 3인. 「심리도식치료」. 권석만 외 5인 역. 서울: 학
지사, 2019.


## 2. 주석류

목회와신학 편집팀. 「열왕기상 어떻게 설교할 것인가」. 「HOW주석」.
서울: 두란노아카데미, 2008.

Beasley-Murray, G. R. 「요한복음」. 「WBC 성경주석」. 이덕신 역. 서울:
도서출판 솔로몬, 2010.

Calvin, John. 「이사야 IV」, 「성경주석 15」. 존 칼빈 성경주석 출판위원회
역. 서울: 성서교재간행사, 1981.

Dunn, James D. G. 「로마서(상)」. 「WBC 성경주석」. 김철·채천석 역. 서
울: 도서출판 솔로몬, 2010.

Guelich, Robert. 「마가복음(상)」. 「WBC 성경주석」. 김철 역. 서울: 도서
출판 솔로몬, 2011.

Harris, R. Laird, et al. 「구약원어신학사전 (하) 」. 번역위원회. 서울: 요
단출판사, 1986.

Hartley, John E. 「레위기」. 「WBC 성경주석」. 김경일 역. 서울: 도서출
판 솔로몬, 2014.

Klein, Ralph W. 「사무엘상」. 「WBC 성경주석」. 김경일 역. 서울: 도서
출판 솔로몬, 2014.

Lane, Willam L. 「히브리서(상)」. 「WBC 성경주석」. 채천석 역. 서울: 도서출판 솔로몬, 2011.

Mays, James L. 「시편」. 「현대성서주석」. 신정균 역. 서울: 한국장로교출판사, 2012.

Nolland, John. 「누가복음 (하)」. 「WBC 성경주석」. 김경진 역. 서울: 도서출판 솔로몬, 2010.

O'Brien, Peter T. 「골로새서·빌레몬서」. 「WBC 성경주석」. 정일오 역. 서울: 도서출판 솔로몬, 2008.

Reed, John W & Merrill, Eugene H. 「룻기·사무엘상·하」. 「BKC주석」. 문동학 역. 서울: 두란노서원, 1987.

Richard Nelson. 「열왕기상·하」. 「현대성서주석」. 김희권 역. 서울: 한국장로교출판사, 2011.

Ross, Allen P. 「시편」. 「BKC강해주석」. 전광규 역. 서울: 두란노서원, 2011.

Sloyan, Gerard S. 「요한복음」. 「현대성서주석」. 김기영 역. 서울: 한국장로교출판사, 2010.

Smalley, Stephen S. 「요한1,2,3,서」. 「WBC 성경주석」. 조호진 역. 서울: 도서출판 솔로몬, 2014.

Tate, Marvin E. 「시편 (중) 51-100」. 「WBC 성경주석」. 손석태 역. 서울: 도서출판 솔로몬, 2015.

Wenham, Gordon J. 「창세기(상)」. 「WBC 성경주석」. 박영호 역. 서울: 도서출판 솔로몬, 2013.

## 3. 미간행물

김재휘. "기독교인의 회복 경험에 관한 연구." 박사학위 논문, 연세대학
    교 대학원, 2011.